MIX
Papier aus verantwortungsvollen Quellen
Paper from responsible sources
FSC® C105338

Über das Zusammenleben in *einer* Welt

Grenzüberschreitende Anstöße
Hans Joachim Iwands

Herausgegeben von
Christian Neddens und Gerard den Hertog

in Verbindung mit
Michael Hüttenhoff und Wolfgang Kraus

Gütersloher Verlagshaus

Bibliografische Information der Deutschen Nationalbibliothek

Die Deutsche Nationalbibliothek verzeichnet diese Publikation
in der Deutschen Nationalbibliografie; detaillierte bibliografische Daten
sind im Internet über https://portal.dnb.de abrufbar.

Gefördert durch:

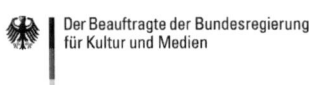

aufgrund eines Beschlusses
des Deutschen Bundestages

1. Auflage
Copyright © 2014 by Gütersloher Verlagshaus, Gütersloh,
in der Verlagsgruppe Random House GmbH, München

Dieses Werk einschließlich aller seiner Teile ist urheberrechtlich geschützt. Jede Verwertung außerhalb der engen Grenzen des Urheberrechtsgesetzes ist ohne Zustimmung des Verlages unzulässig und strafbar. Das gilt insbesondere für Vervielfältigungen, Übersetzungen, Mikroverfilmungen und die Einspeicherung und Verarbeitung in elektronischen Systemen.

Satz: SatzWeise, Föhren
Druck und Einband: Books on Demand GmbH, Norderstedt
Printed in Germany
ISBN 978-3-579-08176-2

www.gtvh.de

Inhalt

Vorwort der Herausgeber 9

Abkürzungsverzeichnis 13

Zur Einführung

Christian Neddens
Wege über die Grenze
Hans Joachim Iwand und das Themenjahr
›Reformation und Toleranz‹ 15

I. Einheit der Wirklichkeit?

Gerard den Hertog
Wider die Aufteilung der einen Wirklichkeit
Hans Joachim Iwands ›angel's eye view‹ 24

Thomas Bergfeld
Toleranz mit Perspektive
Response zum Vortrag von Gerard den Hertog 46

II. Einheit der Menschheit?
Von Feindschaft und Versöhnung

Martin Greschat
Hans Joachim Iwand im Ost-West-Konflikt 50

Gerard den Hertog
Geistige Entscheidungen, unsichtbare Kirche
Response zum Vortrag von Martin Greschat 64

Wolfgang Lienemann
Eine Magna Carta christlicher Friedensethik –
Hans Joachim Iwands Vision der Einen Welt im Licht
des Evangeliums 67

Eberhard Lempp
Friedensethik in der Tradition biblischer Prophetie
Response zum Vortrag von Wolfgang Lienemann 95

III. Einheit von Reformation und Moderne?

Edgar Thaidigsmann
**Versöhnung von Reformation und Moderne
bei Hans Joachim Iwand?** 98

Hans G. Ulrich
Theologie als kritisches Zeugnis
Response zum Vortrag von Edgar Thaidigsmann und weitere Perspektiven zum Thema ›Versöhnung von Reformation und Moderne‹ . . . 117

Folkart Wittekind
Aporie oder ›Etappenziel‹?
Religionstheoretische, erkenntniskritische und religionspluralistische Überlegungen zu Iwands Kampf wider den
neuprotestantischen Missbrauch des reformatorischen ›pro me‹ . 129

Michael Hüttenhoff
Über Geltungsanspruch und Bestimmtheit des Glaubens
Response zum Vortrag von Folkart Wittekind 150

IV. Der Eine und die Vielen
Zur Mensch-Werdung des Menschen

Karin Ulrich-Eschemann
Menschwerdung
Impulse Iwands zum Menschenverständnis und dessen
Bedeutung für aktuelle ethische Debatten 156

Helmut Gossler
Menschwerdung Gottes und die Frage der Inklusion
Response zum Vortrag von Karin Ulrich-Eschemann 169

Ernstpeter Maurer
Vom Geheimnis des Personseins –
Bemerkungen zur Anthropologie bei Hans Joachim Iwand und
Karl Barth 174

Matthias Freudenberg
Partizipieren an Gottes Identität
Response zum Vortrag von Ernstpeter Maurer 190

V. Einheit der Verheißung?
Impulse zur Ekklesiologie

Johannes von Lüpke
Kirche des Wortes – Kirche der Freiheit
(Öffentlicher Vortrag in der Johanneskirche Saarbrücken) 194

Wolfgang Kraus
**Kirche und Judentum – ein ungelöstes hermeneutisches
Problem in der Theologie Hans Joachim Iwands und
in der Ekklesiologie heute** 208

Jürgen Seim
Israeltheologie bei Hans Joachim Iwand
Response zum Vortrag von Wolfgang Kraus 230

VI. Einheit der Kirchen?
Bekenntnis und Ökumene

Christian Neddens
›Reine Lehre‹ oder ›versöhnte Verschiedenheit‹?
Hans Joachim Iwand und die Ökumene 234

Arnold Wiebel
Die eine reformatorische Wahrheit
Response zum Vortrag von Christian Neddens 266

Wolfgang Schoberth
Einig in der Rechtfertigungslehre?
Rückblick auf Hans Joachim Iwand angesichts der
»Gemeinsamen Erklärung« 270

Cees-Jan Smits
Die Lehre vom unfreien Willen als notwendiges Korrelat
Response zum Vortrag von Wolfgang Schoberth 283

Autorenverzeichnis 287

Personenregister 289
Sachregister 291

Vorwort der Herausgeber

»Über das Zusammenleben in *einer* Welt« ist ein Iwand-Zitat, freilich ein abgeschnittenes: Es handelt sich um den Titel eines Vortrags des Bonner Systematikers auf der Konferenz der Studienabteilung des Ökumenischen Rats der Kirchen in Arnoldshain am 9. Juli 1956: »Über das Zusammenleben in einer Welt widerstreitender Ideologien und politischer und wirtschaftlicher Systeme«.

Der Konflikt widerstreitender Ideologien und Systeme hat sich heute gegenüber dem damaligen Ost-West-Gegensatz verändert. Er ist unübersichtlicher geworden, Konfliktlinien haben sich verschoben. Manche Demarkationslinien liegen heute quer zu alten Blockbildungen, andere sind unsichtbar geworden, aber untergründig aktiv. Die Trennlinien verlaufen zwischen ›Prekariat‹ und ›Finanzeliten‹, zwischen Modernisten und Restaurativen, ökonomischen Performern und Globalisierungskritikern, ›Gender-Aktivisten‹ und ihren Gegnern, zwischen diversen wirtschaftlichen, politischen, kulturellen und religiösen Konkurrenten, zwischen Okzident und Orient, Indien und China, Afrika und Europa, Muslimen und Hindus, Christen und Muslimen …

Das Problemfeld ist unübersichtlich geworden. Ökonomisch hat sich vorläufig ein krisenanfälliges Modell uneingeschränkter Geld- und Warenströme bei eingeschränkter Bewegungsfreiheit der Bürger, jedenfalls der allermeisten, durchgesetzt. Politisch ist nicht abzuschätzen, welche Hegemonialmächte in den kommenden Jahrzehnten dominieren werden.

Dass die Frage überlebenswichtig ist, wie ein gelingendes Zusammenleben in Verschiedenheit heute aussehen kann, daran wird kaum jemand zweifeln. Aber – was für einen Beitrag kann der christliche Glaube zu ihrer Beantwortung leisten? Und lässt die Sichtweise der Erneuerungsbewegung des 16. Jahrhunderts, der Reformation, für diese Frage heute noch innovatives geistiges Potential erwarten?

Um den notwendigen wissenschaftlichen, kirchlichen und gesellschaftlichen Diskurs um Wahrheit, Identität und Toleranz theologisch rückzubinden, ist es ausgesprochen erhellend, mit Hans Joachim Iwand eine der Persönlichkeiten in den Blick zu nehmen, die in der veränderten Welt des 20. Jahrhunderts reformatorische Kernpositionen neu zur Sprache brachten und sie auch für den gesellschaftlichen Diskurs mit anders- oder nichtreligiösen Gesprächspartnern verständlich und ertragreich machten.

Hans Joachim Iwand (1899-1960) engagierte sich als Systematischer Theologe, Lutherkenner und kirchlicher Lehrer zugleich politisch beim Aufbau einer offenen Zivilgesellschaft nach 1945 und entwarf unter den Bedingungen des ›Kalten Krieges‹ Grundprinzipien eines gelingenden Zusammenlebens. Wie bei kaum einem Theologen des 20. Jahrhunderts verband sich bei ihm die Konzentration auf reformatorische Kernpositionen mit einer grenzüberschreitenden gesellschaftspolitischen Offenheit und Weite – sowohl im Blick auf die verschiedenen Kirchen in Deutschland und Europa als auch in Bezug auf die politische Mächtekonstellation des Kalten Krieges. Die Weise, wie Iwand theologisch voraussetzungsreiche Reflexion und konkretes kirchliches und gesellschaftspolitisches Engagement miteinander verband, kann helfen, Grenzen des Denkens, an die wir uns gewöhnt haben, zu überschreiten oder – an ganz ungewohnten Stellen – verlorene lebenserhaltende Grenzziehungen wiederzuentdecken.[1]

Aus diesem Grund hat die Universität des Saarlandes in Kooperation mit der Theologischen Universiteit Apeldoorn, in Zusammenarbeit mit der Hans-Iwand-Stiftung und dem Heidelberger Iwand-Freundeskreis vom 14.-16. Februar 2013 zu einer Fachtagung eingeladen, in der es um den Beitrag Hans Joachim Iwands zu einer dem reformatorischen Erbe verpflichteten evangelischen Kirche und einer von den Nachwirkungen der Reformation geprägten Gesellschaft ging. Dabei wurde Iwands Denken als kreative Aneignung reformatorischer Einsichten in gegenwartsbezogener Absicht erkennbar, das dazu einlädt, ja nötigt, diese Einsichten kritisch weiterzudenken und auf heutige Fragestellungen zu beziehen.

Nicht zuletzt entsprang die Idee zu dieser Tagung auch dem Wunsch der Mitglieder der Hans-Iwand-Stiftung und des Heidelberger Iwand-Freundeskreises nach einer stärkeren Vernetzung der Forschungsarbeit. Beide Kreise, die sich in Saarbrücken glücklich überschneiden, haben die Tagung thematisch mitgestaltet und personell mitverantwortet. Dafür sind wir sehr dankbar. Unser besonderer Dank gilt all jenen, die einen Vortrag oder Diskussionsbeitrag für die Tagung und den Tagungsband beigesteuert haben. So ist ein vielfältiges und differenziertes Spektrum gegenwärtiger Iwand-Rezeption in theologischer Forschung und kirchlicher und gesellschaftlicher Praxis entstanden. Dass zur Rezeption auch die *kritische* Würdigung theo-

---

1. Vgl. Erdmann Sturm, »... daß wir die verlorene Grenze zwischen Gott und Mensch wiederfinden«. Hans Joachim Iwands Arbeiten über Luthers Theologie in seiner Dortmunder Zeit (1937-1945), in: Die Provokation des Kreuzes. Entdeckungen in der Theologie Hans Joachim Iwands, hg. v. Martin Hoffmann, Waltrop 1999, 45-80.

logischer und politischer Entscheidungen Iwands in seiner Zeitgenossenschaft gehört, versteht sich von selbst.

Vom Beauftragten der Bundesregierung für Kultur und Medien ist diese Tagung als Beitrag zum Themenjahr ›Reformation und Toleranz‹ in das Förderprogramm ›Reformationsjubiläum 2017‹ aufgenommen worden. Diese Förderung nebst der finanziellen Unterstützung durch die Hans-Iwand-Stiftung, die Theologische Universiteit Apeldoorn, die Vereinigung der Freunde der Universität des Saarlandes und die Evangelische Kirche im Rheinland ermöglichte die Durchführung der Tagung und die Drucklegung des Tagungsbandes. Allen Unterstützern dieses Projekts gilt unser herzlicher Dank!

Dem Gütersloher Verlagshaus, in dem auch Iwands nachgelassene Werke alter und neuer Folge sowie die Iwand-Biografie Jürgen Seims erschienen, danken wir für die Aufnahme in das Verlagsprogramm und für die bewährte Zusammenarbeit bei der Drucklegung.

Apeldoorn / Saarbrücken, zum Reformationstag 2013

Die Herausgeber

Abkürzungsverzeichnis

Biografie Jürgen Seim, Hans Joachim Iwand. Eine Biografie, Gütersloh ²1999.
BVP Hans Joachim Iwand. Briefe, Vorträge, Predigtmeditationen. Eine Auswahl, hg. v. Peter-Paul Sänger, Berlin (Ost) 1979.
FO Hans Joachim Iwand, Friede mit dem Osten. Texte 1933-1959, hg. v. Gerard C. den Hertog, München 1988.
GA I Hans Joachim Iwand, Um den rechten Glauben. Gesammelte Aufsätze, hg. u. eingel. v. Karl Gerhard Steck (TB 9), München ¹1959, ²1965.
GA II Hans Joachim Iwand, Glaubensgerechtigkeit. Lutherstudien, hg. v. Gerhard Sauter (TB 64), München ¹1979, ²1991.
NW Hans Joachim Iwand, Nachgelassene Werke, hg. v. Helmut Gollwitzer u.a., München 1962-1974, Neudruck Gütersloh 2000.
NWN Hans Joachim Iwand, Nachgelassene Werke. Neue Folge, hg. v. d. Hans-Iwand-Stiftung, Gütersloh 1998-2004.
PM I Hans Joachim Iwand, Predigtmeditationen, Göttingen ¹1963, ²1964.
PM II Hans Joachim Iwand, Predigtmeditationen II, Göttingen 1973.
RuC Hans Joachim Iwand, Rechtfertigungslehre und Christusglaube. Eine Untersuchung zur Systematik der Rechtfertigungslehre Luthers in ihren Anfängen (Leipzig 1930), (TB 14) Darmstadt ²1961, München ³1966.
TLB Hans Joachim Iwand – Theologie in der Zeit. Lebensabriss und Briefdokumentation. Bibliographie, hg. v. Peter Sänger und Dieter Pauly, München ²1992.

Wege über die Grenze

Hans Joachim Iwand und das Themenjahr ›Reformation und Toleranz‹

Christian Neddens

Über Grenzen

Eines der inspirierenden Projekte im Saarland sind die ›Steine an der Grenze‹.[1] Es handelt sich um eine Skulpturenstraße, die sich – symbolträchtig zwischen ›Westwall‹ und ›Ligne Maginot‹ gelegen – auf einer der ehemals bestbewachten Grenzen der Welt hinzieht, französisch ›Menhirs de l'Europe‹ genannt. 1986 lud der saarländische Bildhauer Paul Schneider zu einem ersten Bildhauersymposium in die Grenzregion ein. Im Laufe der Zeit entstanden daraus sukzessive bisher etwa dreißig Großplastiken internationaler Künstler, die entlang der deutsch-französischen Grenze erwandert werden können. Die ›Steine an der Grenze‹ wollen dabei als Teilstück einer viel weiträumigeren ›Straße des Friedens‹ verstanden werden, die dem Andenken des Bildhauers Otto Freundlich (1878-1943)[2] und seiner Idee einer europäischen Skulpturenstraße von Paris bis Moskau gewidmet ist.

Für einen Diskurs über das ›Zusammenleben in *einer* Welt‹, über ›Grenzen‹ und Möglichkeiten ihrer ›Überschreitung‹ kann es kaum einen Ort geben, der besser geeignet wäre als Saarbrücken und das Grenzland an der Saar – und eben die hiesige Universität, die, auf einem ehemaligen Kasernengelände der Wehrmacht eingerichtet, fußläufig umgeben ist von zahlreichen inzwischen romantisch überwucherten Westwall-Bunkern. Die ›Steine an der Grenze‹ erzählen hier die Geschichte einer Grenze, die von einer hochgerüsteten Demarkationslinie zu einer Schnittstelle kultureller Begegnung und gegenseitiger Bereicherung geworden ist.

Grenzen sind keinesfalls immer negativ zu bewerten. Geklärte und dar-

---

1. Alfred Diwersy, Steine an der Grenze. Die Skulpturenlandschaft des Saargaues, mit Fotos v. Martin-Peter Scherzinger u. Beiträgen v. Manfred Römbell u. Paul Schneider, Blieskastel 1996.
2. Vgl. Joachim Heusinger von Waldegg, Otto Freundlich (1878-1943). Monographie mit Dokumentation und Werkverzeichnis, Köln 1978.

gestellte Territorien können ordnend und befriedend wirken. Grenzen beschreiben äußere Ränder von unvermeidlichen Ordnungssystemen. Sie gewähren – wie eine schützende Haut oder Membran – Identität, bewahren vor Destruktion und schaffen Stabilität. Grenzen ermöglichen überhaupt erst die Wahrnehmung von Unterschiedenem – etwa in den bildgebenden Verfahren der Medizin –, sie setzen Unterschiedenes in Beziehung und ermöglichen Nachbarschaften. Grenzen können als Kontaktflächen Orte der Begegnung und der Innovation, des Erkenntnisgewinns und der Wandlung sein.

So stehen Grenzen immer im Zielkonflikt von Sicherheit, Integrität und Identität auf der einen und Kommunikation, Kooperation und Wandel auf der anderen Seite. Nötig ist insofern – in den unterschiedlichsten Lebensbereichen – eine intelligente ›Grenzpolitik‹, die sich von humanitären Gesichtspunkten her aufbaut.

›Grenzüberschreitende Anstöße‹ verspricht der Titel dieses Sammelbandes, der die Erträge einer von der Universität des Saarlandes und der Theologischen Universität Apeldoorn gemeinsam veranstalteten Iwand-Tagung vom Februar 2013 dokumentiert. Hans Joachim Iwand (1899-1960) insistierte beharrlich darauf, die ›Sache‹ der Theologie nicht aus dem Blick zu verlieren – und diese eben von dem abzugrenzen, was deren ›Sache‹ nicht ist. Als Mitglied des Bruderrats der Bekennenden Kirche und – wie Bonhoeffer – Leiter eines ihrer Predigerseminare zog er entschieden die Grenze zum politischen Glauben der Deutschen Christen. Iwand war im Kirchenkampf maßgeblich involviert und wurde mehrfach inhaftiert. Nach 1945 wirkte er als Theologieprofessor in Göttingen und Bonn, war Mitverfasser des »Darmstädter Wortes zum politischen Weg unseres Volkes«, Initiator der Göttinger Predigtmeditationen, Leiter eines Flüchtlingshilfswerks, Mitherausgeber der »Blätter für deutsche und internationale Politik« und Gründungsmitglied der Christlichen Friedenskonferenz. Als evangelischer Theologe, der sich der Grenze zum Politischen sehr bewusst war, engagierte sich Iwand ebenso bewusst für die gesellschaftliche und politische Neuorientierung in Europa und die internationale Friedensarbeit.

Iwand überschritt dabei Grenzen – sowohl im Hinblick auf sein eigenes theologisches, kirchliches wie auch politisches Herkommen als auch im Blick auf das, was einem Theologen im ›Dritten Reich‹ und in der jungen Bundesrepublik als geziemend zugestanden wurde. Iwand suchte nach neuen Wegen, um die tiefen Gräben zwischen den Konfessionen, den politischen Ideologien und den ehemaligen Kriegsgegnern zu überwinden. Wenn er seine Stimme erhob, war das häufig nicht unumstritten. Und manch eine politische Entscheidung, manche Weggenossenschaft, die er suchte, wird man im Nachhinein kritisch beurteilen.

Dem politischen Engagement Iwands wird nur gerecht, wer zugleich sein Ringen um Einheit und Reinheit der Kirche Jesu Christi[3] wahrnimmt. Seine Konzentration auf das richtende und rettende Wort Gottes war nicht zu trennen von seinen Grenzgängen zu den Zeitgenossen hin in ihren so anders geprägten Welt- und Menschenverständnissen.

Globale Perspektive

Für Iwand war die Einsicht entscheidend, dass es bei der Frage gelingenden Zusammenlebens keine Exklusiv- und Sonderökumene geben könne. Im Kontext einer sich verfestigenden Aufteilung der Welt in Blöcke betonte er die Einheit der *einen* Welt und der *einen* Menschheit. Das hatte für ihn politische, aber auch theologische Konsequenzen, die ihn auch zur Kritik an eigenen reformatorischen Positionen führten. Iwand fragte: »Kam die Intoleranz der Reformationskirchen vielleicht daher, daß sie eine nur partikulare Erlösung des Menschengeschlechts lehrten und mußte darum die Aufklärung eingreifen, indem sie einen universalen Begriff des Menschen und seiner Würde aufstellte?« (Hans Joachim Iwand bei einer Konferenz der Studienabteilung des ÖRK am 9. Juli 1956)[4] Die Frage politischer Toleranz hatte für Iwand auch eine theologische Dimension, die grundlegend an die Frage des Menschseins rührt. Seine Überzeugung formulierte er so: »Der Christ will mit allen Menschen in der *einen* Welt und in der *einen* Menschheit leben. Er kennt grundsätzlich keine Unversöhnlichkeit.«[5]

Duldung – Großzügigkeit – Annahme

Iwand sprach sehr bildlich von den unterschiedlichen Modi der Toleranz und verglich die Koexistenz in unserer Welt mit einer schlechten oder guten Ehe. Toleranz könne im schlechtesten Falle als gegenseitige Duldung oder Aufteilung der Lebensräume verstanden werden. In einer Situation der

---

3. Vgl. exemplarisch: Hans Joachim Iwand, Um Einheit und Reinheit der Bekennenden Kirche, in: BVP, 193-199.
4. Hans Joachim Iwand, Über das Zusammenleben in einer Welt widerstreitender Ideologien und politischer und wirtschaftlicher Systeme (1956), in: FO 151.
5. Iwand, Zusammenleben (s. Anm. 3), in: FO 170.

offenen Feindschaft und Gewalt könne solch eine Aufteilung, die zur Befriedung führe, schon viel bedeuten. »Aber es kann auch eine Koexistenz geben wie in einer guten Ehe, wo man sieht, daß man einander braucht, wo nicht einer des anderen Widersacher ist, sondern der eine den anderen bereichert, von ihm nimmt und ihm gibt und so sich beider Leben erfüllt. Das eine ist der terminus a quo, von dem wir werden anfangen müssen, das andere der terminus ad quem, auf den wir zugehen müssen, wenn der Friede echt« sein soll.[6]

Bis heute ist der Toleranzbegriff – wie Iwand das schon deutlich machte – unscharf. Der Sprachgebrauch reicht vom ›Nebeneinanderher‹ und ›Aneinandervorbei‹ der unterschiedlichen Kulturen in vielen europäischen Großstädten, von der Duldung dessen, was ich nicht ändern kann, über eine Haltung der Großzügigkeit und Offenheit bis hin zur aktiven, oft beglückenden und manchmal schmerzhaften Wahrnehmung, Auseinandersetzung mit und Annahme des Anderen – Iwand sprach dann nicht mehr von Toleranz, sondern von Koexistenz und vor allem theologisch von »Versöhnung«.

Freiheit und Angst, Schuld und Versöhnung

Für Iwand war der Gegensatz zur Toleranz nicht eigentlich die Intoleranz, sondern die Angst: die Angst, sich selbst und die eigene Freiheit zu verlieren – und die Angst vor der Anklage des Anderen, also die Angst vor der aufgedeckten Schuld. In unterschiedlichen, kirchlichen wie politischen Kontexten, wies er auf diese Zusammenhänge hin, vor allem auf die verborgene Schuld, die erst dort nicht mehr im Weg steht, wo sie aufgenommen und getragen wird.[7] Auch in den heutigen Polarisierungen auf gesellschaftlicher

---

6. Iwand, Zusammenleben (s. Anm. 3), in: FO, 148.
7. Vgl. etwa Hans Joachim Iwand: Zur religiösen Lage der Flüchtlinge (1949), in: FO, 25-32; ders.: Das geschichtliche Phänomen der Atomwaffe und die Angst – Ein Versuch ihrer Überwindung (1955), in: FO, 97-124. In besonderer Weise hat Heinrich Assel Iwand als »*den* Prediger Nachkriegsdeutschlands«, als Prediger der zu verwandelnden Schuld, gekennzeichnet: »Iwand war der Prediger des unerhörten, höchst mißverständlichen und schnell instrumentalisierten Wortes von der *zu verwandelnden Schuld*. Er war nur *insofern* der Prediger des öffentlichen Schuldbekenntnisses. Iwand war ein politischer Prediger des Wortes, das sich eine genuine Öffentlichkeit schafft, in welcher Schuldverwandlung im Schuldbekenntnis auch eine historisch-politische Handlung und Realität darstellt, eine Mitarbeit an der Genesung der Nation.« (Heinrich Assel, Die Öffentlichkeit des Wortes Got-

und politischer Ebene sind die verschiedenen Facetten dieser Zusammenhänge nur allzu oft deutlich erkennbar.

Methodisch versuchte Iwand, sich von der Konfliktorientierung zu lösen und die hinter den Konflikten verborgenen lebensrelevanten Fragen zu fokussieren: Was sind eigentlich die Bilder guten und gelingenden Lebens, die hier und dort handlungsleitend sind? Iwand war der Überzeugung, dass die Lösung scheinbarer ideologischer oder religiöser Konflikte nicht der Politik überlassen bleiben dürfe, sondern zum Gegenstand intensiver menschlicher Begegnungen und Diskurse werden müsse und könne. Dass er sich mit solchen Dialog-Initiativen – vor allem im Blick auf seine Ost-Kontakte – angreifbar machte und vor politischer Instrumentalisierung nicht geschützt war, nahm Iwand wissend in Kauf.

Humanität als Grundbedingung der Freiheit

Humanität im Sinne einer Rückkehr zu wahrer Menschlichkeit war für Iwand ein zentrales Element seines theologischen Denkens. Die Hinwendung zum Nächsten, der Akt der Mitmenschlichkeit und Annahme war für ihn Grund und Grenze der Freiheit in der Gesellschaft. Toleranz als interessierte, annehmende und würdigende Mitmenschlichkeit hatte für Iwand seinen doppelten Grund in der Selbsterkenntnis eigener Fehlbarkeit und Schuld und in der Erkenntnis von Gottes liebender Zuwendung zu allen Menschen durch Jesus Christus. Das hatte für ihn durchaus sehr praktische Konsequenzen für Kirche wie für Gesellschaft. Im Blick auf den Weg der Kirche im ›Dritten Reich‹ schrieb er:

> »In diesen Tagen der Anfechtung, als wir alle nicht mehr wußten, wo der Weg ging, der uns geboten war, wenn wir uns freihalten wollten von der inneren Zersetzung, gab es eines, was jeden bewahrte, der sich bewahren ließ in seiner Seele: das waren die Juden. Wer damals zu ihnen hielt, der war behütet. Wer ihre Schmach mittrug, der blieb behütet in seiner Menschlichkeit.«[8]

tes und die Armut des Predigers. Hans Joachim Iwand. Nachgelassene Werke. Neue Folge, in: VuF 46 [2001], 72-89, 72 f.)
8. Hans Joachim Iwand, Umkehr und Wiedergeburt, in: Die Reichskristallnacht. Der Antisemitismus in der deutschen Geschichte, Fr. Ebert Stiftung 1959, 36.

Freiheit und Wahrheit

Wenn Toleranz nicht mit Indifferentismus und Gleichgültigkeit einhergehen soll, was letztlich zum Desinteresse am Anderen und zum Verlust an Gemeinsinn führt, dann ist es unumgänglich, das Verhältnis von eigenen Wahrheitsansprüchen und dem Willen zur Toleranz zu reflektieren. Iwand sah die Notwendigkeit, die Frage zu klären, wie die reformatorische Bekenntnistradition und ihre eindeutige Christuszentrierung mit der Würdigung anderer religiöser und weltanschaulicher Positionen in Beziehung steht. Dabei ging er nicht den Weg einer Relativierung der Wahrheitsansprüche von einer scheinbar unangefochtenen Metaposition jenseits des Glaubenssystems her, sondern fragte nach systematischen Verbindungslinien zwischen Evangelium und Freiheit bzw. Evangelium und Toleranz. Mit Blick auf die Erfahrungen menschenverachtender Intoleranz gerade im zwanzigsten Jahrhundert suchte Iwand den Weg nach vorn in einer Offenheit, Sensibilität und Menschenzugewandtheit, die aus dem Bekenntnis zum Gekreuzigten und Auferstandenen erwächst, die andere Begründungen von Toleranz aber nicht ausschließt oder deklassiert. Margot Käßmann formuliert die damit verbundene Aufgabe heute so:

> »Anlässlich des Reformationsjubiläums gilt es zu fragen, was ›Christum treibet‹, wenn wir nach Wegen suchen, den eigenen Glauben zu bekennen und gleichzeitig Menschen zu respektieren, die einen anderen Glauben haben oder ohne Glauben leben. [...] Das Eigene lieben und leben, das Verschiedene respektieren und beides so miteinander versöhnen, dass gemeinsames Leben möglich ist.«[9]

Die Beiträge in diesem Band

Iwands Anstöße zur Fragestellung von ›Reformation und Toleranz‹ und zum ›Zusammenleben in *einer* Welt‹ werden in sechs thematischen Blöcken entfaltet, die aus in der Regel zwei Vorträgen unterschiedlicher Fokussierung bestehen. Deren Erträge werden jeweils in einer Response von einem zweiten Standpunkt aus reflektiert, befragt und weitergedacht. Neben Fragen der Iwand-Interpretation steht in diesem Band die Gegenwartsbedeutung seiner Überlegungen im Vordergrund.

---

9. Margot Käßmann, Tolerant aus Glauben, in: Schatten der Reformation. Der lange Weg zur Toleranz. Das Magazin zum Themenjahr 2013 »Reformation und Toleranz«, 51 und 52.

Der erste Themenblock wird Iwands Verständnis von der unteilbar einen Wirklichkeit in den Blick nehmen, nötige Differenzierungen vornehmen und dessen theologische Begründung kritisch würdigen. Der zweite Abschnitt richtet den Fokus auf Iwands Wahrnehmung der einen, in sich kulturell, politisch und religiös differenzierten Menschheit, vor allem im Blick auf den politischen Kontext des Kalten Krieges der 1950er Jahre und fragt nach Motiven und Ertrag seines Friedensengagements. Der dritte Themenblock widmet sich dem übergreifenden Thema des Reformationsjubiläums mit der Frage nach dem Zusammenspiel von Reformation und Moderne und deren möglicherweise bisher nicht genügend wahrgenommenen erkenntnistheoretischen und wissenschaftsgeschichtlichen Bezügen und Bruchlinien. Es folgt viertens Iwands christologisch eröffnetes Menschen- und Personverständnis und die Reflexion darin enthaltener ethischer Implikationen. Der fünfte Themenblock behandelt Iwands Kirchenverständnis – vor allem in Hinsicht auf gegenwärtige Kirchentheorien und auf die Erträge des christlich-jüdischen Dialogs. Der sechste schließlich dreht sich um Möglichkeiten und Grenzen des ökumenischen Dialogs im Blick auf die dezidiert kreuzestheologische[10] Fokussierung von Iwands Theologie.

---

10. Vgl. Peter-Paul Sänger, *Theologia crucis* als Mitte von Iwands Theologie?, in: ZDT 9 (1993), Heft 3 = Sondernummer: Hans Joachim Iwand, Aspekte seiner Kreuzestheologie, 21-30; Heinrich Assel: »... für uns zur Sünde gemacht ...« (2 Kor 5,21). Christologie und Anthropologie als Kreuzestheologie bei Hans Joachim Iwand, in: EvTh 60 (2000), 192-210.

I. Einheit der Wirklichkeit?

Wider die Aufteilung der einen Wirklichkeit

Hans Joachim Iwands ›angel's eye view‹

Gerard den Hertog

1. Einleitung

Der Haupttitel meines Referats ist in mehrerer Hinsicht Iwandscher Art. Nicht nur ist die Ablehnung einer Spaltung der einen Wirklichkeit ein Grundanliegen Iwands, allein schon das polemische erste Wort ›wider‹, ist typisch Iwandsch. Sein wohl bekanntester Aufsatz trägt ja den Titel: »Wider den Mißbrauch des ›pro me‹ als methodisches Prinzip in der Theologie«.[1] Derartige Titel sind heute allerdings nicht mehr geläufig; sie gehören einer vergangenen Zeit an, in der man Streitschriften verfasste, leidenschaftlich polarisierte und augenscheinlich eher bereit war, Brücken zu sprengen als sie zu bauen. Karl Barths »Nein! Antwort an Emil Brunner«[2] ist zweifellos die bekannteste polemische Schrift der neueren Theologiegeschichte, aber Friedrich Gogartens 1930 erschienener Titel »Wider die Ächtung der Autorität«, auf den Iwand 1931 noch pauschal zustimmend verweist,[3] war auch klar als ›Kampfschrift‹ gemeint.[4]

Wenn das nun stimmt, könnte man sich fragen, ob der Titel meines

---

1. Es gibt sogar zwei Texte Iwands mit fast gleichlautenden Titeln: Wider den Mißbrauch des pro me (»für mich«) als methodisches Prinzip in der Grundlegung theologischer Erkenntnis, in: Die Stimme der Gemeinde 5 (1953), 205-212; 333-336 und: Wider den Mißbrauch des »pro me« als methodisches Prinzip in der Theologie, in: EvTh 14 (1954), 120-125 (auch in: ThLZ 79 (1954), 454-458 und in: Rechtfertigung als Grundbegriff evangelischer Theologie. Eine Textsammlung eingeleitet und herausgegeben von Gerhard Sauter, München 1989, 274-280).
2. Karl Barth, Nein! Antwort an Emil Brunner, TEH Heft 14, München 1934.
3. Hans Joachim Iwand, Leben und Lehre. Etwas über vergessene Schätze aus Luthers Theologie (Schriften des Lutherheims, Heft 2), Königsberg 1931, 28 (Anm. 59). 1932 formuliert Iwand auch selber einen Titel, der unverkennbar Kampfgeist atmet: ›Der Kampf um das Erbe der Reformation‹ (in: GA II, 126-144).
4. Friedrich Gogarten, Wider die Ächtung der Autorität, Jena 1930. In der Werbung des (Eugen Diederichs) Verlags wurde diese Schrift als eine »politische Kampfschrift« angezeigt (vgl. Peter Lange, Konkrete Theologie? Karl Barth und Friedrich Gogarten »Zwischen den Zeiten« [1922-1933], Zürich 1972, 258).

Vortrags als solcher nicht eine gewisse Spannung in sich birgt: wenn es um die Einheit der Wirklichkeit geht, sollte man dann nicht lieber kommunikativ und verbindend formulieren, zumal diese Konferenz im Rahmen des Themenjahrs ›Reformation und Toleranz‹ stattfindet? Man könnte sich sogar fragen, ob der Titel allein nicht schon Anlass gibt, noch einmal zu erwägen, ob Iwand wohl ein geeigneter Theologe für das Thema ›Toleranz‹ sei. Er war ja ein Mensch, der seine Anliegen leidenschaftlich vertrat und dabei Kontroversen und Polemik nicht scheute. Ist Iwand ein guter Ratgeber, wenn man *Konsens* sucht?

Es gibt Zeitgenossen, die diese Frage wohl eher verneinen würden, wie Friedrich Wilhelm Graf. Er hat über Iwand geschrieben unter dem Titel »Glaubenspathos, Lutherischer Dezisionismus, Totale Gemeinschaft«[5], und behauptet, Iwand lege in seiner »ekklesiologisch fundierten Ethik« den Christen fest

> »auf bestimmte moralische Weisungen oder politische Gebote, die als Weisung Gottes bzw. als das direkt mit dem Evangelium verknüpfte Gesetz gelten sollten. [...] Mit dogmatischen Begriffen ›begründete‹ er eine Ethik des Glaubensgehorsams, deren konkrete Entscheidungen sich aber niemals rein dogmatisch rechtfertigen ließen. Insofern war er im Zentrum seines theologischen Denkens von einer Nähe zum zeittypischen Dezisionismus geprägt.«[6]

Grafs Fazit lautet: »Iwands autoritäres Glaubenspathos«[7] diente nicht der Toleranz, dem Brückenschlagen, sondern war vielmehr Ausdruck einer verengten theologischen und auch wohl kirchenpolitischen Sicht. Wenn Iwand schon auf Konsens und Einheit aus war, dann nach Graf auf eine ganz einseitige und spezifische, nämlich »[l]utherische Totalvergemeinschaftung«.[8] Wenn das alles nur teilweise stimmt, haben wir dann heute nicht den falschen Mann zum Thema ›Toleranz‹?

Nun könnte ich allerdings versuchen meinen Vortrag so zu ›retten‹, dass ich mich konzentriere oder gar beschränke auf Iwands fundamental-theologischen Ansatz. Dazu gäbe es allerdings von seiner Theologie her genü-

---

5. Friedrich Wilhelm Graf, Glaubenspathos, Lutherischer Dezisionismus, Totale Gemeinschaft. Hans Joachim Iwand, in: ders., Der heilige Zeitgeist. Studien zur Ideengeschichte der protestantischen Theologie in der Weimarer Republik, Tübingen 2011, 461-481 (Neudruck von: Hans Joachim Iwand, in: Wolf-Dieter Hauschild (Hg.), Profile des Luthertums. Biographien zum 20. Jahrhundert, (Lutherische Kirche. Geschichte und Gestalten. Band 20), Gütersloh 1998, 369-395).
6. Ebd., 481.
7. Ebd., 478.
8. Ebd., 478.

gend Grund und Anlass. Von seinen ersten theologischen Anfängen an hat er sich ja gegen das Auseinanderfallen der Wirklichkeit gewandt und sich darum in seiner Dissertation mit Karl Heims Versuch auseinandergesetzt, den Glauben mittels Antinomien zu begründen.[9] Das Thema ›Glauben *und* Wissen‹ – mit der Betonung des ›und‹ – kündigt sich schon sehr früh an und verbindet von Anfang an ein ganzes Bündel von Aspekten. Es geht Iwand um die Einheit der (theologischen) Existenz, und darum *wider* den Missbrauch eines ›*pro me*‹, mit dessen Hilfe unsere Lebenswelt und wir selbst auf zwei ›Bereiche‹ verteilt werden, was den lebenspraktischen Erkenntnisprozess erheblich erschwert, wenn nicht lähmt. Würde ich mich auf *diesen* Iwand beschränken, müsste ich allerdings einen wesentlichen Teil seiner theologischen Existenz ausblenden und – würde dem Thema dieser Konferenz nicht gerecht werden. Zudem: Wenn wir den Aufbau dieser Konferenz allein schon in Betracht nehmen, mag klar sein, dass die Blickrichtung meines Referats, das nicht zufällig als erstes auf dem Programm steht, nicht rein fundamentaltheologisch sein kann.

Ich fange darum anderswo an: bei den Klüften und Zerspaltungen, den Rissen in der Wirklichkeit, die die Einheit zerstören und auflösen, wie Iwand sie wahrgenommen und auch persönlich schmerzlich empfunden hat – und wie er theologisch darauf reagiert hat. Dazu greife ich eine Redeweise auf, die er Anfang der fünfziger Jahre öfters benutzt. Es ist das Bild eines Engels, der vom Himmel herabschaut auf diese Erde und sieht, was wirklich dran ist: nämlich dass es solche gibt, die Unrecht tun und andere, die Unrecht leiden. Mit Hilfe dieses Bildes versucht Iwand die Perspektive des Evangeliums einzubringen. In seinen Vorträgen und Texten aus den Jahren 1950 bis 1952 habe ich dieses Motiv fünfmal gefunden, aber es könnten noch mehr Belegstellen geben.

2. Die Perspektive des Engels

So antiquiert und obsolet das Bild eines Engels heute vielleicht anmutet, in den bewegten Jahren während und nach dem Zweiten Weltkrieg war Iwand nicht der einzige, der danach griff. Vielleicht war es zuerst als stummes Bild

---

9. Hans Joachim Iwand, Über die methodische Verwendung von Antinomien in der Religionsphilosophie. Dargestellt an Karl Heims »Glaubensgewißheit« (Maschinenschriftliche Lizentiatenarbeit Königsberg 1924), Preußische Staatsbibliothek Berlin MS 25.5705.

da, das als solches wirkt, wie etwa das ergreifende Foto vom Turm des Dresdener Rathauses aus, auf dem eine auf dem ersten Blick engelhafte Gestalt hinunterschaut auf die Ruinen der sich zuvor durch Schönheit und Kultur auszeichnenden, im Bombenangriff Februar 1945 aber total zerrütteten Stadt. Was nimmt man wahr, wenn man am Zeigefinger dieser Figur entlang hinunterschaut? Die völlige Zerstörung von Nazi-Deutschland als gerechtes Gericht der Geschichte? Oder vielmehr das verbrecherische Bombardement der Alliierten, das keinem Kriegszweck diente? Es hängt wohl von den Augen desjenigen ab, der mit dieser einsam verbliebenen Gestalt auf dem Rathaus seinen Blick über die Trümmer schweifen lässt. Iwand verweist allerdings nicht auf dieses Foto, wenn er das Bild eines Engels aufgreift, und er denkt vermutlich auch nicht daran, denn sein Engel ist kein erstarrtes Symbol der Zerstörung, sondern ein Bote Gottes, der uns eben etwas anderes zeigt als wir schon von uns aus sehen.

Das Bild eines Engels spielt auch eine zentrale Rolle in Walter Benjamins Essay »Über den Begriff der Geschichte«, den er 1940 verfasste, kurz bevor er sich auf der Flucht vor den Nazis das Leben nahm. In seinem Text ist der Engel kein stummes Symbol, sondern er unterscheidet sich darin von der engelhaften Statue auf dem Dresdener Rathaus, dass er lebt und etwas wahrnimmt, was anderen entgeht. Dieser Unterschied wird im Text hervorgehoben und prägt ihn.

> »Es gibt ein Bild von Klee, das Angelus Novus heißt. Ein Engel ist darauf dargestellt, der aussieht, als wäre er im Begriff, sich von etwas zu entfernen, worauf er starrt. Seine Augen sind aufgerissen, sein Mund steht offen und seine Flügel sind ausgespannt. Der Engel der Geschichte muß so aussehen. Er hat das Antlitz der Vergangenheit zugewendet. Wo eine Kette von Begebenheiten vor *uns* erscheint, da sieht *er* eine einzige Katastrophe, die unablässig Trümmer auf Trümmer häuft und sie ihm vor die Füße schleudert. Er möchte wohl verweilen, die Toten wecken und das Zerschlagene zusammenfügen. Aber ein Sturm weht vom Paradiese her, der sich in seinen Flügeln verfangen hat und so stark ist, daß der Engel sie nicht mehr schließen kann. Dieser Sturm treibt ihn unaufhaltsam in die Zukunft, der er den Rücken kehrt, während der Trümmerhaufen vor ihm zum Himmel wächst. Das, was wir Fortschritt nennen, ist *dieser* Sturm.«[10]

Die Szene, die Benjamin hier aufruft, ist höchst expressiv. Es ist keine Frage, 1940 lässt sich die Katastrophe nicht mehr verhüten. Das volle Unheil wird als gegenwärtig und unabwendbar gezeichnet. Der »Engel der Geschichte« möchte den Schaden heilen, aber er ist dazu nicht imstande. Der »Sturm

---

10. Walter Benjamin, Über den Begriff der Geschichte, in: Gesammelte Schriften. Band I.2, Frankfurt a. M. 1978², 697 f. (Hervorhebungen im Text).

vom Paradiese her« ist zu kräftig, als dass es ihm gelingen könnte, dem Elend entgegenzuwirken. In den aufgerissenen Augen dieses Engels auf der aquarellierten Zeichnung von Paul Klee ist das Entsetzen zu lesen.

Der Engel Benjamins passt zu dem Jahr 1940, wie die Figur aus Dresden zu 1945. 1940 hat die Katastrophe des Zweiten Weltkriegs sich noch nicht im vollen Ausmaß vollzogen. Die Schoah stand noch aus, so auch die Leiden der osteuropäischen Völker – und des deutschen Volkes. Es gab allerdings Anzeichen des Elends, das Europa bevorstand, die der ›Engel der Geschichte‹ zwar schauen konnte, aber für Menschen war das noch verborgen im Schoße der Zukunft. Im Jahr 1945 hingegen war das Unheil in vollem Ausmaß Realität. Als die Waffen endlich schwiegen, war Europa ein zerstörter Kontinent mit unzähligen Opfern des Krieges. Die Dresdener Figur symbolisierte dieses nicht rückgängig zu machende Fatum. Darum sprach sie gerade und umso mehr als schweigende und erstarrte Gestalt.

Bei Iwand kommt, wenn ich recht sehe, das Bild des Engels erst ab 1950 vor und zwar bis 1952, in einer anderen Zeit also. Es ist die kurze Zeitspanne, als die erste Erschütterung vorbei ist und der Wiederaufbau in Gang kommt, aber gleichzeitig ein neuer, ›kalter Krieg‹ sich geltend macht. Die Welt hat sich mittlerweile nach ideologischen Trennlinien aufgespalten, mit den unvermeidlich dazugehörigen Rechtfertigungsmechanismen. In diesem Kontext figuriert der Engel in Iwands Ansprache auf der Synode der EKD von Berlin-Weißensee 1950[11] und in seinem »Entwurf eines Friedenswortes« für dieselbe Synode[12], im Vorwort zu Margarete Kühnapfels »Auch in der Hölle bist Du da. Not und Gnade meiner Russenjahre«, einem Bericht über Königsberg in den ersten Nachkriegsjahren[13], im Vortrag »Die Wiedergeburt des Geistes« auf der Westdeutschen Kulturtagung Januar 1952 und schließlich im Aufsatz »Die politische Existenz des Christen unter dem Auftrag und der Verheißung des Evangeliums von Jesus Christus«.[14] Wenn auch Iwands Engel auf die geschundene Welt herunterblickt, so ist er doch keine im Bombenhagel erhalten gebliebene Figur, die in ihrer Erstarrung quasi die zerstörte Stadt verkörpert. Er ist auch kein ›Engel der Geschichte‹, der mit Entsetzen die Opfer und Zerstörungen sieht, aber

---

11. Berlin-Weißensee 1950. Bericht über die zweite Tagung der ersten Synode der Evangelischen Kirche in Deutschland vom 23.-27. April 1950, 121 f.
12. Hans Joachim Iwand, Entwurf eines Friedenswortes für die Synode der EKD von Berlin-Weißensee (1950), in: FO, 35.
13. Hans Joachim Iwand, Vorwort, in: Margarete Kühnapfel, Auch in der Hölle bist Du da. Not und Gnade meiner Russenjahre, Stuttgart 1951, 6.
14. Hans Joachim Iwand, Die politische Existenz des Christen unter dem Auftrag und der Verheißung des Evangeliums von Jesus Christus, in: GA I, 200.

selbst haltlos ist und von der Katastrophe mitgerissen wird. Iwands Engel zeigt an, wie *Gott* die Welt wahrnimmt. Dieser Blick vom Himmel her ist der Blick, der den Unterschied sieht und macht.

Von dieser Perspektive her baue ich meinen Vortrag folgendermaßen auf. Ich gehe dem nach, welche Sicht die Außenperspektive des Engels uns Iwand zufolge enthüllt. Von daher frage ich weiter, was diese Sichtweise impliziert, was sich ändert, wenn wir unseren Blick von dem des Engels leiten und bestimmen lassen. In alledem werde ich versuchen, die Ergebnisse systematisch-theologisch aufzunehmen und auf unsere Gegenwart hin zu bedenken.

Durch die Augen des Engels

Was sieht man, wenn man dem weisenden Finger des Iwandschen Engels folgend auf unsere Welt hinunterschaut? Ich zitiere aus der stenographischen Mitschrift des Vortrags »Die Wiedergeburt des Geistes«, das wortwörtlich wiedergibt, was Iwand im Januar 1952 auf der Westdeutschen Kulturtagung gesagt hat:

> »Wenn ein Engel vom Himmel hierzu reden könnte, wenn wir mit dem reinen Auge der göttlichen Gerechtigkeit herunterschauen würden auf diesen Osten, wo die Judenlager waren, wo sechs Millionen Polen ausgerottet, wo die russischen Städte angezündet und nur die Dirnen auf die Militärwagen geladen wurden, die Frauen aber mit den Kindern im Schnee saßen und auf das Erfrieren warteten, wo fünfzehn Millionen Deutsche vertrieben worden sind, wenn wir das einmal mit den Augen eines Engels Gottes ansehen könnten, wir würden nicht mehr sagen: Russen und Deutsche und Polen, sondern wir würden sagen: hier sind solche, die Unrecht leiden, und hier sind solche, die Unrecht tun. Das wäre der Anfang einer neuen Sprache. Diese Sprache können die Amerikaner nicht finden, und die können die Franzosen nicht finden. Wenn wir nicht selbst den Mut haben zur Buße, dann wird uns kein Friede werden. Das ist die letzte Aufgabe des Geistes. Ob wir den Mut haben, in dieses Unrecht hinein das Kreuz zu stellen, wo man sagen müsste, es ist ein Gott. Oder ob das Christentum da endet, wo die Gerechten leben. Ob Jesus außerhalb des Lagers gelitten hat und ob wir dem Kreuze und dem Namen Gottes noch zutrauen, dass es die Welt verwandelt, weil es die Herzen verwandelt.«[15]

Hier stehen Gedanken dicht beieinander, die bei Iwand immer wieder, wenn auch verstreut, begegnen. Da die stenographische Wiedergabe mehr

---

15. Hans Joachim Iwand, Die Wiedergeburt des Geistes (Jan. 1952), Stenographisches Manuskript, 19 (BArch Koblenz, Nachlass Hans Iwand, N 1528).

bietet und insofern auch interessanter ist als das ebenfalls erhaltene eigene Manuskript von Iwands Vortrag, mache ich dieses Zitat zum Ausgangspunkt.

Nicht nur hier, sondern an allen Stellen, wo Iwand einen Engel einführt, steht zentral: der Engel sieht solche, die Unrecht leiden, und solche, die Unrecht tun. Das ist aus seiner Sicht der Unterschied, der wirklich zählt. Von da gilt es, weiterzudenken, das heißt: umzudenken. Damit fallen die Unterschiede weg, die wir Menschen als geschichtsmächtige Grenzen und Antagonismen empfinden und bezeichnen oder auch bewusst konstruieren, etwa nach dem Freund-Feind-Prinzip.[16] Solche Konstruktionen lösen aber die Probleme nicht, sondern führen nur tiefer in Sackgassen des moralischen Urteilens. Nein, was vom Himmel her sichtbar wird, »wenn wir mit dem reinen Auge der göttlichen Gerechtigkeit herunterschauen würden«, ist ein ganz anderes Feld – oder besser: dasselbe Feld ganz anders. Die Kluft, die wirklich zählt, ist nicht die zwischen Völkern, Rassen oder was auch immer, sondern da unterscheiden sich die Menschen anhand des Kriteriums »Unrecht tun« versus »Unrecht leiden«, beziehungsweise »Gewalt erleiden« versus »Unschuldigen Gewalt antun«[17]. Von diesem Gesichtspunkt aus ändert sich die ganze Perspektive und stellt sich die Frage, wie man in diesem Europa weitermachen kann, ganz neu.

Die neue Sprache des Geistes

Wenn wir von dieser Sicht des Engels her uns umorientieren würden, sagt Iwand, wäre das »der Anfang einer neuen Sprache«. Die Grammatik würde sich in eine andere Richtung entwickeln, nicht mehr die der aggressiven Propaganda, der kurzen Phrasen, die keine Kommunikation stiften, der Einschüchterung oder der Tarnung der Wirklichkeit, sondern der Liebe und des Zuhörens. Der Wortschatz wird auch ein anderer werden, die Wörter wollen nicht verletzen, sondern heilen und Frieden stiften.

Die Rede von einer neuen Sprache kehrt von da an in Iwands Werk stets wieder und ist durch die fünfziger Jahre hindurch dauernd präsent. 1958

---

16. Iwand setzt sich in diesen Jahren intensiv mit Carl Schmitts Freund-Feind-Prinzip auseinander, so etwa in: Die Liebe als Grund und Grenze der Freiheit, NWN 1, 194-205, 195; ders., Die politische Existenz des Christen unter dem Auftrag und der Verheißung des Evangeliums von Jesus Christus, GA 1, 189 ff.
17. Hans Joachim Iwand, Die politische Existenz des Christen, GA I, 200. Vgl. H. J. Iwand, Die Wiedergeburt des Geistes (Jan. 1952), Manuskript, 12 (s. Anm. 15).

sagt er auf der Gründungsversammlung der Christlichen Friedenskonferenz:

> »Wir werden eine neue Sprache finden – nicht die der gespaltenen Menschheit – in der wir uns im Letzten verstehen. Wir werden aufeinander hören und voneinander lernen.«[18]

Wir werden nicht aneinander vorbei leben, einsam herum kreisend in unseren eigen Gedanken und Bildern, sondern »uns im Letzten verstehen«. Es wird nicht die Sprache der Propaganda, der politischen Verhandlungen oder der verführerischen und trügerischen Werbung sein, sondern wir werden »hören und lernen«. Das Fremde ist für uns ja »geistige Nahrung«[19], schreibt Iwand in Bezug auf Menschen der ›anderen Seite‹ im Kalten Krieg.

Diese ›neuen Sprache‹ unterscheidet sich von unserer üblichen Rede darin, dass wir nicht länger von Babel herkommen – von den Trennungen und Spaltungen und Grenzen, die Menschen bilden und aufrechterhalten und hinter denen sie sich verschanzen, sondern vom Heiligen Geist, dem Geist von Pfingsten, der uns an einander heranführt und eine neue Sprache lehrt.[20] Hier bringt Iwand eigene Erfahrungen ein. Er hat selber in der Zeit des ›Dritten Reiches‹ Pfingsten neu verstehen gelernt, nämlich als Gabe eines neuen Verstehens von Menschen und Völkern im Hören auf Gottes Wort.[21] In seiner Vorlesung ›Kirche und Gesellschaft‹ 1951 kennzeichnet er Pfingsten als eine »Bewegung von Gott her«, die Gottes »Befreiungs- und Erlösungstat« ist, die »wie ein Feuer um sich griff«.[22] Die »neue Sprache« ist denn auch »eine senkrecht von oben kommende«.[23] Also: das befreiende

---

18. Hans Joachim Iwand, Die Verantwortung und die Aufgaben des Christen in der heutigen internationalen Situation, FO, 197.
19. Ebd., FO, 186.
20. Vgl. Hans Joachim Iwand, Kirche und Gesellschaft, NWN 1, 15f.
21. Der neue Bedeutung, die Iwand Pfingsten beimisst, tritt deutlich zutage, wenn man »Die Gegenwartslage des Protestantismus im östlichen Raum« (1933) (FO, 9-17) vergleicht mit »Vor dem Sturm« (Durlach 1937). Im ersten Text notiert Iwand: »Das Wunder des Heiligen Geistes ist kein ›Zungenreden‹, sondern es ist das Reden mit Gott und Gottes mit dem Menschen in der Muttersprache« (FO, 13), während er vier Jahre später betont: »Unter dem Zerrbild eines völkerzerstörenden Internationalismus wird der universale Charakter der Kirche geächtet, und es scheint vergessen, daß wir als Christen und als in der Kirche erzogenen Völker nicht von der babylonischen Sprachenverwirrung kommen, sondern von Pfingsten: Von dem Tage, da im Hören auf Gottes Wort die Völker einander neu verstehen lernten.« (Vor dem Sturm, 12).
22. NWN 1, 16.
23. NWN 1, 45.

und Gemeinschaft stiftende Wort kommt von Gott her! Der Blick des Engels vom Himmel herab ist somit nicht der eines neutralen oder auch engagierten, aber nur wahrnehmenden Beobachters, sondern der Himmel ist der Ort, von dem aus Heil und Rettung erwartet werden darf.

Wenn Iwand in seinem Vortrag »Die Wiedergeburt des Geistes« sagt, das Erlernen dieser neuen Sprache sei »letzte Aufgabe des Geistes«, meint er den menschlichen Geist und passt sich somit einem idealistischen Sprachgebrauch an. Das ist mehr als eine Redensart, er setzt wirklich auf den Geist, den menschlichen Geist, der aber ohne eine Wiedergeburt nicht auskommt – der Titel seines Vortrags, handschriftlich vermerkt und also vielleicht nicht so auf dem Programm, lautet ja: »Die Wiedergeburt des Geistes«. Der ›Geist‹ Deutschlands und Europas ist gefährdet, weil er sich dem angeblichen Realismus verschrieben hat, und braucht vom Evangelium her Genesung und Befreiung. Hier zeigt sich, dass das Thema ›Glauben und Wissen‹ bzw. ›Glauben und Erkennen‹ für Iwand nicht ein bloß theologisches Thema war, sondern gesellschaftliche und politische Implikationen hatte. Es ist denn auch bezeichnend, dass er gerade in diesen Jahren mehrere Vorträge und Kollegs zu diesem Thema hält,[24] wie auch dass er im ersten Heft einer neuen Zeitschrift ›Blätter für deutsche und internationale Politik‹ einen kurzen, aber gehaltreichen Aufsatz mit dem Titel »Umkehr und Einsicht« veröffentlicht.[25]

Das Kreuz

Und dann – das Kreuz. Der Engel sieht diese, unsere Erde, und er lässt sie uns mit seinen Augen sehen. Er lenkt unseren Blick auf die Tiefe des Leidens, auf das Kreuz, das in diese Erde gepflanzt steht.

> »Die größten Wendungen in der Welt ereignen sich im tiefsten Leid. Das Kreuz ist nicht umsonst das Zeichen der größten Hoffnung.«[26]

Der Blick vom Himmel herab ist nicht gerichtet auf eine ›Hinterwelt‹, er sieht auch nicht eine Welt, in der alle Katzen grau sind, sondern er nimmt »mit dem reinen Auge der göttlichen Gerechtigkeit« wahr, was wirklich

---

24. Der erste Band der Nachgelassenen Werke enthält einen Vortrag mit dem Titel »Glauben und Wissen« (NW 1, 17-26) und eine Vorlesung »Glauben und Wissen« (NW 1, 27-216), beide aus dem Jahr 1955.
25. Hans Joachim Iwand, Umkehr und Einsicht (1956), in: FO, 153-158. Ursprünglich veröffentlicht in: Blätter für deutsche und internationale Politik 1 (1956), 39-41.
26. Hans Joachim Iwand, Zur religiösen Lage der Flüchtlinge (1949), FO, 30.

dran ist. Und das bedeutet dann nicht das Ende dieser Welt im Gericht Gottes, sondern das »reine Auge der göttlichen Gerechtigkeit« sieht Jesus Christus, den für unsere Sünden Gekreuzigten. Das hatte für Iwand hohe gesellschaftliche und politische Relevanz. In seinen Texten zum Thema ›Kirche und Gesellschaft‹ Anfang der fünfziger Jahre[27] unterscheidet Iwand drei Gestalten des Offenseins der Kirche für die Gesellschaft, deren dritte und entscheidende vom Kreuz Christi her bestimmt ist: die Kirche bekennt, dass sie Jesus Christus nicht gefunden hat in der Gesellschaft der Gerechten, sondern bei den Sündern.[28] Von dem Kreuz Jesu Christi her läuft eine andere Trennungslinie: nicht die zwischen denen, die recht haben, die guten Willens sind, die zum ›christlichen Abendland‹ gehören, im Unterschied zu den ›gottlosen Kommunisten‹ oder – so heute – etwa auch zu Vertretern einer vermeintlich ›rückständigen‹, die ›aufgeklärte und freie westliche Welt gefährdenden‹ Religion wie dem Islam, sondern zwischen denen, die Unrecht tun, und denen, die Unrecht leiden. Weil wir auf welchem Weg der Selbstgerechtigkeit auch immer uns irren, weil das Kreuz Christi Gottes Urteil über uns alle bedeutet, aber auch so Vergebung und Umkehr in sich schließt, darum geht es nicht um recht haben vor dem Forum der Geschichte oder im weltanschaulichen Wettstreit, geschweige denn in den Augen Gottes, sondern um Anerkennung dessen, dass wir auf diese Heilung von oben angewiesen sind. Diese Einsicht hilft uns, die andere, allzu reelle und geschichtsmächtige Trennungslinie wahrzunehmen und ihr gerecht zu werden, nämlich die zwischen denen, die Unrecht tun, und denen, die Unrecht leiden.

In alledem werden wir mit uns selbst konfrontiert. Im Nachkriegsdeutschland war gerade diese Konfrontation mit der eigenen Schuld dringlich, aber das deutsche Volk ging ihr aus dem Weg.[29] Das erste Mal, dass Iwand das Bild der Engelsperspektive benutzt, ist seine Ansprache auf der

---

27. Vgl. die Vorlesung »Kirche und Gesellschaft« (1951) in NWN 1 und die Texte, die im Anhang aufgenommen sind: Die Liebe als Grund und Grenze der Freiheit (194-205), Die Bibel und die soziale Frage (231-261) und Kirche und Gesellschaft (262-280).
28. Vgl. Ekkehard Börsch, Karl Barth »Christengemeinde und Bürgergemeinde« und Hans Joachim Iwand »Kirche und Gesellschaft«, in: Martin Hoffmann (Hg.), Die Provokation des Kreuzes. Entdeckungen in der Theologie Hans Joachim Iwands, Waltrop 1999, 251-288; Gerard den Hertog, Durchbruch nach vorn. Zu H. J. Iwands Vortrag ›Die Bibel und die soziale Frage‹, in: ZDTh 1 (1985), 149-159 und 2 (1986), 89-108.
29. Vgl. etwa Hans Joachim Iwand, Das Gewissen und das öffentliche Leben, NW 2, 128-133; 144f.; Die politische Existenz des Christen, GA I, 193-196.

EKD-Synode Berlin-Weißensee April 1950, wo er von einem ostpreußischen Gemeindetag am 30. Mai 1948 in Berlin erzählt, bei dem er im Hinblick auf die bedrohliche Weltlage versucht die eigene Vergangenheit aufzuarbeiten und das heißt, erlebte Not und begangenes Unrecht beim Namen zu nennen:

> »Was haben wir nun aber zu dem Frieden selbst zu sagen? (…) Die Synode wird selbst zu entscheiden haben. Ich möchte nur, daß wir uns der Not nicht entziehen. Ich möchte aber noch ein Paar Dinge nennen, die mir persönlich immer nachgehen. Ich hatte einmal hier in Berlin zu sprechen vor etwa 2000 Ostpreußen, die gerade aus Ostpreußen herausgekommen waren. Die Menschen hatten Unbeschreibliches erlebt, und ich wußte nicht, wie ich zu ihnen sprechen sollte. Ich habe ihnen etwas berichtet von dem, was ich während des Krieges im Ruhrgebiet gesehen habe. Ich habe ihnen etwas berichtet von dem Leben der russischen Kriegsgefangenen in den Gruben, die nur eine Mahlzeit bekamen am Nachmittag um 6 Uhr. Ich habe ihnen etwas berichtet von dem Leichenwagen, der jeden Morgen an unser Krematorium herangefahren kam mit etwa 25 bis 30 nackten Leichen von Russen. Ich habe ihnen etwas berichtet von den verschleppten Frauen, die bei Angriffen mit ihren Kindern nicht in die Bunker gehen durften, wo die Deutschen waren, und die sich dann mit ihren Leibern über ihre Kinder in die Hauseingänge warfen. Ich habe ihnen berichtet von den Mädchenlagern der Verschleppten, der aus dem Osten Verschleppten, von den Lagern, von dem ich einige besucht habe, wo man den Eltern einzeln die Kinder weggenommen hatte (oft von solchen Menschen, die schon vom Bolschewismus verfolgt waren). Und als ich das erzählte, dann wandelten sich die Gesichter, und ich konnte zu meinen Brüdern sprechen; denn es war ganz klar: dasselbe hatten sie erlebt. Es war dieselbe Situation. Es war auf einmal der Schleier weggenommen, den wir durch unser nationales Denken uns noch vor die Augen halten. Das, was wir da getan haben, an den Menschen aus Polen und Rußland, weil wir glaubten, sie seien eine niedere Sorte Menschen, das haben unsere Brüder im Osten oft in vielfacher Form dann auch wieder ertragen müssen. Gottes Gericht läuft heute sehr schnell. Wenn ein Engel vom Himmel sehen würde, was im Osten geschehen ist, er würde ja nicht Deutsche und Polen und Russen sehen, er würde solche sehen, die Unrecht tun, und solche, die Unrecht leiden. Und das möchte ich doch nun einmal sagen: meine größte Sorge, liebe Brüder und Schwestern, um den Frieden ist der Osten, und zwar deswegen, weil so viel Schuld, so unsagbare Blutschuld in diesem Osten liegt, weil hier der alte Kampf von Germanen und Slawen auf eine neue Höhe getrieben worden ist, und ich kann mir nicht denken, daß es ein Evangelium gibt, das Grenzen stellt.«[30]

Hier sehen wir, was der Blick des Engels mit Menschen tun will: ihnen helfen, die Fixierung auf das eigene, oft unbeschreibliche Leid loszuwerden.

---

30. Berlin-Weißensee 1950 (s. Anm. 11), 121 f.

Was diese Flüchtlinge aus Königsberg in den Jahren 1945-1948 an Grausamem erlitten, steht ja in einem Zusammenhang mit dem, was deutsche Soldaten im Osten Europas angerichtet haben.[31] Die Erkenntnis dieses Zusammenhangs ist schwer und peinlich, aber heilsam, weil sie die Befangenheit im eigenen Leiden aufbricht und das Leiden des Anderen wahrnehmbar macht – und so den Menschen an seine Verantwortung und Schuld heranführt und zur Buße bringt.

Also: der Blick des Engels ändert unseren Blick und ändert uns selbst. Darum sind die Trennungslinien zwischen Völkern, Rassen und auch Ideologien so grundfalsch, weil sie unsere eigene Sicht nur bestätigen und uns erstarren lassen – mit der Folge, dass wir als erstarrte Menschen in unserem Handeln einander erneut Übles antun. Die Trennungslinie zwischen Himmel und Erde, zwischen Gott und uns Menschen, die das Erste Gebot markiert und schützt, ist darum ein so wichtiger Ausgangspunkt für Iwand. Es gilt, *diese* Trennungslinie zu achten, damit uns von dorther Befreiung auch aus unserem falschen Trennen geschenkt werden kann.

3. Umkehr und Einsicht

Nationalismus als Verblendung

Wir verschärfen jetzt unseren Blick für das, was Iwand wahrgenommen hat. Als größtes Übel sieht er den »national begrenzten Standpunkt«[32], dem er

---

31. Vgl. Iwand in seinem Vorwort zu Margarete Kühnapfels Bericht über die Nachkriegsjahre in Königsberg unter russischen Besatzung: »Es ist so schwer, über dem, was dort geschehen ist, zum Frieden und zur Vergebung zu kommen. Es wird leichter, wenn wir hören, was zuvor auf der anderen Seite geschehen ist, was dort in Polen und in Rußland die Frauen, die Kinder, die Alten und die Schwachen erlitten haben. Wenn ein Engel vom Himmel her das blutgetränkte Feld des Ostens sehen könnte, dann würde er gewiß nicht mehr unterscheiden zwischen den Nationen, wie wir das in unserer Verblendung tun, sondern zwischen denen, die Unrecht tun und denen, die Unrecht leiden.« (s. Anm. 13, 5 f.)
32. Hans Joachim Iwand, Die politische Existenz des Christen, GA I, 200: »Wenn wir unseren Standpunkt, den wir hier auf Erden einnehmen, einmal aufgeben könnten, diesen national begrenzten Standpunkt, und wir könnten dies alles sehen mit den Augen Gottes, wir könnten es sehen, wie ein Engel vom Himmel, dann würde es wohl kaum noch Russen und Polen und Juden und Deutsche, Slaven und Germanen geben, sondern nur solche, die Gewalt erleiden, und solche, die den Unschuldigen Gewalt antun.«

persönlich auch erlegen gewesen war. Diese Verblendung sieht er nach 1945 fortgesetzt in dem Streit der Ideologien. Wie früher die Nation zum Gott erhoben wurde – so das ›Darmstädter Wort‹ von 1947[33] – und dem Freund-Feind-Prinzip freie Bahn gab, so wurde die Selbstgerechtigkeit in der ideologischen Spaltung Europas auf andere Weise fortgesetzt. Oder besser: nicht einfach fortgesetzt, sondern umgesetzt in eine noch gefährlichere Form. War der Nationalismus eine Sache des ›Unterbauchs‹, gegen die die Vernunft ins Feld geführt werden konnte, sind die neuen Ideologien Gebilde des Geistes und insofern gefährlicher, weil sie sich ins Gewand der Vernunft hüllen.

So wenig Iwand sich freilich einfach vom ›Volk‹ abwendet, so wenig wendet er sich pauschal gegen die ›Ideologien‹ – im Gegenteil. Die wahre Aufgabe der Ideologien ist es, dass sie Bilder sein wollen, die uns helfen sollten, denkend einen Weg zur Behütung und Bewahrung der Humanität in der Gesellschaft zu finden. Die Not des Geistes ist aber gerade, dass er aufgehört hat, normativ zu sein. Der Geist resigniert, er nimmt die Tatsachen hin wie ein unabänderliches Schicksal, dem der Mensch restlos ausgeliefert ist. Die Folge des herrschenden Denkens bezeichnet Iwand in Anschluss an Wilhelm Dilthey[34] und Max Scheler wiederholt als ›ethische Anarchie‹. In seinem Vortrag »Die Teilung zwischen Ost und West als Anfechtung des Geistes« aus dem Jahr 1952 führt Iwand aus, dass

> »die ungeheure Not des Geistes und des geistigen Lebens […] dazu führt, daß nach einer kurzen Pause scheinbarer Aktivität jener Rückzug der geistigen Menschen aus dem politischen Leben eintritt, der für die Zeit der Diktatur so typisch war. Eine tiefe Resignation hier wie dort hat die Menschen befallen, der Geist hört auf, normativ zu sein. […] Dadurch entsteht das, was ich die Anarchie des ethischen Denkens nennen würde. Wir leben mehr oder weniger alle in einer Art Binnenmoral, das heißt die verschiedenen Machtgebiete, in denen die Menschen existieren, haben ihre eigenen Werttafeln. Sie bestimmen über gut und böse, sie bestimmen, wer mein Freund und wer mein Feind ist; sie entscheiden durch geschriebene und ungeschriebene Gesetze über das, was wir denken, und über das, was wir predigen. Die Nächstenliebe wird genau so, wie das bereits im Dritten Reich der Fall war, limitiert, denn wer der Nächste ist, den ich zu lieben habe, bestimmt die öffentliche Meinung bzw. der Staat.«[35]

---

33. FO, 22.
34. Vgl. Wilhelm Dilthey, Rede zum 70. Geburtstag, in: ders., Die geistige Welt. Einleitung in die Philosophie des Lebens. Erste Hälfte, Abhandlung zur Grundlegung der Geisteswissenschaften, Gesammelte Schriften Bd. 5, (hg. von G. Misch), Stuttgart ⁴1957, 9.
35. Hans Joachim Iwand, Die Teilung zwischen Ost und West als Anfechtung des Geistes (1952), FO, 77 f.

Den Werttafeln fehlt ein Grund und eine Mitte. Die Vernunft kann nicht aus sich heraus leben, sie braucht Befreiung – auch und vor allem Befreiung zum Denken. Diese Befreiung ist ein Akt des Geistes Gottes, oder in biblischer Sprache: die Entgötterung der Welt im Sinne des Ersten Gebots kann die Vernunft nicht von sich aus realisieren. Wir leiden an einer »Besessenheit, die durch den Geist von oben geheilt werden muß«.[36] Darum betont Iwand gerade in diesen Jahren energisch, dass der Glaube die Vernunft befreit und zu sich bringt. Darum heißt es: Glauben *und* Wissen, Glauben *und* Erkennen.

Eine effektive Befreiung aus der Verzauberung und Verblendung im Nationalismus bedarf also des Pfingstgeistes. 1949 und 1950 notiert Iwand in Bezug auf die Flüchtlingsfrage im Nachkriegseuropa:

> »Jeder Versuch, unser Problem innerhalb des Nationalitätendenkens zu lösen, ist Verrat an seiner religiösen Wurzel. Wir kommen nicht her von Babel, sondern von Pfingsten.«[37]

> »Vor uns steht die Verheißung des Pfingstgeistes, der den Geist von Babel mit seiner Sprachenverwirrung [Gen. 11,9] aufzuheben vermag.«[38]

»Wir kommen her von Pfingsten«, die »Verheißung des Pfingstgeistes« steht vor uns. Das Spaltungs-Denken herrscht aber in den Köpfen und Herzen der Menschen, auch der Politiker, hat sich den eigenen Werttafeln der Nationalitäten oder der Ideologien verschrieben und wehrt sich gegen den Geist von Pfingsten. Doch deren ethische Leitbilder sind – ein beliebtes Bild Iwands – wie gepflückte Blumen, die den Tisch zieren, aber bald verwelken.[39] Sie können nicht aus sich leben. Die Heilung des Geistes kann nur vom Geist von oben kommen, in der bleibenden Verbundenheit mit ihm.

Geschichtliche Schuld, Vergebung und Erneuerung

Der Geist, der »Umkehr und Wiedergeburt« »zu einer lebendigen Hoffnung«[40] schenkt, kann die Schuld nicht umgehen: das ist das schwerste Pro-

---

36. Hans Joachim Iwand, Die politische Existenz des Christen, GA I, 191.
37. Hans Joachim Iwand, Zur religiösen Lage der Flüchtlinge (1949), FO, 29.
38. Hans Joachim Iwand, Entwurf eines Friedenswortes für die Synode der EKD von Berlin-Weißensee (1950), FO, 43.
39. Hans Joachim Iwand, Das Gewissen und das öffentliche Leben, NW 2, 143; Von der christlichen Freiheit. Nachwort zu Martin Luther, Von der Freiheit eines Christenmenschen, GA II, 195; Die Freiheit des Christen und die Unfreiheit des Willens, GA I, 249.
40. Hans Joachim Iwand, Umkehr und Wiedergeburt (1958), NW 2, 362-370; Wie-

blem. Iwand schreibt in einer Zeit der ›Unfähigkeit zum Trauern‹, in der man sich gern aus der Geschichte herausstiehlt und die eigene Schuld dadurch relativiert, dass man die der ›anderen Seite‹ betont. Ein treffendes Beispiel davon, wie Iwand hier konkret dachte, ist im schon zitierten Protokoll der EKD-Synode Berlin-Weißensee 1950 zu finden. Dort zeigte er, wie man gleichzeitig den Flüchtlingen bei der Bewältigung ihrer schrecklichen Erlebnisse helfen und ein Friedenswort für die EKD-Synode von Berlin-Weißensee 1950 entwerfen kann. In seiner Rede auf dem ostpreußischen Gemeindetag am 30. Mai 1948 in Berlin, auf die er hier verweist, hatte er gesagt, dass es möglich ist, wieder an den Menschen zu glauben – wenn man an Gottes Vergebung glaubt. Wie sehr dieser Zusammenhang gesellschaftlich-politisch relevant ist, hat Iwand in seiner Rede auf der ökumenischen Flüchtlingstagung in Hamburg (22.-25. Februar 1949) angedeutet:

> »Das Unheimliche ist, daß *Menschen* an *Menschen* – Menschen, die im Moment die Macht haben, an Menschen, die ohnmächtig sind – so handeln. *Der Glaube an Gott wird im Herzen des Menschen zerbrochen, indem der Glaube an den Menschen zerbrochen wird.*«[41]

Hier also wiederum die tiefe Trennungslinie zwischen denen, die Unrecht tun, und denen, die Unrecht leiden, und ihre Folge: der Glaube an Gott wird im Herzen der Menschen zerbrochen. Darum geht es nicht ohne den Blick des Engels von oben: wenn wir unsere Augen durch die seinigen lenken lassen, werden wir aufmerksam auf den Gott, der nicht auf- und untergeht in den Kontroversen dieser Welt und ihren Rechthabereien.

Auch in diesem Vortrag Iwands verweilt der so Sehende nicht in höheren Sphären, sondern er wird mitgenommen in diese Welt hinein, in die Gott in Christus selbst eingegangen ist. Es ist das ›Wunder der Weihnacht‹, dass wir um Christi willen an Gott und an die Menschen glauben können:

> »Man kann nicht hinfort an Gott glauben, ohne an die Menschen, an den Menschen im Menschen zu glauben. Wir verlieren unseren Glauben an Gott durch die Menschen, vielleicht am stärksten durch den Menschen, der uns am nächsten und – leider – am bekanntesten ist. Aber wir gewinnen unseren Glauben an die Menschen wieder durch Gott, durch sein wunderbares Ja zur Menschheit, das er in der Menschwerdung seines Sohnes gesprochen hat.«[42]

dergeboren zu einer lebendigen Hoffnung. Fünf Predigten, Die Hilfe 1950, Heft 2, 23-50 (jetzt in: NWN 5, 282-317).

41. Hans Joachim Iwand, Die religiöse Lage der Flüchtlinge (1949), FO, 28. Hervorhebung im Text.

42. Hans Joachim Iwand, Wunder der Weihnacht, in: Die Zeit V, 1950 (Nr. 51 vom 21. Dezember 1950), 1 = JK 12 (1951), 674.

Wenn man an Gottes Vergebung im menschgewordenen, gekreuzigten und auferstandenen Jesus Christus glaubt, ist es möglich, wieder an den Menschen zu glauben. Und gerade dies fehlt im Nachkriegseuropa, wo häufig Hoffnungslosigkeit und Zynismus durch Ausbau der Institutionen und Ordnungsstrukturen kompensiert wird.

Erneuerung des Menschen versus Restauration der Gesellschaft

Dieses Setzen auf die äußere Ordnung ist aber *auch* ein Glaube. Er kann Menschen in seinen Bann ziehen und mitreißen:

> »Es war kein Zufall, daß das System, welches jetzt durch äußere Gewalt zerbrochen ist, von einem Glauben lebte. Dieser Glaube war seine eigentliche Kraft. Es war der Glaube an den Staat, der Glaube an die Macht dieses Staates, der Glaube an die Neuordnung des Lebens, die von dieser Macht ausgehen sollte; dieser Glaube hatte zur Kehrseite den radikalen Unglauben an die Macht des Herrn Christus, an seine Auferstehung und seine Einsetzung zur Rechten Gottes.«[43]

Die im damaligen Nachkriegseuropa herrschende Tendenz, sich auf Ideologien und damit auf Strukturen äußerer Ordnung festzulegen, vermochte weit weniger als im ›Dritten Reich‹ Menschen zu begeistern. Dennoch war sie eine geschichtlich nicht minder wirksame neue Variante des Glaubens an die Institution. Dieser Glaube bringt Menschen im Osten wie im Westen dazu, die Institutionen stark zu machen und die Hoffnung auf sie zu setzen. Der weltanschaulich geladene Staat wird der Referenzpunkt der Ethik und die Gesellschaft wird ihm untergeordnet. In Iwands Sicht ist es ein Grundübel einer *falschen* Zwei-Reiche-Lehre, dass sie den Menschen ›ausklam-

---

43. Hans Joachim Iwand, Kirche und Öffentlichkeit, NW 2, 42. Vgl. ders, Geistige Entscheidungen lassen sich nicht vertagen, Blätter für deutsche und internationale Politik 2 (1957), 383 (auch in: Bertold Klappert / Ulrich Weidner, Schritte zum Frieden. Theologische Texte zu Frieden und Abrüstung, Wuppertal und Gladbeck 1983, 161): »›Geglaubt‹ haben wir, als am 9.11.1933 die Auferstehung Deutschlands an der Feldherrnhalle mit Namensaufruf der Gefallenen symbolisch begangen wurde. [...] Ein anderes, näherliegendes Beispiel: Wir nehmen es gläubig hin, wenn man uns sagt, die Aufrüstung und eine Wiedervereinigung in Frieden und Gerechtigkeit gingen Hand in Hand. Eins ohne das andere habe überhaupt keinen Sinn. Was das in Wahrheit heißt, was es besagt, wenn wir diesen neuen Mythos von Wiedervereinigung plus Aufrüstung realpolitisch auf die Ebene der Politik einzeichnen, das will man, das darf man sich nicht denkend klar machen. [...] Nein – noch einmal wollen wir nicht glauben, wo es zu denken gilt. A ist nicht non-A. Krieg ist nicht Frieden.«

mert‹, weil sie an ihm verzweifelt und darum dem Staat den Auftrag erteilt, den Menschen durch Ordnungen zu bändigen und in Schranken zu halten. Dieser Staat steht dem freien Gedankenaustauch in der Gesellschaft grundsätzlich skeptisch gegenüber. Das Problem liegt darin, so Iwand, dass dieser Staat gekennzeichnet ist durch eine »ausgesprochene Diesseitigkeit«.[44] Er hat sich seiner wahren Offenheit fürs Reich Gottes verschlossen und ist »die personifizierte ›Hoffnungslosigkeit‹ der Gesellschaft geworden.«[45] Wiederum können wir feststellen, dass, was Iwand im Bild des Engels im Blick hat, nicht bloß Rhetorik war, sondern tief verankert ist in seinem Denken: um der Rettung der Humanität willen geht es nicht ohne die Heilung durch den Geist von oben.

Weil ein wahrer ›Wiederaufbau Europas‹[46] die *Menschen* erreichen muss, ist die Fixierung des Denkens auf den Staat so verhängnisvoll. Er verkörpert ja auch als solcher die Aufspaltung der Völker, während die Gesellschaft als ein »Produkt geistiger Kräfte«[47] der Ort sein soll, wo eine »herrschaftsfreie Kommunikation«[48] stattfindet, die auch die staatlichen Grenzen durchbricht und überschreitet. Es ist fatal, wenn die ideologische Spaltung Europas dazu führt, dass der Mensch ausgeklammert wird und die freie Diskussion über das, was ihn im Inneren bewegt, von oben her erschwert oder gar lahmgelegt wird.

Die Vernachlässigung dieser freien Kommunikation hat aber Folgen gezeitigt. Die Frage, »was für ein Geist in diesen Ordnungen waltet«,[49] wird nicht in der Öffentlichkeit diskutiert. Nun ist die Gesellschaft

> »eine Größe geworden, die rätselhaft und mächtig, bald wie ein Ungeheuer, bald wieder als die Stätte größter Hoffnungen für den Menschen und seine Zukunft erscheint.«[50]

Die Gefühle der Menschen in der Gesellschaft oszillieren zwischen Hoffnung und Verzweiflung. Die Zeit des ›Dritten Reiches‹ wartet noch auf Bewältigung und Verarbeitung. In seinem Entwurf für ein Wort des Bruder-

---

44. Hans Joachim Iwand, Vorlesung Kirche und Gesellschaft Göttingen 1951, NWN 1, 51.
45. Ebd.
46. Vgl. den Titel von: Hans Joachim Iwand, Das Liebesgebot und der Wiederaufbau Europas, JK 21 (1960), 519-537.
47. Hans Joachim Iwand, Die Bibel und die soziale Frage, NWN 1, 241 Anm. 39.
48. Jürgen Habermas, Theorie des kommunikativen Handelns, Frankfurt a. M. ⁴1981.
49. Hans Joachim Iwand, Das Liebesgebot und der Wiederaufbau Europas, JK 21 (1960), 529.
50. Hans Joachim Iwand, Kirche und Gesellschaft, NWN 1, 269.

rates der EKD zum politischen Weg des deutschen Volkes (1947) hatte Iwand formuliert:

> »Wir sind in die Irre gegangen, als wir begonnen haben, eine christliche Front gegenüber den notwendigen gesellschaftlichen Neuordnungen im modernen Leben der Menschen aufzurichten. Das Bündnis der Kirche Jesu Christi mit den konservativen Mächten hat furchtbare Folgen gezeitigt. Wir haben die christliche Freiheit preisgegeben, Lebensformen zu ändern, wenn das Leben der Menschen solche Wandlungen erfordert. Wir haben das Recht zur Revolution abgelehnt, aber die Entwicklung zur schrankenlosen Diktatur gerechtfertigt.«[51]

Es gilt umzukehren von diesem ›Irrweg‹, der sich ja als solcher erwiesen hat. Alle Arbeit an der Zukunft, die der reellen Umkehr entläuft, kann nicht anders als ziellos und unfruchtbar sein. Der Mensch im Nachkriegsdeutschland hat ja

> »entdeckt, daß in ihm selbst ein Chaos ist, daß alle Ordnung der Welt nichts nützt und alle Weltbeherrschung in Weltzerstörung sich wandelt, wenn es nicht gelingt, daß der Mensch mit dem Chaos fertig wird, das in ihm selbst sich aufbaut […]. Wir werden nicht darum herumkommen, wenn wir nach der Freiheit fragen, von der Sünde zu reden, davon zu reden, daß es ein Tun des Menschen gibt, durch das er selbst zum Sklaven seiner Taten wird. […] Die Freiheit des Menschen ist nichts Angeborenes, sondern die Freiheit des Menschen ist gegründet in dem Freispruch Gottes, der darum von Gott erfolgt, weil diese Gebundenheit nur von dem gelöst werden kann, vor dem diese Gebundenheit gilt.«[52]

Da sind wir am Ort, wo die Hoffnung wiedergefunden werden kann und will, die den Zynismus überwindet. Denn so wahr Gott der Vater Jesu Christi ist, bedeutet – sagt Iwand in seiner Vorlesung »Kirche und Gesellschaft« 1951 –

> »›Mensch‹ […] Hoffnung, Erwartung eines Kommenden, nicht mit diesem Menschen Gegebenen, aber Angekündigten, und nicht nur Angekündigten, sondern in einer geheimnisvollen Weise alles andere Verwandelnden und Befreienden.«[53]

---

51. FO, 20 f.
52. Hans Joachim Iwand, Kirche und Öffentlichkeit, NW 2, 23 f.
53. Hans Joachim Iwand, Vorlesung Kirche und Gesellschaft, Göttingen 1951, NWN 1, 63.

Einheit von Glauben und Wissen, oder: die Aufklärung lange vernachlässigter Felder

Ich komme jetzt zurück auf den Beginn meines Vortrags. Da sagte ich, dass ich Iwand für unser Tagungs-Thema vielleicht so ›retten‹ könnte, dass ich mich mit seinem fundamentaltheologischen Ansatz befasste. Diese Möglichkeit habe ich zurückgewiesen, weil das Thema der Konferenz ja gerade auf gesellschaftliche Fragen gerichtet ist. Allerdings lande ich jetzt doch genau da, nämlich beim fundamentaltheologischen Ansatz – aber nicht als Alternative oder Ausflucht, sondern als Ertrag meiner Suche nach der Einheit und dem Zusammenhang im Denken Iwands. Wir haben schon einige Male notiert, wie sein ureigenstes Anliegen der Einheit von Glauben und Erkennen bzw. Glauben und Wissen wiederzuerkennen ist in seinen sozialethischen Texten. Ich verschärfe jetzt noch einmal den Blick und frage anhand eines Zitats aus Iwands ›pro me‹-Aufsatz nach dem inneren Zusammenhang. Kern dieses kurzen, aber dichten Textes ist, dass es Iwand darum geht, denkend voran zu kommen, wissend, erkennend, aufklärend, die Schritte gewiss machend. Strittig ist nur, wie das stattfinden kann. Iwand notiert dann einen Satz, der mich durch die Jahre hindurch fasziniert hat, nämlich dass

> »der Inhalt, die *Lehre*, wieder bestimmend [werden soll] für die Methode des Erkennens«, womit sich »die Befreiung der Dogmatik aus den Fesseln, die ihr der erkenntnistheoretische Formalismus unter Mißbrauch des ›pro me‹ angelegt hat, [...] vollzieht.«[54]

Was ist damit gesagt für die Dogmatik, für die Theologie? Die Theologie, die Dogmatik hat sich fesseln lassen. Wie? Dadurch, dass die Trennungslinie zwischen dieser Welt der Erfahrung und der Wahrnehmung einerseits und die Welt Gottes andererseits philosophisch so festgelegt wird, dass die theologische Besinnung lahmgelegt wird. Wo wir uns einsperren in diese Welt und nur Menschen und ihre Möglichkeiten wahrnehmen, wo wir Jesus Christus als Mensch innerhalb den Koordinaten dieser Welt verorten, verschließen wir uns vor der Welt der Auferstehung. Da verurteilen wir uns selbst und andere dazu, an die großen Fragen der Zeit heranzugehen von der innerweltlichen Perspektive her, die unvermeidlich die Welt aufteilt. Iwand will diese selbstverschuldete Sterilität der Theologie beenden, um

---

54. Hans Joachim Iwand, Wider den Mißbrauch des ›pro me‹ als methodisches Prinzip in der Theologie, in: EvTh 14 (1954), 125.

die Grenzen zwischen den fälschlich getrennten Bereichen zu durchbrechen. Wo das passiert, tue sich »ein weites, lange vernachlässigtes Feld dogmatischer Erkenntnis und Urteilsbildung neu für uns auf«.[55] Das Denken wird wieder frei, kann erneuernd und produktiv werden. Der Mensch tritt aus seinem Gefängnis heraus. Eine neue Welt öffnet sich für ihn. Und noch einmal: ohne diese neue Welt geht es einfach nicht, denn wir haben die wahre und wirkliche Freiheit nicht in uns.

Von diesem Zitat her lese ich ein anderes Wort Iwands aus derselben Zeit, in seinem Aufsatz »Das geschichtliche Phänomen der Atomwaffe und die Angst«:

> »Es hat für viele den Anschein, als ob große Gebiete des menschlichen Lebens undurchsichtig geworden wären, als wären wir Menschen hier Mächten ausgeliefert, schicksalhaften Gewalten, die sich der Erfaßbarkeit durch den Geist und eben damit jeglicher Moralisierung entziehen. Die Ethik wird zurückgedrängt ins Private, in den Bereich der Familie oder auch begrenzter, kulturell noch einigermaßen solider Institutionen, aber viele haben die Hoffnung längst aufgegeben, dort noch etwas mit ethischen Postulaten ausrichten zu können, wo militärische Gewalt, wo Diktatur, wo Kapital und wo politische Propaganda herrschen, kurz überall da, wo es um unsere politische und wirtschaftliche Existenz geht.«[56]

Wo der Mensch nicht erkennend voran zu kommen weiß, sondern sich »schicksalhaften Gewalten« ausgeliefert sieht, da wird er resignieren und letztendlich – mitmachen. Was Iwand hier zeichnet, ist die gesellschaftliche und politische Seite dessen, was er auf dem Feld der Theologie als Fesselung und Engführung des Denkens und der Urteilsbindung angedeutet hat. Das Evangelium Jesu Christi als Freispruch und Befreiung hat er von daher aufgenommen und verstanden als Blindenheilung.[57] Der »Geist von oben« ist der Geist, der uns Mut macht zum Denken, weil wir der Einheit der Wirklichkeit in Kreuz und Auferstehung Christi gewärtig werden. Man kann den Satz aus dem ›pro me‹-Aufsatz darum auch variieren: es tut sich »ein weites,

---

55. Ebd., 121.
56. Hans Joachim Iwand, Das geschichtliche Phänomen der Atomwaffe und die Angst, FO, 99.
57. Vgl. Hans Joachim Iwand, Dogmatik und Ökumene, Die neue Furche 5 (1951) 9 f.: »Durch den Glauben binden wir uns; durch das Denken befreien wir uns. [...] Dogmatisches Erkennen und Denken muß also zwei Dinge enthalten: den Glauben an Gott und seine Offenbarung in Jesus Christus, den Gott allein schenken kann, und die Erkenntnis der Wahrheit, die ich frei ergreife. Die Dogmatik hat die Aufgabe, den Menschen, der glaubt, sehend zu machen.«

lange vernachlässigtes Feld *ethischer* Erkenntnis und Urteilsbildung neu für uns auf«. Es tut sich ein »Weg nach vorn« vor uns auf.[58]

4. Noch einmal: der Engel, oder: die Außenperspektive

War Iwands Ansatz beim Blick des Engels etwas anderes als nur eine mehr oder weniger interessante Redeweise? Der Verweis auf einen himmlischen Boten, der schon damals nicht mehr üblich war, wird heute manch einer als Flucht in eine mythologische und damit vergangene Sprachwelt empfinden. Bei Iwand handelt es sich aber nicht um ›Mythologie‹, sondern um eine indirekt auf Gottes Gericht und Gnade hinweisende Redeweise. Er war davon überzeugt, dass wir ohne diese Außenperspektive nicht auskommen. Die vorherrschende Schulmeinung in der heutigen Theologie denkt anders. Eine Denkweise wie die Iwands sei versteckt autoritär, sie gefährde die offene, demokratische Gesellschaft statt dass sie sie fördere.

Es gibt aber auch scharfe Kritiker der dominanten Denkrichtung unserer Zeit. Und nicht immer – oder immer seltener? – entstammen sie der theologischen Zunft. Der atheistische französische Philosoph Alain Badiou steht der Parole vom ›Ende der Ideologien‹ in der heutigen ›toleranten‹ Gesellschaft kritisch gegenüber. Er bestreitet die Behauptung, dass die Menschenrechte gut aufgehoben wären in unserer neoliberalen Gesellschaft. Unter der Oberfläche der Toleranz gibt es beunruhigende Spaltungen und Trennungslinien zwischen Bürgern der westlichen Staaten und Migranten, zwischen Globalisierunggewinnern und -verlierern, zwischen Leistungsträgern und ›Versagern‹. Das Gesamtbild der westlichen Gesellschaften vermittelt den Anschein einer alternativlosen Prosperität und Modernität, aber nach Badiou liegt ihm »der Verzicht auf jede Neuheit des Menschen«[59] zugrunde. Der Mensch, wie er heutzutage ist, sei dann im Prinzip ›okay‹, weil ohne Alternative. Es ist ihm sogar »untersagt«, sich das Bessere vorzustellen und »an der Heraufkunft von ungeahnten Möglichkeiten zu arbeiten und das, was sein kann, als radikalen Bruch mit dem, was ist, zu denken«.[60]

Die angeblich tolerante neoliberale Gesellschaft blendet neue Horizonte der Humanität aus, so jedenfalls urteilt Badiou. Was wir hingegen bräuch-

---

58. Hans Joachim Iwand, Über das Zusammenleben in einer Welt widerstreitender Ideologien und politischer und wirtschaftlicher Systeme, FO, 139.
59. Alain Badiou, Das Jahrhundert, Berlin 2006, 46.
60. Alain Badiou, Ethik: Versuch über das Bewusstsein des Bösen, Berlin 2006, 26.

ten, wäre das »kämpferische Reale der Liebe«, die sich einsetzt »für das Zustandekommen noch unvermuteter Möglichkeiten.«[61] Beim Apostel Paulus liest Badiou von einem »Realismus der Liebe«, die freilich *nicht* als Prinzip der Toleranz gesellschaftliche Realität ist. Die Frage, ob es sich empfiehlt, Iwands ›Außenperspektive‹ des Engels heute neu zu erwägen, sollten wir von hierher – nicht auf dem Felde der Theologie allein – in aller Offenheit diskutieren. Die Liebe, die Grund und Grenze der wahren, auch der gesellschaftlichen Freiheit ist[62], der es um die »*eine* Welt« und die »*eine* Menschheit«[63] geht, stammt ja nicht aus unserer Welt und ist darum immer zuerst Störung und Perspektivänderung.

---

61. Alain Badiou, Ethik (s. Anm. 60), 26.
62. Vgl. den Titel von Iwands Aufsatz: Die Liebe als Grund und Grenze der Freiheit (1951), NWN 1, 194-205.
63. Hans Joachim Iwand, Zusammenleben (s. Anm. 58), FO, 170.

Toleranz mit Perspektive

Response zum Vortrag von Gerard den Hertog

Thomas Bergfeld

Der Zeitpunkt der Tagung verleitet mich zu dem Hinweis auf einen aktuell-lokalen Bezug zum Thema: Die mit dem gestrigen Aschermittwoch beendete Karnevals- und Faschingszeit gilt vielen als eine Hochzeit der Toleranz, in der man »fünf gerade sein lässt«[1] und auch einmal über die Stränge schlagen kann, ohne anderen zu nahe zu treten, ganz nach dem rheinischen Toleranz-Dogma »Jeder Jeck ist anders«. Passend dazu wirbt ein großer privater Fernsehsender im deutschen Sendegebiet aktuell mit Slogans wie »Like difference, start tolerance!« für einen *Tag* der Toleranz.

Wenn Toleranz im Zusammenleben der Menschen mehr als eine solche begrenzte Aktionszeit der freundlichen Gleichgültigkeit gegenüber Anderen und ihren Verhaltensweisen und Überzeugungen sein soll, ist Hans Joachim Iwands dargebotene Sicht sicherlich fruchtbar zu machen. Dies möchte ich in fünf Bemerkungen zu dem Gehörten unterstreichen:

1. Toleranz scheint bei Iwand auf als *Möglichkeit* und nicht als ethische Pflicht[2] oder gar pragmatischer Sachzwang. Menschen aus verschiedenen Nationen und verschiedenen Religionen können als Teil ein und derselben Wirklichkeit gesehen werden, ohne für eine bestimmte Sichtweise vereinnahmt zu werden.

2. Toleranz wird bei Iwand erkennbar als *Haltung und Verhalten* gegenüber Anderen, die sich auch und gerade in *Konflikten* bewähren und sie nicht zwanghaft vermeiden müssen.[3] Iwand stellt sich der Erfahrung von Menschen (Einzelnen wie Völkern), die einander Schlimmes angetan haben

---

1. Vgl. schon den Art. Toleranz im Grimmschen Wörterbuch: »toleranz heisst, wenn man fünf gerade sein läsizt, welches doch nicht ist, obgleich wir an jeder hand fünf finger haben. Hippel 4, 194«, Jakob Grimm / Wilhelm Grimm, Deutsches Wörterbuch, Bd. 11, Abt. 1, Teil 1, bearb. v. Matthias Lexer, Dietrich Kralik und der Arbeitsstelle des Deutschen Wörterbuches, Leipzig 1935, 631.
2. Vgl. aber Reiner Preul, Art. Toleranz/Intoleranz. IX. Ethisch, RGG[4] Bd. 8, 2005, 467-469, bes. 468, der Toleranz als »Implikat einer allg[emeinen] Friedenspflicht versteht«.
3. Vgl. Hartmut Rosenau, Art. Toleranz. II. Ethisch, in: TRE 33, 2002, 664-668, 666: »Insofern ist Toleranz durchaus ein Konfliktbegriff, der nicht durch ein von spezi-

und sich Gutes schuldig geblieben sind. Toleranz in diesem Sinne stellt sich der *Zumutung* des Miteinanders und übergeht sie nicht. Der ursprüngliche Wortsinn »ertragen, aushalten, erdulden« behält hier sein Recht.

3. Toleranz leitet sich bei Iwand nicht aus übergeordneten anthropologischen Einsichten ab (»Wir sind doch alle Menschen.«) oder aus einer neutral vergleichenden Perspektive (»Jede Religion hat doch ihr Recht.«). Sie geht vom *christlichen Glaubensstandpunkt* selbst aus, ohne diesen verlassen zu müssen.[4] Die Botschaft des Engels vom Himmel und der Blick mit dem Auge der göttlichen Gerechtigkeit machen diesen Glaubensstandpunkt – man kann auch sagen: diese theologische Perspektive – aus. Von hier aus kann beschrieben werden, was Gottes Handeln in Kreuz und Auferstehung Jesu bewirkt: Menschliche Schuld über alle Grenzen hinweg wird erkennbar. Befreiung aus allen Bindungen wird ermöglicht. Hoffnung auf eine neue Sprache der einen Menschheit leuchtet auf.

4. Die *Grenze* der Toleranz in diesem Sinne ist dort zu ziehen, wo (gleichsam von innen) die Gefahr der Indifferenz oder wo (gleichsam von außen) die Gefahr der Totalität droht.[5] Bei Iwand schützt das erste Gebot diese Grenze. Damit wird Toleranz als Haltung und Verhalten *wehrhaft*.

5. Toleranz beinhaltet eine *geistige, denkerische Aufgabe* in eschatologischer Perspektive: mit dem Ziel einer neuen Sprache, die ein Verstehen im Letzten ermöglicht. Dies würde die christliche Sicht auf interreligiöse Gespräche beeinflussen – und letztlich bereichern, weil sich das Gespräch neben aller Erforschung des Herkommens, der Verständigung über Gedanken und Brauchtum und der Abstimmung des Handelns in der Welt auch auf die *Hoffnung* für die Welt richten kann.

Mancherlei Verknüpfungen bieten sich meines Erachtens an:
- Die Anwendung der Frage nach dem Glaubensstandpunkt auf interkonfessionelle und interreligiöse Gespräche einerseits und die Diskussion um Synkretismus oder Konzepte von »double« bzw. »multiple religious belonging«[6] andererseits. Kann ein interkonfessionelles oder interreligiöses Gespräch auf der Basis der jeweiligen Glaubensstandpunkte ge-

---

fischen Differenzen abstrahierendes Aufsuchen eines kleinsten gemeinsamen Nenners oder großer harmonisierender Synthesen entschärft werden sollte.«

4. Vgl. Gerhard Sauter, Wahrheit und Toleranz. Die Wurzeln der Toleranz im christlichen Glauben – und ihre Bestimmung in der christlichen Hoffnung, in: Trutz Rendtorff (Hg.), Glaube und Toleranz. Das theologische Erbe der Aufklärung, Gütersloh 1982, 128-137.
5. Vgl. Hartmut Rosenau, Toleranz (s. Anm. 3), 665.
6. Vgl. exemplarisch Catherine Cornille, Double Religious Belonging: Aspects and Questions, Buddhist-Christian Studies 23 (2003), 43-49; Peter C. Phan, Multiple

führt werden (was ohne gegenseitige Toleranz im beschriebenen Sinne nicht fruchtbar sein kann), oder wird von allen Beteiligten der Wechsel auf einen (fiktiven) übergeordneten Standpunkt erwartet (was schon als Akt der Toleranz gewertet wird)?
- Die theologische Besinnung auf die Grundlagen der Rechtfertigungslehre als Basis der Iwandschen Sicht.[7] Die Rede von der Botschaft des Engels vom Himmel und dem Blick mit dem Auge der göttlichen Gerechtigkeit entspricht theologisch dem Gott-Recht-Geben und dem Sich-seinem-Urteil-im-Glauben-Unterstellen.
- Die ethische Erprobung der Toleranz im Rahmen der Zwei-Reiche-Lehre, deren Entfaltung Iwand für entscheidend hielt. Kann die Zwei-Reiche-Lehre als »ethische Rahmentheorie« gewährleisten, »daß die Fähigkeit, andere gelten zu lassen, dort zum Zuge kommt, wo im Bewußtsein der heilsamen und rettenden Abhängigkeit von Gott angstfrei die Unabhängigkeit von Menschen realisiert wird […] und insofern Wahrheits- und Heilsgewißheit coram Deo einerseits und Selbstrelativierung coram mundo andererseits widerspruchsfrei vermittelt werden können […]«?[8]
- Die Vermittlung der Iwandschen Situationsbeschreibung nach dem 2. Weltkrieg mit der Analyse aktueller Konflikte in der Welt (z. B. Nord-Süd, Demokratie-autoritäre Staatsformen) und gegenwärtigen Aspekten der Schuldproblematik (z. B. Rassismus, Arm-Reich). Vorherrschende Denkrichtungen und Sichtweisen müssen sich der Problematik der Schuld stellen, schlicht formuliert: Was tun Menschen einander Schlimmes an, und was bleiben sie sich Gutes schuldig?

religious belonging. Opportunities and challenges for theology and church, Theological Studies 64 (2003), 495-519.
7. Interessant ist hierzu der Hinweis Gerhard Ebelings auf Martin Luthers dritte Thesenreihe über Röm 3,28: D. Martini Lutheri tertia disputatio [de loco Rom. 3, 28]. Alia ratio iustificandi hominis coram Deo, alia coram hominibus etc. (1536), WA 39/1, 82 f. Siehe Gerhard Ebeling, Die Toleranz Gottes und die Toleranz der Vernunft, in: Trutz Rendtorff (Hg.), Glaube und Toleranz (s. Anm. 4), 54-73, bes. 60 ff.
8. Hartmut Rosenau, Toleranz (s. Anm. 3), 667.

II. Einheit der Menschheit?
Von Feindschaft und Versöhnung

Hans Joachim Iwand im Ost-West-Konflikt

Martin Greschat

Beim Kalten Krieg handelte es sich um ein komplexes und kompliziertes Phänomen. Hierin verbanden und verknäulten sich auf beiden Seiten, also bei den USA ebenso wie seitens der UdSSR, machtpolitische Interessen und imperialistische Zielsetzungen mit hohen Idealen und grundlegenden Wertvorstellungen sowie einem massiven ideologischen Sendungsbewusstsein.[1] Die Auswirkungen dieses Gegensatzes zeigten sich nicht schlagartig. Dementsprechend war auch in Deutschland zunächst schwer erkennbar, in welche Richtung die politische Entwicklung ging. Die Schulderklärung des Rates der Evangelischen Kirche (EKD) vom Oktober 1945 lehnte die Mehrheit der evangelischen Bevölkerung ab und verweigerte die Auseinandersetzung mit der Frage nach der eigenen Verstrickung in die Verbrechen des Nationalsozialismus. Ein letzter Versuch des Rates der EKD im Januar 1947, die Menschen mit dieser Thematik zu konfrontieren, scheiterte.[2]

Gleichzeitig verschärften sich in den führenden Kreisen der evangelischen Kirchen die theologischen, kirchenpolitischen und politischen Gegensätze. Angesichts ungenauer und unklarer Vielstimmigkeit im eigenen evangelischen Lager drängte Hans Joachim Iwand den mit Vertretern der ehemaligen Bekennenden Kirche besetzten Reichsbruderrat – der sich jetzt Bruderrat der EKD nannte – in der Sitzung am 5./6. Juli 1947 zu einer klaren Stellungnahme im Blick auf die politische Position.[3] Den Ausgangspunkt bildete ein Vortrag von Karl Barth, den er bereits an verschiedenen

---

1. Informativ ist der Überblick von Wilfried Loth, Die Teilung der Welt. Geschichte des Kalten Krieges 1941-1955, München [10]2000. Reiche Literaturangaben dort sowie bei Martin Greschat, Protestantismus im Kalten Krieg. Kirche, Politik und Gesellschaft im geteilten Deutschland 1945-1963, Paderborn 2010, hier bes. 15-34.
2. Martin Greschat, Die evangelische Christenheit und die deutsche Geschichte nach 1945. Weichenstellungen in der Nachkriegszeit, Stuttgart / Berlin / Köln 2002, 131-163.
3. Protokoll im Zentralarchiv der Evangelischen Kirche von Hessen und Nassau (ZA EKHN), Darmstadt, 36/6. Gedruckt bei Dorothee Buchhaas-Birkholz, »Zum politischen Weg unseres Volkes«. Politische Leitbilder und Vorstellungen im deutschen Protestantismus 1945-1952. Eine Dokumentation, Düsseldorf 1989, 77-104. Die Sitzung wird hier irrtümlich auf den 6./7. Juli 1947 datiert.

Orten gehalten hatte: »Die Kirche – die lebendige Gemeinde des lebendigen Herrn Jesus Christus«.[4] In der anschließenden Diskussion artikulierte Iwand seine Sorge, »dass die Kirche als Rückzugsgebiet für den verdrängten Nationalismus benutzt wird«. Er fuhr fort: »Es geht nicht, dass wir auf zwei Rechnungen wirtschaften: Hier sind wir Christen und hier sind wir Nationalisten!« Diese Überlegungen konkretisierten sich für Iwand in der Forderung, »die politische Existenz des Christen verantwortlich [zu] klären«, also als Bruderrat »eine politische Linie« zu vertreten.

Das bedeutete nicht, statt national-konservativ nun progressiv-sozialistisch zu sein. Der neue Weg war für Iwand eine aus dem Glauben an das Evangelium gewonnene Alternative. Verständlich wird diese Zielsetzung, wenn man sie in den Kontext der theologischen Überlegungen rückt, die Iwand spätestens seit den Jahren des Kirchenkampfes in der Zeit des Nationalsozialismus vertrat. In dem Ende 1933 verfassten Rundbrief der ostpreußischen Bekennenden Kirche hatte er geschrieben:

> »Die Kirche selbst muss frei werden von allen ›Herrschaftsmächten‹, mit denen sie fälschlich ihren Bestand zu sichern glaubt, vom Staat, vom Geld, von den Parteien und ihren traditionellen Protektoren.«[5]

Und später hieß es in einem Brief an den systematischen Theologen Rudolf Hermann: Entscheidend sei, dass Gott zu uns kommt – »nicht, wie alle diese Träumer vorgeben, in der Richtung des Zeitgeistes, sondern im Widerspruch der Zeit«. Diese Realität lasse sich natürlich nicht auf den Raum der Kirche beschränken, sondern strahle aus auf »alle die Grundfragen der menschlichen Existenz«.[6]

Worum es Iwand ging, beleuchtet sein Brief vom Dezember 1947 an die Gräfin Ilse von Kanitz.[7] Iwand war zwei Wochen in der Schweiz gewesen und berichtete nun, dass man sich keine Vorstellung davon machen könne, wie verhasst im Ausland Deutschland und alles Deutsche sei. Politisch herrsche »die große Antithese Amerika – Russland«. Unser Hauptproblem, fuhr Iwand fort, sei aber Europa.

> »Wir müssen lernen, in Europa miteinander zu leben. Wir müssen unseren sagenhaften Hochmut gegenüber den Völkern im Osten, auch Polen (wo es mir wahrhaftig schwer fällt) aufgeben, wir müssen begreifen, dass das ganze Haus unser ist

---

4. Karl Barth, Die lebendige Gemeinde und die freie Gnade, München 1947, 3-23.
5. Zeitgenössische Vervielfältigung, Privatbesitz M. G.
6. Schreiben an Rudolf Hermann vom 25.12.1934: Hans Joachim Iwand, Briefe an Rudolf Hermann, NW 6, 273.
7. Bundesarchiv Koblenz, Nachlass Hans Iwand, N 1528.

und dass es nicht praktisch ist, wenn wir jeder nur in einem Zimmer sitzen und währenddessen das Ganze unter den Sequester kommt.«

Eine offene und freie Gesellschaft sowie echter Friede könnten nur gelingen, wenn ein durch das Evangelium gewandeltes Deutschland in den Kreis der Nationen trete. Bezeichnenderweise wurde diese gesamteuropäische Blickrichtung jedoch von niemandem in der Diskussion aufgenommen. Das lag fraglos auch an der rhapsodischen Form von Iwands Argumentation.

Barth bat Iwand, einen kurzen Entwurf »zur notwendigen politischen Entscheidung des Christen« zu formulieren. Iwand legte seinen Text am 6. Juli vor.[8] Einleitend erklärte er, bewusst keine praktischen Regelungen angefügt zu haben: »Die politische Verantwortung muss aus der Existenz der Gemeinde in der Welt gewonnen werden«. Was an »alten Formen« preiszugeben sei, um »dem Ganzen des Volkes die Selbständigkeit und Freiheit« zu gewähren, müsse im einzelnen geprüft werden. Doch unbedingt gelte es, den Bund des Christentums mit den konservativen Mächten aufzulösen. Denn diese Verbindung sei »der Grund, warum wir den Osten verloren haben«. Natürlich müsse man die Alternative Christentum oder Marxismus verwerfen. Doch daraus dürfe umgekehrt auch kein Prinzip gemacht werden, denn es komme darauf an, die »in Gott gehaltene Wendigkeit der Kirche« zu bewahren.

Iwands Entwurf umfasste acht Punkte. Zunächst erging der Ruf an die Gemeinde zur umfassenden, also auch politischen Umkehr: weg von den falschen und bösen Wegen hin zur Vergebung Jesu Christi. Als ersten Irrweg bezeichnete Iwand den machtpolitisch gestützten außenpolitischen Glauben an eine besondere deutsche Sendung anstelle der friedlichen Kooperation mit anderen Völkern. Der zweite Irrweg bestand in der christlich untermauerten innenpolitischen Absage an notwendige soziale Veränderungen. Als dritten Irrweg nannte Iwand die Errichtung politischer Fronten, woraus ein selbstgerechter Nationalismus erwuchs. Dagegen setzte Iwand als fünften Punkt die Forderung an die Gemeinde, sich von allen bösen Gedanken zu reinigen und »frei [zu] bleiben im Spiel der weltlichen Mächte«. Das geschehe nicht, wenn man sich jetzt von der Parole Christentum oder Marxismus bestimmen ließe. Diese Devise habe zur deutschen Katastrophe geführt! Nun komme es darauf an, in der Freiheit des Evangeliums den Neuanfang zu wagen und ernst zu machen mit der Verheißung, »die Gott selbst

---

8. Hartmut Ludwig, Die Entstehung des Darmstädter Wortes, in: Junge Kirche. Beiheft zu Heft 8/9 (1977), 28 f. Hier finden sich auch die drei anderen Entwürfe (29-31) sowie der endgültige Text des Wortes (1).

der Kirche zum Heil der Menschen anvertraut hat«. Der siebte Punkt des Entwurfs vertiefte diese Aussage: Geboten sei nicht die erneute Hinwendung zum Bündnis des Christentums mit den konservativen Mächten, sondern die Umkehr zu Gott. »Nicht die Rettung der Welt ist die Aufgabe der Christenheit«, vielmehr würde eine erneuerte Christenheit die Welt retten, weil »die wohltätige und befreiende Herrschaft Jesu Christi« darauf ziele, »zum Glück und zum Frieden unter den Menschen zu dienen«. Der achte und letzte Punkt äußerte die Beunruhigung darüber, dass diese »rettende und befreiende Umkehr unseres Volkes« sich bis heute nicht ereignet habe.

An der Endfassung des »Darmstädter Wortes« war Iwand nicht beteiligt, ebenso wenig an dessen Verabschiedung am 8. August 1947 unter der Überschrift »Ein Wort des Bruderrats der Evangelischen Kirche in Deutschland zum politischen Weg unseres Volkes«. Auch den Kommentar, den er dazu schreiben sollte, verfasste er aus Mangel an Zeit nicht. Aber Iwand war mit dem Wort einverstanden, wie er in einem späteren Brief an den mit ihm befreundeten früheren ostpreußischen Pfarrer Ernst Burdach betonte.[9]

Die Endfassung des »Darmstädter Wortes« brachte neben einzelnen Erläuterungen und sprachlichen Straffungen eine deutliche sachliche Verschärfung: Primär unter dem Einfluss von Karl Barth lauteten die Absagen an die deutsche Politik des 19. Jahrhunderts jetzt härter. In die gleiche Richtung wies die Benennung eines vierten Irrwegs, der sich auf die Ablehnung des Marxismus und ökonomischen Materialismus bezog. Iwands Text vermied diesen Bezug auf einen vagen idealen Sozialismus. Er argumentierte bei aller Konzentration auf Deutschland doch darüber hinaus, bei aller Klarheit und Entschiedenheit in der Kritik insgesamt eher werbend als postulierend.

Der Krieg in Korea, der am 25. Juni 1950 ausbrach, war nicht vorhersehbar. Doch an der Wende des Jahres 1949/50 existierte die Furcht, dass es zu einem Krieg in Europa kommen könnte – keineswegs nur bei den engagierten Kritikern der Politik Konrad Adenauers, sondern durchaus auch bei ihm.[10] Beide zogen aus dieser Befürchtung allerdings exakt entgegengesetzte Konsequenzen.

Die evangelische Kirche sah sich in dieser Situation vor die Frage gestellt, was sie für den Zusammenhalt des Volkes und insofern konkret für den Frieden tun könne. Deshalb stellte die Synode der EKD ihre Tagung vom 23.-27. April 1950 in Berlin-Weißensee unter das Thema »Was kann

---

9. Vermutlich Ende Februar 1948. Der Brief ist abgedruckt bei Gerard den Hertog, Einleitung zum Entwurf für das Darmstädter Wort, in: FO, 18 f.
10. Henning Köhler, Adenauer. Eine politische Biographie, Berlin 1994, 612 f.

die Kirche für den Frieden tun?«[11] Zur Vorbereitung der geplanten Botschaft der Synode gab es zwei Entwürfe: ein kurzes von der Kammer der EKD »Für öffentliche Verantwortung« von Otto Dibelius und ein erheblich längeres, das Iwand im Auftrag des Bruderrats der EKD verfasst hatte.[12]

Unklar ist, welche Rolle dieser Entwurf bei den Diskussionen über die endgültige Fassung der Botschaft der Synode gespielt hat.[13] Der unverkennbare Predigtcharakter mit seelsorgerlichen Zügen in Iwands Text ging bei diesen Bearbeitungen jedenfalls verloren. Das Ergebnis war eine Mischung aus dogmatischen Sätzen, sittlichen Mahnungen und Appellen an die Besatzungsmächte – insgesamt ein Dokument tiefer Ratlosigkeit. Doch diese Worte sprachen der Mehrheit »des deutschen Volkes aus dem Herzen«.[14] So sah es auch Iwand: »Ich glaube nicht, dass dieses Wort das erfüllt, was wir erhofften, als wir hierher kamen.« Aber, fuhr er fort, hierin vereine sich immerhin »der gute Wille vieler«, so dass der Text »Ausdruck der Gemeinschaft derer [sei], die von verschiedenen theologischen und auch politischen Standpunkten« aus das gemeinsame Ziel des Friedens anstrebten.[15]

Gegen die Wiederbewaffnung Westdeutschlands agierte Iwand in der folgenden Zeit nicht nur auf der deutschen, sondern gezielt auch auf der internationalen Ebene. Iwand sprach vor kirchlichem Publikum und bei politischen Veranstaltungen. Außer in Frankreich war er Gast in den Niederlanden und in Schweden, persönliche politische Kontakte besaß er auch zur DDR. Iwand bemühte sich durchgängig, Verbindungen auch zu Sozia-

---

11. Berlin-Weißensee 1950. Bericht über die 2. Tagung der 1. Synode der EKD vom 23.-27. April 1950, Hannover o. J. [1950].
12. Die Publikation dieser Texte ist unbefriedigend. Die Protokolle des Rates der EKD (Bd. 4: 1950, bearbeitet von Anke Silomon, Göttingen 2007) bringen lediglich den Text von Dibelius (179 f.). Der Text Iwands ist gedruckt bei Johanna Vogel, Kirche und Wiederbewaffnung. Die Haltung der EKD in den Auseinandersetzungen um die Wiederbewaffnung in der Bundesrepublik 1949-1956, Göttingen 1978, 248-256. Eine verbesserte Fassung bietet Gerard C. den Hertog (Hg.), Hans Joachim Iwand, Frieden mit dem Osten. Texte 1933-1959, München 1988, 33-43. Die verabschiedete Botschaft findet sich u. a. bei Günter Heidtmann (Hg.), Hat die Kirche geschwiegen? Das öffentliche Wort der Evangelischen Kirche aus den Jahren 1945-54, Berlin 1954, 65-68 und im Kirchlichen Jahrbuch (KJ) 1950, 7-10.
13. Es existiert dazu lediglich ein undatierter Text ohne Angabe eines Verfassers, worin sich wenige Spuren aus Iwands Vorlage finden: Ratsprotokolle, Bd. 4: 1950 (s. Anm. 12), 184-187.
14. Eugen Gerstenmaier, Streit und Friede hat seine Zeit. Ein Lebensbericht. Frankfurt am Main 1981, 328.
15. Berlin-Weißensee 1950 (s. Anm. 11), 378 f.

listen bzw. Sozialdemokraten aufzubauen und nach Möglichkeit mit ihnen zu kooperieren.

Sein großes Thema war und blieb die Wiederbewaffnung Westdeutschlands. Seit dem Ausbruch des Koreakrieges im Juni 1950 hatte sich auch in der Bundesrepublik die politische Lage verschärft, die antikommunistische Militanz in der Bevölkerung gesteigert. Am 27. August 1950 erklärte der Rat der EKD in Essen:

> »Einer Remilitarisierung Deutschlands können wir das Wort nicht reden, weder was den Westen, noch was den Osten anbelangt. Die Pflicht der Kirche kann es immer nur sein, die schwergerüsteten Mächte der Welt wieder und wieder zu bitten, dem heillosen Wettrüsten ein Ende zu machen und friedliche Wege zur Lösung der politischen Probleme zu suchen.«[16]

Diese Aussage wurde in der folgenden Zeit von Anhängern und Gegnern der Wiederbewaffnung Westdeutschlands gegensätzlich interpretiert.

In diesem Kontext redete und kämpfte Iwand gegen die Wiederbewaffnung, die er als eine Katastrophe ansah. Zum einen war er überzeugt, dass diese Politik zum Krieg führen müsse. Nachdrücklich beschrieb er dessen Schrecken: Einen »gerechten Krieg« könne es nicht mehr geben, jeder Krieg bedeute schlimmste Unmenschlichkeit. Deshalb stehe die heutige Generation vor der Frage, »ob sie lieber im Einsatz für den Krieg oder im Einsatz für den Frieden ihr Leben lässt«.[17] Doch in höchstem Maß problematisch wirke die Remilitarisierung sich auf sämtliche Bemühungen aus, Brücken der Verständigung zu den verfeindeten Völkern im Osten zu schlagen, tief eingeschliffene Gegensätze zu überwinden und den schwierigen Prozess der Tolerierung der jeweils anders gearteten Kulturen einzuleiten. Ein neuer Geist, eine echte Freiheit müsse und könne aus dem Erleben der Vergangenheit wachsen – und dürfe nicht durch die Vertiefung der politischen und ideologischen Gegensätze mit der westdeutschen Wiederbewaffnung vernichtet werden. Das gelte eben vor allem im Blick auf den Osten, wurde Iwand nicht müde zu betonen.

> »Es erscheint heute als Verrat am Abendland, wenn man von den Leiden und Qualen spricht, die Russen, Polen, Tschechen, Juden in der Zeit der deutschen Besatzung im Osten erlitten haben. Das ›Abendland‹ würde erschrecken, wenn es von dem Ausmaß der gegenseitigen Vernichtung und deren Folgen Kenntnis näh-

---

16. Ratsprotokolle 1950 (s. Anm. 12), 275 f. Zu den gegensätzlichen Positionen: Martin Greschat, Protestantismus im Kalten Krieg (s. Anm. 1), 105 f.
17. Hans Joachim Iwand, Deutschland zwischen Ost und West, in: FO, 44-54, 54. Die folgenden Ausführungen beruhen vor allem auf dem dort (44-96) gebotenen Material.

me. Dabei bleibt das Faktum stehen, dass wir Deutschen dieses Morden begonnen haben.«[18]

Das Verdrängen und Verschweigen dieser Schuld gipfelte nach Iwands Überzeugung im Drängen auf die Wiederbewaffnung, die nun vollends Mauern zum Osten aufrichte. Dadurch werde »der Geist geächtet, der den Versuch macht, den Gegensatz zu versöhnen«.[19] Iwand folgerte daraus, dass die Verheißung Gottes nicht der christlichen Gesellschaft gelte, sondern »Gottes kleiner Schar«, dem »geringen Haufen«, der jedoch »das Geschehen bestimmt«. Nur hier werde wahre Gemeinschaft verwirklicht, echte Freiheit und somit Toleranz gegenüber Andersdenkenden. Die Kirchen dagegen, urteilte Iwand, bildeten »kein selbständiges, kein echtes Gegenüber zum Staat«. Im Osten herrsche die Diktatur des Staates, im Westen hätten die Kirchen sich völlig in die bundesrepublikanische Gesellschaft und deren Ethos hinein aufgelöst. Diese Kritik an den Kirchentümern und ihren Repräsentanten wuchs nun zunehmend in Iwands Äußerungen. Von ihnen erwartete er immer weniger.

> »Wer den Gegensatz von Ost und West heute überwinden will, muss entschlossen sein, gegen den Strom zu schwimmen; er muss entschlossen sein, einen radikalen Unglauben an den Tag zu legen gegenüber allen Parolen, die die Lösung von der Gewalt erhoffen. Er muss entschlossen sein, im Niemandsland der verfemten Neutralität jene Sprache des Glaubens und der Liebe zu sprechen, das heißt in Wort und Tat zu bezeugen, wer den Menschen befreit und erlöst von der Verzauberung, von dem Freund-Feind-Denken, und ihn damit wieder gewinnt, in echter Gemeinschaft, aus der allein die Gesellschaft gesunden kann.«

Im Anschluss an eine Veranstaltung des Deutschen Versöhnungsbundes und des Christlichen Friedensdienstes in West-Berlin im Januar 1952, bei der Iwand zum Thema »Was wird aus Deutschland« sprach, kam es zu einer Unterredung mit Georg Becker und Heinz Willmann, dem Sekretär der Ostdeutschen Sektion des Weltfriedensrates und Leiter des bedeutenden Ost-Berliner Aufbauverlags.[20] Diesem Zusammentreffen waren frühere vo-

---

18. Das Aufrüstungsproblem – von Deutschland her gesehen, in: FO, 56-61, 57 f. Dieser Vortrag wurde im Januar 1951 bei einer Tagung evangelischer Christen und Sozialdemokraten im niederländischen Bentveld gehalten.
19. Die Teilung zwischen Ost und West als Anfechtung des Geistes, in: FO, 76-90, 80. Vortrag im Rahmen der Notgemeinschaft, Ende 1951. Die folgenden Zitate a. a. O. 80; 84; 86; 88 f.
20. Das Folgende nach Berichten von Georg Becker und Heinz Willmann über Gespräche mit Iwand am 31. 1. und 1. 2. 1952, in: Bundesarchiv, Zwischenlager Dahlwitz-Hoppegarten, DZ 9/107, 529.

rausgegangen. Becker konstatierte jedenfalls, dass Iwand diesmal viel optimistischer gestimmt gewesen sei. Er habe auch befürwortet, dass man mit »allen aktiven Friedenskräften« kooperieren müsse, »auch mit den Kommunisten«. Iwand habe dann von sich aus daran erinnert, »dass gerade das Fehlen der politischen Einheit im Jahre 1933 die darauf folgende Katastrophe ermöglicht habe und dass man das heute vermeiden müsse«. Darüber wolle er »mit Heinemann und anderen Freunden in der nächsten Zeit sprechen«, berichtete Becker weiter. Mit Willmann wurden vor allem Fragen der Deutschlandpolitik erörtert. Sie gipfelten in dem Bemühen, Iwand für ein direktes politisches Engagement im Kampf gegen die Politik der Westmächte zu gewinnen. Der entzog sich dem Werben: »Für eine kulturelle Sache bin ich immer bereit, aber mit reinen Politikern setze ich mich nicht gern an einen Tisch, die liegen mir nicht.« Einige Wochen später dankte Iwand Willmann nicht nur für die Genehmigung, die Göttingen Predigtmeditationen auch weiterhin in der DDR zu verbreiten, sondern ebenso für die Aktionen des Weltfriedensrates: »Ich habe großes Vertrauen zu Ihren Unternehmungen und glaube, dass dieses Wege sind, auf denen wir der Erlangung des Friedens wirklich näher kommen.«[21]

Iwands Vorwürfe und bittere Klagen waren grundsätzlicher Natur. Sie richteten sich gegen seine Kirche, die ihren Auftrag und ihre Sendung preisgegeben habe zugunsten der Anpassung an den Zeitgeist.

> »*Wir* – wir, die Kirche, konnten und mussten einen anderen Weg gehen, den Weg von *morgen*, […] wir mussten und müssen uns den freien Raum einer scheinbar ›neutralen‹, weil aus Glauben ganz und gar nicht neutralen Mitte erkämpfen, einen Weg, auf dem die innere Regeneration unseres Volkes aus Buße und Hoffnung einsetzen kann. Niemand wird uns das wehren, weder im Osten *noch* im Westen. Die Hindernisse dagegen liegen allein bei unserer Kirche selbst.«[22]

Doch da stehe es schlimm, schlimmer als in der Zeit des Nationalsozialismus. Denn was damals, also im Kirchenkampf, an Schätzen des Glaubens und der Erkenntnis unter Tränen gesammelt wurde, sei längst verbraucht. »Diese Kirche kann vor Gott keine Gnade finden.« Selbstverständlich wisse er, fuhr Iwand fort, »dass wir vom bolschewistischen Osten heute *nichts* zu hoffen haben«. Trotzdem könne das nicht das letzte Wort sein, wenn wir Gott vertrauen und alles von ihm erhoffen.

Keinen Ersatz für das Versagen der Kirche, aber doch eine Stütze für den gelebten Zusammenhalt der Menschheit bot in Iwands Augen die gemeinsame europäische Kultur. Auf einer Tagung für »Internationale Entspan-

---

21. Schreiben vom 4.3.1952, in: TLB 140f.
22. Schreiben vom 9.4.1953, Bundesarchiv Koblenz, Nachlass Hans Iwand, N 1528.

nung« in Stockholm im Juni 1954 unterstrich er einmal mehr seine Ablehnung der westdeutschen Wiederbewaffnung und die Notwendigkeit der Versöhnung mit den Völkern im Osten, wobei er besonders den Gedanken der *einen* Welt und Menschheit hervorhob.[23] Sie aufzuteilen, sei gleichbedeutend mit Unmenschlichkeit. Iwand war überzeugt, »dass die Frage der Kultur ein wichtiges Vorfeld ist für die politische Frage, und dass, wenn wir hier viel Verbindung schaffen in Religion und Wissenschaft und Kunst der Völker und Rassen, die Politiker, die den Frieden wollen, es leichter haben werden«. In diesem Sinn äußerte sich Iwand in den folgenden Jahren mehrfach. Zum 70. Geburtstag von Georg Lukács – den er bei jener Tagung in Stockholm kennen und schätzen gelernt hatte – schrieb ihm Iwand, sie kämen zwar beide aus verschiedenen Lagern, verträten auch unterschiedliche Überzeugungen, wollten jedoch zusammen in *einer* Welt leben – »von der Sache des Friedens und der Versöhnung im höheren Chor bewegt und dieser Sache verschworen«.[24] Der Gräfin Kanitz teilte er im September 1956 mit:

> »Das einzige, was Hoffnung geben könnte ist, dass gewisse Reste der christlichen Kultur sich heute noch und heute schon wieder unter dem Sandsturm des Bolschewismus noch erhalten haben, und von ihnen doch wieder ein Licht ausstrahlt, das auch drüben wärmt und leuchtet. Christentum kann eben nur wirken, wenn es frei ist, ohne politische Nebenansichten und Tendenzen.«[25]

Im Herbst 1956 besuchte Iwand Gemeinden in Tschechien und der Slowakei. Auch darüber berichtete er – und sah sich in der Bundesrepublik erneut heftigen Angriffen konservativer christlicher Kreise ausgesetzt.[26]

Die Reisen in den Osten brachten Iwand die erlebte Bestätigung für das, was er Anfang Juli 1956 auf einer Konferenz der Studienabteilung des Ökumenischen Rates der Kirchen in Arnoldshain ausgeführt hatte[27]: Die Tatsache der Einheit der Menschheit ließe sich nur wahrhaft erfassen, wenn man die alten Denkgewohnheiten entschlossen verlasse, gerade auch in der Kirche.

23. Rencontre pour la Détente Internationale, Stockholm, 19.-23. Juni 1954. Gedruckt u. a. in: Hans Joachim Iwand – Heinrich Held. Briefwechsel, in: Jürgen Seim, Iwand Studien. Aufsätze und Briefwechsel Hans Joachim Iwands mit Georg Eichholz und Heinrich Held, Köln 1999, 236-238.
24. Schreiben zum 13. 4. 1955, in: TLB 153-155.
25. Schreiben vom 22. 9. 1956, Bundesarchiv Koblenz, Nachlass Hans Iwand, N 1528.
26. JK 17 (1956), 253-260; 553-560.
27. Über das Zusammenleben in einer Welt widerstreitender Ideologien und politischer und wirtschaftlicher Systeme, in: FO, 138-152, 147.

> »Zusammenleben wird in erster Linie heute bedeuten: dass in dem Menschen von der anderen Seite her uns unsere Schuld begegnet, dass ein Wort der Versöhnung, der Vergebung fällig ist.«

Sicherlich handele es sich dabei stets um ein Wagnis. Aber nur so gebe es die Möglichkeit von Toleranz und echter Koexistenz. Die politischen Schwierigkeiten seien offenkundig. Unbestreitbar gelte aber, dass Ideologien unfähig seien, Schuld aufzuheben.

In diesem Kontext, der immer zugleich auf die sammelnde und begleitende Verbundenheit mit Christen im Ostblock ausgerichtet war, entwickelte Iwand eine eigenwillige Interpretation von Luthers Ekklesiologie.[28] Als er die bekannten Texte wieder las, schrieb er am 29. Dezember 1956 an den befreundeten lutherischen Theologen Georg Merz, sei es ihm »wie Schuppen von den Augen gefallen«, dass für Luther die unsichtbare Kirche die eigentliche, wahre Kirche sei.[29]

> »Aber dies, dass die ecclesia invisibilis die Kirche ist, die *allein* Gegenwart ist, in der alles, Vergebung, ewiges Leben, Sieg über den Tod, communio sanctorum etc. *Gegenwart* ist und dass sie *darum* unsichtbar ist, weil sie Gegenwart ist, das scheint mir richtig. Die sogenannte sichtbare Kirche ist vikarisierend für eine eben nicht gegenwärtige, nicht in Verbum und Sakrament und Communio daseiende wahre Kirche«.

Diese sei »unsichtbar und darum wirklich«. Iwand zweifelte – kaum unbegründet – ob Merz sich von dieser Interpretation überzeugen ließe. Doch es leuchtet ein, dass Iwand sich in seiner Zielsetzung der Versöhnung mit Christen jenseits des Eisernen Vorhangs durch diese Deutung Luthers erheblich gestärkt sah.

Erheblich weniger Erwartungen oder gar Hoffnungen setzte Iwand umgekehrt auf die führenden Vertreter seiner Kirche. Über Dibelius urteilte er ausgesprochen ungerecht:

> »Es ist derselbe verbrecherische Weg, der denselben Mann schon einmal bewog, entgegen besserem Wissen und Gewissen sich auf die Kanzel der Potsdamer Garnisonskirche zu stellen und das Grabgeläut über Preußen durch eine fromme Predigt zu übertönen, nur weil er meinte, sich damit populär zu machen.«[30]

28. Vgl. Zur Entstehung von Luthers Kirchenbegriff. Ein kritischer Beitrag zu dem gleichnamigen Aufsatz von Karl Holl, in: GA II, 198-239.
29. Bundesarchiv Koblenz, Nachlass Hans Iwand, N 1528. Zur Verbindung von Iwand und Merz vgl. Manacnuc Mathias Lichtenfeld, Georg Merz – Pastoraltheologie zwischen den Zeiten. Leben und Werk in Weimarer Republik und Kirchenkampf als theologischer Beitrag zur Praxis der Kirche, Gütersloh 1997.
30. Schreiben vom 8. 4. 1957, Bundesarchiv Koblenz, Nachlass Hans Iwand, N 1528.

Wenige Tage zuvor hatte Iwand an Heinrich Vogel geschrieben, dass ihr Kreis – obwohl er offensichtlich nichts bewirken könne – doch aufstehen müsse und zumindest erklären, »dass wir mit diesem verruchten und widerlichen Christentum nichts zu tun haben wollen«.[31] Christ sein könne man nur noch, »wenn man sich davon absetzt«! Iwand urteilte und verurteilte nun immer kompromissloser und härter.

Von der entstehenden »Konferenz Europäischer Kirchen« (KEK) trennten sich Iwand und Kloppenburg und schlossen sich der »Prager Friedenskonferenz« (CFK) an.[32] Die Begründung für diesen Schritt teilte Iwand im März 1958 Josef B. Souček mit, dem Prager Professor für Neues Testament.[33] Als die zentrale Aufgabe des deutschen Protestantismus bezeichnete Iwand, zunächst einmal das Verhältnis »zu den nicht-deutschen Kirchen im Osten zu entfalten«. Dazu gehöre das Einbringen der Erfahrungen der Bekennenden Kirche, worüber die Kirchen im Westen nicht verfügten. Aber auch die westdeutschen kirchlichen Repräsentanten hätten sich davon abgewandt. Für ihn bilde jedoch das Neue, das sich nun im Osten andeute, die Fortsetzung der Erfahrungen des Kirchenkampfs. »Für mich ist immer noch die Bekennende Kirche der Ansatzpunkt dieses Neuen.« Das dürfe auf keinen Fall »in der Oberflächlichkeit allgemeiner ökumenischer Beziehungen und Gespräche untergehen«. Dazu werde es jedoch kommen.

> »Mir ist darum der ganze Westen so gähnend langweilig, weil er gar kein Verständnis dafür hat, dass hier in der Dialektik gegensätzlicher Systeme und Kulturen etwas am Werden ist, was unser aller Dasein neu erfüllen könnte.«

Von alledem begriffen freilich die Christen in England und den USA und leider auch in Frankreich schlechterdings nichts.

Begegnungen mit Christen aus dem Ostblock und Besuche bei den Kirchen in diesen Ländern bestätigten Iwand immer wieder in der Überzeugung, dass hier die eigentlichen Aufgaben wie auch Chancen der Christen lägen. Folgerichtig engagierte sich Iwand bei der Prager Christlichen Friedenskonferenz und hielt bei deren Gründung einen der Eröffnungsvor-

---

31. Schreiben vom 4.4.1957, Bundesarchiv Koblenz, Nachlass Hans Iwand, N 1528.
32. Einen Überblick hierzu bietet Gerhard Lindemann, »Sauerteig im Kreis der gesamtchristlichen Ökumene«. Das Verhältnis zwischen der Christlichen Friedenskonferenz und dem Ökumenischen Rat der Kirchen, in: Gerhard Besier u. a., Nationaler Protestantismus und Ökumenische Bewegung. Kirchliches Handeln im Kalten Krieg (1945-1990), Berlin 1999, bes. 653-684.
33. Schreiben vom 14.3.1958, in: FO, 176-181.

träge.[34] Noch herrsche kein Friede, führte Iwand aus, sondern höchstens ein Waffenstillstand. Um den Frieden zu gewinnen, reiche Moral nicht aus. Ebenso wenig genüge ein Denken in zwei Lagern. Denn die Menschen und Christen benötigten einander. Zu dieser Realität gehöre allerdings auch die andere, dass man nämlich bereit sein müsse, in der *einen* Welt mit Menschen zusammenzuleben, »die ganz anderer Meinung in den letzten Fragen des Lebens sind als ich.« Darin liege eine große Verheißung:

> »Wir müssen uns daran gewöhnen, dass es viel schöner ist, mit Menschen, die nicht an Gott glauben und doch für den Frieden arbeiten, in einer Linie zu stehen, als mit denen, die vorgeben, mit den Waffen das ›Reich Gottes‹ zu schützen.«

Der Eiserne Vorhang verursache Angst. Das Wissen um die Liebe Gottes befreie jedoch von der Angst und bewirke Vertrauen zueinander sowie die Ermöglichung einer neuen Sprache.

> »Und das unsichtbare Band des Glaubens und der Liebe und – eben auch – der Hoffnung wird stärker sein als alles, was es zerreißen will. Das ist die unsichtbare Kirche, die mehr bedeutet als die sichtbaren.«

Etwa gleichzeitig umriss Iwand in einem programmatischen Schreiben an den »Freund Hromádka« seinen Standpunkt.[35] Brüder seien sie geworden, weil sie Vergangenes hinter sich lassen konnten, über Schuld nicht diskutierten, sondern sie übernahmen. Es gehe nun um gemeinsames Leben, das sich nur durch die Ächtung des Kalten Krieges gewinnen lasse, durch die Absage an den Antikommunismus und umgekehrt durch »die wirkliche Begegnung von Mensch zu Mensch und das Sehen der Realitäten«. Sobald es dahin komme, werde auch Raum da sein für die Gestaltung des Friedens. Iwand schloss: Gelinge es, die Freundschaft der Völker im Osten zu gewinnen, wäre das mehr »als alles, was wir verloren haben«. Christen dürften sich von solchen Fragen nicht dispensieren.

> »Sie sind nicht Glaubensfragen ersten Ranges, sie sind aber der Lichthof, der um den Glauben herum liegt. Sie sind wirklich ein Lichthof, und ich hoffe nur, dass die Prager Konferenz so etwas wie ein Leuchter dazu sein könnte.«

---

34. Am 2. Juni 1958: Die Verantwortung und die Aufgaben der Christen in der heutigen internationalen Situation, in: FO, 182-198. Zitate 186-188; 197.
35. Juni 1959: Antwort. Ein Brief an J. L. Hromádka, in: FO, 199-217. Zitate 293; 215f. Es handelt sich hier um Iwands Stellungnahme zu Hromádkas »Antwort« auf den Brief von Karl Barth von 1938. Hromádkas Schreiben wurde veröffentlicht in »Antwort. Festschrift für Karl Barth zum 70 Geburtstag«, Zürich 1956, 3-13.

So scharf und bedingungslos sich Iwand von der Führung der evangelischen Kirche und der Mehrheit ihrer Delegierten in den Synoden distanzierte, so nachdrücklich unterstrich er umgekehrt seine tiefe Verbundenheit mit den kirchlichen Repräsentanten im Osten: Hier werde wirklich das Evangelium verkündet und gelebt.

> »Was für eine Gnade, dass wir das in *einem* Geist tun. Das ist und bleibt für mich das große Wunder der Gnade Gottes in den Schmerzen dieser Tage, und ich bin gewiss, wer noch nicht begriffen hat, dass Gott *diese* Gemeinschaft und *diesen* Frieden aus dem Grauen der hinter uns liegenden Zeit herausgebären will – der ist nicht nur im Kopf, sondern auch mit dem Herzen auf der verkehrten Seite.«

Intensive Kontakte pflegte Iwand nun zunehmend mit dem Ehepaar Müller: Hanfried Müller war Professor für Systematische Theologie, Rosemarie Müller-Streisand für Kirchengeschichte an der Humboldt-Universität in Ost-Berlin. In mehreren Briefen an sie[36] bezeichnete Iwand das Mühen um den Frieden, vor allem mit dem Osten, das unbedingte Nein zur atomaren Rüstung und die politische Anerkennung der DDR als Aufgabe der Christen. Der Antikommunismus bilde das größte und verhängnisvollste Übel in Westdeutschland, und die viel beschworene Freiheit sei nichts anderes als das Feigenblatt, »um einer bisher kaum gekannten Schrankenlosigkeit der Selbstsucht und dem Eigennutz zu frönen«. Und in der Kirche agiere dementsprechend die von Dibelius dirigierte Synode. Bemerkenswert ist, wie nahe sich Iwand dem Ehepaar Müller fühlte: Er war mit Vergnügen mit ihnen zusammen, sprach besonders gern mit ihnen über sämtliche anstehenden Fragen – weil sie eben »richtig liegen«, die großen Aufgaben der Zeit begriffen und die Position einnähmen, »die ein Bote des Evangeliums heute einnehmen müsste«.

Es fällt schwer, solche Aussagen nachzuvollziehen. Wir wissen inzwischen, dass Hanfried Müller nicht nur Mitarbeiter der Staatssicherheit war, sondern auch aktiv tätig im Geheimdienst der DDR. Und seine Frau Rosemarie Müller-Streisand agierte als fanatische Anhängerin des ostdeutschen Staates. Unabhängig von unserem heutigen Wissen: Man kannte in der DDR und darüber hinaus das Ehepaar Müller als Mitglieder der SED und überaus engagierte Anhänger des Regimes. Nicht nur mit dem Ehepaar Müller, sondern auch mit vielen anderen Theologen, die ebenso eindeutig wie einseitig für die Politik der SED eintraten, unterhielt Iwand gute persönliche Beziehungen. Sah er nicht, was da vor sich ging? Oder bedeutete es ihm nichts? Mehrfach äußerte Iwand sich sehr kritisch über die ausgespro-

---

36. Schreiben vom 9. 1., 16. 1. und 11. 3. 1960, in: TLB, 203-210; 214-217.

chen unerfreulichen Zustände unter der Herrschaft der Kommunisten. An die Gräfin Kanitz schrieb Iwand noch am 12. April 1960 im Blick hierauf: »Die Lage ist wirklich furchtbar.«[37] In der Gefahr der Zustimmung oder der Hinneigung zum Kommunismus bestand Iwand sicherlich nie. Doch erstaunlich losgelöst von ihrer kommunistischen Umwelt betrachtete und beurteilte Iwand die ihm begegnenden christlichen Repräsentanten aus dem Ostblock.

War Iwand letztlich ein Mensch reinen Herzens, der sogar bereit war, sich für das Ziel des Friedens missbrauchen zu lassen, insbesondere wenn es um die Verständigung und Versöhnung mit den Völkern im Osten ging? Das war sicherlich auch der Fall. Aber er unterschätzte eindeutig die Einwirkungen des östlichen Systems auf die dort lebenden Christen, vor allem auf diejenigen, die führende kirchliche Positionen bekleideten. Er relativierte diese Probleme und war dann gewillt, darüber hinwegzusehen. Hier tut sich eine noch nicht erschlossene Problematik auf: Die Beziehungen der »Dahlemiten«, also der ehemals entschiedenen Vertreter der Bekennenden Kirche, zu den Kirchen im Ostblock in der Zeit des Stalinismus. Auch Iwand erreichte mit seinen Bemühungen um Verständigung doch kaum die Gemeinden, die Pfarrer und einfachen Christen vor Ort. Aber sie mussten den Druck aushalten, dem auf ihre Weise die Vertreter der Kirchenleitungen ausgesetzt sein mochten. In Westdeutschland sah Iwand primär Antikommunisten und Reaktionäre und beurteilte die führenden Persönlichkeiten der Kirche und ihre Leitungsgremien direkt oder indirekt im gleichen Licht wie die Deutschen Christen in der Zeit des Nationalsozialismus. Dadurch errichtete er hier Mauern, die er dem Osten gegenüber niederreißen wollte. Demokratie und Freiheit waren jedoch nicht nur die Karikaturen, als die Iwand sie hinstellte!

Bedenkenswert und vielleicht sogar verpflichtend bleibt trotz solcher kritischen Einwände Iwands forderndes Drängen auf Annäherung und Verständigung mit den Völkern im Osten. Hier hat sich seit dem Ende des Kalten Krieges und der politischen Einigung Europas viel, sehr viel zum Besseren gewandelt. Ob im gleichen Ausmaß die Einsicht in die Schuld, die deutsche Schuld zunächst einmal, gewachsen ist, mitsamt der Bereitschaft, in Ost und West voneinander zu lernen, sei dahingestellt. Nach der lebenslang von Iwand mit Leidenschaft vertretenen Überzeugung eröffnet sich allerdings nur dann der Weg in eine gute Zukunft für ganz Europa, wenn wir jene Vergangenheit nicht aus den Augen und dem Bewusstsein verlieren.

---

37. Zit. nach Biografie, 598.

Geistige Entscheidungen, unsichtbare Kirche
Response zum Vortrag von Martin Greschat
Gerard den Hertog

Aus Martin Greschats eingehender und anregender Beschäftigung mit Iwands Weg im Ost-West-Konflikt möchte ich für die Diskussion zwei Themen aufgreifen.

Erstens: Kirche und Wiederbewaffnung

Martin Greschat notiert, dass in den 1950er Jahren der Kampf gegen die Wiederbewaffnung Westdeutschland Iwands großes Thema war und blieb. Dieser These kann ich nur bedingt zustimmen:
  Wenn ich den Bemühungen Iwands um die Zukunft Deutschlands und Europas nachgehe, steht darin meiner Ansicht nach nicht die Wiederbewaffnung als solche im Zentrum, sondern die geistige Haltung, die ihr zugrunde liegt. Hier könnte man den mehrfach von ihm benutzten Ausdruck »organisierte Unbußfertigkeit« erwähnen. Greschat zeigt zurecht, dass Iwand sich nicht in politische Machtspiele verwickeln lassen wollte, sondern grundsätzlich vom Evangelium her sprach, in Richtung der Kirche, mit dem Ziel der Bewältigung der Geschichte. Von daher ist seine unermüdliche Arbeit für die Göttinger Predigtmeditationen zu verstehen – oder auch von ihm gewählte Vortragstitel wie: »Die Teilung zwischen Ost und West als Anfechtung des Geistes«[1] und – prägnanter noch – »Das *geistes*geschichtlichen Phänomen der Atomwaffe und die Angst«[2]. Es ging Iwand in erster Linie um die »Wiedergeburt des Geistes«[3], und er war immer mehr

---

1. (1952), FO, 76-90.
2. Das geschichtliche Phänomen der Atomwaffe und die Angst – Ein Versuch ihrer Überwindung (1955), FO, 97-124. Im Titel stand ursprünglich »geistesgeschichtlich« (vgl. FO, 97, Einführung).
3. Titel von Iwands Vortrag auf der ›Westdeutschen Kulturtagung‹ im Januar 1952.

der Überzeugung, dass »geistige Entscheidungen« sich »nicht vertagen lassen«[4] und dass »Umkehr und Einsicht«[5] dringlich waren.

Zweitens: Unsichtbare Kirche

Einer eingehenderen Diskussion halte ich auch Greschats Interpretation von Iwands Kirchenbegriff für wert. Ob Iwands Interpretation der »unsichtbaren Kirche« wirklich so »eigenwillig« ist, sei dahingestellt. Er hat einen großen Aufsatz über die Entstehung von Luthers Kirchenbegriff geschrieben, der vor diesem Hintergrund noch einmal zu sichten wäre.[6] Es geht hier ja nicht um eine Nebenlinie in Iwands Luther-Interpretation, die den Reformator von dessen Kreuzestheologie her versteht.[7]

Wichtiger ist aber in unserem Fragekontext, worauf Iwand mit seiner Rede von der »unsichtbaren Kirche« eigentlich hinauswollte. War sie ihm Instrument, um seine Zielsetzung der Versöhnung mit Christen jenseits des Eisernen Vorhangs lediglich theologisch zu unterfüttern? Oder war es ihm eine – in alle Richtungen – *kritische* Erkenntnis, dass Jesus Christus nicht in unsere ideologische Kategorien hineinpasst und dass seine Kirche sich da ereignet, wo Glaube und Liebe eins sind und zusammen Tat werden?

Ich denke dabei etwa an ein Zitat aus Iwands – von einer Tonbandaufnahme abgeschriebenem und wohl auch darum so reizenden – Vortrag aus dem Jahr 1958: »Das Liebesgebot und der Wiederaufbau Europas«:

> »Wenn ich heute in den Osten fahre, und ich besuche dort einen ehemaligen Großgrundbesitzer, der weit von seinem Gute ein kümmerliches Dasein führt, und das sehen die Funktionäre des dortigen Staates, so gilt das als eine böse Tat, als eine reaktionäre Tat. [...] Was ist los? Christliche Liebe? Ja, christliche Liebe nach dem Maße, das die öffentlichen Gewalten mir erlauben [...]! Wenn du aber etwas tust, was darüber hinausgeht, das ist nicht mehr Liebe, das ist Aufruhr und Empörung, das ist Ärgernis. Es ist also offenbar so, meine Damen und Herren, daß das Ärgernis des Glaubens dasselbe ist wie das Ärgernis der Liebe, daß, wo

---

4. Hans Joachim Iwand, Geistige Entscheidungen lassen sich nicht vertagen (1957), in: Bertold Klappert / Ulrich Weidner, Schritte zum Frieden. Theologische Texte zu Frieden und Abrüstung, Wuppertal und Gladbeck ¹1983, 159-166.
5. Hans Joachim Iwand, Umkehr und Einsicht, FO, 153-158.
6. Hans Joachim Iwand, Zur Entstehung von Luthers Kirchenbegriff. Ein kritischer Beitrag zu dem gleichnamigen Aufsatz von Karl Holl, GA II, 198-239.
7. Vgl. mein: Iwands Ekklesiologie als Kapitel seiner Kreuzestheologie, Zeitschrift für Dialektische Theologie 9 (1993) Nr. 3 (Sondernummer) 67-87.

> Liebe wirklich Tat wird, wo sie etwas tut um der Liebe willen, dieses ebensowenig hineinpaßt in unsere Welt wie der Glaube an den gekreuzigten Herrn.«[8]

Diese widerspenstige Liebe ist – mit dem Titel von Iwands grundlegendem Aufsatz von 1951 – sowohl Grund als Grenze der Freiheit.[9] In vielen seiner Vorträge und Aufsätze ist diese Einsicht prägend präsent. Dies bildet auch den Hintergrund, wenn Iwand in seinem Vortrag auf der Gründungsversammlung der Prager Friedenskonferenz, aus dem auch Greschat zitiert, sagte:

> »Wir werden eine Sprache finden – nicht die der gespaltenen Menschheit – in der wir uns im Letzten verstehen. Wir werden aufeinander hören und voneinander lernen. Und das unsichtbare Band des Glaubens und der Liebe und – eben auch – der Hoffnung wird stärker sein als alles, was es zerreißen will. Das ist die unsichtbare Kirche, die mehr bedeutet, als die sichtbaren.«[10]

Die ›unsichtbare Kirche‹, die sich an Gottes Verheißung hält und somit an die Wirklichkeit der im Kreuz Jesu Christi geeinten Menschheit glaubt, ist die Kritik der sichtbaren Kirchen, die als Institutionen auf dem Plan sind und sich allzu leicht anmaßen, das Heil vermitteln zu können. Die unsichtbare Kirche ist demgegenüber nicht eine spiritualistische Kategorie, sondern sie ist Realität da, wo eventuell an allen Institutionen vorbei die Kräfte des Reiches Gottes sich manifestieren und Menschen es wagen, aus festgefahrenen Gleisen herauszutreten in einer Liebe, die Tat wird. Darum, so deute ich es, hatte Iwand Kontakte mit Menschen auf dieser und jener Seite des ›eisernen Vorhangs‹, die nach den Maßstäben von damals und vielleicht auch von heute etwas oder sogar sehr bedenklich waren.

---

8. Hans Joachim Iwand, Das Liebesgebot und der Wiederaufbau Europas, JK 21 (1960) 531.
9. Hans Joachim Iwand, Die Liebe als Grund und Grenze der Freiheit, Frankfurter Hefte 6 (1951) 81-89 (auch in: NWN 1, 194-205).
10. Hans Joachim Iwand, Die Verantwortung und die Aufgaben der Christen in der heutigen internationalen Situation, FO, 197.

Eine Magna Carta christlicher Friedensethik –

Hans Joachim Iwands Vision der Einen Welt
im Licht des Evangeliums

Wolfgang Lienemann

In memoriam Veronika Iwand – 1943-1997

Die ›Magna Carta Libertatum‹ aus dem Jahre 1215 ist neben der ›Bill of Rights‹ von 1689 das grundlegende Fundament der englischen Konzeption der *rule of law*. Beide Dokumente enthalten unerlässliche Bausteine einer Rechts- und Friedensordnung. Sie sind freilich auf die internen Beziehungen eines politischen Gemeinwesens bzw. eines Staates beschränkt. Von einem Völkerrecht konnte im 13. Jahrhundert noch nicht die Rede sein, während ausgangs des 17. Jahrhunderts, also nach Hugo Grotius' großem Werk *De iure belli ac pacis* (1625) und dem Westfälischen Frieden von 1648, das frühneuzeitliche Völkerrecht aufblühte, allerdings unter Einschluss eines *liberum ius ad bellum* der anerkannten Völkerrechtssubjekte.

Die damit seit alters verbundene Theorie eines rechtmäßigen Krieges *(bellum iustum)* ist seither zunehmend als unhaltbar erkannt worden. Zu dieser Neubeurteilung haben nicht nur die Erfahrungen der Weltkriege und der ungeheuren Zerstörungskraft der Kernwaffen beigetragen, sondern maßgeblich auch die Entwicklungen des Völkerrechts seit 1945. Hans Joachim Iwand war einer der ersten, die das sehr früh erkannt haben und die bereit waren, aus der Einsicht, dass ein moderner Krieg nicht mehr ein Mittel der Rechtswahrung sein könne, die notwendigen Konsequenzen zu ziehen. So darf man Iwand – neben seinen Weggefährten Karl Barth, Helmut Gollwitzer, Josef Hromádka, Walter Kreck, Martin Niemöller, Ernst Wolf und anderen – als einen der Wegbereiter der neueren deutschsprachigen ökumenischen Friedensethik bezeichnen. Diese ›Friedensethik‹ unterscheidet sich freilich von jeder säkularen Ethik fundamental. Sie ist nicht in erster Linie eine rationale politische Ethik, sondern ein prophetisch-seelsorgerlicher Ruf zur Umkehr in die Zukunft einer möglichen Weltordnung nach Rechtsprinzipien. Inwieweit sie auch in der Lage ist, zur Verständigung mit einer rein säkularen Konzeption von Recht und Frieden beizutragen, wird am Ende zu fragen sein. Zu ihrer Zeit waren Iwand und seine Freunde in der Minderheit, sowohl in der Politik wie in der Kirche. Aber sie sahen die Notwendigkeit eines politischen Weges jenseits der alten Freund-Feind-Schemata, der gegensätzlichen Ideologien und des Blockdenkens. Im Folgenden sollen nach einer kurzen Einleitung die grundlegenden Erfahrungen, Einsichten und praktischen Forderungen Iwands dargestellt werden – seine Vision der Einen Welt im Licht des Evangeliums. Ich nenne diesen kühnen Entwurf eine Magna Carta, weil sie notwendige Bedingungen einer Friedensordnung nach Rechtsprinzipien enthält. Allerdings unterscheidet sie sich von einem säkularen Friedensverständnis fundamental. Ob und wie dieser Abstand, wenn nicht Abgrund überschritten werden kann, war und ist mir eine offene Frage.

1. Vom Freikorps zur Prager Friedenskonferenz – einige biographische Voraussetzungen und theologische Entscheidungen

Hans Joachim Iwand, geboren am 11. Juli 1899, erlebte tiefe Epochenumbrüche. Zu seinen prägenden politischen Erfahrungen gehörten das späte Kaiserreich, der I. Weltkrieg und seine Folgen, die brutale Errichtung der Naziherrschaft, die Verfolgung und Ermordung der Juden in Europa, der II. Weltkrieg und die Folgen des ›Kalten Krieges‹. Bisweilen denke ich, dass in erheblichen Teilen der heutigen Friedensforschung, aber auch der heute Studierenden und Dozierenden, diese riesigen Herausforderungen der damaligen Zeit immer mehr in Vergessenheit geraten. Seit dem Zusammenbruch oder der Selbsttransformation der meisten kommunistischen oder sozialistischen Staaten in den 1980er Jahren scheint diese Geschichte des 20. Jahrhunderts gleichsam hinter einem Schleier zu verschwimmen.[1]

Iwands Leben und Werk sind durch seine intensive Zeitgenossenschaft zutiefst geprägt. Die äußeren Daten sind bekannt; Jürgen Seim hat in seiner großen Biographie den Weg eindrucksvoll nachgezeichnet.[2] Im Blick auf sein späteres Engagement für Frieden und Aussöhnung mit dem Osten ist daran zu erinnern, dass Iwand noch im letzten Jahr des I. Weltkrieges eingezogen wurde, anschließend bei der Grenzschutztruppe im Osten war und

1. Zum ›Epochenjahr‹ 1989 siehe die Beiträge in Klaus Koschorke (Hg.), Falling Walls. The Year 1989/90 as a Turning Point in the History of World Christianity / Einstürzende Mauern. Das Jahr 1989/90 als Epochenjahr in der Geschichte des Weltchristentums, Wiesbaden 2009.
2. Hans Joachim Iwand. Eine Biografie, Gütersloh 1999. Eindrücklich ist die kurze Charakteristik Iwands, die Helmut Gollwitzer gegeben hat, in: PM I, Geleitwort, 5-11.

im Frühjahr 1920, sein Studium unterbrechend, während des Kapp-Putsches sogar einem illegalen Freikorps angehörte. Nach Abschluss des Studiums wurde er 1923 Studieninspektor am Lutherheim in Königsberg, wo er sich 1927 mit der viel beachteten Arbeit über »Rechtfertigung und Christusglaube. Eine Untersuchung zur Systematik der Rechtfertigungslehre Luthers in ihren Anfängen« habilitierte.³ Königsberg, die Ostsee und das Kurische Haff mit der Nehrung – das war Iwands Landschaft. Später machte er öfters Urlaub an der gegenüber liegenden schwedischen Ostseeküste. Iwand liebte diesen ›Osten‹ und litt später unter dessen Verlust. Umso bedeutender ist, dass und wie er sich nach 1945 darum bemühte, einerseits den Vertriebenen zu helfen und sie andererseits vor dem Geist des Revanchismus zu retten.

Der Nationalsozialismus zerstörte diese Welt, in der Iwand, trotz mancher Konflikte, zum akademischen Lehrer wurde. Spätestens seit 1932 waren die Nazis auch in Königsberg auf dem Vormarsch. Am 18. Juli 1932 fand eine Großkundgebung der Nationalsozialisten mit Hitler im Zuge des Reichstagswahlkampfes in Königsberg statt, bei der die Polizei einschritt.⁴ Seinen Wahlkampf vom März 1933 beendete Hitler in Königsberg.⁵ Auch zahlreiche Theologiestudenten waren inzwischen SA-Mitglieder. »Das Lutherheim war ein Stützpunkt der königsberger SA geworden«, notiert Seim.⁶ Gleichzeitig waren die ›Deutschen Christen‹ auf dem Vormarsch.

3. Leipzig 1930; Ernst Wolf hat eine zweite Auflage 1961 herausgegeben. Iwands Dissertation von 1924 »Über die methodische Verwendung von Antinomien in der Religionsphilosophie, dargestellt an Karl Heims ›Glaubensgewissheit‹« ist nie veröffentlicht worden. Zum Text vgl. Peter-Paul Sänger, Iwands Lizentiatenarbeit. Ein historischer Text und seine Probleme, in: Der ›frühe Iwand‹ (1923-1933), hg. v. Gerard den Hertog und Eberhard Lempp, Waltrop 2008, 11-32. Zusammenfassende Promotionsthesen finden sich in: NW 6, 327-329. Wie wichtig Heim für Iwand war, geht aus Abschnitten seiner theologiegeschichtlichen Vorlesungen hervor: vgl. NWN 3, 38 f. 259 f. 269. 321 f. 350-375. Iwand hat in dieser Vorlesung drei Bücher genannt, die ihn tief geprägt und berührt haben: Karl Barths Geschichte der protestantischen Theologie im 19. Jahrhundert, Albert Schweitzers Geschichte der Leben-Jesu-Forschung und Karl Heims Buch »Das Weltbild der Zukunft«. Vgl. mittelbar zu Heim auch Iwands Vorlesung über »Glauben und Wissen«, NW 1, 27-216, 106-108.
4. Hitler beschwerte sich darüber noch am selben Tage bei Reichskanzler von Papen; sein Telegramm findet sich unter: www.bundesarchiv.de/aktenreichskanzlei/1919-1933/1000/vpa/vpa1p/kap1_2/para2_65.html (05.02.2013).
5. Iwand erwähnt das in dem Beitrag: Geistige Entscheidungen lassen sich nicht vertagen (1957), in: Bertold Klappert / Ulrich Weidner (Hgg.), Schritte zum Frieden. Theologische Texte zu Frieden und Abrüstung, Neukirchen-Vluyn ²1983, 159-166, 161.
6. Biografie, 112.

Iwands Zuwendung zur sich formierenden Bekennenden Kirche war folgerichtig und trug ihm alsbald Entlassungen, Versetzungen und schließlich den Entzug der Lehrbefugnis ein. Daraufhin wurde er mit der Leitung des Predigerseminars der ostpreußischen Bekennenden Kirche in Bloestau betraut. Als er 1937 ›Reichsredeverbot‹ erhielt und aus Ostpreußen ausgewiesen wurde, konnte er das Predigerseminar noch bis Herbst 1938 weiterführen, bevor er ein Gemeindepfarramt an der Dortmunder Marienkirche übernahm, das er während des ganzen Krieges innehatte. Zwischen November 1938 und März 1939 war er in der Haft der Gestapo.

Nach dem Kriege wurde Iwand 1945 als Professor für Systematische Theologie nach Göttingen berufen; 1952 wechselte er, nachdem seine Frau kurz vor Weihnachten 1950 gestorben war, nach Bonn. Göttingen war ihm verleidet. Die wenigen Hinweise auf die akademisch-politische Konstellation in Göttingen, die Seim gegeben hat,[7] würde man gern anhand von Briefen oder sonstigen Zeugnissen Iwands aus dieser Zeit überprüfen und ergänzen.[8] Auf Iwands Einsatz in der Friedensbewegung der 1950er Jahre ist gleich näher einzugehen.

2. Grundzüge von Iwands Friedensethik

Es gibt nicht »die Friedensethik« von Hans Joachim Iwand, jedenfalls nicht im Sinne eines systematisch aufgebauten Buches oder Konzeptes zur Rechts- und Friedensethik. Gleichwohl standen die Fragen von Krieg, Recht und Frieden im Zentrum seines politisch-ethischen Nachdenkens und seiner entschlossenen Stellungnahmen[9], während andere Bereichsethiken bei

---

7. Biografie, 306.
8. So wüsste man gern Näheres über das Verhältnis Iwands zu Otto Weber und Ernst Wolf in diesen Göttinger Jahren. Zu Weber siehe Vicco von Bülow, Otto Weber (1902-1966). Reformierter Theologe und Kirchenpolitiker, Göttingen 1999; zur Göttinger Fakultät im ›Dritten Reich‹ vgl. Inge Mager, Göttinger theologische Promotionen 1933-1945, in: Leonore Siegele-Wenschkewitz / Carsten Nicolaisen (Hgg.), Theologische Fakultäten im Nationalsozialismus, Göttingen 1993, 347-359.
9. Eine Auswahl wichtiger Texte erschien erst mehr als ein Vierteljahrhundert nach Iwands Tod: Hans Joachim Iwand, Frieden mit dem Osten. Texte 1933 – 1959, hg. v. Gerard C. den Hertog unter Mitarbeit von Klaus Geyer, Jürgen Seim und Dieter Schellong, München 1988. Zuvor waren ein paar, teilweise gekürzte Texte Iwands neu zugänglich gemacht worden in: Klappert / Weidner (Hgg.), Schritte

ihm anscheinend nur wenig Resonanz gefunden haben. Es erscheint mir zudem unzutreffend, Iwand jedenfalls im heute landläufigen Sinn als Ethiker zu bezeichnen.[10] Niemals hätte er Dogmatik und Ethik trennen können, obgleich er sie zu unterscheiden wusste, nie hätte er eine ethische Urteilsbildung und Beratung gleichsam *remoto Christo* gegeben, niemals hat er eine allgemeine Ethik vertreten, bei der eine theologische Ethik eine Art spezieller Unterfall gewesen wäre, der man eine säkulare Ethik an die Seite stellen könnte. Mehr noch: Sein Theologieverständnis ließ im Grunde derartige Departementalisierungen von Fächern und Disziplinen nicht zu.

Alle einschlägigen Äußerungen Iwands, die ich zur Friedensethik kenne, sind überdies nicht primär von theoretischer Art, wenngleich von großer Relevanz für die theologische Theoriebildung. Sie sind prophetische Worte, sie gehören zu einem großen Teil dem Genus der Predigt und deren Vorbereitung in einer gründlichen Meditation an und sie zeichnen sich durch einen teils seelsorgerlichen, teils prophetischen Grundton und eine entsprechende Zuwendung aus. Iwands Friedensethik ist enthalten in einem biblisch begründeten Zeugnis mit dem Dreiklang Prophetie – Predigt – Seelsorge. Das möchte ich im Folgenden verdeutlichen und zu zeigen versuchen, dass und inwiefern damit zugleich rationale Analyse, Gegenwartserkenntnis

zum Frieden (s. Anm. 5), 128-171 (mit einer guten Einführung von Klappert, 128-141, der ich viele Anregungen verdanke).

10. Grundlegend dazu die Vorlesung von 1951: Kirche und Gesellschaft, NWN 1. Natürlich muss man diesen Text aus der damaligen Nachkriegszeit heraus verstehen, aber auch dann bleibt die weitgehende Nicht-Berücksichtigung der philosophischen Ethik bzw. der praktischen Philosophie erstaunlich. Zwar nimmt Iwand gelegentlich Bezug auf Kant und vor allem auf Hegels Rechtsphilosophie, sodann immer wieder auf Nietzsche, aber dabei handelt es sich nicht um eine systematische Auseinandersetzung. Ob und wieweit sich Iwand mit philosophischer Ethik intensiver befasst hat, ist überdies aufgrund dieser Ausgabe nur schwer zu ermitteln. Denn erstens gilt: »Der vorliegende Text ist eine Rekonstruktion«, und zwar »aus vielen Teilstücken« (333). Zweitens ist aus der vom Herausgeber verantworteten Zitation nicht zuverlässig rekonstruierbar, auf welche Texte sich Iwand tatsächlich bezogen hat; das ist besonders problematisch, wenn auf Ausgaben verwiesen wird, die erst nach Iwands Tod erschienen sind. Drittens werden Erläuterungen aus unveröffentlichten Vorlesungsnachschriften von E. Börsch und Hans-Chr. Piper beigefügt, aber das erfüllt kaum die Anforderungen an eine halbwegs kritische Textedition. Für künftige Iwand-Forscher wird es unter diesen Umständen weiterhin unerlässlich sein, für eine eingehende Interpretation seiner Texte jeweils die Originale im Iwand-Nachlass im Bundesarchiv Koblenz einzusehen. Eine große Erleichterung wäre natürlich eine Digitalisierung des kompletten Archivs.

und Urteilsbildung zusammenstimmen, freilich in einem völlig anderen Sinne, als dies philosophischer Ethik eigentümlich ist.

2.1 Das lebendige biblische Zeugnis als Grund des Ethos der Zeugen

Auch als systematischer Theologe war Iwand in erster Linie Hörer und Ausleger der Heiligen Schrift. Schon die Themen seiner Lehrveranstaltungen lassen erkennen, dass für ihn der Beruf des Theologen eine umfassende Berufung bedeutete. Im Zentrum dieser Berufung steht indes weder eine Theorie der Religion oder Religionen noch eine Beschreibung des frommen Selbstbewusstseins, sondern das Ereignis der Begegnung mit der Heiligen Schrift. In seiner Vorlesung über »Theologie als Beruf«, gehalten 1929 während seiner Zeit am Lutherheim in Königsberg, heißt es programmatisch:

> »Die in der Theologie erfolgende Berufung erfolgt im Umgang mit dem Zeugnis der Heiligen Schrift als dem Worte Gottes, in dem Gott sich selbst – und zwar immer wieder neu – als Thema der theologischen Erkenntnis offenbart.«[11]

Diese Konzentration auf das ›Wort Gottes‹ – und das heißt: auf Jesus Christus als das eine Wort Gottes[12] – ist der *cantus firmus* im Leben und Lehren Iwands, den er sowohl in den Thesen 19 und 20 von Luthers Heidelberger Disputation von 1518 wie in der ersten These der Barmer Theologischen Erklärung von 1934 ausgesprochen fand.[13]

Zwei Beispiele aus dem Jahr 1950, die zeigen, wie diese Grundorientierung für Iwands Friedensethik maßgebend war, seien genannt. Das eine ist eine Predigt »Du sollst nicht töten« über Mt 5,21-22[14], das zweite der »Entwurf eines Friedenswortes für die Synode der EKD von Berlin-Weißensee«.[15] Die Synode tagte im April, also noch vor Beginn des Koreakrieges

---

11. In: NW 1, 228-274, 234. In dem zugehörigen Vortrag gleichen Titels heißt es lapidar, in sachlicher Übereinstimmung mit Karl Barth: »Denn Theologie ist die Lehre von Gottes Wort.« (219-227, 220) Vgl. Biografie, 77.
12. Siehe besonders Iwands Vorlesungen zur Christologie, NWN 2.
13. Siehe Hans Joachim Iwand, Die 1. Barmer These und die Theologie Martin Luthers (Vortrag 1936), zuerst in: ZdZ 38, 1984, 106-114, wieder abgedruckt in: EvTh 46 (1986), 214-231. Auf die Heidelberger Disputation ist Iwand häufig zurückgekommen, so z. B. im Herbst 1959: Theologia Crucis, NW 2, 381-398.
14. NW 3, 213-225; wieder abgedruckt bei Klappert / Weidner, Schritte zum Frieden (s. Anm. 5), 141-148.
15. Text in: FO, 33-43 (Seitenzahlen beziehen sich hierauf). Zum Verlauf der Synode siehe Johanna Vogel, Kirche und Wiederbewaffnung. Die Haltung der Evangelischen Kirche in Deutschland in den Auseinandersetzungen um die Wiederbewaff-

im Juni 1950. Iwands »Friedenswort« ist ein prophetisches Wort, das mit der Bitte um das Kommen des Geistes Gottes endet und zugleich die politisch Verantwortlichen im Namen Gottes *bittet*, endlich von Rüstung, Remilitarisierung und Kriegsplanung Abstand zu nehmen und eine »Eingliederung Deutschlands in die europäische Völkerfamilie« (40) anzustreben.

2.1.1 »Entwurf eines Friedensworts«

Dieser Text verdient eine weit gründlichere Auslegung als hier möglich ist. Jetzt kann ich nur wenige auffällige Züge hervorheben:

(1.) Die drei Abschnitte des kurzen Textes umfassen: Einen Rückblick auf die gerade im Berlin des Jahres 1950 ins Auge springenden Schrecknisse des Krieges. »Wenn wir uns über die Niederungen eines nationalistischen Denkens erheben und mit den Augen der Engel Gottes die blutige Wallstatt überschauen könnten, die der letzte Krieg in Europa und Asien hinterlassen hat, wir würden nicht Menschen sehen, getrennt nach Nationen, sondern Menschen, die Unrecht tun, und Menschen, die Unrecht leiden.« (35) Dagegen erhebt die Kirche die Stimme – »heute vernehmlicher als im Jahre 1938« (36) und in Kontinuität zur Eisenacher Synodalerklärung gegen jeglichen Krieg von 1948.[16] Der zweite Abschnitt gilt der Gegenwart des »Kalten Krieges« und der Teilung Deutschlands und Europas. Die Ursachen dafür werden nicht einer Seite allein zugeschrieben. Wenn die Kommunisten im Osten die Führung beanspruchen, dann sei es nicht verwunderlich, »daß die nationalsozialistischen Ideen im Westen – und nicht nur im deutschen Westen – fröhliche Urständ feiern.«[17] (38) Iwand äußert völlig realistisch die

---

nung der Bundesrepublik 1949-1956, Göttingen 1978, 83-116; Claudia Lepp, Tabu der Einheit? Die Ost-West-Gemeinschaft der evangelischen Christen und die deutsche Teilung (1945-1969), Göttingen 2005, 106-110. Das »Wort der Synode der EKD zum Frieden« v. 27.04.1950 in: KJ 77 (1950), 7-10.

16. Wort der Kirchenversammlung der EKD zum Frieden, in: KJ 72-75 (1945-48), 185f.
17. Iwand schrieb das lange vor den großen Auschwitzprozessen in Frankfurt a.M. seit 1963 und vor den Anfängen der Diskussionen um die ›braune Universität‹ seit 1964. Es wird oft übersehen, dass die Auseinandersetzungen um die Rolle der Hochschulen und Hochschullehrer im ›Dritten Reich‹, entscheidend angestoßen durch die Dokumentationen von Rolf Seeliger, so etwas wie den Auftakt der Studenten›revolte‹ der 1960er Jahre bildeten; siehe Rolf Seeliger (Hg.), Braune Universität. Deutsche Hochschullehrer gestern und heute, 6 Bde., München 1964-68; vgl. dazu Wolfgang Woelk / Frank Sparing, Forschungsergebnisse und -desiderate der deutschen Universitätsgeschichtsschreibung. Impulse einer Tagung, in: Karen Bayer/Frank Sparing / Wolfgang Woelk (Hg.), Universitäten und Hochschulen im Nationalsozialismus und in der frühen Nachkriegszeit, Wiesbaden-Stuttgart 2004,

Befürchtung, »in einem kommenden Krieg könnten Deutsche gegen Deutsche stehen.« (39)[18] Die Alternative? Freie gesamtdeutsche Wahlen, Entmilitarisierung Deutschlands und eine europäische Friedensordnung. Der dritte Abschnitt stellt klar, dass eine Synode kein repräsentatives Parlament ist, sondern eine Gemeinschaft, die »unter Gottes Gebot und Verheißung« steht (41). Sie kann nicht für das Volk, nicht einmal im Namen der evangelischen Christen sprechen. Aber sie hat nach dem Willen Gottes über Gerechte und Ungerechte, über Kommunismus und Kapitalismus, über Hoch und Niedrig zu fragen und nicht im Weltbürgerkrieg – das Wort benutzt Iwand freilich nicht – Partei zu ergreifen. »Wir glauben, daß es ein gemeinsames Drittes gibt, und daß die Völker auf der ganzen Welt dieses Dritte suchen – und auch finden werden.« (41) Dabei hat Iwand keine Illusionen – weder hinsichtlich des Bolschewismus noch im Blick auf die kapitalistische Option Westdeutschlands. Es hat mich beim erneuten Lesen dieses kurzen Textes ungeheuer fasziniert, wie hier jedes Wort sorgsam gewogen ist. Es ist Prophetie noch in der kleinsten Nuancierung. Und es ist eine Kritik an den konfessionellen Kirchentümern im deutschen Protestantismus und zugleich eine verheißungsvolle Öffnung zur »ganzen Christenheit auf Erden« – ihnen allen gilt unverkürzt und wörtlich zu nehmen die Glücklichpreisung der Friedensmacher (42). Wer nichts sonst von Iwand kennt, aber diesen Text, weiß, wofür er eingestanden ist.

(2.) Grundlegend ist eine gesamtbiblische Ausrichtung. Von dem Psalmwort am Anfang (»Ach, daß ich hören sollte, was Gott der Herr redet; daß Er Frieden zusagte seinem Volk und seinen Heiligen, auf daß sie nicht auf eine Torheit geraten«; Ps 85,9), demselben Vers, auf den sich Dietrich Bonhoeffer in einer Morgenandacht in Fanø 1934 berufen hatte, über alt- wie neutestamentliche Zeugnisse wird der Bogen der weihnachtlichen Frie-

---

7-32, bes. 16-18. Siehe auch Kurt Meier, Die theologischen Fakultäten im Dritten Reich, Berlin-New York 1966.

18. Wir wissen heute aus den einschlägigen Akten der frühen Nachkriegszeit, dass die damaligen militärstrategischen Planungen für Europa – keineswegs nur in der frühen Nachkriegszeit – davon ausgingen, dass das wahrscheinlichste Kriegsszenario ein Atomkrieg auf deutschem Boden sei; vgl. dazu Christian Greiner, Die alliierten militärstrategischen Planungen zur Verteidigung Westeuropas 1947-1950, in: Anfänge deutscher Sicherheitspolitik 1945-1956, Bd. 1: Von der Kapitulation bis zum Pleven-Plan, hg. v. Militärgeschichtlichen Forschungsamt, München-Wien 1982; Klaus A. Maier / Norbert Wiggershaus (Hgg.), Das nordatlantische Bündnis 1949-1956, München 1993; vgl. aus späterer Sicht William M. Arkin / Richard W. Fieldhouse, »Nuclear Battlefields«. Der Atomwaffen-Report (zuerst 1985), deutsch v. Wolfgang Biermann u.a., Frankfurt a.M. 1986, 133-149.

densbotschaft gespannt. Iwand war kein Biblizist, aber ein Bibeltheologe. Er zitiert Luther aus seiner Leipziger Disputation mit Johannes Eck von 1519, demzufolge ein Theologe, »wenn er nicht irren will, die ganze Schrift vor Augen haben [muss] und das, was gegen eine andere Stelle zu sprechen scheint, mit dieser vergleichen, so wie die zwei Cherubim mit dem Gesicht sich gegenüberstehen und die Übereinstimmung in der Verschiedenheit doch in der Mitte der Versöhnungsmittel finden«.[19] Iwand hat systematische Theologie als kritische Prüfung und Darstellung der Fülle des biblischen Zeugnisses unter Bedingungen der jeweiligen zeitgeschichtlichen Herausforderungen begriffen und getrieben. Dazu passt, dass er kein überzeitliches, menschengemachtes Kriterium für den rechten Bibelgebrauch, für Orthodoxie und Häresie zu identifizieren versucht hat, sondern darauf vertrauen musste, dass der Geist Gottes selbst und allein beglaubigt, was wahr ist.[20] In diesem Sinne spannt Iwand seine biblischen Verweise unter starker Betonung der Psalmen, denen ja von sich aus eine genuin seelsorgerliche Perspektive zukommt, so aus, dass die elementaren Grundzüge des biblischen Friedenszeugnisses aufscheinen und unabweisbar werden: Zuerst und immer wieder Hören auf das Wort Gottes und keine anderen Stimmen, sodann die Verwerfung derer, die Wind säen und darum immer wieder nur Sturm ernten werden, weiter die Verwerfung von Hass und Töten, sodann die Solidarität mit den Opfern der Gewalt und schließlich die Seligpreisung der Friedensstifter, deren Sorge dem Recht für alle gilt.[21]

2.1.2 »Du sollst nicht töten«

Die meisten Werke Iwands sind erst aus dem Nachlass zugänglich gemacht worden. Die Herausgabe seiner eigenen Texte hatte für Iwand offenkundig keine höchste Priorität, obgleich er es wiederholt bedauert hat, dass ihm dazu Zeit und Kraft nicht reichten. Denn man muss bedenken: Neben seinem Lehramt in Göttingen und dann in Bonn und neben seinem politischen sowie seinem kirchlichen Engagement war er auch die ganzen Jahre letztverantwortlich für das von ihm gegründete und gekaufte ›Haus der helfenden Hände‹ in Beienrode, ursprünglich als Flüchtlingshilfswerk für die aus Ostpreußen vertriebenen evangelischen Christen geschaffen, später ein häufiger Treffpunkt der christlichen Friedensbewegung der 1970/80er Jahre.

---

19. Leipziger Disputation, WA 59, 575,4472-4479, zit. in Iwand, Die 1. Barmer These (EvTh 46 (1986), 215 Anm. 4).
20. Ebd. 216.
21. Einige dieser Motive sind in das »Wort der Synode« aufgenommen worden, aber von der prophetischen Sprachgewalt Iwands ist es nicht geprägt.

Während die eigenen Bücher zu kurz kamen, hat Iwand enorm viel Energie in die von ihm gegründeten ›Göttinger Predigtmeditationen‹ gesteckt.[22]

Die Predigt über Mt 5,21-22[23], aus demselben Jahr wie das erwähnte »Friedenswort«, enthält sich jeder aktuellen, unmittelbaren politischen Stellungnahme. Es werden keine Parteien oder Politiker genannt, es wird nicht angeklagt, nicht Partei ergriffen. Und doch ist es ein eminent ›politischer‹ Text, freilich nicht im Sinne jenes berühmten ›Begriffs des Politischen‹ von Carl Schmitt, sondern dazu geradezu antithetisch.[24] Iwand gibt keine schulmäßige Exegese. Es ist eine zugleich meditative wie aufrüttelnde Predigt, die denjenigen ins Zentrum rückt, den Bergprediger, von dem alle wissen und

---

22. Iwands eigene Beiträge liegen in PM I vor.
23. In: NW 3, 213-226, gehalten anläßlich einer Tagung des Christlichen Friedensdienstes in Stein bei Nürnberg am 6. August 1950, also vor Beginn des Koreakrieges. Zuerst in EvTh 1950/51, 145-153, wieder abgedruckt bei Klappert / Weidner, Schritte zum Frieden (s. Anm. 5), 141-148 (hiernach die Seitenangaben). Fünf Jahre später hat Iwand eine Meditation zu Mt 5,20-26 veröffentlicht, in der er u. a. auf die pazifistischen Positionen von Gandhi und Tolstoj eingegangen ist, sowie ein Jahr später eine Meditation zu Mk 2,18-22, in der er dafür plädiert, endlich die täuferischen Traditionen und Gruppen in ihrem Kampf für den Frieden anzuerkennen; siehe PM I, 455-462 und 539-547 (bes. 544). In der Vorbemerkung zur Predigt über Mt 5,20ff. bezieht sich Iwand ausdrücklich auf einen Beitrag des Atomphysikers Otto Hahn in der FAZ v. 19.02.1955, in dem dieser u. a. schreibt: »In einem Bombenkrieg gibt es nicht mehr Sieger und Besiegte. Die großen Bomben zerstören in einem Augenblick die Stätten der Zivilisation.« Iwand bemerkt dazu: »Man wird von einer Predigt über unseren Text verlangen müssen, daß sie wenigstens nicht *unter* oder *hinter* dem zurückbleibt, was der große Göttinger hier als möglich und notwendig herausgestellt hat.« (455) Hahn gehörte 1957 zu den Unterzeichnern der »Göttinger Erklärung« gegen die beabsichtigte Ausrüstung der Bundeswehr mit Atomwaffen. Iwand hat gemeinsam mit anderen diese Erklärung ausdrücklich begrüßt; siehe Biografie, 525 f. Wenig später wurde weltweit eine Rede Albert Schweitzers gegen die Atomwaffen von über hundert Rundfunkanstalten übertragen.
24. Carl Schmitts Schrift »Der Begriff des Politischen« geht auf einen Vortrag von 1927 zurück und erschien in der für ihre Wirkung wesentlichen Gestalt 1932; Neudruck des Textes »mit einem Vorwort und drei Corollarien« Berlin 1963. Iwand ist in einem Vortrag über »Die politische Existenz des Christen unter dem Auftrag und der Verheißung des Evangeliums von Jesus Christus« (1953) ausdrücklich auf Schmitts »Begriff des Politischen« und dessen Bedeutung für den Nationalsozialismus eingegangen; Text in: GA I, 183-201 (189-191); dazu Biografie, 458 f. und 555. Ebenfalls im Zusammenhang mit seiner Gogarten-Kritik hat sich Iwand kritisch auf diese Schrift Schmitts bezogen; vgl. Kirche und Gesellschaft, NWN 1, 94.

dem doch niemand wirklich glaubt: den lebendigen Jesus Christus.[25] Es ist also kein Beitrag zur Friedensethik im Sinne einer theoretischen Reflexion, sondern eine Besinnung darüber, was Frieden wäre, wenn man den Bergprediger auf sich zukommen ließe. Wie fern Gott der Gegenwart ist, sieht Iwand in den einleitenden Bemerkungen am Anfang der Genesis, wenn es heißt »Der Geist Gottes schwebte über den Wassern«. Das, so Iwand, ist Ausdruck unendlicher Gottesferne: »Der Geist Gottes und die Wirklichkeit, in der wir leben, fallen auseinander.« (142) Die Gegenwart kapituliert vor den alten Realitäten, man macht dort weiter, wo man 1932 aufhören musste, als wäre nichts geschehen. Dies sieht Iwand als Ausdruck einer tiefen Angst und Not, sich nicht dem zu stellen, nicht stellen zu können, was wirklich dringend ist.

Das Weitermachen wie zuvor ist für Iwand am Bedrängendsten in der ›Frage von Krieg und Frieden‹. »Auf einmal ist der alte, böse Zauberspruch wieder da: Si vis pacem, para bellum!«[26] (143) Desgleichen die erneute ›Rede vom gerechten Krieg‹ und das alte ›Freund-Feind-Denken‹, »das eine ideologische Mauer durch die Menschheit legt und jeden, der jenseits der Mauer lebt, rechtlos macht« (143). Es ist eine hohe Sprachgewalt, die hier fast eruptiv Ausdruck findet, und sie richtet sich vor allem gegen die Kirche selbst, gegen das »verklärende, glorifizierende, rechtfertigende Gerede der Kirche, das uns in den vergangenen Jahren so zum Ekel geworden ist« (143 f.). Dagegen stellt Iwand seine prophetische Vision, die, wenn ich recht sehe, in ihrer Bildhaftigkeit direkt bei Nietzsche anschließt: »Denn die Kirche müßte doch die Stelle sein, wo dieser böse und sinnlose Spuk zerstieben könnte, den die blinden Blindenführer mit ihren Völkern treiben. Hier *könnte* der Blitz aufflammen, der die Welt vom Ausgang bis zum Niedergang, der Orient und Okzident in das helle und durchsichtige Licht der Rettung und Erkenntnis stellt.«[27]

---

25. Zu Iwand als Prediger siehe das einfühlsame Vorwort von Helmut Eßer und Helmut Gollwitzer zu dem von ihnen herausgegebenen Bd. 3 der NW, 7-13.
26. Karl Barth hat in der knappen Friedensethik von KD III/4 (erschienen 1951), § 55.2, 515-538, ebenfalls diese alte Maxime aufs Schärfste zurückgewiesen (explizit 517). Die Nähe zwischen Iwand und Barth ist hier mit Händen zu greifen.
27. Die Rede vom Blitz, der in diese Welt hineinfahren müsse, wenn es um wirklichen Frieden geht, findet sich bei Friedrich Nietzsche, Menschliches, Allzumenschliches, II, Nr. 284, und lautet vollständig:
»Das Mittel zum wirklichen Frieden. – Keine Regierung gibt jetzt zu, dass sie das Heer unterhalte, um gelegentliche Eroberungsgelüste zu befriedigen; sondern der Verteidigung soll es dienen. Jene Moral, welche die Notwehr billigt, wird als ihre Fürsprecherin angerufen. Das heißt aber: sich die Moralität und dem Nachbar die

(144) Nicht von ungefähr erinnert mich diese Predigt an Bonhoeffers aufrüttelnde Rede in Fanø 1934.[28]

Ein solcher Blitzschlag würde die Welt erhellen, »wo immer der Name Christi genannt« und seine Friedensbotschaft gehört wird (144). Iwand ist

> Immoralität vorbehalten, weil er angriffs- und eroberungslustig gedacht werden muss, wenn unser Staat notwendig an die Mittel der Notwehr denken soll; überdies erklärt man ihn, der genau ebenso wie unser Staat die Angriffslust leugnet und auch seinerseits das Heer vorgeblich nur aus Notwehrgründen unterhält, durch unsere Erklärung, weshalb wir ein Heer brauchen, für einen Heuchler und listigen Verbrecher, welcher gar zu gern ein harmloses und ungeschicktes Opfer ohne allen Kampf überfallen möchte. So stehen nun alle Staaten jetzt gegeneinander: sie setzen die schlechte Gesinnung des Nachbars und die gute Gesinnung bei sich voraus. Diese Voraussetzung ist aber eine Inhumanität, – so schlimm und schlimmer als der Krieg: ja, im Grunde ist sie schon die Aufforderung und Ursache zu Kriegen, weil sie, wie gesagt, dem Nachbar die Immoralität unterschiebt und dadurch die feindselige Gesinnung und Tat zu provozieren scheint. Der Lehre von dem Heer als einem Mittel der Notwehr muss man ebenso gründlich abschwören als den Eroberungsgelüsten. Und es kommt vielleicht ein großer Tag, an welcher ein Volk, durch Kriege und Siege, durch die höchste Ausbildung der militärischen Ordnung und Intelligenz ausgezeichnet und gewöhnt, diesen Dingen die schwersten Opfer zu bringen, freiwillig ausruft: ›wir zerbrechen das Schwert‹ – und sein gesamtes Heerwesen bis in seine letzten Fundamente zertrümmert. Sich wehrlos machen, während man der Wehrhafteste war, aus einer Höhe der Empfindung heraus, – das ist das Mittel zum wirklichen Frieden, welcher immer auf einem Frieden der Gesinnung ruhen muss: während der sogenannte bewaffnete Friede, wie er jetzt in allen Ländern einhergeht, der Unfriede der Gesinnung ist, der sich und dem Nachbar nicht traut und halb aus Hass, halb aus Furcht die Waffen nicht ablegt. Lieber zugrunde gehen als hassen und fürchten, und zweimal lieber zugrunde gehen als sich hassen und fürchten machen, – dies muss einmal auch die oberste Maxime jeder einzelnen staatlichen Gesellschaft werden! – Unsern liberalen Volksvertretern fehlt es, wie bekannt, an Zeit zum Nachdenken über die Natur des Menschen: sonst würden sie wissen, dass sie umsonst arbeiten, wenn sie für eine ›allmähliche Herabminderung der Militärlast‹ arbeiten. Vielmehr: erst wenn diese Art Not am größten ist, wird auch die Art Gott am nächsten sein, die hier allein helfen kann. Der Kriegsglorien-Baum kann nur mit einem Male, durch einen Blitzschlag zerstört werden: der Blitz aber kommt, ihr wisst es ja, aus der Höhe. –« (Kritische Studienausgabe, Bd. 2, München 1980, 678 f.). Ob Iwand diese Stelle gekannt hat, weiß ich nicht; möglich ist es. Sein Werk zeugt insgesamt von einer intensiven Auseinandersetzung mit Nietzsche, die sich aber in Kürze nicht nachzeichnen lässt, sondern einen eigenen Aufsatz verdient hätte. Auf jeden Fall teilt er Nietzsches Kritik an der ideologischen Selbstrechtfertigung der Vorbereitung eines möglichen Krieges, wie sie nach 1945 verbreitet war. Auch Carl Friedrich von Weizsäcker hat sich gelegentlich auf die zitierte Nietzsche-Stelle berufen: Wahrnehmung der Neuzeit, München –

gelegentlich der Vorwurf des Schwärmers gemacht worden, was ihn sehr verletzt hat.[29] In dieser Predigt geht es ihm zuerst und zuletzt nur um eines: Um das Ernstnehmen des Bergpredigers, dessen antithetisches »Ich aber sage Euch« zur Abkehr von allen innerweltlichen Götzen, Ideologien und Selbstrechtfertigungen aufruft und damit zur Umkehr zu Gott einlädt. Diese Umkehr verdeutlicht Iwand in drei Hinsichten: Abkehr vom Richtgeist, Abkehr von jedem Bildungsdünkel, Abkehr von jeder Selbstgerechtigkeit, die zwischen den Frommen und den Gottlosen meint sicher unterscheiden zu können. Dies ist die ›politischste‹ Stelle im ganzen Text, wenn man sie nämlich unter dem Aspekt liest, wie in der damaligen bürgerlichen Gesellschaft in Deutschland Kommunisten beurteilt wurden, wenn es dagegen bei Iwand heißt: »Es gibt keine Gottlosen – oder es gibt nur Gottlose.«[30] (148) Die Umkehr, zu der Iwand im ›Kalten Krieg‹ aufruft, steht ersichtlich in der Folge der zweiten These der Barmer Theologischen Erklärung.[31]

2.2 Auseinandersetzung mit der lutherischen Tradition

Iwand war nach Herkunft und Überzeugung ein Theologe in der Erbschaft Martin Luthers. Aber er war, jedenfalls in den Augen etlicher seiner lutherischen Kollegen, ein dissidenter Lutheraner. Das zeigte sich in vielfacher Hinsicht, nämlich beispielsweise (1) in Iwands Rezeption und Interpretation der Unterscheidung von Gesetz und Evangelium und seiner allmählichen, immer klarer zutage tretenden Zuwendung zu Sinn und Absicht

---

Wien 1983, 70-107. Zu Nietzsches politischer Philosophie siehe Henning Ottmann, Philosophie und Politik bei Nietzsche, 2., verbesserte und erweiterte Auflage, Berlin-New York 1999, hier bes. 124-128.
28. Kirche und Völkerwelt, in: D. Bonhoeffer, London 1933-1935, hg. v. Hans Goedeking, Martin Heimbucher, Hans W. Schleicher, DBW 13, Gütersloh 1994, 298-301.
29. Siehe Biografie, 522-526.
30. Vgl. die berühmte Sentenz von Gustav Heinemann im Deutschen Bundestag am 23.01.1958 in der Debatte über die atomare Bewaffnung: »Es geht um die Erkenntnis, daß Christus nicht gegen Karl Marx gestorben ist, sondern für uns alle.« Das Protokoll vermerkt: »Stürmischer Beifall bei der SPD und FDP. Unruhe in der Mitte.« Zit. nach Gustav W. Heinemann, Es gibt schwierige Vaterländer ... Reden und Aufsätze 1919-1969, hg. v. Helmut Lindemann, Frankfurt a. M. 1977, 283.
31. »Wie Jesus Christus Gottes Zuspruch der Vergebung aller unserer Sünden ist, so und mit gleichem Ernst ist er auch Gottes kräftiger Anspruch auf unser ganzes Leben; durch ihn widerfährt uns frohe Befreiung aus den gottlosen Bindungen dieser Welt zu freiem, dankbarem Dienst an seinen Geschöpfen.«

der Barthschen radikalen Neufassung dieser Lehre[32], (2) in seiner unlösbar engen Verbindung von Rechtfertigung und Heiligung mit bestimmten ekklesiologischen Konsequenzen,[33] (3) in seinem Verständnis der Aufgaben der Obrigkeit, des Rechtes und der Pflicht zum allfälligen Widerstand, (4) schließlich in seiner Auffassung der aus dem Glauben an Jesus Christus folgenden Friedensaufgaben. Überdies war Iwand, bei aller Hochschätzung Luthers, kein Konfessionalist, sondern er hat vielfach die Restauration der evangelischen Kirchen nach 1945 aus dem Geist des Konfessionalismus scharf kritisiert.[34]

Allerdings hat Iwand nun auch nicht einfach die Position der Historischen Friedenskirchen geteilt, denn er war kein prinzipieller Pazifist. Es gibt jedoch wenigstens drei Punkte, an denen er, gleichsam mit Luther gegen Luther, sich von traditionellen lutherischen Auffassungen bezüglich Krieg und Frieden abgrenzte:[35] (1.) Iwand betonte zunächst, durchaus in Übereinstimmung mit Luther, dass es keinen Glaubenskrieg geben dürfe.[36] (2.) Er verdankte sodann Bonhoeffer die Einsicht, dass der (deutsche) Militarismus die Perversion des Falles berechtigter Notwehr mit militärischen Mitteln sei, und betonte insofern zutreffend die limitierende Intention von Luthers *bellum-iustum*-Rezeption.[37] (3.) Und er ist, besonders aufgrund von Gesprächen mit Atomphysikern, zu der Einsicht gekommen, dass moderne Massenvernichtungswaffen wie die Atombombe schlechterdings nicht als Mittel einer legitimen Verteidigung beziehungsweise der Rechtswahrung in Betracht kommen. Das nötigte ihn folgerichtig zu einer grundsätzlichen Revision und Verwerfung einer Rechtfertigung militärischer Gewaltanwendung unter Einschluss von Kernwaffen. Die herkömmlichen Lehren vom rechtmäßigen Krieg sind deshalb unter diesen Umständen

---

32. Evangelium und Gesetz. München 1935. Zu Iwands Position siehe Biografie, 186-193.
33. Siehe dazu Ralf-Dieter Krüger, Versöhnt mit Gott. Rechtfertigung und Heiligung bei Hans Joachim Iwand, Tübingen 1993.
34. Siehe die Hinweise in Biografie, 292 ff.320.324.430 u. ö.
35. Zu Luther siehe Volker Stümke, Das Friedensverständnis Martin Luthers. Grundlagen und Anwendungsbereiche seiner politischen Ethik, Stuttgart 2007.
36. Das war angesichts der ideologischen Aufrüstung im ›Kalten Krieg‹ alles andere als selbstverständlich.
37. So Klappert in: Klappert / Weidner, Schritte zum Frieden (s. Anm. 5), 128-134, mit Verweis auf Eberhard Bethge, Dietrich Bonhoeffer. Eine Biographie, München ³1967, 744, sowie auf Iwands Voten anlässlich der EKD-Synode in Berlin-Weißensee, siehe: Bericht über die zweite Tagung der ersten Synode der EKD vom 23.-27. April 1950 in Berlin-Weißensee, 120-123 und 199.

nicht mehr haltbar oder zwingen, wenn man sie denn konsequent anwendet, zu einem klar ablehnenden Urteil.[38]

War das naiv und schwärmerisch, eine überaus gefährliche Ignoranz angesichts der nicht zu leugnenden sowjetischen Bedrohung und Expansion? Iwand hat keine politisch-militärischen Bedrohungsanalysen erstellt. Er hat sich auch, soweit mir bekannt, nicht mit dem Völkerrecht näher befasst.[39] Aber er vertrat bestimmte Grundlinien einer politischen Zeitdiagnose, die über Raketenzählen und die Analyse von Drohungsperzeptionen weit hinausging. Er argumentierte in dem Sinne geschichtstheologisch, dass er versuchte, die gegenwärtigen politischen Herausforderungen im Horizont des kommenden Gottesreiches zu verstehen und zu klären.[40] Eine solche Position ist kritisierbar; umso wichtiger ist, die dabei leitenden Perspektiven herauszuarbeiten.

2.3 Geschichte und Gericht

Es ist wohl nicht zuviel verlangt, wenn man von einer Friedensethik erwartet, dass sie mit sorgfältig gewonnenen und geprüften Lageanalysen arbeitet. Die Entwicklung der Politikwissenschaft nach 1945 von einer (mehr oder weniger) normativen Bildungsbemühung oder Theorie zu einer theoretisch reflektierenden, stark empirisch ausgerichteten Disziplin hat Iwand nicht mehr erlebt. Eine Friedens- und Konfliktforschung gab es in Deutschland zu seinen Lebzeiten noch nicht;[41] sie wurde erst seit den 1960er Jahren, nicht zuletzt durch die Förderung Gustav Heinemanns, entwickelt.[42] Es kann da-

---

38. Die Kontroversen, besonders mit dem Ratsvorsitzenden der EKD, Otto Dibelius, spitzten sich zu in der Frage des Militärseelsorgevertrages; siehe Biografie, 523-525.
39. Immerhin war Iwand führenden SPD-Politikern wie Adolf Arndt, geboren in Königsberg, vielfach damals als »Kronjurist« der SPD tituliert, Mitglied des Bundesvorstandes der SPD und einer der ›Väter‹ des Godesberger Programms, und Ludwig Metzger, religiöser Sozialist, Mitglied der Bekennenden Kirche und nach 1945 für die SPD in wichtigen politischen Ämtern, freundschaftlich verbunden. Iwands Sohn Peter Iwand erzählte mir, dass Iwand und Arndt in Bonn benachbart waren, so dass ein schneller Austausch möglich war.
40. Vgl. Iwand, NWN 1, 53-66.
41. Das erste so bezeichnete Friedensforschungsinstitut gründete der Norweger Johan Galtung in Oslo (Peace Research Institute Oslo, PRIO) 1959. 1966 folgte das Stockholm Institute for Peace Research (SIPRI). In Deutschland gründete Christl Küpper 1958 in München die Forschungsgesellschaft für Friedenswissenschaft.
42. Politisch und kirchenpolitisch wichtig war die kleine Veröffentlichung: Atomzeit-

her nur wenig erstaunen, dass Iwand in seinen engagierten Stellungnahmen mit Zeitdiagnosen und politischen Überzeugungen arbeitete, die ich wenigstens in Teilen eher als großformatige Geschichtsdeutungen bezeichnen möchte. Das war darum nicht falsch, aber kühn und ist insofern nicht gegen Missverständnisse geschützt und deshalb erläuterungsbedürftig.

Ein problematischer Aspekt seiner Argumentationen ist, dass Iwand bisweilen etwas großzügig mit historischen Vergleichen und Urteilen umgegangen ist. Nur ein Beispiel: In dem Text »Deutschland zwischen Ost und West« (1950/51) heißt es:

> »Ich glaube, daß spätere Historiker einmal feststellen werden, daß die von Adolf Hitler eingeleitete Epoche die Wiederholung der wilhelminischen war. Ihr geistiger Fundus war die organisierte Unbußfertigkeit gegenüber der Wirklichkeit, die 1918 Ereignis geworden war.«[43]

Dabei hatte er noch kurz zuvor überaus wichtige Einzelheiten des westdeutschen Revanchismus der Adenauer-Zeit erwähnt, beispielsweise die Darstellung Deutschlands in den neuen Atlanten in den Grenzen von 1937 – ich selbst habe noch mit einem solchen Atlas arbeiten müssen, und es gab in meiner Schulzeit Lehrer, die Kritik daran auf das Schärfste zurückwiesen (wenn der Geschichtsunterricht überhaupt bis ins 20. Jahrhundert vorstieß). Iwand hat natürlich recht, dass bestimmte Überzeugungen und Einstellungen der wilhelminischen Zeit, verstärkt durch die nicht nur im Bürgertum verbreitete Ablehnung der Pariser Vorortsverträge, zum Wurzelboden gehörten, aus dem die braune Saat hervorging, aber Hitler war nun doch wirklich keine »Wiederholung« Bismarcks, auch wenn diese Linie gern gezogen wurde.[44]

Wenn Iwand Hinweise zur jüngsten deutschen Geschichte und ihren Wirkungen bis in die unmittelbare Gegenwart bisweilen mit der großen Kelle anrichtet, dann stehen daneben sorgfältige, sensible Beobachtungen, die auch heute noch nachdenklich stimmen müssen. Der zitierte Text über

---

alter – Krieg und Frieden, hg. v. Günter Howe, Witten-Berlin 1959 (TB Frankfurt a. M.-Berlin 1963), mit den viel zitierten ›Heidelberger Thesen‹ von 1958. Siehe auch Günter Howe, Technik und Strategie im Atomzeitalter, in: Georg Picht (Hg.), Studien zur politischen und gesellschaftlichen Situation der Bundeswehr. Erste Folge, Witten-Berlin 1965, 178-311.

43. In: FO, 44-55 (47). Ohne dass der Name Karl Barths fällt, ist evident, dass sich Iwand implizit auf dessen Schrift »Die Kirche zwischen Ost und West«, Zollikon-Zürich 1949, bezieht.

44. Siehe zu Karl Barths ähnlichen Formulierungen Eberhard Busch, Karl Barths Lebenslauf, München 1975, 337.

»Deutschland zwischen Ost und West« ist nämlich auch lesbar als eine gedrängte Skizze einer politischen Mentalitätsgeschichte des deutschen Konservativismus seit der Bismarck'schen Reichsgründung. Iwands Stichwort für die Kontinuität dieses Denkens ist »organisierte Unbußfertigkeit«.[45] Iwand selbst wusste sich hingegen jener Tradition verpflichtet, die sich von der Paulskirche zum Bonner Grundgesetz spannt, also einem rechtsstaatlichen Republikanismus mit entscheidenden Wurzeln in der Rechtsphilosophie Kants.[46] Demgegenüber sieht er in der Bismarckschen Reichsgründung zwar eine große diplomatische Leistung, welche indes mit »Blut und Eisen«, aber ohne eine rechtsstaatliche Erneuerung durchgesetzt wurde,[47] im Ausgang des I. Weltkrieges und dem Versailler Vertrag, als »Schanddiktat« in Deutschland vehement bekämpft, jedoch nicht eine ungerechtfertigte Erniedrigung der deutschen Nation, sondern das von den Deutschen weithin nicht akzeptierte Ende der wilhelminischen Epoche. Hitler war für ihn der »furchtbarste Konterrevolutionär, den Europa bzw. Deutschland je erlebt hat«; »die konterrevolutionären Tendenzen der deutschen Politik erklären es, dass der Nationalsozialismus die konservativen Kräfte zunächst anzog, Kirchen, Universitäten, höhere Schulen, die Justiz, die Bauern, das Heer und die Industrieführer, um dies alles in den Zusammenbruch mit hineinzuziehen.«[48] Seine Gegenwart sieht Iwand in einer bedrückenden Kontinuität mit derartigen historischen Konstellationen. Westdeutsche Westbindung, Remilitarisierung und christlich verbrämter Antikommunismus setzen die unseligen antidemokratischen und antisozialistischen Traditionen der Kaiserzeit und der Weimarer Republik fort. Iwand spitzt zu: »Im Kampf gegen die Wiederaufrüstung kündet sich eine neue Epoche des einst verlorenen Kirchenkampfes an.«[49] Das haben ihm vermutlich in dieser Form nicht sehr viele abgenommen,[50] aber man versteht solche Sätze dann

---

45. Deutschland zwischen Ost und West, in: FO, 47. Der Ausdruck auch in Iwand, Das Gewissen und das öffentliche Leben, in: NW 2, 125-152, 133.
46. Allerdings bezieht sich Iwand weit häufiger auf Hegels Rechtsphilosophie als auf Kant, etwa in der Vorlesung über »Kirche und Gesellschaft«.
47. FO, 48.
48. FO, 49.
49. FO, 54.
50. Bei einer Podiumsdiskussion in der Universität Heidelberg im Jahr 1952 zum Thema »Ost und West als Problem der Gegenwart« debattierte Iwand u.a. mit Hannah Arendt, dem zur römisch-katholischen Kirche übergetretenen Carl-Schmitt-Schüler und -kritiker Waldemar Gurian und Alexander Rüstow. Die Veranstaltung scheint kein Verständnis zwischen Iwand und Arendt bewirkt zu haben; siehe Biografie, 442 f. Zu Arendt und Gurian vgl. Elisabeth Young-Bruehl,

richtig, wenn man sie in folgenden weiteren doppelten Zusammenhang rückt: erstens die Ablehnung eines globalen Weltanschauungskampfes »nach der Freund-Feind-Theorie« à la Schmitt,[51] und zweitens die Mitverantwortung der deutschen Gesellschaft und Politik für einen Frieden (auch) mit dem Osten. Es ist letztlich eine von der richtenden und erlösenden Gegenwart Jesu Christi gespeiste Reich-Gottes-Hoffnung, die Iwand jenseits jeden Weltbürgerkrieges sagen lässt: »Der Kampf um die geistige Freiheit wird nicht mit Waffen geführt, die den anderen töten, sondern mit solchen, die den anderen retten.«[52] Dies nenne ich eine prophetische Vision.

Iwand hat furchtbar unter der Weigerung vieler seiner Zeitgenossen gelitten, sich der neueren deutschen Geschichte zu stellen und die Katastrophen als Gericht Gottes wahrzunehmen und umzukehren.[53] Das steht hinter seinem »Entwurf zum Darmstädter Wort« von 1947.[54] Dieses Bekenntnis bezeichnet weit konkreter als das »Stuttgarter Schuldbekenntnis« die ›Irrwege‹ des deutschen Volkes und der Kirchen in Deutschland in der jüngeren Vergangenheit und ist entsprechend zu seiner Zeit auf teilweise vehemente Ablehnung gestoßen, auch in Kreisen der Bekennenden Kirche und der Bruderschaften.[55]

Ich will das »Darmstädter Wort« hier nicht weiter kommentieren. Es ist dadurch stark geprägt, wie Iwand und Karl Barth die Beziehungen von

---

Hannah Arendt. Leben, Werk und Zeit (zuerst 1982), deutsch von Hans Günter Holl, Frankfurt a. M. 2004, zur damaligen Totalitarismus-Diskussion bes. 352-362. Hannah Arendt's »Origins of Totalitarianism« waren 1951 in New York erschienen; 1955 erschien die deutsche Übersetzung »Elemente und Ursprünge totaler Herrschaft«, Frankfurt a. M. Es ist gut denkbar, dass Iwand Aufsätze von Arendt kannte, die in der Monatszeitschrift »Die Wandlung« erschienen und teilweise für ihr Totalitarismus-Buch wieder verwendet wurden.

51. FO, 54.
52. Ebd.
53. Vgl. Iwand, Kirche und Öffentlichkeit (Sommer 1947), in: NW 2, 11-29, 25-29; ders., Das Gewissen und das öffentliche Leben, in: NW 2, bes. 144-152 (mit der Betonung der Bedeutung des Alten Testaments für die politische Ethik).
54. In: FO, 18-22. Das Ausmaß der ganzen Verzweiflung Iwands über die Unbußfertigkeit, die ihm begegnete, wird in einem kurzen Text deutlich, den er als Antwort an Walter Künneth, der dem Darmstädter Wort »Konjunkturtheologie« vorgeworfen hatte, verfaßt, aber nicht veröffentlicht hat; siehe ebd., 19f.
55. Siehe dazu Hans Prolingheuer, Wir sind in die Irre gegangen. Die Schuld der Kirche unterm Hakenkreuz, Köln 1987; Berliner Institut für vergleichende Staat-Kirche-Forschung, In die Irre gegangen? Das Darmstädter Wort in Geschichte und Gegenwart. Rückblick und Vision. Gespräch mit Lothar de Maizière (Heft 4), Berlin 1994.

(Welt-)Geschichte und (Gottes) Gericht verstanden und deuteten. Im Rückblick will ich nur eines fragen: Könnte es sein, dass in den damaligen Auseinandersetzungen der fundamentale Unterschied zwischen Fremd- und Selbstzurechnung von Schuld nicht hinreichend bedacht wurde? Fremdzurechnung tritt meist als Vorwurf und Anklage auf; Selbstzurechnung ist ein Akt aufgrund von (geschenkter) Freiheit. Diese Freiheit zu einem Neubeginn – aufgrund frei bekannter Schuld – zu erkennen und wahrzunehmen, war nicht nur 1947 der Mehrheit der Deutschen offenkundig nicht möglich.

2.4 Ablehnung der deutschen Remilitarisierung und Kampf gegen die Atomrüstung

Ich kann mich hier kurz fassen mit Hinweisen auf Iwands Engagement zuerst gegen die Wiederbewaffnung Westdeutschlands und sodann gegen den Einbezug von Atomwaffen in die strategischen Planungen und die entsprechenden Rüstungsmaßnahmen. Seim hat in seiner Biographie die wichtigsten Entscheidungen und Engagements Iwands auf diesem Weg geschildert[56]; Bertold Klappert hat dazu eine knappe Zusammenfassung gegeben.[57] Zu Iwands aktiver Teilnahme an der damaligen Friedensbewegung gehören seine Unterstützung für die ›Aktion Sühnezeichen Friedensdienst‹ (ASF), die Teilnahme an der damaligen ›Paulskirchenbewegung‹ und die damit einhergehende Kooperation mit führenden Vertretern der SPD – wohlgemerkt vor dem Godesberger Parteitag von 1959 –, die Teilnahme an einer Delegation, die 1955 eine umstrittene Reise in die Sowjetunion unternahm, sowie nicht zuletzt sein intensives Engagement bei der »Prager Friedenskonferenz«, bestärkt durch seine Freundschaft mit Josef Hromádka.

Ich erwähnte schon, dass Iwand kein Pazifist in dem Sinne war, wie dies meist in der Tradition der Historischen Friedenskirchen verstanden wird.[58]

---

56. Siehe besonders 398 ff. 482 f. 522 ff. 556 ff. 573 ff. u. ö.
57. In seiner »Einführung« in: Schritte zum Frieden (s. Anm. 5), 128-141.
58. Ähnlich Barth: »Jedes Ja auf diese Frage (sc. ob ein Krieg gewagt werden darf, WL) ist falsch, das nicht von der Voraussetzung herkommt, daß das rigorose Nein der pazifistischen Ethik fast unendlich viel für sich hat, fast überwältigend stark ist.« (KD III/4, 520) Zu Barths Friedensethik, auch im Vergleich mit der Position des Mennoniten John Howard Yoder, vgl. die Berner Habil.-Schrift von Marco Hofheinz, »Er ist unser Friede«. Karl Barths christologische Grundlegung der Friedensethik im Gespräch mit John Howard Yoder, Göttingen 2014.

In seiner Argumentation bzw. in seinen Stellungnahmen zu militärischer Bewaffnung einerseits, zu Recht und Grenzen des Einsatzes militärischer Gewalt andererseits sehe ich zwei Brennpunkte in der damaligen Zeit: (1) In der deutschen Wiederbewaffnungsfrage argumentiert Iwand vor allem politisch. Wenn ich recht sehe, hat er, in Übereinstimmung mit der V. Barmer These, nie die Berechtigung einer legitimen Staatsgewalt, sich (notfalls) auch gewaltsamer Mittel zur Wahrung von Recht und Frieden zu bedienen, in Abrede gestellt. Er bestreitet aber, dass in der gegebenen Lage der 1950er Jahre eine Remilitarisierung Deutschlands notwendig und geboten sei, und zwar u. a. deshalb, weil seiner Einschätzung nach die Spielräume und Verhandlungsmöglichkeiten auf beiden Seiten nicht ausgeschöpft waren. Iwand hielt es offenkundig für möglich, dass die Sowjetunion freien Wahlen und einer Vereinigung der deutschen Teilstaaten zustimmen könnte, sofern das vereinigte Deutschland entmilitarisiert und neutral bliebe.[59] Andere haben diese Einschätzung bekanntlich nicht geteilt.

(2) In der Frage der Atomrüstung bzw. von sog. Massenvernichtungswaffen hat Iwand hingegen keine Frage unterschiedlicher politischer Einschätzungen gesehen, sondern die Notwendigkeit einer eindeutigen moralischen Grenzziehung erkannt. Auf der Synode der EKD vom März 1957 hat er ausdrücklich die Unterstellung zurückgewiesen, »daß die Anwendung von Waffen zum Schutz in einer rein als Verteidigungsarmee konzipierten und strukturierten Armee analog zum Bundesgrenzschutz ethisch verwerflich sei«, dass aber »Waffen, die den Sinn der ganzen Kriegsführung aufheben«, schlechterdings abzulehnen seien.[60] Damit steht er politisch auf der Seite der Verfasser der ›Göttinger Erklärung‹ von 1957, aber kirchenpolitisch führt für Iwand von hier aus kein Weg zur Komplementaritätsauffassung der ›Heidelberger Thesen‹ vom folgenden Jahr.

Ich hebe an dieser Position drei Elemente hervor, die auch für die heutige Friedensethik von Belang sind:

(1.) Militärische Gewaltanwendung *kann* ein Mittel der Sicherung von Recht und Frieden sein, aber nur unter der Voraussetzung des Primats politisch-diplomatischer Lösungsansätze *und* einer strikten Unterwerfung des Militäreinsatzes unter Rechtsprinzipien.

---

59. Es wäre sinnvoll, die politischen Wahrnehmungen, Urteile und Empfehlungen Iwands mit denen des ihm nahestehenden Martin Niemöller zu vergleichen. Für derartige differenzierte Analysen wäre es hilfreich, wenn Iwands Briefe doch noch veröffentlicht würden.
60. Bericht über die zweite Tagung der zweiten Synode der EKD vom 3.-8. März 1957 in Berlin-Spandau 1957, 198 (zit. nach Klappert (s. Anm. 9), 134).

(2.) Mit dem Hinweis auf den Bundesgrenzschutz deutet Iwand implizit auch an, dass diese Sorte Militär möglichst den Aufgaben und der Legitimation der Polizei nahekommen und – in späterer Terminologie ausgedrückt – »strukturell nicht-angriffsfähig«[61] sein soll und eingeordnet sein muss in anerkannte rechtliche Zusammenhänge, für die seither das Völkerrecht die Grundlagen entwickelt hat.[62]

(3.) Iwand hat, wenn ich recht sehe, niemals zwischen dem Einsatz von und der Abschreckungsdrohung mittels Atomwaffen unterschieden. Er hat sich auch nicht auf die Debatten oder Sophismen der Abschreckungsstrategen eingelassen. In seinem Todesjahr 1960 hat die SPD allerdings in diesen Fragen einen Kurs mit den beiden Säulen der Beibehaltung der NATO-Mitgliedschaft und der Ablehnung einer Ausrüstung der Bundeswehr mit Atomwaffen entwickelt. Ob das politisch ›realistisch‹ war, lasse ich dahingestellt. Ich vermute, dass Iwand diese Gratwanderung nicht mitgemacht hätte, hatte doch die NATO schon im Frühjahr 1958 für alle Bündnispartner die Ausrüstung mit taktischen Atomwaffen festgelegt, wobei die Verfügungsgewalt im Bereich der Nicht-Nuklearmächte bei den USA blieb.[63]

Im Ergebnis vertrat Iwand in diesen Jahren einen »konkreten, situationsbezogenen Pazifismus«.[64] Folgerichtig unterstützte er uneingeschränkt

---

61. Heute setzt in Deutschland wohl nur die Partei »Die Linke« auf Abrüstung und strukturelle Nichtangriffsfähigkeit; siehe www.die-linke.de/partei/dokumente/programmderparteidielinke/iv6wieschaffenwirfriedenabruestungkollektivesicherheitundgemeinsameentwicklung/abruestungundstrukturellenichtangriffsfaehigkeit (14.05.2013). Zutreffend ist diese Qualifizierung vermutlich nur für die Armee der Schweiz.
62. Zur Zeit Iwands war die Entwicklung des Völkerrechts durch den Ost-West-Konflikt weitgehend blockiert, wenngleich sich auch gemeinsame Prinzipien herausbildeten wie territoriale Integrität, Nichtangriff, Nichteinmischung und friedliche Koexistenz, die aber unterschiedlich gedeutet und vor allem den militärstrategischen Planungen untergeordnet waren. Die gemeinsame und übereinstimmende Anerkennung universaler Völkerrechtsprinzipien, gründend auf einem gemeinsamen Verständnis von Menschenrechten, war noch weit entfernt. In den 1960er Jahren hat Eberhard Menzel Kontakte zu sowjetischen Völkerrechtlern aufgenommen; siehe das von ihm hg. Buch: Drei sowjetische Beiträge zur Völkerrechtslehre, Hamburg 1969.
63. Zur damaligen Debatte und dem einschlägigen NATO-Dokument MC (= Military Committee) 70 vgl. Der Spiegel Heft 18/1958, 14f. (im Internet: www.spiegel.de/spiegel/print/d-41761302.html: 15.05.2013); Rolf Zundel, Die SPD und die Atombewaffnung, in: Die Zeit v. 05.08.1960 (im Internet unter ZEIT-ONLINE zugänglich).
64. Klappert, Einführung (s. Anm. 9), 135.

die Position der Bruderschaften, welche jeden Besitz und Einsatz von Atomwaffen verwarfen und in dieser Frage für die Kirche einen ›*status confessionis*‹ gegeben sahen. Darüber ist so viel geschrieben worden, dass es hier nicht erforderlich, aber auch nicht möglich ist, das Wichtigste dazu in Kürze zusammenzufassen.[65]

Ich konnte leider bisher nicht herausfinden, ob und wie Iwand auf die EKD-Synode vom April 1958 und vor allem auf die ›Heidelberger Thesen‹ aus der Evangelischen Studiengemeinschaft aus demselben Jahr reagiert hat. Es ist gut möglich, wenn nicht wahrscheinlich, dass er sich mit Helmut Gollwitzer, der beteiligt war, vielleicht auch mit Edmund Schlink, der ebenfalls der Kommission angehörte, über jene Thesen ausgetauscht hat, aber das wäre zu prüfen.[66] Allerdings fällt es mir, wie schon erwähnt, schwer, mir Iwand als Vertreter jener damaligen ›Komplementaritätsthese‹ vorzustellen, die dann in der Folgezeit bekanntlich auch eine wichtige Rolle für Praxis und Legitimation der evangelischen Militärseelsorge in Westdeutschland gespielt hat.

3. Der weitere Rahmen: Die Vision einer globalen Rechts- und Friedensordnung

Die Charakterisierung von Iwands Friedensethik als eines ›situationsbezogenen Pazifismus‹ ist nicht falsch, aber sie greift zu kurz. Seine friedenspolitischen und -ethischen Stellungnahmen stehen durchweg in einem weiteren Rahmen, der vielleicht zu seinen Lebzeiten nicht so deutlich wahrgenommen worden ist, vielleicht auch für ihn damals nicht vordringlich zu explizieren war, aber bei einer Wiederlektüre unverkennbar ist. Ich möchte in dieser Hinsicht zwei Aspekte hervorheben, die nun doch so etwas wie friedensethische Prinzipien im Sinne einer universalen oder universalisierbaren Theorie enthalten, welche auch für eine weltliche, nicht-theologische Ethik diskutabel, verständlich und akzeptabel sein sollten. Erst wenn man das mit den bisher dargelegten, stark durch die besondere geschichtliche Lage bedingten prophetischen und seelsorgerlichen Grundlinien zusammen

---

65. Siehe vor allem Ulrich Möller, Im Prozeß des Bekennens. Brennpunkte der kirchlichen Atomwaffendiskussion im deutschen Protestantismus 1957-1962, Neukirchen-Vluyn 1999.
66. Auch hier ist der Zugang zu Iwands Briefwechseln ein erhebliches Desiderat.

nimmt, lassen sich die Konturen einer nach wie vor aktuellen Friedensethik erkennen.

3.1 Recht und Frieden

Iwand hat stets die Barmer Theologische Erklärung und damit auch deren V. These als Eckstein seiner politischen Ethik festgehalten. Er hat, auch hier in der Nachfolge Luthers, die Rechtswahrung notfalls unter Einschluss gewaltförmiger Mittel bejaht und die Bindung eben dieser Art von Gewalt an Recht und Gesetz eingeschärft sowie die Erfolgsgeeignetheit und Proportionalität der entsprechenden Mittel betont. Aber welches Rechtsverständnis war dabei leitend?

Dass Iwand Barths Schrift von 1938 über »Rechtfertigung und Recht«[67] gekannt hat, ist nicht zu bezweifeln.[68] Es gibt indes zwei weitere Zusammenhänge bei Iwand, die geeignet sind, sein Rechtsverständnis und damit sein Friedensverständnis zu profilieren. Das eine ist seine Rezeption der Kantischen Friedenstheorie, das andere seine Betonung der Mitverantwortung aller Bürger für die Wahrung und Reform des Rechts der Gesellschaft.

Auf Kants Friedenstheorie ist Iwand in einem Text eingegangen, wo man das vom Thema her nicht ohne weiteres vermutet, in dem Vortrag über »Das geschichtliche Phänomen der Atomwaffe und die Angst – Ein Versuch der Überwindung«.[69] Warum er hier von der Angst redet, sollte aus den Bemerkungen über die Unbußfertigkeit und Umkehrunwilligkeit und ihre Ursachen schon deutlich geworden sein. Der Kontext war damals eine Vortragsreihe der Arbeitsgemeinschaft sozialdemokratischer Akademiker in München. (Iwand war nie Parteimitglied.) Dieser Vortrag enthält einen Mittelteil, in dem Iwand die Theorien Kants und Hegels bezüglich Krieg

---

67. Zuerst als Heft 1 der »Theologischen Studien«, später zusammen mit der anderen wichtigen Schrift über »Christengemeinde und Bürgergemeinde« (1946) in Heft 104 der Theologischen Studien wieder abgedruckt, Zürich 1970 und weitere Auflagen.
68. Iwand scheint allerdings zunächst erhebliche Vorbehalte gegenüber diesem Vortrag Barths gehabt zu haben; so jedenfalls deutet es Seim in: Biografie, 242, an. In »Kirche und Gesellschaft« (NWN 1, bes. 108-126) geht Iwand auf diese Schrift nicht ein, wohl aber auf Barths Gifford-Lectures »Gotteserkenntnis und Gottesdienst nach reformatorischer Lehre«, Zollikon 1938, besonders im Blick auf die Gehorsams- und Widerstandsproblematik, und auf »Christengemeinde und Bürgergemeinde«.
69. Abgedruckt in: FO, 97-124.

und Frieden vergleicht. Iwand hat dabei sicher den einschlägigen Abschnitt in der »Kirchlichen Dogmatik« vor Augen gehabt, wo Barth als erstes die Friedensschrift Kants von 1795 aufruft.[70] Genau daran knüpft er jetzt an. Er sieht völlig richtig – und unterscheidet sich hier vielleicht auch von Rudolf Smend, dem er in Göttingen nahestand –, dass Kant als Philosoph der Freiheit auch und besonders Staat und Herrschaft dem Recht subordinierte. Und er sieht – was 1955 wirklich noch nicht selbstverständlich oder naheliegend war – dass es bei Kant nicht um historisch gewachsenes Recht, sondern um *das Recht* schlechthin geht, also um einen systematischen Rechtsbegriff, mithin, so interpretiert Iwand völlig richtig, um *das Menschenrecht*, das allen in gleicher Weise eigen ist.[71] So hat Kant, wie Iwand sagt, »als Philosoph der Freiheit etwas von der Unbeugsamkeit des Propheten gegenüber denen bewiesen, die den Staat jenseits von *Gut und Böse* gestellt sehen möchten.«[72] (Das ist, in meiner Sicht, bei Iwand Carl-Schmitt-Kritik und Selbstporträt in eins.) Vom Rechtsbegriff Kants aus rekapituliert Iwand dann die von Kant eingeführten und erläuterten Definitivartikel einer wahrhaften Friedensordnung, um dann zu dem Schluß zu kommen:

> »Denn Frieden setzt gemeinsame Normen der Gerechtigkeit und der Menschlichkeit in den Partnern voraus. Allein auf einem Föderativsystem freier Staaten kann das den Frieden verbürgende ›Völkerrecht‹ gegründet sein. Was das Sittengesetz für den einzelnen, ist die Staatsidee in ihrem ideellen Sinne für das Ganze. So ist in der Kantschen Staatsidee die Einheit von *Recht* und *Frieden*, von Menschenrecht und Völkerfrieden verteidigt und damit jene alte augustinisch-biblische Harmonie von Frieden und Gerechtigkeit in neuem Gewande vorgetragen.«[73]

Iwand schließt mit dem Hinweis auf Kants Konzept der Hospitalität, als dessen aktuelle Verwirklichung er den ›Nansen-Pass‹ anführt, ein Pass für Menschen, die wir heute als ›sans papiers‹ bezeichnen.

---

70. Karl Barth, Die Kirchliche Dogmatik III/4. Die Lehre von der Schöpfung, Zürich 1951¹, 515-538.
71. Auf die Rechtslehre von Kants »Metaphysik der Sitten« (1797) bezieht sich Iwand meines Wissens nirgends; das Rechts- und besonders das Menschenrechtsverständnis der Friedensschrift waren ihm indes sehr wichtig. Dazu gleich näher. In »Kirche und Gesellschaft« (NWN 1, 211) hat Iwand vermutlich die Selbstzweckformel des Kategorischen Imperativs in der »Grundlegung zur Metaphysik der Sitten« (1785) vor Augen. (Den Stellenhinweis der Herausgeber kann ich nicht verifizieren.) Iwands Kritik an Kants »Rigorismus« (255) folgt einem *mainstream* seit Friedrich Schiller, trifft aber auch den Rechtsbegriff in keiner Weise.
72. Ebd., 106.
73. Ebd., 107.

3.2 Die Weltchristenheit in der Weltgesellschaft

Wir haben gesehen: Der Friedensethiker Iwand denkt nicht in nationalstaatlichen Kategorien, auch nicht in den Koordinaten der Systemkonkurrenz des ›Kalten Krieges‹, ebenfalls nicht in den Grenzen des damals gespaltenen Europa, sondern aus der zu seiner Zeit utopischen Perspektive der Weltgesellschaft. Diese, so müssen wir Iwand wohl verstehen, kann nur auf der Basis universaler, allgemein anerkannter völkerrechtlicher Normen Bestand haben. Darum spricht er im letzten Teil der erwähnten Rede vom Menschenrecht und von der ›Menschheitsfamilie‹:

> »Wir müssen es lernen, mit solchen zusammenzuleben, die nicht mit uns desselben Sinnes, desselben Glaubens, derselben Kultur, derselben Weltanschauung sind.«[74]

Und er fährt fort:

> »Die Atomzertrümmerung hat nur etwas zum Abschluss gebracht, was mit Verkehr und Technik längst begonnen hatte: die Welt ist *eine* geworden. Alles geschichtlich Gewordene, alles neu und revolutionär Werdende muss sich aus dem Gliedzusammenhange dieser einen Welt begreifen.«[75]

Fast nicht mehr überbietbar ist die Klimax, wenn Iwand sogar von einem geschichtlichen ›Ziel‹ spricht, »auf das uns die beiden Weltkriege schicksalhaft hingeführt haben, in denen die Welt *eine* Welt wurde.«[76] Sogar die friedliche Verwendung der Atomenergie wird schließlich als Option einer globalen Friedensordnung angesprochen, wie dies der damalige US-Präsident in seiner berühmten Rede über ›Atoms for Peace‹ am 8. Dezember 1953 vor der Vollversammlung der Vereinten Nationen vorgeschlagen hatte (den Iwand freilich nicht erwähnt).[77]

Auf gesellschaftlicher Ebene entspricht diesem menschen- und völkerrechtlichen Konzept Iwands Überzeugung, dass jede und jeder Einzelne für das politische Gemeinwesen mitverantwortlich ist. Hier trennen sich Iwands Wege definitiv von einem bestimmten verhängnisvollen Obrigkeitsgehorsam, wie er für weite Teile des Luthertums jahrhundertelang charak-

---

74. Ebd. 118.
75. Ebd. Die religiöse Pluralität in der Weltgesellschaft ist noch nicht Iwands Thema gewesen.
76. Ebd., 118.
77. Siehe das Internet-Archiv der Eisenhower-Library: http://web.archive.org/web/20070524054513/http://www.eisenhower.archives.gov/atoms.htm (15.05.2013).

teristisch war.[78] In seinen Beiträgen zur Frage des Widerstandes und eines Widerstandsrechtes hat er diese Position in kritischer Abgrenzung von der Tradition entfaltet und die unverzichtbare Bedeutung der Zivilgesellschaft herausgestellt.[79] Programmatisch bezieht er sich dabei, einem Hinweis von Smend folgend, auf Rudolf von Jherings Schrift »Der Kampf ums Recht« von 1910, woraus er zitiert:

> »Recht und Gerechtigkeit gedeihen in einem Lande nicht nur dadurch allein, daß der Richter in steter Bereitschaft auf seinem Stuhle sitzt, und daß die Polizei ihre Häscher ausschickt, sondern Jeder muß für seinen Teil dazu mitwirken. Jeder hat den Beruf und die Verpflichtung, der Hydra der Willkür und der Gesetzlosigkeit, wo sie sich hervorwagt, den Kopf zu zertreten. Jeder, der die Segnungen des Rechts genießt, soll auch für seinen Teil dazu beitragen, die Macht und das Ansehen des Gesetzes aufrecht zu erhalten, kurz – Jeder ist ein geborener Kämpfer ums Recht im Interesse der Gesellschaft.«[80]

Es ist nun alles andere als Zufall, dass Iwand in der Münchner Rede gegen Ende von der ›ökumenischen‹ Lage der Christenheit spricht. »Iwand und die Ökumene« ist ein überaus reiches Thema, das in diesem Band an anderer Stelle eingehend behandelt wird. Jetzt nur so viel: Iwand hat den ökumenischen Aufbruch der Kirchen genau und anerkennend verfolgt, bisweilen als zu zögerlich wahrgenommen, vor allem aber von früh an und immer wieder angemahnt, dass die Kirchen der Orthodoxie unabdingbar dazu gehören, die bekanntlich erst 1961 dem Ökumenischen Rat der Kirchen beigetreten sind. Ich denke nicht, dass Iwand die Prager Friedenskonferenz als Konkurrenz zur Genfer Ökumene verstanden hat, doch dazu müsste man den Briefwechsel mit Hromádka konsultieren. Auf jeden Fall aber war Iwand zutiefst überzeugt, dass die Kirchen gemeinsam aller Welt das Zeugnis von Jesus Christus schulden, wenn Frieden unter den Völkern und Staaten entstehen und geschützt werden soll.

---

78. Darauf geht Iwand mehrfach auch in »Kirche und Gesellschaft« ein. Siehe ferner vor allem seine Bibelarbeit über Römer 12,9-13,7, jetzt im Anhang von »Kirche und Gesellschaft« (NWN 1, 206-230).
79. Das Widerstandsrecht der Christen nach der Lehre der Reformatoren, in: NW 2, 193-229; Zur theologischen Begründung des Widerstands gegen die Staatsgewalt, in: NW 2, 230-242.
80. NW 2, 227 f.

3.3 Rückblick und Ausblick

Als Kern von Iwands Friedensverkündigung und Friedensethos möchte ich die spannungsreiche Fusion von gesamtbiblischer, ich füge hinzu: geistgewirkter Grundorientierung einerseits, philosophisch-ethischer Reflexion und politischer Wachheit, verbunden mit dem Willen zu Warnung, Aufklärung und Angriff andererseits nennen. Dieses Spannungsverhältnis tritt mir auch sonst in Iwands Plänen, Schriften und nachgelassenen Dokumenten entgegen. Wie meine ich das? Iwand war oft ein am Rande der Verzweiflung existierender politischer Zeitgenosse. Er hat dabei von Beginn an auf vielfältige Weise von philosophischen Überlegungen und politischen Erfahrungen zum immer neuen Hören auf das Gesamtzeugnis der Bibel einen Bogen geschlagen und zurück. Dies wiederum erfolgte in beständiger Auseinandersetzung mit Luther als Bibelausleger, philosophisch-theologischem Lehrer und gleichsam Zeitgenossen, also eines Menschen, den Iwand in einer ganz ähnlichen Konstellation wahrgenommen hat, wie die es war, in der er selbst existierte. Die Dissertation, die ungedruckt geblieben ist, galt primär philosophischen Fragen in kritisch-theologischer Perspektive. Zugleich nötigten alsbald die beruflichen Verantwortlichkeiten der Ausbildung des theologischen Nachwuchses Iwand dazu, gemeinsam mit den Studierenden und Vikaren immer neu auf das biblische Zeugnis zu hören. Dass ihm dabei die Art der Bibelauslegung von Julius Schniewind eine große Hilfe war, ist vielfach belegt. Und später und kontinuierlich sehen wir Iwand, wie er in den Stürmen der Zeit die wunderbar dichten und überraschenden Predigtmeditationen mit gründlicher systematisch-theologischer Arbeit und seinen prophetisch-politischen Stellungnahmen verbindet.

Es ist unvermeidlich und klar, dass Iwands Friedensethik ein Kind ihrer Zeit war und ist. Wie sollte es anders sein? Aber: seine aktuellen Positionsbezüge weisen weit über seine Zeit hinaus. Iwand war ein Prophet – wie wohl sonst nur Karl Barth – in seiner Zeit, dem 20. Jahrhundert. Ich habe mich bei der Lektüre von Iwands Texten immer wieder in einer Weise herausgefordert gefühlt, dass ich mich gefragt habe: Und Du? Ich habe oft Verbindungen gezogen zu meinem Lehrer Heinz Eduard Tödt,[81] der Iwand zwar nicht persönlich gekannt hat, aber in sehr ähnlicher Weise wie dieser sich der Nötigung nicht entziehen konnte und wollte, die theologische Ar-

---

81. Siehe die von Ilse Tödt hg. Bände: Theologie lernen und lehren mit Karl Barth. Briefe – Berichte – Vorlesungen, Berlin 2012; Wagnis und Fügung. Anfänge einer theologischen Biographie, Berlin 2012.

beit mit den Herausforderungen der modernen Wissenschaften zu konfrontieren und nach ihrer Bedeutung für das friedliche Zusammenleben der Menschen und Völker zu fragen.

Friedensethik in der Tradition biblischer Prophetie

Response zum Vortrag von Wolfgang Lienemann

Eberhard Lempp

Vier Unterstreichungen des Vorgetragenen

1. Zur geschichtlichen Situation dieser Friedensethik gehört die einschneidende Erfahrung des 2. Weltkriegs und der Einsatz von Atomwaffen an dessen Ende, aber auch der Entwicklung des Völkerrechts für die Neufassung des Themas ›Krieg und Frieden‹.
2. »Es gibt nicht ›die Friedensethik‹ von H.-J. Iwand«, es gibt aber vielfältige »einschlägige Äußerungen« von ihm zur Sache: z.B. in Predigten und Predigtmeditationen, den Entwurf zu einem Friedenswort der EKD-Synode, eine Rede vor der Arbeitsgemeinschaft sozialdemokratischer Akademiker u.a.m.
3. Iwand positioniert sich friedensethisch zwischen lutherischer Obrigkeits-Theologie hier und der pazifistischen Ethik der historischen Friedenskirchen dort.
4. Zum Stand der Forschung: Iwand entfaltet seine Friedensethik zeitlich vor der Einrichtung einer akademischen Friedens-und Konfliktforschung. Er orientiert sich an dem Doppelthema »Frieden und Gerechtigkeit« in der Tradition
   - biblischer Theologie (gespeist vor allem aus Jesaja und der Bergpredigt),
   - der Sozial-Ethik Luthers mit ihrer Trias »Friede, Gerechtigkeit, Leben«[1] und
   - von Kants Friedensschrift von 1795, die Iwand ausführlich interpretiert.[2] Seine Zusammenfassung lautet dort: »Was das Sittengesetz für den einzelnen, ist die Staatsidee in ihrem ideellen Sinn für das Ganze« – wobei er hier die Unterscheidung von Moralität und Legalität vernachlässigt.

---

1. Vgl. FO, 74.
2. FO, 104-107.

Zwei Nachfragen an Iwand

Iwands Friedensethik steht mit ihrer Verschränkung von Schriftauslegung und Geschichtsauslegung in der Tradition biblischer *Prophetie*. Die dabei wirksame Hermeneutik ist orientiert an den Kategorien Gericht und Gnade als den beiden Weisen göttlichen Redens und Geschichts-Handelns: Das Wort biblischer Prophetie qualifiziert so die Gegenwart als die Zeit der Gnade zur Umkehr angesichts des drohenden Gerichtes Gottes.

1. Sehe ich recht, so konstituiert dieser prophetische Ruf zur Umkehr *gesellschaftliche Öffentlichkeit*, indem hier der Verkündiger in die Verantwortung für das Volk, damit aber zugleich ins Gegenüber zu den politischen und religiösen Exponenten irdischer Macht (König und Priester) tritt. Ist solche prophetische Rede bei Iwand eine Gestalt oder die einzige Gestalt christlicher Verkündigung?

2. Sehe ich recht, so ist bei Iwand die *Sehnsucht nach Frieden* im Sinne einer brüderlichen Einheit aller Menschen stärker ausgeprägt als sein *Eintreten für Recht und Gerechtigkeit* im Sinne des Ausgleichs unterschiedlicher Ansprüche verschiedener Menschengruppen. An dieser Stelle redet er eher personalistisch von einem geist-gewirkten »Ethos«, das aus einer »seelische[n] Haltung« der »Sorge für den Bruder« entspringt und in entsprechenden »Taten der Lebensbewahrung« wirksam wird.[3]

---

3. FO, 117-121.

III. Einheit von Reformation und Moderne?

Versöhnung von Reformation und Moderne bei Hans Joachim Iwand?

Edgar Thaidigsmann

1. Problemanzeige

»Versöhnung von Reformation und Moderne bei Hans Joachim Iwand?« »Die Moderne« – sind wir mit solcher Redeweise nicht im Bereich mythischer Hypostasierungen, die freilich etwas über das Selbstgefühl aussagen, das sich darin ausdrückt und sich seiner Aktualität in Absetzung von Anderem, dann Vormodernem, vergewissern will? Und »Versöhnung«: Was könnte das für eine Art von Versöhnung sein, wo nicht Menschen mit Gott und Menschen untereinander versöhnt werden, sondern Epochen oder verschiedene Prinzipien, denen bestimmte Epochen zugerechnet werden? Im Sinne Iwands gefragt: Wes Geistes Kind ist solche Geistesgeschichte? Freilich, Menschen sind mehr oder weniger deutlich *auch* Ausdruck und Verkörperung geschichtswirksamer Prinzipien. Iwand jedoch spricht nicht hypostasierend von »*der* Moderne«, sondern vom »modernen Staat«, vom »modernen Krieg«, von der »modernen Gesellschaft« und den in ihr wirksamen Bewegungen, von der »modernen Welt« als einer technischen[1], auch von der »modernen Dogmatik«, von der man allerdings weniger lernen könne als etwa bei Shakespeare.[2] Immer hat er etwas Bestimmtes im Blick. Er verfällt nicht einem Zeitgefühl, das sein Selbstbewusstsein aus einem ganz unspezifischen Aktualitäts- und Fortschrittsbewusstsein zieht und dabei möglicherweise den Blick auf die damit beschworene gegenwärtige Wirklichkeit vernebelt. In der von der reformatorischen Theologie Luthers eröffneten anthropologischen Perspektive spürt Iwand theologisch dem nach, was Menschen zu solcher und anderer Selbstvergewisserung treibt.

In Hegels Geschichtsphilosophie sind Reformation und Moderne in ihrem Prinzip versöhnt. Hegel arbeitet die Einheit in der Differenz heraus. Die Moderne, ausgehend von der Reformation, ist bestimmt durch den seiner selbst bewusst und gewiss gewordenen freien Geist. »Hiermit ist das

---

1. Vgl. z. B. FO, 50.87.60.74.83 u. ö.
2. Hans [Joachim] Iwand, Ecce homo, in: Die Zeit, 2. Jg., 14. 8. 1947, 5. Die Kritik zielt auf den Realitätsverlust der »modernen Dogmatik«.

neue, letzte Panier aufgetan, um welches die Völker sich sammeln, die Fahne des *freien Geistes*, der bei sich selbst in der Wahrheit ist und nur in ihr bei sich selbst.« Das »Werk« des Geistes von der Reformation bis zu Hegels Gegenwart war »kein anderes«, als »dieses Prinzip in die Welt hineinzubilden«[3]. Damit ist nicht nur im Prinzip der Gegensatz von aufgeklärter, vernünftiger Subjektivität und christlicher Religion überwunden, sondern auch der von Philosophie und unvernünftiger Weltwirklichkeit. Das heißt nicht, dass alle Unterschiede und Spannungen, etwa zwischen Eigentum, Recht, Sittlichkeit, Moral, Religion und Vernunft beseitigt wären, doch sind sie durch das gemeinsame Prinzip vernünftiger Freiheit versöhnt und gerechtfertigt. Der Staat ist für Hegel die äußere Gestalt dieser versöhnenden Vernunft, die protestantische Religion die innere. Die Philosophie weiß darum und vermag die versöhnende Vernunft in einer Art priesterlichen Dienstes im scheinbar Gegensätzlichen aufzuzeigen, ist sie doch eine durch Kreuzestheologie belehrte, dem Anspruch nach realistisch gewordene dialektische Vernunft. Es ist diese Perspektive, die den Staat als den sterblichen Gott auf Erden auch christlich rechtfertigt.[4] Den Preis für solche Versöhnung zahlt der christliche Glaube ebenso wie die aufgeklärte Vernunft. Die besondere Geschichte der Versöhnung der Welt mit Gott in Jesus Christus (2 Kor 5,19) wird zu einem dialektischen Prinzip. Die aufgeklärte Idee der einen Menschheit und ihres Friedens verschwindet im Kampf der Staaten als der wahren weltgeschichtlichen Subjekte um Führung.[5] Von Iwand her gesehen ist das falsche Versöhnung. Freilich: In der Intention, die Versöhnung Gottes mit der Welt und die der Welt mit sich selber zu denken trifft sich Iwand mit Hegel. Die gravierende Differenz aber liegt in dem Zutrauen Iwands, dass gerade die christliche Botschaft von der Versöhnung in Jesus Christus (2 Kor 5,19) und der von ihr ausgehende Geist und nicht die philosophisch angeeignete und aufgehobene christliche Religion sich der Wirklichkeit wahrhaft stellt, und das nicht nur rückblickend, wie bei Hegel, sondern vorwärts im Zeugnis von Wort und Tat. Die reformatorische Er-

---

3. Georg Wilhelm Friedrich Hegel, Vorlesungen über die Philosophie der Geschichte, Werke in zwanzig Bänden, Bd. 12, Frankfurt/M. 1970, 496.
4. »Der Staat ist die göttliche Idee, wie sie auf Erden vorhanden ist« (Hegel, Philosophie der Geschichte [s. Anm. 3], 57). Die »Idee des Staats« ist der »wirkliche Gott«, und »es ist der Gang Gottes in der Welt, dass der Staat ist« (Hegel, Grundlinien der Philosophie des Rechts [s. Anm. 3], Bd. 7, § 257, 403).
5. FO, 108. Vgl. dagegen Immanuel Kant, Zum ewigen Frieden. Ein philosophischer Entwurf, in: ders., Werke in sechs Bänden, hg. v. Wilhelm Weischedel, Bd. 6, Darmstadt 1964, 193-251.

kenntnis Luthers gibt Iwand die entscheidende Perspektive, dies zu explizieren.

Ernst Troeltsch[6] widerspricht Hegels Versöhnung von Reformation und Moderne. Er sieht die Reformation im Zwielicht von Mittelalter und moderner Welt. Durch ihr Schriftprinzip und ihren Supranaturalismus sei das Prinzip der selbstbewusst freien Subjektivität autoritär gebrochen. Wirkliche Befreiung bringe erst das wahrhaft moderne aufgeklärte historische Denken, das freilich auch die »ewigen Vernunftwahrheiten«[7] (Lessing), von denen die Aufklärung noch wusste, historisiert. Erst der moderne Protestantismus, der das Prinzip der in Gedanken und Gesinnung freien Subjektivität in sich aufgenommen hat, ist für Troeltsch mit der modernen Welt versöhnt, was deren Anerkennung und Vertiefung einschließt. Dazu bedarf es freilich einer modernen Art protestantischer Frömmigkeit. Für Troeltsch ist allein der individuelle mystische Weg noch offen.[8]

Nicht ferne von Troeltschs Versöhnung von Protestantismus und moderner Welt scheint die Interpretation der Reformation durch Dietrich Korsch zu sein, folgt man seinem Lutherbuch.[9] Luthers Reformation ist ihm Ausgangspunkt und Beispiel eines evangelischen Christseins, dessen Kern die religiöse Selbstvergewisserung der Individualität ist. Die moderne Welt wird nicht mehr als in Gegensätze zerrissen begriffen, die versöhnt werden müssten, sie gilt vielmehr als in Sphären und Bereiche »ausdifferenzierte« Welt, die auf diese Weise Freiheit und Individualisierung ermöglicht, dadurch aber das Bedürfnis nach Vergewisserung seiner selbst angesichts der verdinglichenden Macht etwa des Marktes in besonderer Weise weckt. Religion und Kultursinn gehen für das Verlangen des Individuums nach Selbstvergewisserung auf seinem Lebensweg ineinander über. Intendiert wird bei Korsch eine neue Synthese von Individuum und Welt in einem neuen Kulturprotestantismus. Luther selbst wird als der erste Protestant

---

6. Vgl. die Texte aus Ernst Troeltsch, Protestantisches Christentum und Kirche in der Neuzeit (1909), in: Heinrich Bornkamm, Luther im Spiegel der deutschen Geistesgeschichte, Göttingen ²1970, 373-382.
7. Gotthold Ephraim Lessing, Über den Beweis des Geistes und der Kraft (1777), in: ders., Die Erziehung des Menschengeschlechts und andere Schriften, Stuttgart, 1972, 34.
8. Vgl. Ernst Troeltsch, Die Absolutheit des Christentums und die Religionsgeschichte (1902), in: ders., Die Absolutheit des Christentums (ST 138), München/Hamburg 1969, 11-131, 115.
9. Dietrich Korsch, Martin Luther. Eine Einführung (UTB 2956), Tübingen ²2007, bes. 1-21.

und als beispielgebende Gestalt für das neuzeitlichen Christentums verstanden.

Iwands Stellung zur Frage nach dem Verhältnis von Reformation und Moderne lässt sich nun vorläufig bestimmen. Mit Hegel teilt er die Intention, dass der Glaube sich nicht in ein gedanken- und weltloses Sehnen zurückziehe, das die Welt ihren Gegensätzen und einer kalten Zweckrationalität überlässt. Zugleich gilt es den christlichen Glauben aus falschen Synthesen mit der herrschenden Vernunft und ihrer Welt herauszuholen, wozu auch ein weltflüchtiger Glaube gehört. Iwand stellt sich ausdrücklich der Situation nach dem Zerfall des Idealismus, der beanspruchte, die christliche Religion in sich aufzuheben. Das Falsche an dieser theologisch aufgeladenen Vernunft enthüllte sich für Iwand bei den Junghegelianern, bei Schopenhauer und Nietzsche. Mit den Junghegelianern teilt Iwand die Wahrnehmung der Unversöhntheit des Menschen und seiner Welt, mit Schopenhauer und Nietzsche[10] die Einsicht, dass hinter der Vernunft noch eine andere, zusammenfassend »Wille« genannte Wirklichkeit des Lebens steht und dass die Berufung auf Vernunft noch nicht Realitätsgehalt garantiert. Iwand stellt sich dieser Situation einer noch anderen Moderne unter Berufung auf die reformatorische Lehre Luthers. Die aber muss dabei aus ihrer neuprotestantischen Form, in die sie von Ritschl bis Troeltsch gebracht wurde, befreit werden. Nur so ist sie der modernen Welt und ihrem Selbstverständnis nicht eingepasst, sondern tritt ihr frei gegenüber. Es geht um die fundamentaltheologische Frage. Zwei Begriffe sind für Iwand dabei leitend: »Offenbarung« und »Wirklichkeit«.

Ich zeichne zunächst die für die Intention von Iwands Denken erhellende Konstellation zu Beginn der dreißiger Jahre des vergangenen Jahrhunderts nach. Dabei orientiere ich mich an den beiden Vorträgen »Religion und Kultur« (1931) und »Der Kampf um das Erbe der Reformation« (1932). Anschließend ziehe ich ein paar Linien aus in die Zeit nach 1945 und frage, worin Iwands Aktualität gemäß der entwickelten Perspektive in der Gegenwart liegt.

---

10. Nur selten findet sich bei Iwand ein Hinweis auf Freud: Vgl. NW 1, 149; NW 5, 184.

2. Wirklichkeit und Offenbarung. Die Konstellation 1931/1932

Zurecht urteilt Gerhard Sauter im Blick auf den Vortrag »Der Kampf um das Erbe der Reformation«:

> »In ihm ist fast eine Art ›Programm‹ der Theologie Iwands ausgesprochen. Hier setzen die Leitmotive ein, die Iwand später in vielen Studien und in prophetischen Äußerungen zur Lage von Kirche und Theologie durchführen wird.«[11]

Der Vortrag »Religion und Kultur« aber zeigt das gedankliche Umfeld, in dem Iwand auf der Suche nach seinem theologischen Weg in seiner Gegenwart im Anschluss an Luthers Theologie und die Reformation ist.

Religion als Wert?

Iwands Ausführungen zu »Religion und Kultur« (1931) sind von der Unterscheidung von »Wert« und »Wahrheit« der Religion bestimmt.[12] Die Kultur frage nur nach Nutzen und Wert der Religion[13], auch da, wo sie als höchster Wert anerkannt werde.

Geistesgeschichtlich gesehen bezieht sich Iwand mit dem Begriff des Wertes auf die neukantianische Unterscheidung und Trennung von wissenschaftlich zu klärenden Wahrheitsfragen, die sich auf Fakten richten, und nicht wahrheitsfähigen, subjektiven Wertfragen. In den Begriff des Wertes, dem seine ökonomische Herkunft anhängt, zog sich zurück, was einst als in der Wirklichkeit selbst gegründeter Sinn galt. Werte sind bloß »für mich« und »für uns«, sie haben ihre Zeit und ihre Geltung, wenngleich solche Subjektivität und Relativität für ganze kulturelle Formationen gelten kann und damit in den Bereich dessen gehört, was Hegel den »objektiven Geist« nennt.

Iwand denkt bei der Rede vom »Wert« der Religion an die ihr im 19. Jahrhundert zugemessene Bedeutung beim Aufbau der sittlichen Per-

---

11. GA II, 8 (Vorwort).
12. Schon früh beschäftigt sich Iwand mit dem Problem der Anwendung der Kategorie des Wertes auf die Religion in Auseinandersetzung mit Ritschl und der Ritschlschule im Zusammenhang von deren Grundorientierung an der »Trennung von Natur und Geist«. Vgl. Brief an Rudolf Hermann vom 13.1.1924, in: NW 6, 65-71, bes. 67-69.
13. Hans Joachim Iwand, Religion und Kultur (1931), in: Der »frühe Iwand (1923-1933)«, hg. v. Gerard den Hertog und Eberhard Lempp (Arbeiten zur Theologie Hans Joachim Iwands 3), Waltrop 2008, 235-250, 240.

sönlichkeit. In der Gegenwart der beginnenden dreißiger Jahre erkennt er eine Verschiebung hin zum Sozialismus, mit der Folge, dass »an die Stelle der religiös-sittlichen Abzweckung [...] die religiös-soziale trat«, sei diese eher sozialistisch oder eher völkisch ausgerichtet. »Nun werden wir mit Parolen überschüttet, die von der Religion einen Aufbau des völkischen, sozialen und wirtschaftlichen Lebens erhoffen.«[14] Auf der Linie von Iwands Intention, wie sie in seiner Dissertation »Zur methodischen Verwendung von Antinomien in der Religionsphilosophie«[15] zum Ausdruck kommt, hieße das jedoch die Religion als Wert verstehen und rechtfertigen. Damit würde die Religion auf einer Seite der Antinomien festgemacht, die nach Iwand von der Vernunft hervorgerufen werden, in diesem Fall derjenigen von Sein und Wert.

Die Kritik am »Wert« als Maß für die Bedeutung der Religion ist für Iwand die aktuelle Gestalt reformatorischer Kritik an der Werkgerechtigkeit.[16] Sie zielt auf die innerste Intention der frommen Subjektivität, die ihre Werke für die eigene Seligkeit verwertet und Gott dafür funktionalisiert. Die ganze Kultur ist freilich Werk des wertenden Menschen. Doch Gott, die Wahrheit der Religion, fügt sich dem nicht. Vielmehr gilt: Er ist »die Wirklichkeit [...], an der alle andere Wirklichkeit ihr Maß findet«[17]. Das allein befreit die Religion aus der Umklammerung durch den wertenden Menschen und setzt diesen der Wirklichkeit aus, die sich nicht verwerten lässt.

In Beantwortung der Frage, wie Gott in seiner Wirklichkeit dem wertenden Menschen begegnet, vollzieht Iwand in »Religion und Kultur« noch einen weiteren Schritt. Zunächst: Es bedarf der Befreiung vom gebräuchlichen Begriff der Religion und der Religionsgeschichte, denn »Religion ist ein Pauschalbegriff«, ein abstrakter Allgemeinbegriff, und »die moderne Religionsgeschichte ist eine Art Pantheon und Museum der Weltreligionen

---

14. Iwand, Religion und Kultur (s. Anm. 13), 240.
15. Inaugural-Dissertation Königsberg 1924 (masch.), Preußische Staatsbibliothek Berlin MS 25.5705; Abschrift in der Bibliothek des Landeskirchenamtes der Ev. Kirche von Westfalen, Bielefeld: III+66+VS.
16. Iwand, Religion und Kultur (s. Anm. 13), 244. Vgl. dazu in der Habilitationsschrift zum ›sola fide‹: »Durch den Begriff des ›Werkes‹ greift diese Definition des Glaubens in den Bezirk des ›Psychischen‹ ein, wenn anders es Luther dabei nicht auf das Werk als Faktum, sondern auf die damit verbundene Wertung, auf ›opinio‹ und ›aestimatio‹ ankommt. Damit ist angedeutet, dass diese Bestimmung des Glaubens auf den sich selbst wertenden und gerade im Werk wertenden Menschen abzielt« (RuC, 7 f.).
17. Iwand, Religion und Kultur (s. Anm. 13), 243.

geworden«, aus dem »das wirkliche Leben« geflohen ist.[18] »Wirklich« hingegen ist die Offenbarung als bestimmte Begegnung und Herausforderung, der der Mensch sich nicht entziehen kann.

Iwands theologisches Suchen andeutend und zugleich problematisch ist sein fundamentaltheologischer Gebrauch der Begriffe »Schicksal«, »Geschichte«, »Wille zur Geschichte« und Ruf der geschichtlichen Stunde,[19] mit deren Hilfe er die Wirklichkeit von Offenbarung näher zu bestimmen sucht. »Offenbarung« wird damit so etwas wie ein Prädikat der Abhängigkeit von der unausweichlichen Schicksalhaftigkeit von Geschichte,[20] die sich einer, von Iwand ideologisch genannten, Bemächtigung durch die rationalisierende Subjektivität und ihrer Möglichkeiten nicht fügt. So kann Iwand sagen: »Die geschichtliche Wirklichkeit nicht anerkennen heißt darum stets, Gott nicht hören, so dass eine glaubenslose Kultur letzten Endes auch immer geschichtslos sein wird, d.h. sie wird keine Zukunft haben.«[21] Es verwundert nicht, dass diese Gedanken in den *Jungnationalen Stimmen* veröffentlicht wurden.[22] Nicht zu verkennen ist freilich, dass Iwand eine Sprache sucht, die die reformatorische Intention in kritischen Bezug zum

---

18. Iwand, Religion und Kultur (s. Anm. 13), 245. – Iwands Urteil ist an dieser Stelle deutlich von einer historisierenden Religionsgeschichte geprägt und nicht von der lebendigen Begegnung mit anderen (Offenbarungs-)Religionen.
19. Iwand, Religion und Kultur (s. Anm. 13), 247.
20. In solchen Äußerungen zur ›Wirklichkeit‹ von Offenbarung als schicksalhafter Geschichte spiegelt sich auch Iwands Beschäftigung mit Denkweisen, wie sie z.B. bei Oswald Spengler zum Ausdruck kommen. Iwand hat Spenglers »Untergang des Abendlandes« gelesen (Brief an Rudolf Hermann vom 27.8.1920, NW 6, 35-37, 37). Zum »Schicksalsgedanken« im Zusammenhang mit »dem guten Aufsatz von Heim über Spengler«: Brief an Rudolf Hermann vom 21.6.1923, NW 6, 59-64, 62; vgl. 61. Heim stellt die für ihn auch religiöse Bedeutung von Spenglers Schicksalsgedanken dem geschichtsphilosophischen und erkenntniskritischen Relativismus entgegen, den Spengler in »Der Untergang des Abendlands« selbst vertritt. Vgl. Karl Heim, Die religiöse Bedeutung des Schicksalsgedankens bei Oswald Spengler (1921), in: ders., Glaube und Leben. Gesammelte Aufsätze und Vorträge, Berlin 1926, 348-379. »Wir brauchen, um zu denken und zu schaffen, eine unbedingt gültige Voraussetzung, ein letztes Gegebenes, das seine Autorität nicht durch uns empfängt, sondern sie in sich selber trägt«. Der Schicksalsgedanke dient dabei als »Vorhalle«, »von der aus die Tür in den innersten Raum führt, wo wir Gott finden können« (Karl Heim, Der Schicksalsgedanke als Ausdruck für das Suchen der Zeit, in: ders. Glaube und Leben, a.a.O., 380-403, 383. 392).
21. Iwand, Religion und Kultur (s. Anm. 13), 248.
22. Dazu Hartmut Ruddies, Das Evangelium als Krisis der Kultur? Bemerkungen zum Kulturbegriff von Hans Joachim Iwand, in: Der »frühe Iwand« (s. Anm. 13), 189-212.

modernen Selbstverständnis zu bringen vermag. Dabei ist die Gefahr, dessen reaktiver Dialektik nach rechts zu verfallen, nicht zu verkennen. Nicht zu verkennen ist freilich auch, dass Iwand bei dem Thema angelangt ist, das ihn ein Leben lang beschäftigt und die entscheidende Perspektive für die auszutragende Spannung zwischen Reformation und Moderne bildet: beim Thema der *wirklichen* Geschichte des Menschen im Horizont der Offenbarung.

Einem christlich-theologischen Verständnis von Geschichte nähert sich Iwand in demselben Vortrag auf dem Weg über das Verständnis der Taufe auf den Namen Jesu Christi als des Zeichens für das eschatologische Neu-*Werden* des Menschen. »In der Gestalt Jesu Christi« »behauptet« das neue Dasein als Verheißung »seinen Platz mitten in der Geschichte des Menschengeschlechts«[23]. Mit dem Dasein des neuen Menschen als Verheißung in Jesus Christus benennt Iwand die für ihn zentrale theologische Perspektive auf Geschichtlichkeit und Geschichte des Menschen. In der Gestalt Jesu Christi als des Gekreuzigten und Auferweckten ist der neue Mensch Bild und Verheißung zugleich. Dieser theologisch-anthropologische Zentralgedanke wird durch Iwand in aufschlussreicher Weise mit einer Intention Nietzsches verknüpft: »Was ich lieben kann am Menschen, das ist, dass er ein Übergang ist und ein Untergang«. Iwand findet darin eine Nähe zum Neuen Testament, wo es mit »anderem Klang und wohl noch größerem Ernst heißt«: »Wer sein Leben verliert, der wird es gewinnen«[24] (Mt 10,29). Der Mensch ist eschatologisch im Werden, ausgespannt zwischen Kreuz und Auferstehung. Damit ist, trotz des problematischen Begriffs von Offenbarung, ein, wie der Verweis auf Nietzsche zeigt, auch philosophisch nicht indiskutables theologisches Widerlager in Sicht für eine Zeit, die sich anschickt, sei es völkisch oder sozialistisch, den neuen Menschen schaffen zu wollen. Dieses Bestreben gehört für Iwand zur Grundsignatur dessen, was Moderne genannt wird.

Rechtfertigung und Wirklichkeit

Wir wenden uns dem Vortrag »Der Kampf um das Erbe der Reformation« (1932) zu. Was »geht uns die Gottesfrage des modernen Menschen an! Uns geht die Wirklichkeit des Menschen und die Wirklichkeit Gottes an, und

---

23. Iwand, Religion und Kultur (s. Anm. 13), 249.
24. Ebd. Dort auch der Nachweis des Zitats aus Nietzsches »Zarathustra«.

dies, dass das eine ohne das andere nicht gefunden werden kann.«[25] Vor dem offenbaren Gott enthüllt sich die Wirklichkeit des Menschen als Verfallenheit an Sünde und Tod. Einen eigenen, fruchtbaren Akzent bekommt dieser theologische Topos dadurch, dass Iwand im Todesbewusstsein der Menschen die Verschwisterung von Sünde und Tod wirksam findet. Sie ist die Wurzel der heimlichen, angstvoll treibenden Ungewissheit, wie sie im Werten »für mich« und »für uns« wirksam ist. Damit ist bei Iwand der Ansatz einer phänomenologischen Hermeneutik des Daseins,[26] wie es vor dem offenbaren Gott im Horizont der Rechtfertigungslehre erscheint, gegeben. Wegen des Dranges zur Selbstvergewisserung kann der Mensch Gott nicht Gott sein lassen,[27] vollbringt er nicht von sich aus wahrhaft gute Werke und werden auch Werke bürgerlicher Gerechtigkeit mit dem Willen zu Selbstvergewisserung aufgeladen.

Ein besonderer Akzent dieser Explikation der Rechtfertigungslehre Luthers durch Iwand liegt darauf, dass das »simul iustus et peccator« vom eschatologisch-anthropologischen Gegensatz von Adam und Christus umgriffen wird. Adam ist das Urbild des alten, zum Vergehen verurteilten Menschen, Christus das Urbild des neuen Menschen der verheißenen eschatologischen Zukunft. Der von der Rechtfertigung her lebende Mensch befindet sich mit der eschatologischen Geschichte seines Neuwerdens mitten in dem, was allgemein als Geschichte verstanden wird. Mit diesem theologischen Geschichtsverständnis verbindet sich beim späteren Iwand nach 1945 dann eine kritische Aufmerksamkeit für Bewegungen in der Neuzeit, in denen er etwas von dem Geist wirksam findet, der nach dem Neuwerden der menschlichen Beziehungen über Grenzen und Gegensätze hinweg strebt. Die Ethik, die bei Iwand 1931/1932 in der grundlegenderen Frage der theo-

25. Hans Joachim Iwand, Der Kampf um das Erbe der Reformation (1932), in: GA II, 126-144, 132.
26. Schon im Erscheinungsjahr liest Iwand: Martin Heidegger, Sein und Zeit. Phänomenologie des Daseins, Tübingen 1927: »In diesen Tagen bin ich etwas – vielleicht über Gebühr – entzückt über das neueste Buch von Heidegger: Sein und Zeit. Wenn ich auch der Phänomenologie gegenüber etwas stutzig und den letzten Ergebnissen gegenüber zurückhaltend bin – er erschließt Dasein als Sorge – so bin ich doch sehr angetan von der Art, die Probleme aufzurollen, die Geschichtlichkeit des Seins ohne den Begriff des Du zu gewinnen [...]« (Brief an Rudolf Hermann vom 27.12.1927, NW 6, 166).
27. Immer wieder beruft sich Iwand auf Martin Luther, Disputatio contra scholasticam theologiam (1517), Th. 17: »Non potest homo naturaliter velle deum esse deum, Immo vellet se esse deum et deum non esse deum« (WA 1, 225, 1 f.) [»Der Mensch kann von Natur aus nicht wollen, dass Gott Gott ist. Vielmehr wollte er, er sei Gott und Gott sei nicht Gott.« (LDStA, Bd. 1, Leipzig 2006, 23,1 f.)].

logischen Anthropologie fast verschwunden scheint, wird dann in diesem Zusammenhang neu bedeutsam. Die Intention der Aufklärung, hell zu machen und das Panier ›des Menschen‹ und der ›einen Menschheit‹ aufzurichten, kann Iwand von da her kritisch würdigen, was ihn vom konservativen Luthertum unterscheidet.

Wenig sind in diesen frühen Vorträgen angesichts des theologisch-anthropologischen Interesses die Gemeinde und die Kirche oder gar die Christenheit im Blick. Doch weist Iwand auf diejenigen, die dem gekreuzigten Christus nachfolgen – angefochten von den Abgründen des Menschseins und doch im Blick auf das *extra nos* der Verheißung, die *pro nobis* ist und dieses Werden und diese Geschichte bewirkt. Glauben heißt, die Gewissheit seiner Identität nicht in sich selbst und seinem Werk und nicht in den aufweisbaren Zugehörigkeiten zu finden, sondern »außerhalb des Menschen«[28] in der Treue des verheißenden Gottes. Identität ist zentrales Prädikat des in seiner Geschichte mit dem Menschen sich und dem Menschen treuen Gottes. Die Identität des Menschen ist eine im Werden in der Wende von alt zu neu mit dem paradox erscheinenden Zentrum in der Rechtfertigung des Sünders.

Dieser bei Iwand sich durchhaltende Gedanke ist höchst bedeutsam in einer modernen oder postmodernen Situation, in der die Gefahr besteht, dass kulturelle Merkmale zu Symbolen absoluter Vergewisserung aufgeladen werden, von denen die eigene Identität abhängig gemacht wird. Die Gewissheit, dass die eigene Identität beim verheißenden Gott aufgehoben ist, gibt die Freiheit, gelassener in der Pluralität endlicher Identitäten zu leben.

Auf Luther beruft sich Iwand in »Das Erbe der Reformation« für die Erkenntnis, dass mit und unter der faktisch geschehenden Geschichte sich die Geschichte »des Menschen« im Zeichen des eschatologischen Widereinanders von Adam und Christus vollziehe. Die ›empirische‹ Geschichte bietet sich dem Blick von außen dar. Es ist ein im weiteren Sinn moralischer Blick. Die transzendental-eschatologische Geschichte hingegen ist mitten in der ›empirischen‹ im *biblisch* verstandenen Widerstreit von Geist und Fleisch präsent. Mit Blick auf diese Geschichte in aller Geschichte kann Iwand sagen: »In jedem Menschen reift ein metaphysisches Geschehen«[29]. Die damit eröffnete Perspektive einer theologischen Phänomenologie und Hermeneutik des Menschen fragt nach dem Geist, der als Trieb-

---

28. Iwand, Kampf um das Erbe, GA II, 136.
29. Iwand, Kampf um das Erbe, GA II, 142.

kraft und Horizont im geschichtlichen Geschehen wirksam ist. Diese Fragestellung geht quer durch alle Unterschiede und Gegensätze zwischen den Menschen hindurch. Damit wird nicht die alte Antinomie von Geist und Natur wiederholt und auch keine hoffnungslose neue aufgerichtet. Vielmehr ist der Geist des neuen Menschen der im Wort von Jesus Christus gründende Geist, der Sünder rechtfertigt, versöhnt und ins Neu-Werden bringt. Er ist kein Instrument menschlicher Zwecksetzungen und menschlichen Richtens.

Rechtfertigung heißt für Iwand fundamental, wie er dann vor allem in »Glaubensgerechtigkeit nach Luthers Lehre« (1941) und mit Bezug auf Luthers Römerbriefauslegung darlegt, dass der Mensch Gott in seiner Offenbarung recht gibt und sich damit in seinem in sich selbst verkrümmten Willen loslässt. »Dieses Wahr-Werden Gottes in uns nennt Luther ›Deum iustificare‹«.[30] Gott in seiner Offenbarung aber ist der vorgängig zugunsten des Menschen in Jesus Christus urteilende Gott. »Glauben heißt: sich Gottes Urteil zu eigen machen«.[31] In *diesem* Horizont wird das Verkehrte in der Wirklichkeit des Menschen entdeckt und aufgedeckt.[32] Den Gedanken, Gott im Urteil seiner Offenbarung recht zu geben, versteht Iwand als die »formale Voraussetzung in allem Glauben«[33]. Dieses Formale ist freilich höchst inhaltlich.

Da es sich beim »Gott recht geben« im Sinne Iwands nicht um eine autoritäre Erpressung handelt, sondern um die Folge des Tuns Gottes zugunsten des Menschen, wäre von Iwand freilich näher zu klären, wie es dazu kommt, dass ein Mensch Gott recht gibt, dabei von sich weggeführt und gerade so zu sich selbst geführt wird: in die Realität seines Menschseins als Sünder und als Begnadigter, als Mensch in der Umkehr von seinem ›natürlichen‹ *pro me* zum Leben aus dem *pro me* und *pro nobis* Gottes in Jesus Christus. Der entscheidende theologische Gedanke ist dabei die Einsicht Iwands, dass das »Gott recht geben« nicht vom Gesetz als solchem bewirkt wird, sondern von dem in Jesus Christus erfüllten Gesetz, das Verheißung

---

30. Hans Joachim Iwand, Glaubensgerechtigkeit nach Luthers Lehre (1941), GA II, 11-125, 21.
31. Iwand, Glaubensgerechtigkeit, GA II, 22.
32. Vgl. auch aus der frühen Zeit: Hans Joachim Iwand, Die grundlegende Bedeutung der Lehre vom unfreien Willen für den Glauben (1930), in: GA I, 13-30, 20. In diesem frühen Aufsatz argumentiert Iwand mit dem Schöpfer. Jesus Christus, der Gekreuzigte und Auferweckte, ist der schöpferische Gott mitten in der Geschichte.
33. Iwand, Glaubensgerechtigkeit, GA II, 22.

ist. Entscheidend ist dabei für Iwand die Korrelation der Offenbarung in Jesus Christus und der kritischen Anthropologie, deren Kern die Rechtfertigungslehre mit ihrer anthropologischen Zuspitzung in der Lehre vom unfreien Willen ist.[34]

Es wäre freilich von Iwand näher zu zeigen, wie der Geist Gottes auf den Geist des Menschen trifft, der, das hat Iwand von seinen frühen Lutherstudien her stets im Blick, über Gott richten und urteilen will. Solches Richten und Urteilen findet er fromm verhüllt im moralischen Humanismus des Erasmus, vernunftgewiss in Kants Zuweisung der Religion in den Anhang der Moral, vernunftkritisch schließlich bei Nietzsche. Bei allem Recht, die Zäsur zwischen Mittelalter und Neuzeit zu betonen, gilt für Iwand: »Also Luther gegenüber wird der Gegensatz zwischen Scholastik und Humanismus, zwischen Dogmenglaube und wissenschaftlicher Aufklärung hinfällig«, nämlich beim Thema des unfreien Willens als anthropologischer Implikation der Rechtfertigungslehre.[35] Dahinter aber steht die Frage von Selbstvergewisserung und Gewissheit. Nicht um Versöhnung von Reformation und Moderne geht es bei Iwand, sondern darum, dass die Versöhnung des wirklichen Menschen mit dem wirklichen Gott auch der jeweiligen ›Moderne‹ zugutekomme und in ihr bezeugt werde.

34. Iwand beruft sich für die Korrelation von Christologie und Anthropologie auf Luthers Römerbriefvorlesung. In seiner Habilitationsschrift äußert er sich dazu: »Die folgende Untersuchung über den grundsätzlichen Zusammenhang zwischen Rechtfertigungslehre und Christologie, eine Frage, hinter der letzten Endes die nach dem Verhältnis von Rechtfertigungslehre und Dogma überhaupt steht, ist durch Luthers Kommentar zum Römerbrief veranlaßt worden. Seit dem ersten, unvergeßlichen Bekanntwerden mit diesem Werk von selten erreichter Kühnheit und Tiefe [...] war es das Bestreben des Verfassers, die latenten ›christologischen‹ Voraussetzungen zu erfassen, ohne die die Anthropologie, die hier vorliegt, unverständlich bleiben mußte. Verstehen und Mißverstehen der Gedanken Luthers, selbständiges Erfassen der in ihnen schlummernden Wahrheit gegenüber einem im Grunde verständnislosen Nachsprechen seiner Thesen stand hier auf dem Spiel. [...] Eins wird in jedem Falle in Geltung bleiben dürfen, dass die Christologie das entscheidende Problem dieses Werkes von Luther ist, eben darum, weil sie anscheinend fehlt.« (RuC, Vorwort (o. S.).
35. Iwand, Die grundlegende Bedeutung, GA I, 16. »Luthers Gedanken hierüber sind nie zeitgemäß gewesen, sie sind ebenso wenig mittelalterlich als ›modern‹, diesen Standort jenseits der Geistesgeschichte teilen sie eben mit der Schrift« (a. a. O., 17).

3. Geist Gottes und Menschengeist

Das Thema »Wirklichkeit« in Gestalt der unauflöslich zusammengehörenden Frage nach dem wirklichen Gott und dem wirklichen Menschen erweist sich bei Iwand als zentral. Am wirklichen Gott kommt der Mensch in seiner Wirklichkeit zur Erfahrung.[36] Der wirkliche Gott aber ist der Gott, der in seiner Offenbarung mit der *promissio* seines Urteils aus sich herausgetreten ist, damit der Mensch in sich gehe, umkehre und lebe.[37] Das Aus-sich-Heraustreten Gottes in seinem Urteil trifft auf den in Worten und Taten aus sich heraustretenden, wertenden und urteilenden Menschen. Urteil trifft auf Urteil. Das ist der Kern der Begegnung von Gott und Mensch bei Iwand. Im Urteilen aber geht es letztlich darum, was in Wahrheit wirklich ist und in welchem Modus es wirklich ist.

Mit seinem Verständnis des Wortes Gottes als *promissio* vom Urteil Gottes in seiner Offenbarung her unterscheidet sich Iwand von anderen Konzeptionen lutherischer Theologie, die das Reformatorische im Horizont des Menschen als eines sprachlichen Wesens explizieren. Vielleicht ist Iwand darin moderner, wenn man so will, dass er sich weder an der Sprache als solcher und auch nicht an bestimmten Sprachformen festmacht, sondern dazu anleitet, den jeweiligen Zusammenhang von Sprache, Geist und Urteil zu prüfen und sich um eine neue Sprache der Versöhnung aus der Kraft des Urteils und Geistes Gottes zu mühen.[38] Iwand hat das damit angedeutete Problemfeld einer theologischen Sprachlehre freilich nicht expliziert.

Für das Verständnis von Versöhnung folgt daraus, dass sie, soll sie nicht falsche Versöhnung sein, nur im Angesicht der Wirklichkeit geschehen kann, wie sie im vergebenden Urteil Gottes aufgedeckt wird. Ihr gilt es sich

---

36. »Luther sagt ja immer wieder, dass die Sündenerkenntnis durch das Gesetz komme […], aber das Gesetz ist immer in Christo erfüllt« (Iwand, Die grundlegende Bedeutung, GA I, 24, A. 27).
37. »Et ita Deus per suum exire nos facit ad nos ipsos introire et per sui cognitionem infert nobis et nostri cognitionem.« (WA 56, 229, 20-22 zu Röm 3,5). [»Und so führt uns Gott damit, dass er aus sich heraustritt, zur Einkehr in uns selbst, und durch die Erkenntnis seiner selbst wirkt er in uns auch Selbsterkenntnis.«] Vgl. z. B.: Iwand, Kampf um das Erbe, GA II, 137.
38. »Wenn wir in Liebe und Vertrauen zueinander stehen, dann wird das ein Anfang sein. Wir werden eine neue Sprache finden – nicht die der gespaltenen Menschheit – in der wir uns im Letzten verstehen. Wir werden aufeinander hören und lernen« (Hans Joachim Iwand, Die Verantwortung und die Aufgabe der Christen in der heutigen internationalen Situation (1958), in: FO, 182-198, 197). Zur »Sprachgleichschaltung« ebd., 204; zur »neuen Sprache« vgl. auch ders., Kirche und Gesellschaft: NWN 1, 45.

zu stellen in Schuldbekenntnis, Umkehr und Hoffnung, die in Gemeinde, Kirche und Christenheit eine versöhnende Sprache finden. Hier hat dann auch Iwands Bemühen nach 1945, gegen einen selbstgerechten Richtgeist sich der deutschen Vergangenheit zu stellen und Versöhnung und Frieden mit den Völkern im Osten zu suchen, seine Wurzel. Im Horizont der Botschaft von der Versöhnung des wirklichen Gottes mit dem wirklichen Menschen sucht Iwand die Begegnung und Bruderschaft gegen ideologische Selbstrechtfertigungen. Von der Aufklärung als einem Tor zur modernen Gegenwart her gesehen kann man auch sagen: Iwand sucht die Realität der vergessenen dritten Parole der Französischen Revolution, der Brüderlichkeit, in der christlichen Gemeinde und in der Grenzen überschreitenden Christenheit. Brüderlichkeit (Geschwisterlichkeit) aber macht erst die beiden anderen Parolen von Freiheit und Gleichheit wirklich human. Für die Freiheit hält sie die Verbindung zum Anderen fest und die Gleichheit bewahrt sie vor abstrakter Gleichmacherei und der in ihr latenten Gewalt. Nicht »Versöhnung von Reformation und Moderne«, sondern Versöhnung der Menschen in der modernen Welt aus dem Geist reformatorischer Erkenntnis ist das Ziel. Das hat Folgen für die Gestalt der Welt. Von der reformatorischen Theologie jedoch gilt: »Nicht wollen ihre Resultate konserviert werden, vielmehr muss die Sache weitergehen.«[39] Die »Sache« aber leitet auch zur kritischen Sichtung von Entscheidungen in der Reformationszeit an.[40]

4. Theologische Ethik im Horizont des Geistes bei Iwand. Hinweise

Die kritische Wendung gegen den fundamentaltheologischen Ansatz des Neuprotestantismus im Zeichen theologischer Anthropologie, dem Widerschein des in Jesus Christus erfüllten Gesetzes, führt bei Iwand in der Zeit des Dritten Reichs, anders als etwa bei Bonhoeffer, zur Vernachlässigung ethischer Fragen. Doch unverkennbar macht sich Iwand nach 1945 daran, die, wie er sagen kann, in der Zeit der Bekennenden Kirche entlaufenen

---

39. Hans Joachim Iwand, Luthers Theologie, NW 5, 31.
40. Vgl. kritisch zur politischen Theologie und Ethik bei Luther: Hans Joachim Iwand, Stand und Sakrament, GA II, 240-264; zur Blindheit in der Frage der theologischen Bedeutung des Judentums (ohne direkten Bezug auf Luther): Hans Joachim Iwand, Antwort. Ein Brief an J. L. Hromádka (1959), in: FO, 199-217, 205 f.

Fragestellungen, und dazu gehören vor allem die ethischen Herausforderungen in der modernen Welt, einzuholen.[41] Das bleibt aktuell auch in einer veränderten Situation. Dazu ein paar Gesichtspunkte Iwands.

Kirche und Gesellschaft[42]

Es ist eine der zukunftsträchtigen Einsichten Iwands, dass es, entgegen der Tradition des Luthertums, gelte, die Kirche nicht am Staat, sondern an der Gesellschaft zu orientieren, dem bewegten Bereich der Lebenswelt. Aus der Gesellschaft erheben sich, so Iwand, die vielfältigen Kräfte und Intentionen mit ihren Interessen und Ideologien; verschiedene Geistesrichtungen kämpfen um Geltung, Einfluss und Macht. Die Kirche und die Christen sind in diesen pluralen und weiter sich pluralisierenden Raum der Gesellschaft und ihrer Öffentlichkeit gestellt und haben sich ihm zu stellen. Die traditionelle Orientierung am Staat schon von der Reformationszeit her verkennt diese Situation und verzerrt die Gestalt der Kirche, ihre Botschaft und ihr Handeln.

Mensch und Menschheit

Vom Besonderen der den Christen und der Kirche anvertrauten Botschaft her öffnet sich der Blick auf den Menschen überhaupt und auf die eine Menschheit. Man könnte auch sagen: Iwand entwickelt die lebensförderliche Dialektik, die in Luthers Stichwort vom »Christen*menschen*« steckt, indem er den aufgeklärten Begriff »des Menschen« bzw. der »(einen) Menschheit« aufnimmt, ihn jedoch von seiner ideell-ideologischen Höhenlage herunterholt, der im Licht der Offenbarung entdeckten Wirklichkeit

---

41. Iwand zu Hromádkas Behauptung, der Kampf der Bekennenden Kirche habe mit einem Sieg geendet: »Theologisch – vielleicht war es da wirklich ein Sieg, aber praktisch? Aber ethisch? Es ist kein Zufall, dass die Fragen der Theologen, die aus der Bekennenden Kirche kommen, nach diesem Krieg in erster Linie auf dem Felde der Nachfolge, des Ethos, der praktischen Bewährung liegen« (Iwand, Brief an Hromádka, FO, 205). »Denn wir haben den Kirchenkampf verloren. Es ist uns nicht gelungen, der Christenheit in Deutschland die praktischen Entscheidungen, die uns aufgetragen waren, als solche des Glaubens an Jesus Christus deutlich zu machen« (Hans Joachim Iwand, Kirche und Gesellschaft (Vortrag 1949), in: NWN 1, 188-193, 189).
42. Dazu besonders: Kirche und Gesellschaft, NWN 1.

und Verheißung aussetzt und ihn so neu begründet und entfaltet. Iwand sucht das wenigstens ansatzweise zu bewähren inmitten der erfahrenen und erlittenen Geschichte der Gegensätze seiner Zeit: von Flüchtlingen und Einheimischen, Gebildeten und Ungebildeten, Kapitalbesitzern und Arbeitern, von Ost und West, vor allem aber auch in der Überwindung von Schranken zwischen den Kirchen, die gerufen sind, die durch Gott gegebene und verheißene brüderliche Einheit der Menschheit zu bezeugen. Iwand deutet an, dass das nicht an den Menschenrechten vorbei geschehen kann.[43]

Krieg und Frieden

Die »eine Menschheit« weist auf das Thema des Friedens. Nach dem Ende des Ost-West-Konflikts und mit dem scheinbaren Erlöschen des vom konziliaren Prozess für »Gerechtigkeit, Frieden und Bewahrung der Schöpfung« ausgehenden Impulses scheint die Thematik des Friedens aus den evangelischen Kirchen nahezu verschwunden. Wenn aber aufmerksam auf den Geist Gottes zu sein zugleich heißt, aufmerksam zu sein auf das, was sich in der Welt regt und tut, so gilt es darauf zu achten, wie die Friedensthematik sich gegenüber Iwands Zeit neu stellt. Ein neuer Interventionismus z. B. regt sich allenthalben mit dem Anspruch, Frieden zu schaffen durch Bekämpfung des Terrorismus, durch die Aufrichtung von Menschenrechten und Demokratie. Und das Gewissen lässt sich leicht beruhigen durch die öffentlich verbreiteten hohen Ziele. Doch will der Geist, der da jeweils wirksam ist, geprüft werden.

Toleranz

Mitten im Kalten Krieg findet Iwand die Kirche in der Frage der Toleranz neu herausgefordert:

> »[...] die Intoleranz hat neuerdings ihren Sitz im Politischen [...]. Zuweilen kommt uns die Erwägung, wir müßten umgekehrt vorgehen wie im 17. Jahrhundert. Die im Bereich der Kirche verloren gegangene Toleranz wurde damals vom ›Vernunftstaat‹ gerettet. Müßte nicht die Kirche heute die im Bereich des Politi-

---

43. Vgl. die knappen Hinweise auf Menschenrechte und Toleranz, FO 150. Iwand hat sich nicht weiter explizit mit den Menschenrechten befasst.

schen bedrohte oder auch verlorene und geschändete Toleranz neu begründen, müsste sie nicht lebendige Zeugnisse einer solchen Toleranz aufrichten?«

Und selbstkritisch im Blick auf die Reformation heißt es:

»Kam die Intoleranz der Reformationskirchen vielleicht daher, dass sie eine nur partikulare Erlösung des Menschengeschlechts lehrten und mußte darum die Aufklärung eingreifen, indem sie einen universalen Begriff des Menschen und seiner Würde aufstellte?«[44]

Die Friedensfrage muss in den neu entstandenen globalen Konfliktlagen, die vielfach auch eine religiöse und religiös-ideologische Dimension haben, auch als Frage der Toleranz neu buchstabiert werden.

Identitäten und Identität

Die der reformatorischen Erkenntnis verdankte Einsicht Iwands in das Bedürfnis des Menschen, sich seiner selbst durch seine Werke zu vergewissern, ist zukunftsträchtig auch in einer Welt, in der sich die Selbstvergewisserung der Menschen mit großer Intensität an religiös-kulturelle Identitäten hängt, was Identitätskämpfe zur Folge hat. Es kommt der Kultur zugute, wenn es in der weltweiten Christenheit Menschen gibt, die die Vergewisserung ihrer selbst in erster Linie nicht aus kulturellen Identifikationen gewinnen, ohne dass diese einfach abgestreift werden könnten oder sollten. Der Glaube, der sich an die Verheißung Gottes für alle Menschen hält, lässt kulturelle Identitäten als Beheimatungen in dieser Welt auf Zeit verstehen. Das kann vor latent gewalttätigen Verhärtungen bewahren.

Öffentlichkeit und Gewissen

Iwands Beobachtungen und Überlegungen zur Neutralisierung des Gewissens in der modernen Gesellschaft sind nicht veraltet.[45] Wissenschaft, Technik, Informationstechnologie und das Funktionieren in Wirtschaft und Gesellschaft wecken und bilden als solche noch nicht das Gewissen der

---

44. Hans Joachim Iwand, Über das Zusammenleben in einer Welt widerstreitender Ideologien und politischer und wirtschaftlicher Systeme (1956), in: FO, 138-152, 150f.
45. Vgl. besonders Hans Joachim Iwand, Das Gewissen und das öffentliche Leben, in: NW 2, 125-152.

Menschen, die dazu berufen sind, selbst zu urteilen. In öffentlichen Debatten ebenso wie im Bereich der Bildung muss es auch um ethische Sensibilisierung des Gewissens gehen. Im Blick auf die Schule ist es wichtig, dass niemand zur Teilnahme am Religionsunterricht gezwungen wird, wichtig aber auch, dass ein Ethikunterricht den Religionsunterricht neben sich und sich gegenüber hat. Das kann nach beiden Seiten vor selbstgerechter Verhärtung und ideologisierender Einhegung bewahren.

Wert und Verwertung

Die Konsequenzen, die sich aus Iwands kritischer Anthropologie in reformatorischer Perspektive, die sich früh am Begriff des Wertes und des Wertens festmacht, für die Ethik ergeben, wären weiter zu bedenken. In einer Zeit, in der die Ökonomie der Verwertung in alle Poren der globalisierten Welt dringt, ist darüber nachzudenken, wie der sich totalisierende Verwertungsdrang begrenzt und die Menschen mitsamt allen anderen Lebewesen aus dessen alles durchdringender Gewalt freigelassen werden können. Die Kirche Jesu Christi, die Christen und die Theologie können nur dann dafür Zeugnis ablegen, wenn sie sich selbst davon freisprechen lassen[46] und die vielfach eingeforderte ›Anschlussfähigkeit‹ an ›die Moderne‹ nicht das Fundament ihres Denkens, Redens und Handelns bildet.

5. Ertrag

Ausgehend von zwei frühen Vorträgen wurde gezeigt, wie Iwand vom Zentrum der Theologie Luthers her der Moderne seiner Zeit begegnet. Die reformatorische Rechtfertigungslehre eröffnet die Perspektive einer theologischen Anthropologie, die sich kritisch auf das Streben des Menschen richtet, im Werk seine eigene Wertung zu suchen und so Richter seiner selbst zu werden. Von da her ergibt sich Iwands Kritik an einer neuprotestantischen Theologie, die sich im Begriff des Wertes ihres eigenen Fundamentes vergewissert und sich in eine Kultur einfügt, der auch Gott zum Wert wird – Ausdruck falscher Versöhnung von Reformation und Moderne. Dagegen stellt Iwand, dass Gott in seiner Offenbarung sich dem Verwertungsbedürf-

---

46. Vgl. Hans Joachim Iwand, Entwurf zum Darmstädter Wort (1947), in: FO, 20-22, bes. These 6.

nis des Menschen nicht fügt, ihn vielmehr in ein Werden bringt, das ihn auf dem Grund der geschehenen Versöhnung zur Versöhnung quer zu den menschlichen Wertungen und den von ihnen hervorgerufenen Gegensätzen herausfordert.

Theologie als kritisches Zeugnis

Response zum Vortrag von Edgar Thaidigsmann und weitere Perspektiven zum Thema ›Versöhnung von Reformation und Moderne‹

Hans G. Ulrich

Iwands kritische Fassung der ›Moderne‹

Wie angemessen ist das Thema ›Versöhnung von Reformation und Moderne‹ in Bezug auf Iwand? Edgar Thaidigsmann weist mit Recht auf entscheidende Angelpunkte der Problemgeschichte dieses Themas hin. Gehört die ›Versöhnung der Welt‹ zum Projektpotential der ›Moderne‹? Vielleicht zu einem ›Projekt Moderne‹[1], das die Versöhnung in der rationalen Verständigung im politischen Paradigma einer entsprechenden Demokratie sucht? Oder ist der Kontext, in den die Rede von ›Versöhnung‹ gehört, ein anderer? Geht es damit zugleich um die Versöhnung Gottes mit der Welt, indem Geist mit Geist versöhnt erscheint (Hegel)? Wie wird dann das ›Zusammenleben in der Welt‹ angesprochen?

Dass eine dialektische Weltversöhnung (im Hegelschen Sinne) das einschließt, was das ›Wort von der Versöhnung‹ Gottes mit der Welt (1 Kor 5,17) ausspricht (also von daher ihre Perspektive hat), ist nur unter der Voraussetzung zu sagen, dass die wie auch immer zu benennende versöhnende Kraft – der Geist – mit Gott und seinem Geist übereinstimmt oder identisch ist und so auch dieser versöhnende Gott mit dem Menschen-Geist eins werden kann – wie dialektisch auch immer. Doch eben diese Voraussetzung ist dort nicht gegeben, wo mit der reformatorischen und der biblischen Theologie im Blick auf Welt und Geschichte von einem Gott zu reden ist, der am Menschen wirkend handelt und mit ihm eine Geschichte eingeht, die nicht mit dem eins wird, was ›Weltgeschichte‹ heißen kann. Die Frage nach der ›Geschichte‹ tritt wie die nach der ›Wirklichkeit‹ – wie

---

1. Jürgen Habermas, Die Moderne – ein unvollendetes Projekt (1980), in: ders., Die Moderne (Reclam-Bibliothek Philosophie, Geschichte, Kulturgeschichte) Leipzig 1990, 32-54.

Thaidigsmann anzeigt – bei Iwand prominent hervor.² Was leitet die Frage nach der ›Geschichte‹? Unter der Voraussetzung, dass es zur ›Moderne‹ gehört, vielleicht zentral, ›Weltgeschichte‹ auf eine versöhnte Welt hin so oder so zu fassen, ist die ›Moderne‹ mit der Reformation nicht zusammenzubringen.

Doch auch wenn wir die Moderne anders zu kennzeichnen haben – etwa mit dem ›Projekt Moderne‹ (Jürgen Habermas), also nicht im Rahmen eines weltgeschichtlichen Geschehens, sondern als *politisches* Projekt unserer Menschenvernunft, bleiben wir dabei, die ›Moderne‹ damit befasst zu sehen, dass die ›Welt‹ in sich als ›versöhnte‹, wie auch immer vermittelt, erscheint – im Projekt Moderne vermittelt durch die praktische Vernunft, wenn diese denn in der ihr zukommenden Reichweite und Tiefenschärfe gesehen wird. So verstanden wäre das politische Projekt ein politisch-ethisches, das statt auf Versöhnung auf Verständigung im Medium intersubjektiver Vernunft³ zielt, also in der Nähe dessen, was als ›Brüderlichkeit‹ oder ›Solidarität‹, auch ›Toleranz‹ (auf diese Topoi verweist Thaidigsmann) bei Iwand in den Blick kommt.

Gegen Hegel ist bei Iwand zu lesen:

> »Hier löst die ›Vernunft‹ nicht mehr, wie noch bei Voltaire und Montaigne, die ›Gewalt‹ des Staates auf, relativiert sie und macht sie so ›rational‹ im demokratischen Sinne, sondern sie autorisiert die Staatlichkeit des Staates als Manifestation des Göttlichen – und freilich so des allgemeinen, vernünftigen und absoluten Willens.«⁴

Für Iwand steht hier die Aufklärung gegen Hegel.⁵

Damit zeichnet sich ab, was Thaidigsmann anzeigt, dass ›Moderne‹ als solche nur unter solchen weitreichenden Voraussetzungen thematisiert wird und thematisiert werden kann. Die reformatorische Theologie ist mit diesen Voraussetzungen konfrontiert. In ihrem Kontext sind die Themati-

---

2. Siehe dazu auch Gerard C. den Hertog, Befreiende Erkenntnis. Die Lehre vom unfreien Willen in der Theologie Hans Joachim Iwands (NBST 16) Neukirchen-Vluyn 1994, 182 f. und durchweg Christian Johannes Neddens, Politische Theologie und Theologie des Kreuzes. Werner Elert und Hans Joachim Iwand (FSÖTh 128) Göttingen 2010, zu ›Wirklichkeit‹ besonders 777, zu ›Versöhnung‹ 781 f.
3. Siehe auch zu der Perspektive der Einheit der Menschheit bei Iwand: Gerard C. den Hertog, Befreiende Erkenntnis (s. Anm. 2), 492-493.
4. Hans Joachim Iwand, Von Ordnung und Revolution. Das Thema in der ersten Hälfte des 19. Jahrhunderts, in: NW 2, 153-192, hier 174.
5. Siehe ebd. 172. Siehe dazu auch: Eberhard Lempp / Edgar Thaidigsmann, Gottes Gerechtigkeit in der Dialektik der Aufklärung. Annäherungen an die Theologie Hans Joachim Iwands, München 1990, 125.

sierungen von ›Moderne‹ selbst zunächst daraufhin zu betrachten, inwiefern sie etwa im Rahmen einer politischen Ethik verbleiben oder welches Problem sie verfolgen, und es ist zu sehen, inwiefern diese kritische Sicht sich auf die reformatorische Theologie berufen kann. Die Kennzeichnung der ›Moderne‹ würde dann jedenfalls nicht einer weltgeschichtlichen Bewegung, der Hegelschen ›Moderne‹ entsprechend, folgen, auch keinem anderen Programm, sondern eine Kritik der Moderne implizieren – und nur ein ihr entsprechendes ›Projekt Moderne‹ und eine ihm entsprechende Ethik gelten lassen. Damit ist auch gegeben, dass hier keine antimodernistische oder ›konservative‹ oder wie auch immer zu etikettierende Position gegeben ist, sondern die Aufgabe einer Theologie, die einen eigenen kritischen Weg geht.

Neuralgische Punkte

So sind diejenigen neuralgischen Punkte zu benennen, die ›Moderne‹ so oder so überhaupt ansprechen lassen.[6] Es ist zu zeigen, wie diese in der reformatorischen Theologie hervorgetreten sind, sodass eben von ihnen her Momente kenntlich werden, die sowohl kritisch wie dann vielleicht auch positiv von bestimmten ›modernen‹ Kennzeichen unserer Lebenswelt reden lassen. Thaidigsmann macht darauf aufmerksam, dass Iwand nicht von ›der Moderne‹ spricht, wohl aber vom ›modernen Atheismus‹[7], ›modernen Krieg‹, vom ›modernen Staat‹ oder vom ›modernen Menschen‹ und somit von solchen Phänomenen, die kritisch zu reflektieren sind. Dafür bedarf es einer Perspektive. Diese Perspektive – so ist Iwand zu lesen – erscheint mit der Reformation, nicht mit einer irgendwie zu dogmatisierenden oder historisch zu fixierenden ›Reformation‹, sondern mit einer akuten, reformatorisch geprägten Kritik, in der die reformatorische Theologie ihre paradigmatische Bedeutung zeigt. Reformatorische Theologie ist eine Gestalt der Theologie als *Kritik*. Diese Kritik trifft dann auch eine reformatorische Wirkungs- und Problemgeschichte mit ihren je eigenen neuralgischen Punkten.

---

6. Siehe dazu auch Habermas, Die Moderne (s. Anm. 1).
7. Hans Joachim Iwand, Theologiegeschichte des 19. und 20. Jahrhunderts. »Väter und Söhne«, in: NWN 3, 22 f.

Gottes Gerechtigkeit – oder Rechtfertigung

Zu den neuralgischen Punkten gehört zentral die reformatorische Lehre von der »Rechtfertigung« in der ganzen Reichweite ihrer Bedeutung und in ihrer Verkehrung.[8] Als verkehrt erscheint ›Rechtfertigung‹ im Habitus der ›Selbst-Vergewisserung‹, im Habitus der Gewinnung und Bewahrung eines menschlichen ›Subjekts‹, das die ›Welt‹ auf sich bezieht und sich darin seiner selbst und der Welt vergewissert. Ihm wird alles zum ›*pro me*‹, zu einem Wert ihm zu gut. Die Lehre von der ›Rechtfertigung‹ zeigt sich als neuralgischer Punkt, der überall dort Differenzen ohne vermittelnde Prozeduren entstehen lässt, wo dieses ›Subjekt‹, der ›Mensch‹ als Subjekt, wie auch immer von seiner Reflexion getragen, auf sich selbst bezogen bleibt und sich so nicht als derjenige erfährt, der zu einer Geschichte gehört, die ihn trägt und aus der er lebt – der Geschichte, die Gott mit ihm eingegangen ist und die Gott mit ihm weiterführt, der Geschichte, die gegenüber einer wie auch immer erfassten ›Geschichte‹ präsent wird.

Es liegt hier nahe, auf Friedrich Nietzsche zu verweisen, der jenen ›modernen‹ Menschen, der auf Rechtfertigung aus ist, als den moralischen aufgedeckt hat und diesen zusammen mit seinem ›moralischen‹ Gott tot sieht. Auch Nietzsche markiert als den neuralgischen Punkt die ›Rechtfertigung‹ des Menschen – die Anthropodizee eines Menschen, der Rechtfertigung in der Moral sucht, einer Moral, die ein moralischer Gott garantiert. Wenn dem Menschen diese ›Rechtfertigung‹ obsolet wird, stirbt dieser moralische Gott – und sie wird dem Menschen obsolet, wenn er sich anders getragen oder vielleicht auch getrieben weiß, getragen von der ewigen Wiederkehr (Rückkehr in den Kosmos) oder getrieben von einem Willen zur Macht, der keiner Rechtfertigung bedarf.[9]

Damit zeichnet sich als Angelpunkt die Frage nach dem Menschen ab, der sich in der Geschichte findet, die die Geschichte des ›*wirklichen*‹ Menschen ist, in seiner Geschichte mit Gott. Es ist die Geschichte des Neu-Werdens des Menschen, die Geschichte eines Menschen im beständigen Modus des Werdens – und dies ist im Positiven der Angelpunkt reformatorischer Tradition. Diese Tradition verläuft quer zu jeder ›Verhältnisbestimmung‹

---

8. Siehe dazu, auch zu Iwands Kritik an der anthropologischen Einengung der Rechtfertigungslehre: Gerard C. den Hertog, Befreiende Erkenntnis (s. Anm. 2), 199–203.
9. Siehe zur vielfachen Diskussion mit Nietzsche Hans Joachim Iwand, NWN 3, hier bes. 164: »… vielleicht sind wir darum gerade dem nahe, zu begreifen, dass der Mensch, der den Menschen rechtfertigt – nicht erst kommen muss, sondern gekommen ist.«

oder Konstellation von ›Reformation und Moderne‹, sofern in keiner Logik der ›Moderne‹ und in keinem ›modernen‹ Phänomen von dieser Geschichte Gottes mit dem Menschen zu reden ist, ohne die Logik der ›Moderne‹ aufzubrechen und so eine Geschichte zu bezeugen gegen die ›Geschichte‹ (auch in ihrer historistischen Aufhebung oder Behauptung) und ihrer ›Welt‹, die als in sich gültig erscheint.[10]

So ist die Problemdisposition im Blick auf Iwand – in Übereinstimmung mit Thaidigsmann – zu skizieren. Was sie hervortreibt, ist nicht problemgeschichtlich dadurch zu vereinnahmen, dass der ›Reformation‹ eine bestimmte Rolle in der Genese und Projektierung der ›Moderne‹ zugeschrieben wird. Die treibende Kraft in der epochalen Veränderung ist in dem aufzusuchen, was die reformatorische Theologie aufgefunden hat, in dem, was sich ihren Zeugen aufgedrängt hat – und dies ist im Entscheidenden die Differenz zwischen einem Rechtfertigungsparadigma (mitsamt seiner Problemgeschichte) auf der einen Seite und der Botschaft von der Gerechtigkeit Gottes, der mit dieser Gerechtigkeit und in dieser mit dem Menschen eine Geschichte eingeht. Diese Entdeckung der ›Gerechtigkeit Gottes‹ lässt das Rechtfertigungsparadigma, ob es (aus evangelischer Sicht) katholisch oder modern ist, obsolet werden und damit zugleich auch seine säkularen Ausprägungen.

Disposition des Zeugnisses – Neuwerden, jenseits der Modernität

Die ›Moderne‹ wird damit nicht als – wie auch immer zu fassender – die Menschen leitender epochaler Bedeutungszusammenhang[11] thematisiert, der als solcher zu propagieren wäre. Vielmehr wird auf solche zentralen Punkte der christlichen Botschaft und ihres Zeugnisses hin sagbar und akut, was von ihnen aus und ihnen gegenüber als ›modern‹ erscheinen kann und kritisch zu fassen ist. In Iwands Aufsatz ›Der moderne Mensch und das Dogma‹ wird dies so festgehalten, dass gegenüber diesem Zeugnis das, was als ›moderner Mensch‹ von sich aus bedeutungsvoll erscheinen könnte, bedeutungslos wird:

---

10. Iwand stimmt hier substantiell mit Karl Löwith überein: Karl Löwith, Weltgeschichte und Heilsgeschehen. Die theologischen Voraussetzungen der Geschichtsphilosophie, Stuttgart 1953.
11. Im Sinne von Hans Blumenbergs Kategorie des Bedeutsamen. Siehe dazu: Felix Heidenreich, Mensch und Moderne bei Hans Blumenberg, München 2005.

> »Es will mir so scheinen, als ob gerade dann, wenn wir vor dem Dogma der Kirche stehen, die Tatsache, dass wir moderne Menschen sind, in ihrer Bedeutung verblasst. Der Zugang zum Dogma ist wahrscheinlich für die Menschen zu allen Zeiten ein mehr oder weniger verschlossener Weg gewesen.«[12]

Dem stellt Iwand dann die konstitutiven Inhalte der christlichen Botschaft entgegen, an deren unverwechselbarem Inhalt und Verständnis sich entscheidet, was unser Leben prägt, modern oder nicht:

> »Damit habe ich drei Punkte angedeutet, die, wenn nicht alles trügt, für die Begegnung des modernen Menschen mit dem Dogma maßgeblich sein werden: die Offenbarung Gottes, die Heiligung des Lebens und die Eingliederung in die Gemeinde. [...] Das, woran wir glauben, oder besser gesagt, das, was einen Menschen glauben macht, das gilt jenseits aller Modernität. Das ist Christus selbst, derselbe gestern, heute und in Ewigkeit. Das ist das Evangelium, von dem der Apostel sagt, daß jeder, der ein anderes Evangelium bringt, unter das Anathema fällt.«[13]

Es wäre hier – Iwand aufnehmend und weiterführend – entscheidend, zu sehen, warum eben diese drei Momente ›Offenbarung, Heiligung und Gemeinde‹ das ausmachen, was im Blick auf den ›modernen Menschen‹ hervorzuheben ist. Jedenfalls könnten wir von hier aus in eine Diskussion darüber eintreten, inwiefern sich ›Modernität‹ an ›Offenbarung, Heiligung und Gemeinde‹ kritisch abbildet oder im Blick darauf blass erscheint und davon überblendet wird. Dies ist die Dramatik, von der Iwand spricht, dass die Zeiten als wie bestimmend sie auch immer gelten, überblendet werden vom Evangelium, in dem Offenbarung, Heiligung und Gemeinde beschlossen sind.

So wird auch hier deutlich, wie die christliche Botschaft in ihren Konturen das bestimmt, was dann ›modern‹ heißen kann und dieses zugleich übergreift. Daher sind hier keine Kennzeichen ›der Moderne‹ oder des ›modernen‹ Menschen zu finden, die unabhängig davon selbst zum Thema würden und an denen sich die christliche Botschaft abarbeiten oder ausrichten müsste. Damit weist Iwand auch die Idee ab, dass die christliche Botschaft in allgemeine, jedem plausible Einsichten übersetzt werden sollte oder könnte. Im Gegenteil steht jedes irgendwie abrufbare oder zu generierende Allgemeine in Frage, wo das Zeugnis von der Geschichte Gottes und seiner Gerechtigkeit folgt. Es geht darum zu bezeugen, was dieser ›Welt‹ gilt, und sich weder ›der Welt‹, der ›Geschichte‹ (oder eben der »Moderne«) *ge-*

---

12. Hans Joachim Iwand, Der moderne Mensch und das Dogma, in: NW 2, 91-105, hier 91.
13. Ebd., 104 f.

genüber zu positionieren noch in ihr – wie auch immer ›versöhnt‹ – aufzugeben, sondern sich in ihr kritisch zu bewegen.[14]

Was immer vom Verhältnis von ›Kirche und Welt‹, oder ›Reformation und Moderne‹ zu sagen ist, findet mit der Praxis des Zeugnisses seine Disposition. Was von der Reformation ausgeht, ist, wenn wir Iwand folgen, nicht als diese oder jene Wirkungsgeschichte zu verzeichnen, sondern als Botschaft zu hören. Sie gilt es immer neu sprechen zu lassen.

Die immer neue tätige Erprobung in Gottes Geschichte steht gegen eine ›Moderne‹, zu der es gehört, ›Geschichte‹ als Deutungsrahmen und Horizont zu entwerfen und zu pflegen. Damit kommt die Differenz von »Weltgeschichte und Heilgeschehen«[15] in den Blick – und eben diese *eschatologische* Differenz ist nicht aufzuheben. In dieser Differenz gilt es sich zu bewegen, darin gewinnt dann auch die Kennzeichnung ›Protestantismus‹[16] ihren Sinn.

Eschatologische Differenz

Eine eschatologische Differenz tritt hervor, die dialektisch (oder wie auch immer) nicht aufzuheben ist. In ihr gründet die Differenz zwischen der Botschaft, die auf die Menschen und ihr Neu-Werden zielt[17] auf der einen Seite und den Strategien und Prozessen der Veränderung der Welt etwa in der Gestalt ihrer Verchristlichung auf der anderen.

> »Wie kann denn Gottes Welt und unsere Welt zusammen sein? Muß nicht eine oder die andere weichen? Jawohl, die eine muß weichen, aber sie wird nicht ganz weichen. Und dies beides: daß mitten in dieser Welt – ohne daß sie aufhört, die Welt der Sünde und des Todes, die Welt der bösen und der guten Zeiten zu sein – die Welt Gottes da ist, beides zusammen und beides auseinanderzuhalten, nicht das eine für das andere zu opfern, den Menschen aber als die Stätte zu sehen, wo beides, Fleisch und Geist, unsere Welt und Gottes Welt sich begegnen, so wie sich Nacht und Tag begegnen im Morgengrauen, das Werden also festzuhalten – das würde ich die Kunst des Protestantismus nennen, eine Lebenskunst, wenn Sie so wollen (unsere alten Katechismen haben sie eine Sterbenskunst genannt und vielleicht damit mehr die Sache getroffen), von der Jahrhunderte lang die Menschheit gelebt hat und in deren Lichte die besten Schätze von Kunst und Wissenschaft gehoben werden konnten. Wir sollten das nicht vergessen: Der Protestantismus

---

14. Ebd. 105.
15. Karl Löwith, Weltgeschichte und Heilsgeschehen (s. Anm. 10).
16. Hans Joachim Iwand, Protestantismus als Aufgabe, in: NW 2, 305-320.
17. Ebd., 312f.

ist so etwas gewesen wie ein Aufhaltendes und eine Klammer zugleich: Er hat dafür gesorgt, daß Kirche und Welt nicht einfach ineinander fielen, er hat beides in der rechten Spannung gehalten, im nüchternen Noch-Nicht! Noch ist Welt Welt und Mensch Mensch, noch ist Morgen und nicht Mittag! Noch ist Kampf und nicht Sieg. Er hat eine rechte Weltlichkeit hergestellt. Aber er hat zugleich – und darum war er alles andere als Resignation – das andere festgemacht: die Dämmerung, in der wir leben, geht der Scheidung entgegen. Einmal wird Licht sein und keine Finsternis.«[18]

Diese (in biblischer Sprache artikulierte) Eschatologie ist eine *adventliche*, sie verweist auf eine Gegenwart, die auf das Kommende ausgerichtet ist.

»Es geht eine große Zuversicht, die nicht mehr abhängig ist vom Erfolg – sondern eher könnte man sagen, daß der Erfolg abhängig wird von dieser Zuversicht –, und es geht eine große Geduld von diesem Glauben aus, denn man weiß jetzt, daß einmal kommen muß, was in Jesus Christus bereits da ist. Man kann warten. Wir werden dann frei von der Unruhe und der Ungeduld, mit der ein ungewisser Glaube immer geschlagen ist, ein Glaube, der durchaus sehen muß, um glauben zu können. Und es geht schließlich von dem Glauben eine Gemeinschaft aus, eine neue Sprache, in der sich alle Menschen verstehen, die diesen Glauben teilen.«[19]

Von ›Kirche und Welt‹ ist nur innerhalb einer so theologisch gefassten Geschichte zu reden, also innerhalb des Horizonts eines Heilsgeschehens, an dem sich die ›Weltgeschichte‹ bricht. Das macht die paradigmatische Differenz zu einer ›Moderne‹ aus, die in keiner Differenz zu einem Heilsgeschehen mehr steht, wie es von Christen bezeugt wird.

Wenn also eine Problemdisposition wie ›Protestantismus und Moderne‹ aufgemacht wird – oder auch eine wie ›das Erbe der Reformation‹ oder ›der moderne Mensch und das Dogma‹, dann sind solche Dispositionen theologisch-kritisch zu destruieren, weil sie der Logik der Geschichte Gottes mit den Menschen nicht entsprechen, die eschatologisch ausgerichtet ist. Eben dies aber ist die Botschaft, die die Reformation neu entdeckt hat, das heißt entgegen jeder Rechtfertigungspraxis – nicht zuletzt auf dem Feld der Geschichtsbetrachtung – die Gerechtigkeit Gottes, die als die Treue Gottes zu seinen Menschen zu verstehen ist, mit denen Gott eine Geschichte, seine Geschichte eingegangen ist, die er weiterführen wird. Dass die Rechtfertigung des Menschen in Gottes Gerechtigkeit und das, was wir theologisch ›Geschichte‹ (des Heilgeschehens) nennen dürfen, zusammenhängen, gehört zum Zentrum reformatorischer Entdeckung.

---

18. Ebd., 314.
19. Hans Joachim Iwand, Kirche und Öffentlichkeit (A). in: NW 2, 11-29, 19.

Iwand schreibt:

»Es wäre wichtiger, ein Stück im Verständnis der Rechtfertigung voranzukommen, als endlose Abhandlungen über die Verfallserscheinungen unserer Zeit zu verfassen, um auf diese bedenkliche Weise am modernen Menschen Mission zu treiben. Denn was geht uns in der Gottesfrage der moderne Mensch an! Uns geht die Wirklichkeit des Menschen und die Wirklichkeit Gottes an und dies, daß das eine ohne das andere nicht gefunden werden kann. Alles, was auf Erden geschieht, in seinem letzten, endgültigen, eschatologischen Sinne, hat dies eine Ziel: den wirklichen Menschen und den wirklichen Gott miteinander zu konfrontieren. Neben der Geschichte, die wir als Menschen unserer Zeit, als Staatsbürger und Persönlichkeiten haben, sind wir alle in die Geschichte des Menschen als solchen verflochten.«[20]

So trifft die von der Reformation entdeckte Botschaft auf das, was der ›moderne Mensch‹ genannt werden kann, der aber als solcher keine Konturen hat, die als Gegenüber zu diskutieren wären. Die Botschaft gilt – über alle Geschichte hinweg – dem ›Typos‹ Mensch, der dem Tode verfallen ist – und von dem eben dies überhaupt nur zu sagen ist, weil der andere Typos erschienen ist, den Gott vom Tod auferweckt hat. Ohne diesen anderen Typos wäre die Kennzeichnung des zum Tode verfallenen Menschen tautologisch, es wäre nicht Teilaussage einer story, eben der Geschichte Gottes mit uns Menschen, vermittelt durch Jesus Christus. Theologie handelt vom Menschen in Gottes Geschichte (von dem Menschen, dessen Leben in Christus verborgen ist[21]). Das ist immer neu die Grundfigur.[22]

Wir sind damit auch dabei zu verstehen, wie Iwand – auch wenn er nicht, wie hier vermerkt, von Zeitdiagnosen ausgeht – die Botschaft auf die Zeit hin auslegt und damit wiederum auch immer wieder das trifft, was als ›modern‹ erscheint, wie der ›moderne Krieg‹ oder generell der ›moderne Mensch‹, aber auch der ›moderne Staat‹.

---

20. Hans Joachim Iwand, Der Kampf um das Erbe der Reformation, in: GA II, 126-144, 132.
21. Gerhard Sauter, Das verborgene Leben. Eine theologische Anthropologie, Gütersloh 2011.
22. So auch in Iwands Auseinandersetzung mit Holl: Hans Joachim Iwand, Zur Entstehung von Luthers Kirchenbegriff. Ein kritischer Beitrag zu dem gleichnamigen Aufsatz von Karls Holl. in: GA II, 198-239.

Christliche Freiheit und Widerstandsrecht

Das impliziert etwa den Blick auf die ›Demokratie‹ in ihrer theologisch reflektierten Konstitution.[23]

> »Die Sittlichkeit ist nicht dem Staate überlassen – sondern der *Gesellschaft*. Diese ist das vermittelnde Dritte zwischen Kirche und Staat, und aller Widerstand der Christen gegen die Tyrannei sollte das positive Ziel haben, das Salz zu sein, mit dem einer verantwortlichen Gesellschaft zu ihrer eigenen staatsbürgerlichen Verantwortung und Freiheit gedient ist […]. In diesem Sinne ist die Zeit, auf die wir zurückblicken und die für viele Christen noch keineswegs in ihrer Bedrängnis durch die Staatsgewalt abgeschlossen ist, die Zeit einer großen Aussaat. Wenn wir auch die Ernte hier nicht mehr sehen werden, so dürfte doch eben in diesem christlichen Widerstande, in dem Zeugnis der vielen, die sich dazu gerufen wußten, innerlich das reifen, worauf wir hoffen: Der Staat, der zwar immer zur Linken Gottes stehen wird, aber zur Linken *Gottes* – und nicht: zur Rechten des Teufels.«[24]

Am Widerstandsrecht zeigt sich das Verständnis von ›Freiheit‹, in dem die ›Freiheiten der modernen Welt‹ mit einer theologisch-kritisch reflektierten staatlichen Autorität zusammentreffen, die dem Schutz des Rechts dient und ihm zugleich unterworfen ist. Hier führt die theologische Reflexion in die politische Ethik und löst diese nicht in einer politischen Theologie oder einer Theorie ›des Politischen‹ auf.

›Kreatürliche‹ Freiheit

> »Aber muß nun nicht, wo das Endliche, das ›Kreatürliche‹ (1 Petr 2,13) mit dem Unendlichen, Absoluten zusammenfällt, vergessen werden, daß der Herrschaftsbereich Gottes in Jesus Christus und der Staat zwei Welten, und zwar zwei sehr verschiedene Welten sind? […] Muß nicht deutlich werden, daß darum auch die Freiheit, die der Mensch durch den Staat erringen kann, eine relative ist, relativ gegenüber jener Freiheit der Kinder Gottes, in die gegründet sein sozusagen zur Voraussetzung aller Mitarbeit und alles ›Dienstes‹ am Staate gehört? Der Staat gehört nicht zu den ›letzten Dingen‹, wie es bei Hegel den Anschein hat, und darum ist er nicht die Manifestation Gottes in der Geschichte – im Gegenteil …«[25]

---

23. Hans Joachim Iwand, Zur theologischen Begründung des Widerstandes gegen die Staatsgewalt. in: NW 2, 230-242, 241.
24. Ebd.
25. Iwand, Von Ordnung und Revolution, NW 2, 177.

Hier erscheint der ›moderne‹ Staat in seiner fundamentalen, aber immer neu kritisch zu erinnernden Konstitution, in seinem immer revolutionären Status, und es erscheint so eine politische Lebensform und Ethik, die nur theologisch zu fassen ist. Sie folgt einer (eschatologisch bestimmten) Differenz zur ›Welt‹, zur ›Geschichte‹ und damit auch zu einem Staat, der für das Ganze steht (Hegel). Es geht um eine Freiheit, die in Gottes Gerechtigkeit, das heißt in Gottes Treue begründet ist. Diese Freiheit – und keine andere – ist das Erbe der Reformation. Ihr gegenüber ist die ›Moderne‹ weder ein bestimmender Bedeutungszusammenhang noch ein bestimmendes ›Gegenüber‹.

Dies zeigt sich zentral in der Ekklesiologie, die anderen Differenzen folgt. Iwand bemerkt:

> »Das Besondere an der Fragestellung Luthers aber ist dies, daß er die Alternative von Menschenwort und Gotteswort als eine *innerhalb* der Kirche selbst zu fällende Entscheidung begreift, nicht als eine solche zwischen Kirche und Welt oder zwischen Glaube und Vernunft. [...] In der Kirche allein vollzieht sich jene furchtbare Verwandlung, die aus Gottes Wort Menschenwort = Menschengesetz macht.«[26]

In den Themen, die nach 1945 anzusprechen waren, Kirche und Öffentlichkeit, Widerstandsrecht, Frieden ist die Ekklesiologie der Angelpunkt, sofern die Kirche der Ort ist, an dem Gottes Wort und Wirklichkeit, Gottes Wort und Menschenwort aufeinandertreffen.

Resümee – Theologie als Kritik

Iwand bewegt sich nicht direkt an der Front der Auseinandersetzung mit einer so oder so zu fassenden ›Moderne‹ – etwa in ihrer Hegelschen Gestalt. Er folgt einer theologischen Logik, die quer dazu verläuft und die in diesem Sinn a-modern ist.[27] Er befindet sich in Bezug auf die ›Moderne‹ in einer Abstoßbewegung, vor allem im Zusammenhang der Rechtfertigungslehre, die gegen die Selbst-Vergewisserungs-Logik auch des ›religiösen‹ Bewusstseins steht, und seine Kritik ist auch einer ›ewigen‹ Versuchung gewärtig – der Versuchung, Steine in Brot zu verwandeln und sich so ›Gottes‹ zu bedienen.

Quer zur ›Moderne‹ verläuft diese Theologie, weil sie auf das *verbum externum* (Offenbarung) und seine Bezeugung setzt, weil sie das Vergewis-

---

26. Iwand, Zur Entstehung von Luthers Kirchenbegriff, GA II, 234-236.
27. Das bestätigt deutlich auch Neddens, Politische Theologie und Theologie des Kreuzes (s. Anm. 2), siehe bes. 464, 519, 662.

serungs-Rechtfertigungsparadigma ausschließt, weil sie Theologie und Christsein als eschatologische Zeugenschaft begreift, von Menschen in der Geschichte, die Gott mit ihm eingegangen ist. Für die Gegenwart folgt daraus eine Theologie und Ethik, die als kirchliches ›Zeugnis‹ (siehe dazu die Hinweise von Thaidigsmann) erscheint und eben darin ihre kritische, auch politische Ausrichtung und Kraft entwickelt. Elaboriert ist diese durchweg politische Ethik, die sich direkt öffentlich artikuliert, z. B. bei John Howard Yoder und Stanley Hauerwas. Diese Ethik verbindet sich insofern mit den inzwischen vielfältigen Unternehmungen, die das *Projekt der Kritik*[28] – gegenüber der ›Moderne‹ – neu fassen.

---

28. Siehe dazu: »Theologie als kritische Theorie« in: Lempp / Thaidigsmann, Gottes Gerechtigkeit in der Dialektik der Aufklärung (s. Anm. 5), 124-129. Edgar Thaidigsmann spricht in seiner generell hier aufschlussreichen Interpretation von Iwand auch von »kritischer Anthropologie« in ihrem Zusammenhang mit der Christologie: Edgar Thaidigsmann, Das Urteil Gottes und der urteilende Mensch. Gerechtigkeit Gottes in Jesus Christus bei Hans Joachim Iwand. in: ders.: Einsichten und Ausblicke, hg. von Johannes von Lüpke (STE 61) Berlin 2011, 273-290, hier 275; ebenso von einer theologischen Erkenntniskritik, 282.

Aporie oder ›Etappenziel‹ ?

Religionstheoretische, erkenntniskritische und religionspluralistische Überlegungen zu Iwands Kampf wider den neuprotestantischen Missbrauch des reformatorischen ›pro me‹

Folkart Wittekind

1. Christologie, Toleranz und Pluralismus

An hohen christlichen Feiertagen fasst die deutsche Presse wichtige Aussagen von Kirchenvertretern für die allgemeine Wahrnehmung zusammen. Nach dem Weihnachtstag 2012 wurde überregional aus der Weihnachtspredigt des Präses der rheinischen Kirche und derzeitigen Ratsvorsitzenden der EKD, Nikolaus Schneider berichtet, wie in solchen Fällen üblich, ohne weitere Kommentierung. Schneider hatte ausgeführt:

> »Erstens: Zum christlichen Glauben gehört das Vertrauen, dass uns in Jesus Christus Gott selbst begegnet. Denn Jesus Christus ist ›von Gott‹ und Gott selbst hat Jesus Christus zu uns Menschen gesandt. Und zweitens: Zum christlichen Glauben gehört die Demut, dass niemand außer Jesus Christus Gott wahrhaftig und vollständig kennt. Der Absolutheitsanspruch des einen Menschen Jesus Christus darf nicht dazu benutzt werden, der eigenen Theologie, Religion oder Kirche die absolute Wahrheit zuzuschreiben.«[1]

Schneider nimmt damit die christozentrische Zuspitzung der dialektischen Theologie, wie sie auch Iwand vertreten hat, auf und wendet sie auf gegenwärtige Fragestellungen im Diskurs der Religionen und dem ›Kampf der Kulturen‹ an. Das klingt einerseits modern pluralistisch und tolerant, weil es die religiöse Erkenntnismöglichkeit des Menschen umfassend und auch auf sich selbst (also das Christentum) bezogen einschränkt. Andererseits klingt es fromm, weil es in der Zuschreibung absoluter Erkenntnis an Jesus Christus die Möglichkeit der Erkenntnis Gottes doch als absolut gegeben ansieht. Der Mensch ist immer auf die Wirklichkeit Gottes bezogen, ist

---

1. Nikolaus Schneider, Heiligabend-Predigt über Johannes 7, 28-29 in der Johanneskirche zu Düsseldorf, vgl. http://www.ekd.de/predigten/2012/20121224_rv_heilig abend.html (am 4.6.2013).

von ihr abhängig. Jesus Christus wird unhintergehbar bekannt als das (wenn auch für uns realiter unerreichbare) Bild der wahren Gotteserkenntnis. Es fragt sich aber: Woher weiß der Christ bzw. Theologe, dass das stimmt, und wie kann er dann noch die Vielfalt der Religionen bejahen?[2]

Die Ausführungen Schneiders lassen sich in zwei gegenwärtig aktuelle Debatten einordnen: Zunächst die Frage nach der Gewalt der Religionen und ihre Möglichkeit zur Toleranz. Es wird der Vorwurf gemacht, jede Form dogmatischer Festlegung führe zur Abgrenzung und sei damit der Beginn der Gewalt gegen Andersgläubige. Ein prominentes Beispiel hat diese Form modern-pluralistischer Religionskritik in der Stellungnahme des Soziologen Ulrich Beck gefunden. Er wendet sich gegen den Dogmatismus der Theologen zugunsten der Individualität des Glaubens. Seine Deutung der (christlichen, festgemacht an der katholischen) Religion behauptet, die Glaubenden wüssten mehr als die Theologen, weil sie den Akt der Aneignung individualisieren und so (immer schon) eine mögliche Vielfalt von Glaubensweisen in sich anerkennen – einfach bereits dadurch, dass sie ja selbst ihre ›Religion‹ nur in individualisierter Form in sich tragen.[3] Gegen eine solche Form der Behandlung der Theologie protestiert Schneider zu Recht: Glaube ist nicht bloß eine individuelle Form der Selbstdeutung, nicht bloß Bebilderung von Individualität, sondern Glaube artikuliert das Wissen um eine absolute Geltung, um eine über den Einzelnen hinausgehende allgemeine Gültigkeit der Religion.

Den zweiten Hintergrund bildet die Debatte innerhalb der Theologie über die Möglichkeit interreligiöser Offenheit im Christentum, die auf den Engländer John Hick zurückgeht. Ausgangspunkt ist eine Unterscheidung, die an die deistische Kritik an den bestimmten, positiven Religionen er-

2. Bereits 1970 hat der Schweizer Theologe und Schriftsteller Kurt Marti, der selbst von Karl Barths Theologie geprägt war, dieses aufkommende Problem prophetisch beschrieben und damit theologisch an einem christologisch zugespitzten Barthianismus Kritik geübt: Er »verweist auf ein Problem, das immer aktueller werden wird … Wie kann – um einmal vorsichtig zu formulieren – das Problem der Religionen als Problem der Christologie formuliert werden? … Auch kann man sich heute nicht mehr mit dem Glaubenssatz von der ›Absolutheit‹ (wenn nicht des Christentums, so doch) Christi zufrieden geben. Wie können wir dem Mißverständnis (oder ist es vielleicht nicht nur ein Mißverständnis?) ausweichen, dass dieser Glaubenssatz die vergangene Kolonialherrschaft der Christen widerspiegle?« (Kurt Marti, Jesus – Der Bruder. Ein Beitrag zum Christusbild in der neueren Literatur (1970), in: ders., Grenzverkehr. Ein Christ im Umgang mit Kultur, Literatur und Kunst, Neukirchen-Vluyn 1976, 74-91, 89).
3. Ulrich Beck, Der eigene Gott. Von der Friedensfähigkeit und dem Gewaltpotential der Religionen, Frankfurt am Main 2008.

innert. Denn es wird ausgegangen von einer Allgemeinheit des Gottesgedankens, einer Transzendenz, die in allen Religionen anerkannt wird. Demgegenüber müssen dann die kulturell bedingten und zeitbezogenen Ausdrucksformen des jeweiligen Glaubens zurückstehen und sich in ihrer Relativität erkennen. Dies führt in der Theologie dann zu der Forderung einer ›Deabsolutierung‹ oder einer ›Depotenzierung‹ der Christologie. Denn die Christologie ist (hier: nur) die spezifisch christliche Variante, die Offenbarung Gottes in der Welt zu behaupten. Die Christologie wird parallelisiert mit den jeweiligen inhaltlichen Füllungen der Gottesoffenbarung in anderen Religionen. Deshalb wird dann in der gegenwärtigen Religionstheologie die christliche Behauptung der Bindung Gottes an Jesus Christus *allein* bestritten.[4] Wenn die Religionen in der einen Welt friedlich zusammenleben wollen, müssen sie sich gegenseitig zugestehen, mögliche Offenbarungen des einen Gottes zu sein.

Fraglich ist allerdings, und dagegen wendet sich Schneider mit Hilfe der Theologie Iwands zu Recht, ob es dem Wesen des Glaubens entspricht, in sich seine eigenen kulturellen, soziologischen und ethnischen Bestimmungen zu relativieren. Die Forderung der Religionstheologen hebt gerade die Gewissheit der wirklichen Religion, die an der jeweiligen Bestimmtheit hängt, auf. Und deshalb weist Schneider zu Recht darauf hin, dass die christliche Theologie – und damit die Gottesbeziehung – nicht abtrennbar ist von der Christologie, also der Behauptung der Offenbarung Gottes in Jesus Christus.

Gleichwohl finde ich die von Schneider aufgestellte Entgegensetzung der Christologie gegen alle menschliche religiöse Erkenntnis nicht richtig. Denn es läßt sich kaum einsichtig begründen, dass dies nicht nur die Behauptung des christlichen Theologen ist – und dann gehört die Aussage

---

4. Raymund Schwager (Hg.), Christus allein? Der Streit um die pluralistische Religionstheologie (QD 160), Freiburg/Basel/Wien 1996. ›Depotenzierung‹ und ›Deabsolutierung‹ ist von Klaus von Stosch und Reinhardt Bernhardt als Kennzeichnung benutzt worden, jedoch von beiden mit Fragezeichen versehen, vgl. Reinhold Bernhardt, Deabsolutierung der Christologie? in: Michael v. Brück / Jürgen Werbick (Hgg.), Der einzige Weg zum Heil? Die Herausforderung des christlichen Absolutheitsanspruches durch pluralistische Religionstheologien (QD 143), Freiburg i. Br. 1993, 144-208 und Klaus von Stosch, Christologie im Kontext der Religionstheorie, in: MThZ 60 (2009), 42-50. Zur Möglichkeit einer kenotischen Erneuerung der Christologie in der Moderne vgl. jedoch schon Emanuel Hirsch, Geschichte der neueren evangelischen Theologie, Bd. 5, Gütersloh 1951, 387-392.

über Jesus Christus eben selbst in den Bereich der menschlichen Aussagen, die universal zu relativieren sind.

Hier soll deshalb sowohl gegen die Aussagen Schneiders, aber auch gegen die beiden anderen genannten Deutungen der Religion eine in sich doppelt verfasste Gegenthese aufgestellt werden:

Zunächst religionstheoretisch: Die bewusste ›Relativierung‹ der eigenen, die eigene Religion differenzierenden und bestimmenden Gehalte entspricht nicht dem Wesen der menschlichen Religion. Gerade im Gegensatz zu anderen Weisen menschlicher Selbstdeutung lebt die Religion von der Überzeugung einer ›absoluten‹ Gewissheit, die gerade nicht beliebig von ihren Gehalten abstrahieren kann. Diese Gewissheit teilt sich ihren jeweiligen Inhalten mit. Es reicht deshalb nicht aus, über den Religionen stehend jeden Religionsinhalt als Weise menschlicher Erkenntnis zu relativieren. Noch weniger überzeugt es, religionsphilosophisch aus den Religionen einen allgemeinen Transzendenzbezug zu konstruieren, der allen Religionen zugrundeliegt. Es läßt sich nicht stringent zeigen, dass dieses metareligiöse Konstrukt auch auf der Ebene der Religionen tatsächlich funktioniert.

Sodann theologisch: Die Herausnahme der Christologie aus den ›menschlichen‹ Inhalten der christlichen Religion ist willkürlich. Die Behauptung der Verbindung Gottes mit Jesus Christus ist selbst rechtfertigungsbedürftig. Erkenntnistheoretische Kritik muss auch für die Behauptungen der Theologie gelten.

Deshalb sollten – vor dem Hintergrund der Pluralismusdebatte und der erkenntnistheoretischen Anforderungen auch an die Theologie – die Absichten Schneiders (Gültigkeit der Christologie, absolute Gewissheit der Gotteserkenntnis, Ermöglichung von Toleranz zwischen Menschen) genau umgekehrt formuliert werden:

a) Das Christusbekenntnis ist die christliche Weise der Gewissheitsformulierung. Will die Theologie eine angemessene Sachwalterin dieser christlichen Glaubensgewissheit sein, sich also als aus der Innensicht des christlichen Glaubens argumentierend selbst verstehen, dann muss sie von der Gültigkeit der Verbindung von Gehalt und Gewissheit ausgehen. Sie kann dann nicht eine übergeordnete, abstrahierende Weise der Betrachtung üben. Vielmehr ist die Verbindung von Christusgehalt und Gewissheit auf der Ebene des Christusgehalts selbst darzustellen. Reflexive theologische Beschreibungen ersetzen dann die Konstruktion übergeordneter Allgemeinheit. Nur dann kann zugleich zugestanden werden, dass andere Religionen auch auf die Inhalte gesehen einer wirklichen eigenen absoluten Gewissheit fähig sind, ohne diese immer gleich (wie die eigene) inhaltlich zu relativieren. Eine theologisch-reflexive Beschreibung des Zusammenhangs gesteht also für andere Religionen die Möglichkeit einer eigenen Formulierung ihrer Gewissheiten zu und verzichtet zugleich darauf, diese Aufgabe auf einer allgemeinen Ebene selbst für die anderen Religionen zu erledigen. So enthält die theologische Deutung des Christusbekenntnisses zugleich die pluralistische Anknüpfungsmöglichkeit für die Anerkennung anderer Religionen in sich – und zwar im Sinne eines radikalen Pluralismus, der die Gleichwertigkeit verschiedener Möglichkeiten (und zugleich eines möglichen Atheismus bzw. einer anthropologischen Areligiosität) anerkennt.

b) Die Theologie muss sich selbst den erkenntnistheoretischen Rahmenbedingungen neuzeitlichen Denkens unterwerfen. Das gilt auch für eine moderne Theologie der Religionen. Die (möglicherweise auch nur scheinbare) anthropologische Allgemeinheit des Transzendenzgedankens in den Religionen kann kein Freibrief für die direkte theologische Inanspruchnahme des Gottesgedankens sein. Vielmehr gelten einerseits auch hier die Einsprüche der radikal-genetischen Religionskritik[5] – und andererseits die in den westlichen Gesellschaften heute selbstverständlichen Anerkennungen eines möglichen ›richtigen‹ Menschseins ohne Religion und Gott. Auch die Religionstheologie funktioniert nur als wissenschaftliche Reflexion realer religiöser Äußerungsformen des Menschen. Die christliche Theologie anerkennt deshalb zwar das Christusbekenntnis als Grundform christlichen Glaubens. Aber sie geht zugleich von der Frage aus, was dieses Christusbekenntnis für den Glauben bedeutet, und rekonstruiert die Funktion. Auch hier hängt dann die mögliche Absolutheit des Christusglaubens an der reflexiven Deutung der religiösen (christlichen) Selbstbeschreibung. Diese reflexive Theologie ergibt sich aus der Geschichte der Theologie in der Moderne – als Weiterentwicklung ihres anthropologischen Ausgangspunkts und zugleich als mögliche Legitimation ihres Tuns nach dem Verlust eines allgemeingültigen Religionsbegriffs.

Diese Thesen sollen die folgenden Überlegungen zu Iwands theologischer Kritik der Erkenntnistheorie plausibler machen. Er hat mit seiner Kritik an der Religion recht. Aber sein Gegenvorschlag kann der eigenen Kritik nicht entkommen. Deshalb müssen seine Intentionen neu formuliert werden.

---

5. Vgl. dazu das Werk Falk Wagners, besonders: Was ist Religion? Studien zu ihrem Begriff und Thema in Geschichte und Gegenwart, Gütersloh ²1991; sowie zusammenfassend ders., Religion der Moderne, Moderne der Religion, in: Wilhelm Gräb (Hg.), Religion als Thema der Theologie. Geschichte, Standpunkte und Perspektiven theologischer Religionskritik und Religionsbegründung, München 1999, 12-44.

2. Christologie, Soteriologie und Erkenntnistheorie

Iwand hat seine Theologie aufgebaut über eine Kritik an der erkenntnistheoretischen Kritik an der Theologie. Insbesondere die Christologie scheint ihm das geeignete Mittel, um die generellen Ansprüche der (auch in die Theologie eingewanderten) philosophischen Kritik der Erkenntnis zurückzuweisen. Wie kommt Iwand zu einer solchen Argumentation?

Die Erkenntnistheorie ist dazu da, die Allgemeingültigkeit bzw. die Objektivität von Erkenntnissen darzutun. Und zwar nicht für bestimmte einzelne Erkenntnisse, sondern in der Form von Regeln, denen alle Aussagen genügen müssen, die Wahrheit beanspruchen. Kants Erkenntnistheorie kam zu dem Schluss: Aussagen über das objektive Dasein Gottes und seine Eigenschaften sind prinzipiell unbeweisbar. Es ist (prinzipiell) über Gott kein ›objektives‹ Wissen wie über Dinge der weltlichen Wirklichkeit möglich. Allgemeingültigkeit und Wahrheit im objektiven Sinne können danach nur für solche Aussagen beansprucht werden, deren Inhalte dem Prinzip des Wissen-Könnens von objektiven Gegenständen unterstehen. Diesem Prinzip unterstehen auch Aussagen über Gott. Infolgedessen ist jede ernstgemeinte Aussage über Gott nur als Selbstaussage der Vernunft über in ihr selbst liegende Prinzipien zu verstehen. Aussagen über die Existenz Gottes ebenso wie über die Schöpfung und Erhaltung der Welt sind sinnlos. Sie sind eine illusionäre Ausweitung des Geltungsbereichs prinzipientheoretisch-philosophischer Erkenntnisse der Vernunft über sich selbst. Kant hat mit diesem Kriterium die alte Metaphysik als ein objektives Wissen von Gott radikal ›kritisiert‹.

Iwand hat aber genau diese Anwendung moderner Erkenntniskritik auf die Theologie im Aufbau seiner eigenen Christologie seinerseits radikal kritisiert. Denn es widerspricht dem Wesen der göttlichen Offenbarung, sich menschlichen Erkenntniskriterien zu unterwerfen. Die verschiedenen Motive, die ihn zu dieser Überlegung führten, sind noch genauer zu beschreiben. Im Ergebnis jedenfalls stand ihm fest, dass Gott nicht ein erkennbarer Gegenstand des menschlichen Geistes – auch nicht der Religion – ist, und dass die Offenbarung den Menschen gerade von außerhalb seiner eigenen Erkenntnismöglichkeit trifft. Da nun für die Christen Jesus Christus der alleinige Träger der Offenbarung Gottes ist, folgte für Iwand daraus, dass auch Jesus Christus als Offenbarung Gottes für den Menschen nicht den Kriterien dessen, wie ein Gegenstand für das erkennende Bewusstsein sein muss, unterworfen werden kann. Deshalb sind Erkenntnistheorie und Christologie einander ausschließende Zugangsweisen.

Damit ergibt sich: Das eigentliche Thema zwischen Christologie und

Erkenntnistheorie ist der moderne Religionsbegriff. Iwands Kampf gegen die erkenntnistheoretische Verwendung des soteriologischen ›pro me‹ ist ein Kampf gegen die religionstheoretische Bestimmung und Einordnung des christlichen Glaubens. Iwand kehrt damit, so stellt er es selbst dar, argumentativ zum christlichen Dogma zurück. Die Neubegründung einer postreligionskritischen Christologie baut auf der Geltung der nicänischen und chalcedonensischen Lehrsätze auf. Denn die christologischen Aussagen der alten Kirche gelten einer Wirklichkeit Gottes in Jesus Christus, die vor aller menschlichen Bezugnahme auf sie feststeht. Das normale Menschsein des Menschen wird von Iwand als Sündersein gefaßt. Dieses Sündersein ist nicht moralisch zu verstehen, als hinge es mit einer Verfehlung des Menschen zusammen. Sondern es beschreibt die gesamte dem Menschen selbst verfügbare Selbstsicht. Es gibt vom Menschen aus gesehen kein Ideal, keine Norm, keine Idee des Menschen, die nicht bereits unter der Klammer der sündhaften Existenz zu sehen wäre.[6] Weil also alles Bewusstsein des Menschen von sich selbst und vom Menschsein unter der Sünde steht, deshalb ist die Wirklichkeit der Erlösung und die Wirklichkeit des wahren Menschen vor und außer allem Bewusstsein gesetzt und gegeben. Iwand verlagert in einer leichten Kritik an Melanchthon den Sinn der Soteriologie gerade in die Betonung der Bewusstseinsunabhängigkeit von Gottes Heilswillen für den Menschen, einem Heilswillen, der in der Christuswirklichkeit bereits realisiert ist:

> »Gottes ›Für mich‹ ist in der Menschwerdung des Sohnes ›außer mir‹ (extra me), unabhängig davon, wie ich subjektiv und immer a posteriori dazu stehe, in Geltung gesetzt.«[7]

Selbst wenn man Iwands Kritik an Kant und an der eigenmächtigen Funktionalisierung der christologischen Gehalte für einen selbstgesetzten Religionsbegriff nachvollzieht, bleibt an dieser Stelle doch notorisch die Gegenfrage unbeantwortet, woher denn der Theologe von einer solchen nicht vom Glauben des Menschen gesetzten, sondern in ihm vorausgesetzten Wirklichkeit wissen können soll. Diese Realitätssetzung, die ein religiöses Prinzip von ›Glauben‹ sein mag, wird von Iwand unmittelbar zum theologischen Prinzip der Erkenntnis erhoben und damit die Theologie aus dem Bereich der wissenschaftlichen Setzung von Aussagen, die ihr Gelten-kön-

---

6. »Denn wenn die Sünde nur ein moralischer Defekt wäre, dann hätte das Gesetz genügt, um sie abzuwehren. Aber sie ist ein existenzieller Defekt. Wir müßten aufhören, Menschen zu sein, wenn wir aufhören könnten, Sünder zu sein.« (NW 2, 41.)
7. NW 2, 31.

nen rational legitimieren, herausgenommen: »Ein Glaubender sein heißt, auf eine Realität gestoßen sein, welche das ist, was sie ist: daß Gott Gott ist!«[8] Iwand interpretiert aber die Aussagen des christologischen Dogmas der Alten Kirche wiederum selbst genau in der Weise, als wenn sie keine theologischen Setzungen wären, sondern die Wirklichkeit Jesu Christi als des wahren Gottes und des wahren Menschen in angemessener Weise abbildeten. Deshalb muss sich eine anthropologiekritische, religionskritische und bewusstseinskritische neue Christologie, wie Iwand sie fordert, über die religionsphilosophischen Funktionalisierungen des Religionsbegriffs hinaus auf die klassischen Aussagen des Dogmas beziehen.[9] Die Aussagen des Dogmas werden von Iwand im Sinne seiner religionstheoriekritischen neuen Theologie in Anspruch genommen. Damit versucht er die entsprechende Funktionalisierung der dogmatischen Aussagen für die Selbstbeschreibung des Menschen in der modernen Theologie in der Nachfolge Schleiermachers und Kants aufzuheben. Iwand meint, ihre religionsbeschreibende Funktionalisierung (wie entsprechende Kritik) in der Neuzeit müsse überwunden werden. Die Frage ist, ob die dogmatische Repristination den einzigen Ausgang aus der Kritik am Religionsbegriff bildet. Hier werde ich im Folgenden einen alternativen Vorschlag (auch zur Deutung der Theologie Iwands) machen.

Hinter Iwands Kritik und seinem Gegenvorschlag verbirgt sich eine theologiegeschichtliche Argumentation und Selbsteinordnung. Bereits die moderne protestantische Religionstheorie knüpfe an Luthers antimetaphysische und soteriologische Bestimmung des Glaubens an. Doch diese An-

---

8. NW 2, 208.
9. Die in dem Christologie-Band abgedruckte Christologie-Vorlesung Iwands aus dem Jahr 1953/54 ist so aufgebaut, daß sie die Implikationen der modernen ›anthropologischen‹ Theologie Schleiermachers und insbesondere Kants und des Deutschen Idealismus kritisch herausarbeitet, um dann zu einer Neuformulierung der Zwei-Naturen-Lehre überzugehen. »Das [sc. Auferstehung Jesu und Schuld des Menschen] sind die Realitäten, auf die wir hinaus müssen. Und nun würde ich zu behaupten wagen, daß die Zwei-Naturen-Lehre eben diese Realitäten im Unterschied zur bloß gedachten und vorgestellten Welt im Sinne hat.« (NWN 2, 182 f.) Bereits in der theologischen Problembeschreibung, die die Definitionshoheit für Menschsein in die Wirklichkeit Jesu als des wahren Menschen hineinstellt und damit theologisch beansprucht, heißt es: »Wir vermuten, daß […] sich beides, daß Jesus Christus wahrer Gott und wahrer Mensch ist, uns in einem erschließen würde, […] oder daß beide Aussagen sich uns zugleich versagten. Die Christologie ist also nichts anderes als das Bemühen des Glaubens und der Anbetung, Jesus Christus so zu erkennen, daß wir in ihm Gott und uns, den wirklichen Gott und den wirklichen Menschen, gleichzeitig finden …« NWN 2, 24.

knüpfung bestehe zu Unrecht. Luther meine etwas ganz anderes mit seiner Christologie bzw. mit dem soteriologischen ›pro me‹, als die moderne Theologie daraus gemacht hat. Deshalb schlägt Iwand einen antineuprotestantischen Rückgriff auf Luther vor, um der Grundlegung der Theologie im Religionsbegriff zu entkommen. Diese Berufung ist zweifellos möglich, denn – so das Ergebnis der neuprotestantischen Lutherforschung von Ritschl über Harnack, Troeltsch und Emanuel Hirsch – Luthers Theologie hat ein janusköpfiges Antlitz. Sie vereint die metaphysischen Elemente der mittelalterlichen Theologie mit einem modernen Zugang zur Religion.[10]

Zur Beurteilung der theologiegeschichtlichen Konstruktion Iwands ist allerdings zu sagen, dass sie inhaltlich wenig einleuchtet und deshalb selbst als Ausdruck einer bestimmten theologiegeschichtlichen Phase in der Theologie des 20. Jahrhunderts zu verstehen ist. Denn die Kritik am Religionsbegriff ist ein Ergebnis der Entwicklung des Religionsverständnisses und kann insofern in diese integriert werden. Es ist nicht notwendig, diese Kritik zu einer Generalabrechnung mit dem Neuprotestantismus und der modernen Theologie zu stilisieren. Noch weniger ist die Vortäuschung einer Rückkehr zum christologischen Dogma plausibel. Denn die Offenbarungstheologie des 20. Jahrhunderts unterscheidet sich grundlegend von den bis in die Reformation gültigen metaphysischen Denkbedingungen der dogmatischen Tradition. Sie (die Offenbarungstheologie) ist selbst ein Element der philosophisch-theologischen Arbeit am Religionsbegriff. Sie zielt auf ein besseres Verständnis des Christentums als Religion, auf die Stärkung der religiösen Autonomie und Selbstständigkeit gegenüber anderen kulturellen Sprachen. Die Unterscheidung von Religion und Offenbarung ist ein Moment innerreligiöser Selbstreinigung: An der Religion selbst werden ihre kulturell und geschichtlich bedingten Elemente von ihren wahrhaft religiösen, nämlich unmittelbaren, unableitbaren und insofern rein vollzugsbezogenen Bestandteilen unterschieden. Nur diese sind Gegenstand der ›richtigen‹, auf ihren Gegenstand bezogenen Theologie. Im Folgenden soll Iwands Theologie in dieser Weise – darin natürlich gegen ihr Selbstverständnis, aber nicht gegen ihre Inhalte – dargestellt werden. Sie steht mit ihren Inten-

---

10. Ulrich Barth hat diesen Grundzug moderner protestantischer Einschätzung Luthers in seiner Genese und Funktion für die Theologie herausgearbeitet. Vgl. ders., Die Christologie Emanuel Hirschs. Eine systematische und problemgeschichtliche Darstellung ihrer geschichtsmethodologischen, erkenntniskritischen und subjektivitätstheoretischen Grundlagen, Berlin / New York 1992, bes. 574 f.; sowie ders., Das gebrochene Verhältnis zur Reformation. Bemerkungen zur Luther-Deutung Albrecht Ritschls (1999), in: ders., Aufgeklärter Protestantismus, Tübingen 2004, 125-146.

tionen im Kontext der Entwicklung der modernen (neuprotestantischen) Theologie. Daran anschließend ist zu zeigen, dass Iwands positive Ausformulierung dieser Intentionen unter den beschriebenen heutigen religionspluralistischen Erkenntnisbedingungen nicht mehr haltbar ist. Und dass diesen gegenwärtigen Bedingungen besser entsprochen werden kann, wenn die dogmatisch-repristinative Selbstdeutung der Offenbarungstheologie aufgehoben wird und sie auf der Grundlage der Anerkennung ihrer eigenen religionstheoretischen Modernität weiterarbeitet.

3. Das ›pro me‹ in der Theologiegeschichte

Eines der berühmtesten Zitate aus dem Werk Luthers ist ein Satz aus dem Passionssermon von 1519: »Denn was hilft es dir, daß Gott Gott ist, wenn er dir nicht ein Gott ist?«[11] In diesem Satz führt Luther einerseits die mittelalterliche Debatte um die Erkennbarkeit und absolute Macht und Freiheit Gottes weiter, andererseits führt er sie zusammen mit der Frage, wie eigentlich die angemessene Buße für den Menschen aussieht. Luther bietet als Deutung für sein neues Verständnis von Religion im Menschen Begriffe wie Gewissen, Herz, Innerlichkeit an. Diese Bestimmungen der richtigen Religion als Ort der Begegnung des Einzelnen mit Gott stehen gegen äußerliche Umgangsformen mit dem Heiligen, wie sie in bestimmten Äußerungsformen der katholischen Frömmigkeit, aber auch außerhalb der christlichen Religion üblich sind. Bei diesem ›für mich‹ geht es, wie der Kontext erweist, um den angemessenen innerlichen Zugang zu den Inhalten des Glaubens. Erst am Ort dieser Innerlichkeit können Gott und Christus, Sünde und Heil richtig verstanden und gelebt werden. Das zeigt, dass es noch nicht um die bestimmte Heilszueignung geht, sondern eigentlich um die Differenz von Ethik bzw. Moral und Religion. In der Religion wird Gott in bestimmter Weise als Gott ›für mich‹ erlebt. Luther kann das sagen, weil für ihn die Existenz Gottes auch außerhalb der Religion, also z. B. kosmologisch als Schöpfer, ethisch-politisch als Gesetzgeber usw., außer Frage steht. Es geht also um die eigentlich religiöse Weise des Seins Gottes, und dies ist sein

---

11. Martin Luther, Ein Sermon von der Betrachtung des heiligen Leidens Christi (1519) (Luthers Text in BoA 1, 154-160, das Zitat hier 155 f.: dan was hillfft dichs / dz gott / gott ist / wan er dier nit eyn gott ist?), zitiert nach der modernen deutschen Fassung von Franz Lau (Hg.), Der Glaube der Reformatoren. Luther – Zwingli – Calvin, Bremen 1964, 52-64, 56.

Sein ›für mich‹. Durch die Bindung des Seins Gottes an sein Sein für mich wird die Offenbarung Gottes am Kreuz zum Ort des Heilsgeschehen – und erst in der Übertragung der Kreuzeschristologie auf die persönliche Bußpraxis vollendet sich dieses Heilsgeschehen als Aneignung der fremden Gerechtigkeit Christi in mir. Der Passionssermon bringt mit seinem meditativen Durchgang durch Karfreitag hin zum Auferstehungsereignis am Ostersonntag die religionstheoretische Struktur der Heilsevidenz zugleich mit ihrer sakramentalen Ver-Urbildlichung in Christus zur Sprache.

Luthers Differenzierung zwischen Gott und Gott für mich, also zwischen Philosophie bzw. Ethik und Religion wird von Schleiermacher weitergeführt und mit der Kantischen Erkenntniskritik verbunden. In seiner Glaubenslehre setzt er den Ausgang bei dem frommen Selbstbewusstsein gegen philosophische Umgangsweisen mit Gott:

> »Die Wissenschaft vom Zusammenhang der Lehre wird gesucht, ... um es [sc. das Denken über die frommen Gemütszustände] von anders entstandenem Denken, welches auf denselben Inhalt hinausläuft, desto bestimmter zu unterscheiden.«[12]

Dieser methodische Ausgangspunkt in den frommen Gemütszuständen ersetzt für Schleiermacher die alten theologisch-philosophischen Gottesbeweise. Sie sind religiös ohne Belang, selbst dann wenn sie inhaltlich-denkerisch korrekt sein mögen. Damit nimmt Schleiermacher seine eigene frühere Behauptung auf, Religion stelle eine eigene Provinz im Gemüt dar.[13] Er widerspricht damit Kant und den idealistischen Philosophen, für die es keinen eigenen Ort der Religion gibt. Aber er folgt Kant darin, dass in einem strikten Sinne das menschliche, eben religiöse Selbstbewusstsein auch der Ausgangspunkt für die religiöse Erkenntnis Gottes sein muss. Gott ist nicht dem Gefühl von ihm vorauszusetzen, sondern wir wissen von Gott nur, weil Gott in unserem Gottesbewusstsein gesetzt ist, also Gott für uns ist.

Kierkegaard hat die Schleiermachersche Religionsbestimmung aufgenommen, aber christologisch gewendet und individualisiert. Religion ist nicht ein allgemein gegebenes Vermögen des Bewusstseins, sondern lebt von

---

12. Friedrich Schleiermacher, Der christliche Glaube (1821/22) (hg. v. Hermann Peiter, StA Bd. 1, Berlin 1984), § 2 Leitsatz (S. 14, Z. 4-8). Vgl. als Erläuterung ebd. Z. 11-15: »Das anders entstandene Denken, dessen Inhalt dem beschriebenen gleich lautet, ist das der Weltweisheit angehörige. Daß dieses seiner Entstehung und Form nach ein anderes sei, und daß Philosophisches und Dogmatisches nicht vermischt werden dürfe, ist der Grundgedanke der vorliegenden Bearbeitung.«
13. Zur Deutung von Schleiermachers Reden vgl. Ulrich Barth, Die Religionstheorie der ›Reden‹. Schleiermachers theologisches Modernisierungsprogramm, in: ders., Aufgeklärter Protestantismus (s. Anm. 10), 259-289.

der je personalen Erfüllung. Und nicht der Bezug auf den historischen Jesus und seine historische Wirklichkeit, sondern die individuell erlebte Gleichzeitigkeit mit Jesus als Gewährleistung von absoluter Evidenz ist der Ort der Religion. Kierkegaard schreibt:

> »Es fehlt ihm [sc. der historischen Wirklichkeit Jesu] die Bestimmung, welche die der Wahrheit (als der Innerlichkeit) und die aller Religiosität ist, die Bestimmung: für dich.«[14]

Auch hier also wird das ›pro me‹ als Anreiz für ein genaueres Verständnis des Religionsbegriffs benutzt. Religion wird entdogmatisiert, verinnerlicht und individualisiert, sie kann gerade nicht mit den Mitteln Hegelscher Spekulation verallgemeinert, begriffen und in Philosophie überführt werden.

Im 20. Jahrhundert wird dann die Inanspruchnahme des ›pro me‹ zur Bestimmung des Ortes und des Wesens der Religion von Bultmann weitergeführt.

> »Es bedeutet nur ein Ausweichen, wenn man – wie es jetzt beliebt ist – von der Unterwerfung unter das ›Objektive‹ redet. Denn so gewiß Gott nicht die Symbolisierung subjektiver Erlebnisse, sondern das Objektive ist, so gewiß kann das Objektive nur dann die Wirklichkeit sein, vor der ich mich beuge, wenn sie *für mich* Wirklichkeit wird, was sie ja nur und gerade dann wird, wenn sie mein altes Ich […] vernichtet, tötet.«[15]

Bultmann verbindet die Gotteserkenntnis mit der Ganzheit möglicher Selbsterkenntnis (für die die ›normale‹ Selbsterkenntnis überwunden werden muss) und führt so die Tendenz der Verinnerlichung des Religionsverständnisses weiter. Und schon bei Bultmann wird diese Verinnerlichung weitergeführt zu einer fundamentalen Kritik am Religionsbegriff überhaupt.[16] Das menschliche Subjekt ist nicht von sich aus religiös – bzw. die Religiosität des menschlichen Subjekts ist nicht der Ort des wahren religiösen Erlebnisses, des christlichen Glaubens. Vielmehr wird der reine Vollzug des religiösen Aktes zum Ort der Gottesbegegnung. Denn dieser Vollzug ist aus dem menschlichen Bewusstsein nicht ableitbar, er ereignet sich in reiner Evidenz, in der eben das ›alte Ich‹ getötet wird. Indem Bultmann den Glau-

---

14. Vgl. Sören Kierkegaard, Einübung im Christentum (1850), GW 26, 62f.
15. Rudolf Bultmann, Rez. Karl Barths »Römerbrief« in zweiter Auflage (1922), in: Jürgen Moltmann (Hg.), Anfänge der Dialektischen Theologie Bd. 1, München (1962) ⁴1977, 119-142, 135.
16. Vgl. Folkart Wittekind, Gott – die alles bestimmende Wirklichkeit? Zum Verständnis von Bultmanns Deutung der Gottesvorstellung Jesu, in: Ingolf Dalferth / Johannes Fischer / Hans-Peter Großhans (Hg.), Denkwürdiges Geheimnis. Beiträge zur Gotteslehre (FS Eberhard Jüngel), Tübingen 2004, 583-604.

ben aus jeder bewusstseinstheoretisch zu erfassenden Vermögensabhängigkeit befreit, wird er ihm zu einem reinen und unableitbaren Vollzugsgeschehen innerhalb der kirchlichen Verkündigung des Wortes in der Geschichte.

Versteht man nun Verinnerlichung der Religion als Weg der zunehmenden Anthropologisierung des Transzendenzbezugs, so wird deutlich, warum Iwand meinte, die protestantische Inanspruchnahme des reformatorischen ›pro me‹ laufe auf eine Unterwerfung des Gottesgedankens unter das menschliche Bewusstsein hinaus. Versteht man jedoch den Weg als eine zunehmende Reinigung des Gottesgedankens von lehrhaften, dogmatischen, ›objektiven‹ und bewusstseinskonstruierten Elementen, so muss man umgekehrt konstatieren, dass Iwands Kritik eine weitere Etappe auf dem Wege ist. Dafür steht auch, dass er sich mit seiner Kritik gerade auch gegen Bultmann (und seine Schule) richtet, der aber ja selbst auf der Basis der dialektischen Kritik am menschengemachten Gott argumentiert.

Es ergibt sich also: Das ›pro me‹ kann in der protestantischen Theologiegeschichte als Marker für eine immer genauere, innerlichere und individuellere Bestimmung des Religionsbegriffs gesehen werden. Es hat eine deutlich antimetaphysische, antiphilosophische und antidogmatische Spitze. Religion ist eine ganz eigene Weise des Gottesbezugs, sie ist nicht abhängig von der Voraussetzung ›Gott‹, die immer eine Setzung des Denkens und des Verstandes ist. Auf jeder Stufe des Prozesses kann die Weiterbestimmung des Religionsbegriffs als Absetzung von der dogmatischen, philosophischen oder metaphysischen Vergangenheit verstanden werden, also im Modus genereller Kritik geäußert werden. Bei Bultmann bereits ist zu sehen, wie Luthers soteriologisches Kriterium für Religion gerade zu einer Überwindung des klassischen neuprotestantischen Religionsbegriffs in der Theologie führt. In diese Geschichte der Theologie und der Religionsbestimmung muss im Folgenden auch Iwands Theologie eingestellt werden.

4. Iwands Kritik an der Entwicklung des Religionsbegriffs

Mit seiner Theologie verfolgt Iwand die Absicht, das wahre Gottesverhältnis des Glaubens zur Sprache zu bringen. Die bisherige Theologie ist dem nicht gerecht geworden. Denn sie hat im erkenntnistheoretischen Ausgang vom Menschen einen falschen Gottesgedanken gepflegt. In Wahrheit entspricht es Gott und seiner Offenbarung, sich menschlichen Erkenntnisbedingungen nicht zu unterwerfen. Umgekehrt kann keine menschliche Zugangsbedingung zu Gott gedacht werden, die nicht der Religionskritik selbst schon unterworfen wäre. Iwand beruft sich auf Nietzsche, um zu erweisen, dass der Gedanke eines religiösen Apriori des Menschen nicht überzeugt. In Wahrheit besteht die Religion, die vom Menschen ausgeht, darin, das wahre Erlebnis Gottes zu verdrängen und einen selbstgeschaffenen Gott an dessen Stelle zu setzen. Damit radikalisiert Iwand die kritischen Elemente des bisherigen erkenntniskritischen Religionsbegriffs. Galt es bisher, in die Tiefen des religiösen Apriori vorzudringen, seine Innerlichkeit und Individualität gegenüber dem allgemeinen Gottesgedanken zu erweisen, so setzt Iwand die wahre Religion gegen jede menschliche Religionsform überhaupt. Religion im eigentlichen Sinne des Glaubens ist nicht aus dem menschlichen Vermögen ableitbar.

Diese negative Voraussetzung ist der dialektischen Theologie gemeinsam. Aber wie sieht nun das neue Verständnis einer angemessenen Theologie aus, das an die Stelle ihrer religionstheoretischen Begründung treten soll? Warum hat Iwand auch Bultmann in die zu überwindende neuprotestantische Theologie eingeordnet, worin besteht also die Radikalisierung der Kritik bei Iwand? Dazu soll hier die These aufgestellt werden, dass die erste Generation der dialektischen Theologie noch an der alten erkenntnistheoretischen Fragestellung partizipiert und die neue Theologie als eine Theologie der menschlichen Glaubenserkenntnis konstruiert. Bultmanns oben zitierte Absetzung von einer ›objektivistischen‹ Lesart der Behauptung der Wirklichkeit Gottes weist darauf hin. Und auch Karl Barths Offenbarungstheologie ist zu lesen als eine Strukturbeschreibung des Erschließungsaktes im Menschen selbst.[17] Doch Iwand radikalisiert auch noch die Kritik in Bezug auf diese verbleibenden Anknüpfungspunkte.[18] Seine Christologie ist der Versuch, die ganze menschliche Beziehungsseite der Gottesbeziehung in Gott selbst mit aufzuheben. Gott ist von sich aus Gott für mich.[19] Sein Für-mich-sein ist damit nicht mehr Kriterium seiner Denkbarkeit, seines Zugangs zum Menschen, sondern seines eigenen Seins.

---

17. Vgl. Folkart Wittekind, Religionskritik als Kritik der Religionswissenschaft. Karl Barths methodisches Programm der Theologie, in: Ingolf Dalferth / Hans-Peter Großhans (Hg.), Kritik der Religion. Zur Aktualität einer unerledigten philosophischen und theologischen Aufgabe, Tübingen 2006, 219-242.
18. Iwand bringt sich damit auch in einen Widerspruch zu dem oben (s. Anm. 11) gegebenen Zitat Luthers: »Ein Glaubender sein heißt, auf eine Realität gestoßen sein, welche das ist, was sie ist: daß Gott Gott ist!« (NWN 2, 208).
19. ›Das ist für dich geschehen‹ – das bedeutet: Hier ist eine Wirklichkeit gesetzt mit allem, was das Wort Wirklichkeit umspannt, eine Welt, […] die aber im Unterschied zu der Welt, in der wir leben, eine fertige, vollkommene Welt ist.« (NWN 2, 211.)

»Darum kann dann auch für Luther das ›pro me‹ der Sieg [...] des Glaubens sein, weil ich im Glauben Gott so meinen Gott sein lasse, wie er es bei sich selbst [...] ist.«[20]

Dieses Sein Gottes als Sein-für-mich ist das, was in Jesus Christus sichtbar wird.

Geht man von einer solchen Deutung der Intention der Theologie Iwands im Kontext der Entwicklung der modernen Theologie aus, so ist dann zu fragen, ob seine positive Entfaltung der neuen Theologie trägt. Gegenüber der expressionistischen Einordnung der Anfänge der dialektischen Theologie könnte man die zweite Generation der dialektischen Theologen (also die der um die Jahrhundertwende Geborenen) mit dem künstlerischen Stil der Neuen Sachlichkeit in den 1920er Jahren vergleichen. Hier geht es darum, die offensichtliche Konstruktivität des Kubismus hinter der Sachhaltigkeit der Gegenstände zu verbergen.[21] So ist auch bei Iwand die Konstruktivität der Theologie in ihrer Behauptung des christologischen Seins Gottes nicht durchsichtig gemacht. Denn es ist ja der Theologe selbst, der die Behauptung aufstellt, dass jenseits der menschlichen Vermögen zum Erkennen und Rezipieren Gott selbst in seinem Sein als so oder so bestimmt existiert. Als weitere zeitgenössische Parallele ist auf die beginnende radikale Ideologiekritik hinzuweisen. Kritisch hat bereits Sigmund Freud in der ›Zukunft einer Illusion‹ darauf hingewiesen, dass der Mensch sich der Wirklichkeit jenseits seiner Deutungen, Wünsche und Illusionen stellen müsse.[22] Entsprechend hat die Frankfurter Schule darauf aufmerksam gemacht, dass jede Behauptung der Wirklichkeit auf ihre immanente, parteiische Konstruktionshaftigkeit hin zu überprüfen ist. Allerdings ist die Rede vom universalen Verblendungszusammenhang, der diese Kritik trägt, selbst wie Iwands Theologie angreifbar: Wie ist ein Wissen von diesem Verblendungszusammenhang unter seiner Voraussetzung überhaupt möglich? Entsprechend kann auch die Iwandsche Doppelkonstruktion befragt werden: Woher weiß der Theologe, dass es jenseits der notwendigen Konstruktivität

---

20. Iwand, Vom Primat der Christologie. Vortrag (1956), in: NWN 2, 464-479, 469.
21. Es dürfte klar sein, daß solche Parallelisierungen weder begründenden noch überhaupt argumentativen, sondern höchstens illustrierenden Charakter haben können. Es geht mir darum, die Brüche innerhalb der scheinbar geschlossenen Frontlinie der dialektischen Theologie aufzudecken und damit die Theologiegeschichte des 20. Jahrhunderts besser zu verstehen. Denn erst so steht nicht mehr die Gretchenfrage einer neuprotestantischen oder dialektischen Theologie im Vordergrund der Rekonstruktion, sondern die zeitabhängigen Veränderungen des Zuschnitts der Theologie (beider Lager) im Laufe der Entwicklung.
22. Vgl. Iwands Bezugnahme auf Sigmund Freud in: NWN 2, 156.

aller menschlichen Religion einen anderen, unverstellten Gott in seinem Sein als Sein-für-uns überhaupt gibt? Wie kann er (begründet!) davon wissen und reden?[23]

23. Man könnte an dieser Stelle der von mir vorgetragenen Kritik an Iwands Verständnis der Theologie auszuweichen versuchen, z. B. indem man die theologische Denkbewegung für eine Implikation der Verfassung des Glaubens selbst erklärt. Die Wahrnehmung der Wirklichkeit Gottes und Jesu Christi wäre dann ein Erfordernis des Glaubens, eine durch den Heiligen Geist im Menschen ermöglichte Erkenntnis. Iwand sei sich dieses Begründungsproblems durchaus bewusst und versuche es nicht zu »verbergen«. Allerdings sei für ihn die befreiende Erkenntnis Frucht des Glaubens und Werk des Geistes aufgrund des Hörens und Lesens der Heiligen Schrift bzw. besser: der ›doctrina evangelii‹ als dem erzählten, nämlich gepredigten Heil als »Wort vom Kreuz«. Dadurch wird die Erkenntnis der Theologie zu einer Erkenntnis des Glaubens, denn in dem Geltenlassen der Wirklichkeit Gottes in der Theologie zeige sich eben, ob die theologische Einsicht dem Glauben zu folgen vermöge oder nicht. Und die Wirklichkeit Gottes, in der die Sündhaftigkeit des Menschen zugunsten des wahren Menschseins überwunden ist, sei eben das Geschehen von Kreuz und Auferstehung.
Gegen diese Argumentation allerdings würde ich einwenden, dass sie das Problem nicht löst, sondern bloß verschiebt. Denn die Berufung auf den Glauben, der die Wirklichkeit Gottes wahrnimmt, ist einerseits wiederum eine theologische Setzung. Sie behauptet zusätzlich noch andererseits, dass der Glaube als ein Rezeptionsorgan der Wirklichkeit Gottes verfasst ist. Doch auch dies ist eine – wie Kant sagen würde: unkritische – Setzung. Das Problem wird auch drittens nicht aufgelöst dadurch, dass der Heilige Geist als Rezeptionsorgan im Menschen namhaft gemacht wird. Denn dann wäre einerseits wiederum zu fragen, wie der Mensch von diesem Heiligen Geist in ihm wissen kann. Und andererseits wäre zu fragen, wie der Theologe von dem Sein dieses Geistes wissen kann, um sein Sich-Imponieren im Menschen als seine Fähigkeit beschreiben zu können. Und viertens hilft natürlich auch die Berufung auf die Schrift nicht weiter, genauso wenig wie die auf das Dogma: Entweder nimmt die ›Schrift‹ bereits selbst solche (religiösen) Setzungen vor, so dass auch sie theologisch darüber aufzuklären wäre, andererseits ist das unbedingte Geltenlassen der Aussagen der Schrift selbst wieder eine nicht begründbare Setzung des Theologen. Und fünftens schließlich würde ich die implizite Behauptung, die Anerkennung dieser Form von Theologie sei eben selbst eine Frage des Glaubens, als anmaßend empfinden. Es geht in der Überprüfung der erkenntnistheoretischen Legitimierbarkeit der theologischen wissenschaftlichen Aussagen nicht um die Frage nach dem Glauben, sondern um die wissenschaftliche Darstellung des – von allen Seiten – vorausgesetzten Glaubens. Da es an dieser Stelle eben sowohl historisch als auch systematisch verschiedene theologische Auslegungen dessen gibt, wie Glauben in sich selbst funktioniert und welche Aussagen über Glauben in der Theologie möglich sind, kann man die Auseinandersetzung darüber nicht mit einem Gewaltstreich beenden. Ich halte es für sinnvoll, die Theologie dadurch zu einer modernen Wissenschaft zu machen, dass

Es findet sich bei Iwand noch eine zweite kritische Funktion seiner Theologie. Neben der allgemeinen Religionskritik steht seine Kritik der anthropologischen Konstruktion des Heils in der abendländischen Theologie. Seit Augustins Erbsündentheorie haben sich die westlichen Theologen angewöhnt, die generelle menschliche Sündhaftigkeit zu behaupten, um daran anknüpfend die allgemeine Notwendigkeit der Erlösung zu postulieren. Iwand hat diese Form der Theologie in dem Aufsatz über das ›pro me‹ beispielhaft an Kants praktischer Religionsphilosophie vorgeführt und kritisiert.[24] Die wahre religiöse Sündenerkenntnis ist keine Sache menschlicher Selbsterkenntnis, sonst wäre auch die Erlösung nur ein Fortschritt in der Selbsterkenntnis.

> »Religion muß also nicht [...] in der Offenbarung in Jesus Christus kulminieren, das Gesetz [der praktischen Vernunft] muß nicht von Natur aus zum Evangelium hinführen ...«[25]

Vielmehr hat Iwand seit seiner Dissertation über Karl Heim[26] darauf bestanden, dass die Sünde ein offenbarungstheologischer Gegenbegriff zum Heil ist. Auch die wahre Sünde wird erst durch den Bezug auf Jesus Christus erkannt.[27]

Ist damit auch die Intention von Iwands Christologie positiv aufzunehmen – also das religiöse Erleben von anthropologischen Voraussetzungen und Konstruktionen abzulösen –, so fragt sich doch, ob seine Lösung trägt. Das religiöse Selbst soll sich als in Jesus Christus beschlossen erkennen, in ihm hat Gott das wahre Menschsein offenbart. Aber Iwand bestreitet jede Kontinuität zwischen dem natürlichen Menschen und dem Selbst, das in Christus angeeignet werden soll. Das Kontinuum personaler Identität ist nur durch den radikalen Bruch, durch Kreuz, Tod und Auferstehung hindurch zu haben: »... diesen Übergang gibt es gar nicht, es sei denn in der

---

die von ihr getroffenen Aussagen über den Glauben erkenntniskritischen Standards unterstellt werden.
24. Hans Joachim Iwand, Wider den Mißbrauch des ›pro me‹ als methodisches Prinzip in der Theologie, in: EvTh 14 (1954), 120-124.
25. Iwand, Primat der Christologie, NWN 2, 469.
26. Hans Joachim Iwand, Über die methodische Verwendung von Antinomien in der Religionsphilosophie. Dargestellt an Karl Heims ›Glaubensgewißheit‹, Königsberg 1924.
27. Vgl. Hans Joachim Iwand, ›Sed originale per hominem unum‹. Ein Beitrag zur Lehre vom Menschen (1943), [Der Text wurde 1943 in der Festschrift für Schniewind veröffentlicht, danach 1946/1947 in der EvTh abgedruckt] in: GA II, 171-193. Vgl. auch Iwand: »Angesichts der ›Präexistenz‹ Christi gibt es kein religiöses und auch kein ethisches Apriori« (NWN 2, 469).

Weise des Sterbens und Auferstehens.«[28] So fragt sich, wie auch in entsprechenden eschatologischen Kontexten, wie die Identität des Einzelnen im Übergang zur Offenbarung Gottes bewahrt sein kann.[29] Woher weiß das Subjekt in Jesus Christus, dass es noch dasselbe ist wie jenes Subjekt, das in der Welt existiert? So wird am Ende, wie bereits hinsichtlich der Wirklichkeit Gottes jenseits der Religion, so auch hier die Behauptung der Wirklichkeit des Selbst in Jesus Christus zu einer prinzipiell unkontrollierbaren Setzung des Theologen.

5. Ein radikal pluralistischer Deutungsvorschlag für die Christologie Iwands

Nimmt man nun die Intentionen Iwands auf, so muss man in der Tat die religionstheoretische Anknüpfung des Glaubens bestreiten. Klassisch werden die Inhalte der Religion bzw. der Religionen als ›Ausdruck‹ einer hinter den Inhalten gegebenen, allgemeinen Religiosität des Menschen verstanden. In der gegenwärtigen Religionstheologie kommt es zu einem strukturell ähnlichen Konstrukt, indem die Allgemeinheit der menschlichen Anerkennung eines überall vorauszusetzenden Transzendenzbezugs behauptet wird. Diese Konstruktion ist aufzugeben, so weit haben die dialektischen Theologen durchaus richtig geurteilt. Insoweit besteht auch die Intention der eingangs zitierten Predigt Schneiders zu Recht. Aber die einfache Behauptung einer Wirklichkeit Gottes jenseits des menschlichen Wissens ist ebenso haltlos wie die Behauptung einer grundsätzlichen Offenbarung der Transzendenz nur in Jesus Christus und damit die Vorordnung der Beziehung Christus-Gott vor allen menschlichen religiösen Erkenntnissen und Vollzügen. Die erkenntniskritische Fragestellung macht die Unmöglichkeit einer solchen Behauptung im wissenschaftlichen Kontext deutlich. Es handelt sich um eine Redeweise der Religion bzw. des Glaubens. Nun soll zwar die Theologie Anschluss an diese Redeweise und Selbstauffassung des Glaubens gewinnen, also anschlussfähig an diese Position des Glaubens sein,

---

28. Iwand, Primat der Christologie, NWN 2, 469.
29. Vgl. Stephan Schaede, Bin denn ich es, der lebte und starb? Einige programmatische Analysen zum eschatologischen Problem, die Identität eines Menschen vor und ›nach‹ seinem Tod zu denken, in: Ruth Heß / Martin Leiner (Hgg.), Alles in allem. Eschatologische Anstöße (FS Christine Janowski), Neukirchen 2005, 265-290.

aber sie soll sie nicht unkritisch reproduzieren. Vielmehr ist eine neue Theologie nötig, die das Funktionieren von ›Glauben‹ (bzw. ›Religion‹, um den Terminus wegen seiner Beschreibungsleistung weiter aufzunehmen) als aus dessen Perspektive geschehend aufklärt. Eine solche Theologie überführt zunächst die moderne Abhängigkeit der dogmatischen Apologetik vom Religionsbegriff in eine reflexive Konstruktion des in der religiösen Symbolik liegenden Selbstbezugs. Sie stellt sich damit zweitens auf die Ebene des religiös-christlichen Selbstbewusstseins, indem sie keinen übergeordneten Standpunkt der Theorie akzeptiert, der nicht selbst auf die Ebene des realen Glaubensvollzugs zurückgespiegelt werden kann. Und sie nimmt schließlich die anthropologische Unhintergehbarkeit der realen religiösen (in diesem Fall: christlichen) Kommunikation an, indem sie nicht auf die ›Religion‹ des Menschen verweist, sondern das Geschehen des individuellen Glaubens als implizites Element der religiösen Ansprache rekonstruiert. Unhintergehbar ist nicht, wie Iwand meinte, die biblische Wirklichkeit, sondern das Erzählen im biblischen Kontext selbst. Insofern bekommt der gegenüber der liberalen Theologie neue Rekurs auf Bibel und Dogma in der dialektischen Theologie einen modernen religionsreflexiven Sinn, jenseits des Begründungsrekurses auf das Apriori einer ethischen oder anderweitig bewusstseinstheoretisch verankerten Religion.

Iwand hat seine Theologie der Behauptungen der Wirklichkeit Gottes und seines Seins für uns in Jesus Christus mit dem Hinweis auf die Bibel begründet.

> »Martin Kähler hat einmal gesagt, dass Jesus uns nur begegnet als der gepredigte und wir auf ihn nur in der Verkündigung stoßen! Daß darum die Bibel und ihre Sprache eine Sache sui generis seien, weil so und nicht anders Jesus Christus mitten unter uns ist.«[30]

Damit ist eine modernisierende Lesart seiner Theologie möglich. Denn er verweist damit auf den Erzähl- und Sprachzusammenhang, der durch die Evangelien und Christusbekenntnisse des Neuen Testaments hergestellt ist. Löst man die alte Vorstellung einer hinter dieser Erzählung stehenden Glaubenswirklichkeit auf (und das gilt sowohl für die *fides qua* als auch für die *fides quae creditur*), dann bleibt als einzige belastbare Wirklichkeit das Faktum religiösen Erzählens mit Hilfe der neutestamentlichen Botschaft bestehen. Glaubensgewissheit ist damit nicht vor und unabhängig von religiöser Rede und Kommunikation gegeben, sondern ereignet sich in ihr, als ihr

---

30. NWN 2, 97.

Bestandteil.³¹ Iwands Beharren auf der Wirklichkeit Gottes ist damit gleichsam ein selbstverständlicher interner Bestandteil religiöser Selbstvergewisserung des Menschen. Sie spricht nicht diese Wirklichkeit als unabhängig aus, denn das kann die Theologie gar nicht. Sie hat kein eigenes Zugangsrecht zu einer Wirklichkeit, von der der Mensch sonst nichts wissen kann. Eine solche Konstruktion bliebe erkenntnistheoretisch angreifbar. Auch Iwand muss schließlich immer wieder Vokabeln für die Aneignung der fremden Heilswirklichkeit Christi für mich verwenden, wie Gelten-lassen, Übernehmen etc.³² Sonst bleibt die theologische Behauptung der Wirklichkeit Gottes bedeutungslos.

Damit kann schließlich die Fragestellung der modernen pluralistischen Religionstheologie wieder aufgenommen werden. Die verschiedenen Religionen sind nicht bloß mögliche Ausdrucksformen einer hinter ihnen liegenden transzendenten Wirklichkeit. Sondern ihre jeweiligen Erzähltraditionen bieten unhintergehbare Flächen der jeweiligen ›religiösen‹ (dies jedoch nicht im Sinne einer bewusstseinsbezogenen Identität, sondern nur im Hinblick auf die Gruppenzuordnung verschiedenster kultureller Sprachen) Heilsvergewisserung. Die Relativierung aller Religionen durch ihre Einordnung in den Bereich menschlichen Irrens, wie Schneider es versucht hatte, bleibt zu allgemein: Schließlich treten Gewalt, Wahrheitsansprüche und Ausschlussstrategien genau auf der Ebene menschlichen Zusammenlebens auf, und nicht in Bezug auf die übergeordnete Wahrheit Gottes. Es gilt also, die Beanspruchung von Gewissheit als ein Phänomen menschlicher Religion zu akzeptieren und kenntlich zu machen. Die christliche Weise besteht in der Bindung der Offenbarung Gottes an Jesus Christus.

Die Theologie schließlich kann deshalb nicht die Relativierung der Religionen überbieten durch den Hinweis auf den alleinigen Gottesbezug Jesu Christi. Sondern sie kann nur das Funktionieren der christlichen Gewissheitszuschreibung mit Hilfe der Christologie aufdecken. Sie muss dann, gerade wenn sie auf diese Weise vorgeht, keine allgemeinen anthropologischen Aussagen mehr über das religiöse Sein des Menschen machen, sie lässt also im Sinne Bonhoeffers (und Nietzsches) die Möglichkeit einer gänzlich unreligiösen, atheistischen Existenz des Menschen offen. Aber sie

31. Vgl. Iwands Kritik an Gogarten: »Darum hat er [Gogarten] im Grunde eben keine Christologie, denn dies ist das Jesus Christus begleitende Zeugnis der Apostel und Propheten, aus ihm ist sie zusammengesetzt, aus der Schrift ist das Gewand gewoben, welches er, Jesus Christus, trägt.« Ebd. 98.
32. Vgl. dazu Folkart Wittekind, Das Erleben der Wirklichkeit Gottes. Die Entstehung der Theologie Hans Joachim Iwands aus der Religionsphilosophie Carl Stanges und Rudolf Hermanns, in: NZSTh 44 (2002), 20-42.

beschreibt im Kontext der abendländischen Kultur, wie die religiöse, glaubende Benutzung des Evangeliums, des Neuen Testaments und der Überlieferung der christlichen Kirche als des einzigen Ortes der glaubenden Evidenz funktioniert. Eine solche wahrhaft glaubende Funktion der religiösen Kommunikation wird immer unwahrscheinlicher, sie differenziert sich aus im Kontext vielfältiger anderer Benutzungen und Diskurse, seien sie politisch, ethisch oder ästhetisch. Nicht die Anknüpfung an die traditionelle religiöse Sprachwelt allein sichert also schon die Glaubensaffinität der Sprache. Sondern diese Anknüpfung muss selbst religiös gemeint sein, aus den religiösen Gewissheiten der Sprechenden hervorgehen und auf die Erregung religiöser Evidenz im Angesprochenen hoffen. So konstituiert sich der Glaube im Dreieck von kommunikativ-religiöser Ansprache, individuell-religiöser Aneignung und der reflexiven Wahrhaftigkeit der traditionellen Gehalte. Die Erkenntniskritik, also die Frage nach dem möglichen ›pro me‹ und seiner Begründbarkeit, dient als Kriterium für die theologische Konstruktion des Geschehens religiöser Gewissheit, die sich nur je innerhalb des biblisch-christlichen Erzählzusammenhanges als Christusbekenntnis – also als spezifisch christlicher Glaube – darstellt.

Damit werden alle Aussagen zur Welt, zum Weltganzen und zum vorausgesetzten Sein Gottes selbstverständlich zu Aussagen des Christentums, die auch nur innerhalb der christlichen Erzählung, in der sich der Glaube erhält, gültig sind. Darüber hinaus, das ist der entscheidende Punkt der Konstruktion, sind keine übergreifenden Aussagen möglich. Es hat deshalb keinen Zweck, Pluralismus gleichsam auf menschlicher Deutungsebene zuzulassen und darüber hinaus als theologisches Wissen vorauszusetzen, dass Gott die Welt als ganzes geschaffen hat und dass sein Zweck mit der Welt in dem Kreuzes- und Auferstehungsgeschehen sichtbar wird. Es geht gerade um die sinnfeldbezogene[33] Begrenzung solcher Ansprüche, deren Funktionieren auf dem Boden der jeweiligen Deutungsform durchsichtig gemacht werden kann. Theologie als wissenschaftliche Disziplin des Christentums besteht gerade in der auf die sprachliche Weltdeutung und erzählende Tradition bezogenen Beschreibung des inneren Funktionierens dieser christlichen Sprach-, Deutungs- und Bildwelt.

---

33. Zur Forderung eines Sinnfeld-Pluralismus vgl. die Arbeiten von Markus Gabriel, zusammengefaßt z. B. in dem Aufsatz: Ist der Gottesbegriff des ontologischen Gottesbeweises konsistent? in: Thomas Buchheim, Friedrich Hermanni / Axel Hutter / Christoph Schwöbel (Hgg.), Gottesbeweise als Herausforderung für die moderne Vernunft, Tübingen 2012, 99-119, bes. 114-117.

Über Geltunsanspruch und Bestimmtheit des Glaubens

Response zum Vortrag von Folkart Wittekind

Michael Hüttenhoff

Folkart Wittekind verbindet in seinem Vortrag in beeindruckender Weise theologiegeschichtliche mit systematischen Ausführungen. In meiner Antwort stehen die systematischen Aspekte im Vordergrund. Dabei möchte ich mich zu vier Punkten äußern:

1. Theologie, Glaube, Religion

Nach Wittekind kommt der Theologie die Aufgabe zu, »das Funktionieren von ›Glauben‹ (bzw. ›Religion‹, um den Terminus wegen seiner Beschreibungsleistung weiter aufzunehmen) als aus dessen Perspektive geschehend« (S. 147) zu beschreiben. In diesem Theologieverständnis schlägt sich bereits nieder, dass Gott als eine vom Glauben unabhängige und ihm vorausgehende Wirklichkeit nach Wittekind aus erkenntnistheoretischen Gründen nicht Gegenstand der Theologie sein kann. Wittekinds Theologieverständnis impliziert eine enge Beziehung, aber auch eine entscheidende Differenz von Glauben und Theologie. Weil die Theologie *auf den Glauben* reflektiert, kann sie nicht von ihm abgelöst werden. Indem sie auf den Glauben *reflektiert*, unterscheidet sie sich von ihm.

Wenn Wittekind dem Terminus ›Religion‹ eine besondere Beschreibungsleistung zuerkennt, führt das im Zusammenhang seiner Überlegungen zu einer Inkohärenz. Ihm zufolge ist Religion so individuell, dass ein allgemeiner Religionsbegriff und allgemeine Aussagen über Religion ausgeschlossen sind. Damit werden aber im Bereich des Christentums die Religion eines Subjekts und sein Glaube ununterscheidbar. Wird der Religionsbegriff damit nicht verzichtbar? Denn was können wir unter dieser Voraussetzung durch seinen Gebrauch gewinnen? Eine Analyse von Wittekinds Text zeigt allerdings, dass dieser gar nicht frei von allgemeinen Aussagen über ›Religion‹ ist. Faktisch verweist auch bei ihm ›Religion‹ auf das

Gemeinsame der – wie könnte ich es anders sagen? – Religionen. Fundamental ist besonders die Behauptung, dass »die Religion von der Überzeugung einer ›absoluten‹ Gewissheit« (S. 132)[1] lebe. Wittekind führt die Individualisierung von ›Religion‹ nicht konsequent durch, und so bleibt dem Begriff eine besondere Beschreibungsleistung – mit Recht.

2. Der Wirklichkeitsbezug des Glaubens und der Theologie

Wittekind schreibt:

> »Iwands Beharren auf der Wirklichkeit Gottes ist ... ein selbstverständlicher interner Bestandteil religiöser Selbstvergewisserung des Menschen. Sie spricht nicht diese Wirklichkeit als unabhängig aus, denn das kann die Theologie gar nicht. Sie hat kein eigenes Zugangsrecht zu einer Wirklichkeit, von der der Mensch sonst nichts wissen kann.« (S. 148)

Der erste Satz dürfte allgemeiner gemeint sein, als er formuliert ist. Nicht nur Iwands, sondern jedes Beharren auf der Wirklichkeit Gottes ist interner Bestandteil religiöser Selbstvergewisserung. Der zweite Satz enthält ein Problem: Sprachlich muss das Subjekt »Sie« auf die religiöse Selbstvergewisserung bezogen werden. Sachlich ist das aber aus zwei Gründen problematisch: a) Die Begründung ist dann nicht stichhaltig. Denn dass die Theologie keinen Zugang zu einer vom Glauben unabhängigen Wirklichkeit Gottes hat, schließt nicht aus, dass die religiöse Selbstvergewisserung oder der Glaube diese »Wirklichkeit als unabhängig« behauptet. – b) Die Aussage, dass die religiöse Selbstvergewisserung die unabhängige Wirklichkeit Gottes nicht behauptet, trifft nicht zu, jedenfalls nicht für den christlichen Glauben in seinen traditionellen Gestalten. Auch wenn Gott dem Glaubenden nur im Glauben zugänglich ist, kann der Glaubende (wenigstens *de facto*) überzeugt sein, ihm erschließe sich eine von ihm unabhängige Wirklichkeit. Dem christlichen Glauben in seiner traditionellen Gestalt ist eine *realistische Unterstellung* wesentlich.

Die Theologie als Wissenschaft muss darauf achten, was ihr erkenntnis- und wissenschaftstheoretisch möglich ist. Für die religiöse Selbstvergewisserung ist die Frage jedoch nachgeordnet. Die realistische Unterstellung funktioniert in der religiösen Selbstvergewisserung bei vielen, wenn nicht

---

1. Ich habe Vorbehalte gegenüber der Art und Weise, wie in der Theologie oft von ›Gewissheit‹ oder gar ›absoluter Gewissheit‹ geredet wird. Aber diese möchte ich hier nicht thematisieren, weil das auf ein Nebengleis führen würde.

den meisten religiösen Subjekten unabhängig davon, ob sie erkenntnistheoretisch gerechtfertigt ist oder nicht. Erst wenn das religiöse Subjekt beginnt, sich reflexiv zur eigenen religiösen Selbstvergewisserung zu verhalten, kann die Frage aufbrechen, ob die realistische Unterstellung erkenntnistheoretisch berechtigt ist.

3. Die Frage nach der Berechtigung der realistischen Unterstellung

Wittekind hat gut beschrieben, wie Iwands Offenbarungstheologie versuchte, die erkenntnistheoretisch orientierte Theologie zu überwinden. Ich stimme mit ihm darin überein, dass Iwands Lösung nicht überzeugt. Wenn ein Glaubender die Wirklichkeit Gottes behauptet, ist das eine menschliche Aussage mit Wahrheitsanspruch, die in der Form menschlicher Erkenntnis zu entscheiden ist und damit Kriterien möglicher menschlicher Erkenntnis unterliegt.

Aber auch Wittekinds Lösung befriedigt nicht. Wenn die realistische Unterstellung dem Glauben wesentlich ist, bestehen zwei Möglichkeiten: Entweder gesteht die Theologie, die auf das Funktionieren des Glaubens reflektiert, wenigstens die Möglichkeit zu, dass die realistische Unterstellung berechtigt ist, oder sie verwandelt sich in Religionskritik. Wenn sie aber zugibt, dass die realistische Unterstellung berechtigt sein könnte, muss sie Auskunft darüber geben, warum das der Fall sein kann. Doch nach Wittekind kann die realistische Unterstellung nicht berechtigt sein. Er muss daher religionskritisch allen Formen des Glaubens und der Religion widersprechen, welche die realistische Unterstellung vornehmen. Das heißt: Er muss z. B. dem Selbstverständnis aller traditioneller Gestalten des christlichen Glaubens widersprechen.

4. Bestimmtheit und Pluralität

Auf der Grundlage seines Verständnisses religiöser Gewissheit skizziert Wittekind eine Theorie religiöser Pluralität. Er vertritt einen »radikalen Pluralismus, der die Gleichwertigkeit verschiedener Möglichkeiten« absoluter Gewissheit, einschließlich »eines möglichen Atheismus bzw. einer anthropologischen Areligiosität« (S. 4) anerkennt. Da er die Annahme einer transzendenten Wirklichkeit ablehnt, muss er einen anderen Weg suchen als John Hick, der die religiösen Traditionen als unterschiedliche menschliche Reaktionen auf die Offenbarung einer unbegreiflichen transzendenten Wirklichkeit deutet. Aber wie sieht Wittekinds Vorschlag aus?

Mit Recht stellt Wittekind fest, dass »die Gewissheit der wirklichen Religion […] an der jeweiligen Bestimmtheit hängt« (S. 131). Aber welche Bestimmtheit bleibt, wenn die Bestimmtheit ihren Ursprung nicht in der Offenbarung einer transzendenten Wirklichkeit haben kann? Wittekind stellt Christus in den Mittelpunkt (S. 131) und erwähnt »das Erzählen im biblischen Kontext« (S. 147), das selbstverständlich ein bestimmtes Erzählen ist. Aber welche Bestimmtheit der Glaubende an Christus und durch das Erzählen gewinnt, sagt er nicht. Was aber geschähe, wenn die Bestimmtheit expliziert würde? Es gibt keine Bestimmtheit ohne Negation. In der Negation liegen aber mögliche Konflikte mit anderen Bestimmtheiten, auch wenn diese nicht eine dem Glauben vorgegebene und von ihm unabhängige Wirklichkeit in Anspruch nehmen. Wie weit kann sich angesichts der möglichen Konflikte der Bereich des Gleichwertigen erstrecken? Wie radikal kann ein Pluralismus sein, der die Bestimmtheit der Religionen ernst nimmt?

Oder beruht die Erwartung, Wittekind hätte die Bestimmtheit des Glaubens und der Religion genauer bestimmen müssen, auf einem Missverständnis? Fordert seine Konzeption vielleicht, dass die Bestimmtheit, weil sie individuell, innerlich und subjektiv ist, in der theologischen Reflexion unbestimmt bleiben muss? Ist die Bestimmtheit so innerlich, dass es keine sinnvollen, nach außen gerichteten Negationen gibt und legitime Konflikte nicht entstehen können? Wenn aber die Bestimmtheit derart in die Innerlichkeit zurückgenommen wird, haben dann die traditionellen Religionen noch einen Platz im Bereich des Gleichwertigen? Müssen sie nicht gegen das explizite Selbstverständnis der religiösen Subjekte interpretiert werden, damit man ihnen einen solchen Platz zuweisen kann? Wenn Wittekinds Pluralismus darauf beruht, dass das Selbstverständnis der religiösen Subjekte als Selbstmissverständnis erscheint, zieht er sich einen Vorwurf zu, der oft gegen Hicks pluralistische Hypothese erhoben wird.

IV. Der Eine und die Vielen
Zur Mensch-Werdung des Menschen

Menschwerdung

Impulse Iwands zum Menschenverständnis und dessen Bedeutung für aktuelle ethische Debatten

Karin Ulrich-Eschemann

»pro me«

Ich habe zwei Zugänge gewählt, um Sie an mein Thema heranzuführen, und ich will im Anschluss daran die Fragestellung, die ich aus Iwands theologischer Reflexion heraus gewonnen habe, die ebenfalls in dem einleitenden Papier genannt wird, bearbeiten.

Christus für mich geboren

Zum ersten Zugang: Unsere Gemeindepfarrerin bat mich im Herbst letzten Jahres einen Beitrag für den weihnachtlichen Gemeindebrief zu schreiben. Sie hatte mein Buch »Vom Geborenwerden des Menschen« gelesen und wollte der Gemeinde gerne etwas davon weitergeben. Ich gab meinem Beitrag den Titel »Christus für mich geboren – Christus mit mir geboren« und begann mit dem zweiten Vers aus dem Weihnachtslied »Ich steh an deiner Krippe hier«:

> »Da ich noch nicht geboren war,
> da bist du mir geboren
> und hast dich mir zu eigen gar,
> eh' ich dich kannt', erkoren.
> Eh' ich durch deine Hand gemacht,
> da hast du schon bei dir bedacht,
> wie du mein wolltest werden.«

Dieser Vers ist für mich zum Schlüssel für das Geheimnis der Weihnacht geworden: die Menschwerdung Gottes für uns – für mich – für alle Menschen. Und auch dies: ich bin erwählt – von Christus vor aller Zeit[1] und

---

1. »In ihm hat er uns erwählt, ehe der Welt Grund gelegt war« (Eph 1,4). Zum Erwählungsgedanken vgl. Hans Joachim Iwand, Wider den Missbrauch des ›pro me‹

dann in die menschliche Zeit hinein geboren worden. So begann ich meinen Beitrag, der später so endete: Ich bin mit diesem Jesus Christus geboren so wie er mit mir geboren ist. Durch ihn ist jeder neugeborene Mensch auf der Welt ein hoffnungsvoller Neuanfang, der gesegnet ist. So weit das Beispiel.

Ich will schon hier im Anschluss an das Beispiel fragen: Gilt das nur für die Gotteskinder, die das im Glauben annehmen? Oder gilt das für alle Menschenkinder als Geschöpfe Gottes? Für alle Geschöpfe ist Gott in Christus Mensch geworden, hinein geboren in die menschliche Zeit – darin den Menschen gleich. Alle Geschöpfe werden eingeladen, das so zu sehen. Sind sie »die Vielen«, die Iwand meint? Wie sind die Geschöpfe und die Gotteskinder einander zugeordnet?

Wann beginnt menschliches Leben?

Mein zweiter Zugang hat sich ergeben aus meiner Beteiligung am biomedizinethischen Diskurs über die Frage, wann menschliches Leben beginnt.[2] Eine Verständigung über diese Frage war nötig geworden aufgrund der Frage nach der Legitimation der Forschung an Embryonen oder embryonalen Stammzellen. Die Notwendigkeit rechtlicher Regelung provozierte eine heftige ethische Diskussion – nicht nur im Parlament. Das Recht muss mit der Ethik korrespondieren, es bleibt auf die ethische Reflexion angewiesen, wobei allerdings für diese eine grundlegende Regel von Bedeutung ist, dass nämlich nicht alles, was nicht verboten ist, deshalb schon gut ist für die Menschen und ihr Zusammenleben. Das Gute ist nicht von vornherein das, was uns in rechtlichen Regelungen gegenüber tritt. Die Ethik darf nicht auf Legitimationsfragen beschränkt werden.

Während der Arbeit an meinem Buch »Vom Geborenwerden des Men-

---

als methodisches Prinzip in der Theologie, in: EvTh 14 (1954), 120-124, 124: »In diesem ›pro me‹ ergreife ich Gottes Gnadenwahl, indem ich mich als den anerkenne und erkenne, der ich nach Gottes in Jesus Christus offenbartem Willen je schon bin. In seiner Geschichte ergreife ich mich als meine Geschichte.« Vgl. Wilfried Joest / Johannes von Lüpke, Dogmatik II. Der Weg Gottes mit den Menschen, Göttingen ⁵2012, 302: »Er hat uns erwählt vor der Grundlegung der Welt, in Liebe hat er uns dazu vorbestimmt, dass wir in der Gemeinschaft mit Christus als seine Kinder leben sollen …«.

2. Siehe z. B. Karin Ulrich-Eschemann, Geboren, nicht gemacht. Die evangelische Ethik greift in der Argumentation gegen die Forschung an Embryonen zu kurz, in: Zeitzeichen (9/2001) 12-14.

schen«[3] bin ich Hans Joachim Iwand auf die Spur gekommen. Es war mein erster intensiver Kontakt mit seiner Theologie, den ich jetzt im Zusammenhang mit diesem Referat wieder aufgenommen habe. Meine Fragen waren folgende: Was trägt das Phänomen des Geborenwerdens und der Geburt aus für eine christliche Anthropologie und für eine ethische Orientierung? Welche Bedeutung hat das Reden vom Anfang des Menschen für das, was Menschsein in schöpfungstheologischer, soteriologischer und ethischer Hinsicht meint? In welchem Zusammenhang steht die Menschwerdung von Menschen mit der Menschwerdung Gottes in Jesus Christus? Wie verbindet sich die Geburt Jesu Christi mit der Geburt von Menschen?

Gottes Menschwerdung in Jesus Christus und unsere Menschwerdung

Ich will die Fragen mit Blick auf das heutige Referat erweitern: Was kann von der Menschwerdung Gottes in Jesus Christus her, die um unseretwillen geschehen ist, gewonnen werden für ein Verständnis von Menschen und ihrer Menschwerdung? Ist hier aus der christlichen Tradition ein Universales zu gewinnen, das den Begriff der Menschenwürde substantiell begleiten, ihn stützen kann, mehr noch: aussagespezifischer ist, wenn wir von den Menschen als Geschöpfen Gottes sprechen. Der Begriff der Menschenwürde ist relativ offen. Vielleicht ja kann die christliche Tradition ein guter »Nährboden« sein für ein angereichertes Verständnis von Menschenwürde und den Menschenrechten.[4] Für die Vielen – für alle? Hans Joachim Iwand be-

---

3. Karin Ulrich-Eschemann, Vom Geborenwerden des Menschen. Theologische und philosophische Erkundungen, Münster 2000.
4. Heiner Bielefeldt, Menschenrechte in der Einwanderungsgesellschaft. Plädoyer für einen aufgeklärten Multikulturalismus, Bielefeld 2007, 55: »Die hermeneutische Einsicht, dass jede Ideengeschichte der Menschenrechte nur rückwärts erzählt werden kann, hat praktische Relevanz. Sie kann dazu beitragen, exklusive Vereinnahmungen der Menschenrechte in bestimmte Kulturtraditionen kritisch aufzubrechen und deutlich zu machen, dass jede einzelne ideengeschichtliche Linie – auch die westliche – zuletzt nur ein Beispiel für die vielfältigen ideengeschichtlichen Rückbezüge bietet, die sich um die Menschenrechte weben. Dies wiederum macht es möglich, dass die spezifischen historischen Hintergründe, Erfahrungen und Motive, die zunächst in Europa und Nordamerika zum Postulat von Menschenrechten geführt haben, in den Zusammenhang einer unabgeschlossenen menschenrechtlichen Lerngeschichte gestellt werden.«

klagt dies ja als Mangel, wenn er von der »nur« partikularen Erlösung des Menschengeschlechts spricht. Kann das Reden von den Menschen als den Geschöpfen Gottes aber das Universale sein? Ist es gar in der Theologie Iwands zu entdecken und ist es am Geborenwerden festzumachen?

Iwands Reflexionen über die Menschwerdung des Menschen und die Menschwerdung Gottes in Jesus Christus konnten eingespeist werden in mein eigenes ethisches Nachdenken über den Anfang eines Menschen und sein Geborenwerden, das nicht reduziert werden sollte – wie dies allerdings in der medizinethischen Diskussion weitgehend geschehen ist – auf die Frage nach dem moralischen Status des Embryos oder dem Beginn menschlichen Lebens. Können bei Iwand hermeneutische Verstehenshilfen gefunden werden für die ethische Wahrnehmung des Geschehens des Geborenwerdens, die sich einspeisen lassen in die ethische Reflexion? Was der Mensch ist und was Menschsein meint, ist ohne die Menschwerdung des Menschen nicht zu verstehen. Hier ist durchaus eine Analogie dieser beiden Geschehen der Menschwerdung zu denken.

Iwand lokalisiert die Menschwerdung Gottes in Jesus Christus zwischen Soteriologie und Schöpfungslehre. Im Hinblick auf die Heilsbedeutung hat er keineswegs nur das Sterben und den Tod Christi im Blick, vielmehr ganz selbstverständlich auch das Geborenwerden des Sohnes: geboren für mich, für uns, für die Vielen.

> »Das ›Für mich‹ (pro me), oder besser das ›Für uns Menschen‹ (propter nos homines) ist also nicht nur eine theologische Ingredienz der Lehre vom Tode und vom Leiden Christi, sondern es ist genauso unumgänglich zum Begreifen der Geburt Jesu Christi. Es ist nichts anderes als die Erinnerung an den Engelsspruch, der über dem Geborenwerden des Sohnes der Maria erklingt: ›euch ist heute der Heiland geboren‹ (Lk 2,11): ›welcher umb uns Menschen und umb unser Seligkeit willen vom Himmel gekommen ist, und leibhaftig (– nicht geschichtlich –!) worden durch den heiligen Geist von der Jungfrauen Maria und Mensch geworden‹ übersetzen es unsere Bekenntnisschriften.«[5]

Für mich – für uns – für die Vielen

Das Dasein Gottes in seinem Sohn ist von Anfang an ein Dasein für mich, für uns, für die Vielen – von unserem Geborenwerden und seinem Gebo-

---

5. Hans Joachim Iwand, Christologie, NWN 2, 451.

renwerden an.⁶ In der Christologie gibt es für Iwand die Unterscheidung des »An Sich« des Lebens Jesu und des »Für mich« nicht, »das ›Für uns‹ ist die Wurzel seines Daseins.«⁷ Sein Dasein für mich ist in Geltung gesetzt, unabhängig davon, wie ich dazu stehe. Es setzt keineswegs meinen Glauben voraus, es ist aber glaubensstiftend.

> »Wenn es so ist, dass das ›Für mich‹ (pro me) im Menschsein des Sohnes Gottes seine Wurzel hat, dass dieser Mensch das für sich selbst dastehende, als Geschehen und als Geschichte Ereignis gewordene Für-mich-Dasein Gottes ist, dass er mir damit mein Dasein als Sünder nicht abgenommen, aber doch mein Dasein übernommen hat – nicht individuell, sondern generell – dann muss auch umgekehrt die ganze Versöhnungslehre vermenschlicht und versachlicht werden. Da ist nicht mehr mit dem Tod Christi, also mit seinem Werk, eine Leistung vollzogen, die sozusagen sachlich-aufrechenbar im Raume der theologischen Dogmatik steht wie eine Schachfigur, die ich ziehen kann, wohin ich will.«⁸

Das ganze Dasein Christi ist nicht nur *pro me* und *pro nobis*, sondern für die ganze Menschheit: Der Eine und die Vielen. In diesem Jesus Christus ist die dem Menschen verloren gegangene Gottebenbildlichkeit wieder hergestellt. Fortan ist die Menschheit »nicht ohne die Mitte des Einen. Was in Adam als Mythos auf dem Plan ist, die Idee des einen Menschen, das ist in Jesus Wirklichkeit … Die Menschheit, die ihre Einheit in Christus hat, ist durch ihn zugleich verwandelt und aufgehoben zu der neuen Menschheit.«⁹ Iwand denkt hier universal:

> »Gottes ›Für mich‹ ist in der Menschwerdung des Sohnes ›außer mir (extra me)‹, unabhängig davon, wie ich subjektiv und immer a posteriori dazu stehe, in Geltung gesetzt. ›Also hat Gott die Welt geliebt‹ (Joh 3,16): das gilt, wie immer die Welt auch darauf reagieren mag.«¹⁰

Gewiss ist bei Iwand der soteriologische Aspekt leitend; allerdings kann der schöpfungstheologische Aspekt implizit sein oder auch explizit werden, wenn zum Beispiel Kirchenväter vom Segen der Geburt Jesu für die Geburt von Menschen sprechen. Für mich geboren, um meinen Anfang zu segnen

---

6. Die alternative erste Kyriebitte nach dem ›Evangelischen Gottesdienstbuch‹ hält das fest: »Wir rufen zu Christus, zu dem wir seit unserer Taufe gehören: Du bist für uns als Mensch geboren.« Der soteriologische Aspekt lässt die Bitte exklusiv erscheinen.
7. Iwand, a. a. O., 261.
8. Ebd., 258.
9. Ebd.
10. Ebd. 31.

und um meinen Anfang mit seinem Anfang zu verbinden. Für den Kirchenvater Cyrill von Alexandrien (um 380-444) gab es keinen notwendigen theologischen Grund, dass Jesus als Kind in und von einer Frau geboren worden ist.

> »Nicht als ob er notwendig oder der eigenen Geburt wegen auch der Geburt in der Zeit und in den letzten Weltzeiten bedurft hätte, sondern um auch den Anfang unseres Seins zu segnen.«[11]

Mensch, Geschöpf von Anfang an. Leo der Große (um 400-461) sagt es so:

> »Indem wir die Menschwerdung unseres Erlösers anbeten, feiern wir offenbar den Beginn unseres eigenen Lebens.«[12]

Dietrich Bonhoeffer denkt in der Spur Iwands, wenn er vom rettenden *pro nobis* der Menschwerdung spricht.

> »Er ist den Menschen gleich geworden, damit sie ihm gleich seien. In der Menschwerdung Christi empfängt die ganze Menschheit die Würde der Gottebenbildlichkeit zurück. Wer sich jetzt am geringsten Menschen vergreift, vergreift sich an Christus, der Menschengestalt angenommen hat und in sich das Ebenbild Gottes für alles, was Menschenantlitz trägt, wiederhergestellt hat.«[13]

Geschöpf sein – Mensch sein – Würde haben

Wenn nach dem Erlösungswerk Christi die ganze Wirklichkeit fortan christusbestimmt ist und Christus als Schöpfungsmittler, was seine Präexistenz voraussetzt, am Werk ist, dann kann das im Hinblick auf das Geborenwerden von Menschen bedeuten, dass ihr Anfang als Menschenkind – als Kind von Menschen – und zugleich als von Gott erschaffen und erwählt, gesegnet ist. Menschen werden nicht einfach Menschen als Gattungswesen, vielmehr sind sie Geschöpfe und als solchen kommt ihnen vom Anfang ihres Werdens an Würde zu. In diesem Sinne ist Geschöpfsein eine universale Kategorie, es betrifft alle Menschen von ihrem Anfang an. Christus für alle als

---

11. Cyrill von Alexandria, Brief an Nestorius 2, in: Texte der Kirchenväter. Eine Auswahl nach Themen geordnet; Band 2, hg. von Alfons Heilmann, München 1963, 243.
12. Leo der Große: Predigt 26, 1-2, in: Texte der Kirchenväter. Eine Auswahl nach Themen geordnet; Band 2, hg. von Alfons Heilmann, München 1963, 176.
13. Dietrich Bonhoeffer, Nachfolge, hg. v. Martin Kuske und Ilse Tödt, DBW Bd. 4, Gütersloh 1992, 301.

Schöpfungsmittler, er gehört auf die Seite Gottes und er ist der Heiland der Welt.

Gleichursprünglich als Geschöpfe, um hier einen Begriff Jürgen Habermas[14] aufzunehmen, der von der Gleichursprünglichkeit spricht, die dafür steht, dass alle Menschen gleich sind, weil sie alle auf die gleiche Weise geboren sind. Theologisches Reden kann sich der Perspektive Jürgen Habermas anschließen oder aber Habermas eine eigene Perspektive anbieten: die, dass alle Menschen Geschöpfe Gottes sind. In der Wahrnehmung Habermas' gehört es zur Natur des Menschen, dass alle auf die gleiche Weise auf die Welt kommen und – ethisch betrachtet – auch kommen sollten, wenn wir nichts Gravierendes an unserem gemeinsamen Menschsein verändern wollen.

Im Hinblick auf die Menschenrechte sagt es Hans G. Ulrich so:

> »›Gott‹ ist darin mitgedacht, dass alle Menschen ›als gleich an Würde und Rechten‹ gelten. Dies schließt aus, dass Menschen von Menschen fundamental abhängen, wofür die Unterscheidung von Gott und Mensch einsteht. Diese Unterscheidung, die Unterscheidung zwischen Gott, dem Schöpfer, und dem Menschen als seinem Geschöpf, bedingt die Gleichheit der Menschen. Kein Mensch kann – sozusagen in Richtung ›Gott‹ – über anderen stehen … In der christlichen Tradition ist die Gleichheit aller Menschen überdies darin mitgeteilt, dass Gottes rettendes Wirken in Jesus Christus allen Menschen gilt.«[15]

---

14. Jürgen Habermas, Die Zukunft der menschlichen Natur. Auf dem Weg zu einer liberalen Eugenik? Frankfurt 2001.
15. Hans G. Ulrich, Menschenrechte und die Praxis der Gerechtigkeit – Zur Diskussion um christliche Impulse für eine Ethik der Menschenrechte, 10 (Erlanger Universitätsreden, 2013, im Druck).
    Wolfgang Huber sagt es so: »Da die von der Gottebenbildlichkeit her verstandene Würde dem Menschen von Gott her zukommt und deshalb von ihm selbst weder hervorgebracht noch gesteigert werden kann, kann auch die Sünde des Menschen zwar als Verstoß gegen diese Würde, aber nicht als ihre Aufhebung verstanden werden. Deshalb ist auch die Sündhaftigkeit des Menschen kein Grund dafür, ihn in einer Weise zu behandeln, die von seiner Würde absieht. In die säkulare Sprache des Rechts und der Rechtsphilosophie wurde dieser theologische Impuls so transportiert, dass der Mensch als das Wesen bestimmt wurde, das niemals bloß als Mittel zum Zweck betrachtet werden darf, sondern stets als Zweck an sich selbst zu sehen ist.« (Wolfgang Huber, Das ethische Stichwort: Menschenwürde, in: ZEE 57 (2013), Heft1, 62-65, 64).

Anfang und Ursprung

Bisher habe ich ganz selbstverständlich vom Anfang des Menschen gesprochen, will aber hier jetzt eine bedeutsame Differenz einführen, die wichtig ist für den biomedizinethischen Diskurs: die von Anfang und Ursprung, die aber beide in einem engen Zusammenhang zu sehen sind. Hier lauten die Fragen: Wann beginnt menschliches Leben? Was ist der Anfang des Menschen? Ab wann ist der Mensch ein Mensch? Zur Beantwortung dieser Fragen hat man sich fast ausschließlich auf die Naturwissenschaften berufen. Für die Frage nach dem moralischen Status des Embryos (Gibt es ein Recht auf Leben? Ab wann? Ist der Embryo schon eine Person?) war das Recht zuständig.

Die Frage nach dem Lebensbeginn wurde reduziert auf die biologische und rechtliche Dimension. Eine erweiterte hermeneutische Dimension hört in der Frage nach dem Lebensanfang die existentiell betreffende Frage mit: Woher komme ich? Was ist mein Ursprung? Wo war ich als ich noch nicht da war? Das Geborenwerden und das Kinder-Bekommen wird dann wahrgenommen als lebensweltlicher Vorgang, der in sich selbst sinnvoll ist. Weil er gewollt ist, von Gott gegeben ist, nicht von uns Menschen als gut befunden, nicht nur Natur ist. Es ist ein Geschehen, dem Würde zukommt und dem sich Gott selbst in seiner Menschwerdung anvertraut hat. Gottes schöpferisches Handeln *(creatio continua)* ist in dem Werden eines jeden neuen Menschen präsent.

Kann dieses Geschehen in Analogie zur Menschwerdung Gottes in Jesus Christus gesehen werden? Diese Frage wird von Marco Hofheinz eindeutig mit Ja beantwortet und er führt dies vor in seiner Untersuchung »Gezeugt, nicht gemacht. In-vitro-Fertilisation in theologischer Perspektive«:

> »Wenn das Werden Christi und das Werden von uns Menschen aufeinander bezogen werden, darf man das Inkarnationsgeschehen hinsichtlich der Frage nach der Entstehung des Menschen keineswegs ausblenden.«[16]

Hofheinz lenkt die hermeneutische Wahrnehmung der kreatürlichen Zeugung auf die ewige Zeugung des Gottessohnes.

> »Ursprung und Anfang werden unterschieden, aber gerade doch so in Beziehung zueinander gesetzt. Die enge Bezogenheit des Unterschiedenen wird in der altkirchlichen und in ihrer Folge auch der reformatorischen und altprotestantischen

---

16. Marco Hofheinz, Gezeugt, nicht gemacht. In-vitro-Fertilisation in theologischer Perspektive (EThD 15) Münster 2008, 458.

Christologie darin manifest, dass man ›Sohneschristologien a posteriori‹, wie etwa die des Arius oder die der Sozzianer, konzeptionell ausschließt. In ihnen wird das Prädikat der Gottessohnschaft Jesu Christi an einen Anfang, d.h. ein bestimmtes Ereignis der Geschichte Jesu Christi, gebunden.«[17]

So ist theologisch der zeitliche Anfang der Person Christi auf der Erde im unterscheidenden Zusammenhang zu sehen mit dem Ursprung seiner Person bei Gott (präexistent und von Gott gezeugt). Die Geschöpfe dürfen daran partizipieren und wir können sagen, dass sie als Personen ihren Ursprung bei Gott haben und ihren zeitlichen Anfang vom Werden im Mutterleib an – nicht erst mit der Geburt.[18] Hier ist Marco Hofheinz zuzustimmen, wenn er die Begründung des Personseins eines jeden Menschen nicht den Naturwissenschaften und dem Recht überlassen will, das von bestimmten Bedingungen abhängig ist. Er lehnt eine Festlegung des Lebensanfangs ab, will eine Definition des Anfangs eines Menschen nicht zulassen.[19] Ich würde das unbedingt ergänzen wollen: wir dürfen keine Definition geben, weil Gott nicht nur unser Ursprung ist. Vielmehr ist er beteiligt an dem Geschehen des Menschwerdens wie auch an dem Geschehen des Sterbens und des Todes eines Geschöpfes.[20] In diesem Sinne ist in unserer Logik eine Festlegung des Todeszeitpunktes, eine Definition theologisch

17. Hofheinz, Gezeugt (s. Anm. 16), 515.
18. »Gott hat mit dem Kommen Jesu etwas zum Abschluss gebracht und etwas Neues begonnen, das sich aus dem vorherigen Zeitenlauf nicht begründen lässt. Daran hat die Christenheit gelernt, was ›kontingent‹ ist: unableitbar, überraschend, befreiend, die Starre dessen lösend, was nur allzu bekannt, gewohnt, fesselnd war und alle Erwartung in seinen Bann schlug. Mit seiner Geburt wird Gottes Sohn jedoch in eine bestimmte räumlich-zeitliche, religiöse und soziale Umgebung hineingestellt, von der nun sein Lebensweg ausgeht. Darum nennen wir ›geboren werden‹ auch ›zur Welt kommen‹. Doch haben wir schon Worte dafür, dass hier Neues in die Welt kommt.« (Gerhard Sauter, Das verborgene Leben. Eine theologische Anthropologie, Gütersloh 2011, 206.)
19. Siehe auch Karin Ulrich-Eschemann: »Der Beginn menschlichen Lebens ist nicht als Datum festzulegen – anders als das Geburtsdatum. Jede Festlegung ist willkürlich, auch die von der Verschmelzung von Ei- und Samenzelle. Das Problem, nach dem Beginn menschlichen Lebens zu fragen beziehungsweise den Beginn festlegen zu müssen, ist ohnehin erst dadurch entstanden, dass man das werdende menschliche Leben von der Frau entfernt hat.« (Karin Ulrich-Eschemann, Geboren, nicht gemacht, in: Zeitzeichen (09/2001) 12-14, 14).
20. Siehe Karin Ulrich-Eschemann, Leben, auch wenn wir sterben. Christliche Hoffnung lernen und lehren, Göttingen 2008, 74-78.

fragwürdig. Theologische Reflexion muss die Frage nach dem Wohin aufnehmen.[21]

Der Schöpfer bildet jedes Geschöpf

Gott ist nicht einfach nur des Menschen abstrakter Ursprung vor der Zeit des Menschen, vielmehr ist er beteiligt am Werden des Menschen im Mutterleib und damit in der Zeit, wie das sehr schön in Psalm 139 ausgesagt wird: »Du hast mich gebildet …« Es ist nicht nur die Natur des Menschen, die das hervorbringt und das Werden ein natürlicher Vorgang, sonst wäre jede Abtreibung nur eine Unterbrechung dieses natürlichen Vorgangs. Dies wäre im Sinne Jürgen Habermas gedacht. Vielmehr ist es ein Eingreifen in Gottes schöpferisches Schaffen, was im Psalm als Bilden, Formen und Gestalten beschrieben wird – dies nun gerade nicht vor aller Zeit.

> »Gott arbeitet gleichsam an der Menschwerdung, und zwar so, dass mit den entstehenden Organen in all ihrer Feinheit und Leistungsfähigkeit auch die Sensorien dafür geschaffen werden, Gottes Handeln zu vernehmen, ihm zu antworten und sich ihm anzuvertrauen. Es sind nicht nur die Ohren, die Gott öffnet oder auch verstopft; nicht nur das Augenlicht, in dem Gottes Schöpfung wiederstrahlt, das aber auch getrübt, geblendet oder wie verklebt sein kann … Im Herzen sind die vegetative Steuerung, die Skala der Empfindungen … So ist das vielschichtige und weitläufige Seelenleben mit seiner Fähigkeit, aufzunehmen und zu verarbeiten, das aber auch unerhört störungsanfällig ist, der vielleicht ausgezeichnete, aber nicht einzige Ort, an dem Gott mit den Menschen gleichsam verkehrt …«[22]

Jedes neue Geschöpf in Empfang nehmen und segnen

Sollte der neue Mensch von seinem Anfang an als Geschöpf Gottes nicht dankbar in Empfang genommen und gesegnet werden? In Analogie zu Mariens Empfängnis vielleicht schon im Mutterleib (»gepriesen sei die Frucht deines Leibes«). Das Segnen ist ein Handeln Gottes, das dem Schöpfungshandeln folgt und allen Geschöpfen gilt (Gen 1,28). In Empfang genommen wird das Kind in der Krippe nicht nur von den Eltern, den Hirten und den

---

21. Siehe auch: Karin Ulrich-Eschemann, Vom Geborenwerden des Menschen. Theologische und philosophische Erkundungen (STE 27), Münster 2000.
22. Sauter, Das verborgene Leben (s. Anm. 18), 213 f.

himmlischen Chören, auch von den drei Weisen aus der Ferne, die das Kind anbeten – das Kind für alle, für die ganze weite Welt. Das Kind als Erlöser der ganzen Welt, für die Vielen – universal.

Segnen sollen wir uns gegenseitig, es ist kein Privileg der Kirche, dies zu tun. Im Taufgeschehen werden Menschen gesegnet, aber hier tritt der Mensch – ob Säugling, Kind oder Erwachsener – als Geschöpf explizit nicht in Erscheinung. Gotteskind und Menschenkind, wie aber stehen sie zueinander? Gerhard Sauter sagt es so:

> »Geboren werden Menschen als Gottes Geschöpfe. Auf dass sie ihre Geburt recht ansehen lernen, werden sie neu geboren: Sie sehen sich nun in der Geschichte, die Gott mit den Menschen eingegangen ist.«[23]

Es könnte ein Dienst der Kirche an den Geschöpfen sein, ihren Eintritt in die Welt zu segnen, vielleicht sogar ihre Empfängnis.[24] In jedem Fall sollte das Geschaffensein bei der Taufe erinnert werden. So lese ich es in einer Taufliturgie:

> »Liebe Eltern, wir haben unser Leben von Gott. So sollt ihr euer Kind als Gabe des Schöpfers annehmen. Durch eure Liebe soll es das erste Zutrauen zur Güte Gottes gewinnen …«[25]

Ich will nach diesem Ausflug in die praktische Theologie auf die Ausgangsfrage Iwands zurückkommen und abschließend feststellen: Wenn wir uns auf die temporale Abfolge einlassen, also den zeitlichen Aspekt betonen, wie ich das hier getan habe, dann steht das Universale vor dem Partikularen, die Geschöpfe Gottes vor dem Volk Israel, den Gotteskindern und der Kirche. Wenn Iwand beklagt, dass erst die Aufklärung über den Begriff der Menschenwürde das Universale am Menschen festgehalten hat, dann weist gerade er selbst in seiner Theologie auf das Universale hin.

---

23. Ebd., 226.
24. »Die Geburt wird in vielen Religionen rituell begangen, und die Geburtszeit spielt für die Astrologie eine ausschlaggebende Rolle. Warum nicht der Zeitpunkt der Empfängnis, mit dem ja alles anfängt? Weil es vielleicht nur wenigen möglich ist, ihn unzweifelhaft festzustellen? Wohl kaum. Die Zeit des Geborenwerdens wird beachtet und geachtet, weil hier ein neues Lebewesen in die Welt eintritt, der dadurch ebenfalls Neues widerfährt. Es wird in sie hineingeboren, und sie wird ein Stück weit aufgebrochen, um diesem Neuen Raum zu geben. Dahinter kann niemand mehr zurückgehen.« (Ebd., 207.)
25. Evangelisches Gesangbuch. Antwort finden in alten und neuen Liedern, in Worten zum Nachdenken und Beten. Ausgabe für die Evangelisch-Lutherischen Kirchen in Bayern und Thüringen, München 1994, 1384 f.

Das Kind in der Krippe und der Neuanfang[26]

Für die frühen Kirchenväter war es eine große Aufgabe, das Geheimnis der Menschwerdung Gottes in diesem kleinen Kind so gut zu verstehen, dass sie darüber predigen konnten. Wenn man in ihren Schriften liest, kann man die Aufregung nachvollziehen: wer nur ist dieser Christus, der auf die gleiche Weise geboren worden ist so wie wir alle?

Martin Luther, der in seinen Weihnachtspredigten in besonderer Weise und sehr liebevoll auf das Kind in der Krippe und seine Mutter blickt, sagt es so: Christus ist von einer Frau aus Fleisch und Blut geboren worden und er hat Fleisch angenommen von Maria. In Sachen Geborenwerden hat mich eine jüdische Philosophin auf die Spur gebracht und mir die Augen geöffnet für die christliche Tradition, in der es tatsächlich viel Neues zu entdecken gibt. Hannah Arendt sagt es so:

> »Das ›Wunder‹ besteht darin, dass überhaupt Menschen geboren werden, und mit ihnen der Neuanfang, den sie handelnd verwirklichen können kraft ihres Geborenseins ... Dass man in der Welt Vertrauen haben und dass man für die Welt hoffen darf, ist vielleicht nirgends knapper und schöner ausgedrückt als in den Worten, mit denen die Weihnachtsoratorien ›die frohe Botschaft‹ verkünden: ›Uns ist ein Kind geboren.‹«[27]

Jeder Mensch ist ein neuer Anfang! Dieser Gedanke fasziniert mich. Mit jedem neugeborenen Kind kommt etwas Neues in die Welt und verändert diese. Juden sagen: Jedes neugeborene Kind könnte der Messias sein. Nach Leo dem Großen feiern wir den Beginn unseres eigenen Lebens, wenn wir die Menschwerdung unseres Erlösers anbeten. Wir können das an jedem Weihnachtsfest neu erleben: für mich, für uns ist dieser Christus geboren und mit ihm ist Gott Mensch geworden – in diesem Kind. Wir kommen von einem wundersamen Anfang her; das lässt uns auch darauf vertrauen, dass wir nicht bloß auf das Ende zugehen, an dem der Tod steht. An jedem Weihnachtsfest werden wir wieder daran erinnert, dass wir mit Christus in seiner Geburt geboren werden. Martin Luther fragt nach dem »für uns« und meint damit gerade nicht nur das »für uns gestorben«, sondern ebenfalls das »für uns geboren«: Christen und Christinnen sollen sich die Geburt Jesu so aneignen, als ob es ihre eigene wäre. Das weihnachtliche Wunder will die Glaubenden verwandeln: Sie haben teil an der Geburt Jesu, so wie Jesus teil hat an ihrer Geburt.

---

26. Aus dem Text des Weihnachtsgemeindebriefes der Martin Luther Gemeinde in Erlangen 2012.
27. Hannah Arendt, Vita activa oder vom tätigen Leben, München ⁹1997, 317.

Wo sind diese Gedanken über das Geborenwerden in unserer kirchlichen Tradition und der Glaubenspraxis geblieben? Sollten wir nicht – unabhängig von der Taufe – die Neuankömmlinge segnen? Sie nach der Geburt ein-segnen so wie die verstorbenen Menschen aus-gesegnet werden?

Hannah Arendt hat der Philosophie Geburtsvergessenheit vorgeworfen und die Fixierung auf das Lebensende und das Sterben beklagt. Kann man das auch von der Theologie so sagen, dass sie geburtsvergessen ist – trotz Weihnachten? Wurden die Kirchenväter und Martin Luther da vergessen? Ja, das kann man so sagen und daran sollte sich etwas ändern.

Mit der Geschichte von Jesus Christus hat sich eine neue Geschichte unerwartet mit der Welt verwoben, die mit dem Werden im Mutterleib und mit der Geburt des Kindes anfängt. In Christus hat sich Gott endgültig verwickelt mit uns Menschenkindern in unserer Welt. Er hat einen Neuanfang gemacht. Unsere Lebensgeschichten können sich verwickeln lassen mit der Geschichte Jesu: Geboren für uns! Im Glaubensbekenntnis von Nizäa-Konstantinopel sprechen wir: Für uns Menschen und zu unserem Heil ist er vom Himmel gekommen, hat Fleisch angenommen durch den Heiligen Geist von der Jungfrau Maria und ist Mensch geworden. So können wir auch sagen: Ich bin mit diesem Jesus Christus geboren so wie er mit mir geboren ist. Durch ihn ist jeder neugeborene Mensch ein hoffnungsvoller Neuanfang, der gesegnet ist.

Menschwerdung Gottes und die Frage der Inklusion

Response zum Vortrag von Karin Ulrich-Eschemann

Helmut Goßler

In ihrem Vortrag hat Karin Ulrich-Eschemann überzeugend dargelegt, inwiefern aus der Theologie Iwands Überlegungen abgeleitet werden können, die für aktuelle bioethische Diskurse von grundlegender Bedeutung sind.

Diese Überlegungen möchte ich an einem Praxisfeld, das für mich große Bedeutung hat, bewähren, vertiefen und ergänzen: an der Frage nach der Inklusion behinderter und psychisch kranker Menschen. Ich bin überzeugt: wir können uns zu gegenwärtigen ethischen Fragen, bei denen es um die Menschenwürde geht, nur dann angemessen verhalten, wenn wir die Geschichte unserer Kirchen und deren schuldhafte Verstrickung in die Ausgrenzung und Ermordung sogenannten »lebensunwerten Lebens« in den 1930er und 1940er Jahren mit im Blick haben.

Ob Iwand sich in der NS-Zeit oder auch in den Nachkriegsjahren unmittelbar zu der Euthanasiediskussion und zum Leiden behinderter und psychisch kranker Menschen geäußert hat, entzieht sich meiner Kenntnis. Dass die gnadenlose Umsetzung der nationalsozialistischen Ideologie im Ganzen grauenvolle Folgen hatte, hat Iwand allerdings klar benannt:

> »Wir haben erlebt – und wir erlebten es ja nicht zum ersten Mal, aber wir waren und sind noch Zeugen dieses furchtbaren Geschehens – wie Ideologien den Menschen gefühllos machten gegen alles Leid, alle Grausamkeit, alle namenlose Bosheit, die er, wirklich er als handelndes Subjekt, sehend ihre Klagen und ihre Schreie hörend, ihre Bitten abweisend, ihre Verzweiflung belachend, seinen Mitmenschen, seinen Brüdern antat.«[1]

Deshalb stellt Iwand die Frage, wie ein Zusammenleben der Menschen nach einer Periode ideologisch legitimierten Hassens und Mordens möglich sei. Für Iwand ist das eine Frage, die jenseits aller Ideologie liegt, nämlich »die

---

1. Hans Joachim Iwand, Über das Zusammenleben in einer Welt widerstreitender Ideologien und politischer und wirtschaftlicher Systeme (1956), in: FO, 145.

Frage, an der wir einander als Menschen wieder erkennen, wieder lieben, wieder verstehen werden, die Frage der Schuld«.[2]

Indem ich mich auf das beziehe, was ich meine von Iwand gelernt zu haben, benenne ich einige Selbst-Behinderungen der Theologie, die die Schuld der Kirche und ihrer Diakonie beschreiben und die dazu beigetragen haben, dass behinderte und psychisch kranke Menschen im Blick auf die geistlose Rede vom »lebensunwerten Leben« und die daraus resultierende mörderische Praxis nicht geschützt wurden:

1. Die Selbstbehinderung der Theologie in den dreißiger Jahren und zuvor bestand in einer Geschäftsverteilung, die Glauben und Wissen trennte: die Natur, ihre Erforschung und Verwertung wurde kritiklos der scheinbar objektiven Wissenschaft überlassen, während der Mensch als privates Individuum, sein Tun und Lassen und die Fürsorge für ihn zum Gegenstand der Ethik gemacht wurde.

2. Die Selbstbehinderung der Theologie bestand in einer missdeuteten Zwei-Reiche-Lehre, aufgrund derer eine Unterordnung unter die weltliche Obrigkeit nicht nur in politischen, sondern auch in sozialethischen Fragen geboten schien.

3. Die Selbstbehinderung der Theologie bestand in einer Anthropologie, in der behinderte Menschen vorwiegend als Empfänger von Werken christlicher Nächstenliebe betrachtet wurden. Eine von der Helferrolle ausgehende Anthropologie erzeugte ein Apartheids-Klima, weitgehende Aufgeschlossenheit gegenüber der Sterilisierungskampagne und leistete dem »tödlichen Mitleid«[3] Vorschub.

4. Die Selbstbehinderung der Diakonie bestand in einer Ausgrenzung von Menschen in Sonderbereiche (Anstalten), die den herrschenden Leitbildern von Normalität nicht entsprachen. Dadurch wurde der unterschwelligen Euthanasiementalität und der Praxis der Euthanasie Vorschub geleistet. Zudem entwickelten die Anstalten eine auf institutionelle Selbsterhaltung ausgerichtete Eigendynamik.

Eine glaubwürdige Theologie und Verkündigung, ein darin wurzelndes diakonisches Handeln, und unser Beitrag zu aktuellen bioethischen Diskursen um die »Menschwerdung des Menschen« sind nur möglich aufgrund der Einsicht in Schuld – die wir Heutigen sicherlich nicht persönlich zu tragen haben, in deren komplexe Wirkungsgeschichte wir aber verwoben sind. Bei Iwand lese ich:

---

2. Ebd., 146.
3. Klaus Dörner, Tödliches Mitleid. Zur Frage der Unerträglichkeit des Lebens, Fortg. Neuauflage der Neuausgabe 2002, Neumünster 2007.

> »Zusammenleben wird in erster Linie heute bedeuten: daß in dem Menschen von der anderen Seite her uns unsere *Schuld* begegnet, daß ein Wort der *Versöhnung*, der *Vergebung* fällig ist. Daß es Menschen geben muß, auf beiden Seiten, die dieses Wort *wagen*, die mit diesem Wort ihre Nähe zueinander zu bezeugen wagen.«[4]

Erst 1985, also 40 Jahre nach dem Ende des Grauens, wurde in einer Erklärung der rheinischen Synode zu »Zwangssterilisierung, Vernichtung sogenannten lebensunwerten Lebens und medizinischen Versuchen unter dem Nationalsozialismus« ein Bekenntnis der Schuld formuliert:

> »Wir bekennen, daß wir in unserer Kirche zu wenig Widerstand gegen die Zwangssterilisierung, die Ermordung kranker und behinderter Menschen und gegen die unmenschlichen Menschenversuche geleistet haben. Wir bitten die überlebenden Opfer und die hinterbliebenen Angehörigen der Ermordeten um Vergebung.«

In der Erklärung der Synode werden die Verbrechen der Lebensvernichtung keineswegs nur als Folge der besonderen Unmenschlichkeit des NS-Regimes beschrieben, sondern darauf hingewiesen, dass sie nach einer langen geistigen Vorbereitung geschahen. Und es werden die »Vorstellungen« benannt, »die damals Verbrechen ermöglichten und heute als Einstellungen weiter wirksam sind«, nämlich:

> »– Kranke und Behinderte erscheinen häufig nicht als menschliche Partner, sondern als Objekte für Forschung, Heilbehandlung, Pflege und Betreuung. Sie werden einseitig von ihrer Hilfsbedürftigkeit her verstanden und in ihrem vollen Menschsein verkannt. …
> – Der Mensch wird als unabhängig, vernünftig und zur Selbstbestimmung fähig verstanden; tatsächliche Abhängigkeit, Einschränkung geistiger Freiheiten und Hilfsbedürftigkeit sollen nicht zum Menschen gehören.
> – Der Sinn des Lebens wird in Glück, Gesundheit, Leistung und Konsum gesehen, darum werden Krankheit, Schmerz, Leid und Behinderung … verdrängt. Falsch verstandenes Mitleid führte dazu, die Tötung leidender Menschen zu rechtfertigen.«

Meines Erachtens ist das Schuldbekenntnis der rheinischen Synode die Bedingung der Möglichkeit diakonischer Theologie heute.

> »Wir erkennen, daß dem Menschen seine Würde von Gott beigelegt und darum unantastbar ist, daß sie also nicht in seinen Fähigkeiten und Leistungen begründet ist. Wer von Menschen geboren ist, ist Mensch, mögen seine Fähigkeiten und Möglichkeiten noch so eingeschränkt sein. Wir erkennen, daß Leiden den Menschen nicht erniedrigt und Leistung den Menschen nicht erhöht.«[5]

4. FO, 147.
5. Synodalerklärung der Evang. Kirche im Rheinland von 1985, in: Jürgen Seim

Was war in den 40 Jahren vom Ende der Euthanasieverbrechen bis zur Synodalerklärung geschehen? Es wurden, nicht zuletzt aufgrund von Elterninitiativen, Hilfesysteme für geistig und körperlich behinderte Menschen aufgebaut – mit einem immer höheren Grad an Differenzierung und Professionalität. Angefangen bei der Frühförderung, über ein auf verschiedene Arten von Behinderungen spezialisiertes Sonder-Schulsystem, bis hin zu Sonder-Arbeitsplätzen und Sonder-Wohnformen für Behinderte. Das damit offiziell verbundene, aber strukturell immer unterlaufene Ziel lautete: Integration von Menschen, die aufgrund ihres Andersseins in materiell gut ausgestatteten Sonderwelten lebten, in die Welt der angeblich »Normalen«. Ich denke, dass der aufwändige Aufbau von Sondereinrichtungen nicht zuletzt geschah als unbewusste Kompensation von unausgesprochener Schuld, und dass dabei die alten Einstellungen unaufgearbeitet weiter wirksam waren in Form einer strukturellen Ausgrenzung.

Erst in den 1970er Jahren wurde von behinderten Menschen die Forderung nach einem selbstbestimmten Leben immer deutlicher öffentlich formuliert. Die »Norm«, an der sich entscheidet, wer normal ist und wer nicht, wurde in Frage gestellt, und die Einsicht begann sich durchzusetzen, dass es normal ist, verschieden zu sein. Den Worten von Karin Ulrich-Eschemann ist zuzustimmen, wenn sie sagt, dass Menschen nicht einfach als Gattungswesen geboren werden, sondern als Geschöpfe, denen von Anfang ihres Werdens an Würde zukommt: »In diesem Sinn ist Geschöpfsein eine universale Kategorie, es betrifft alle Menschen von ihrem Anfang an« (S. 161). Mit anderen Worten: alle Kinder, Kinder mit Behinderungen, Flüchtlingskinder und Slumkinder inklusive, werden in göttlicher Vollkommenheit geboren – und in vollkommener Bedürftigkeit. Ihre Bedürftigkeit besteht darin, dass, mit den auf diese Situation übertragenen Worten Iwands, »Nähe zueinander« bezeugt und gewagt wird. Nur in der Erfahrung von Nähe, in der unmittelbaren Begegnung von Menschen in ihrer Verschiedenheit, kann die aus unbewussten Einstellungen herkommende und ideologisch legitimierte Überheblichkeit der »Normalen« überwunden werden – die in der Tiefe darauf angewiesen sind, dass Gott aus »unglücklichen und hochmütigen Göttern wahre Menschen, das heißt Elende und Sünder«[6] mache.

(Hg.), Mehr ist eben nicht. Behindertsein, Kranksein, Menschsein. Beiträge des Arbeitskreises »Kirche und Euthanasie« der Evang. Kirche im Rheinland, Gütersloh 1988, 17-21.

6. Iwand, Sed originale per hominem unum, in: GA II, 192. Zitat aus M. Luther, Opterationes in Psalmos, zu Psalm 5,2 (WA 5,128).

In meiner Antwort auf den Vortrag von Frau Ulrich-Eschemann habe ich versucht unter Bezugnahme auf Gedanken Iwands an einer Stelle zu zeigen, was von der Menschwerdung Gottes in Jesus Christus her »gewonnen werden kann für ein Verständnis von Menschen und ihrer Menschwerdung« (S. 158). Der Gedanke der Inklusion markiert aus meiner Sicht einen Paradigmenwechsel, der geistig und strukturell dazu beitragen kann, die Ausgrenzung von Menschen, die – in welcher Form auch immer – »anders« sind, zu überwinden. Deshalb gilt es, sich mit denen zu verbünden, die im Sinne der Inklusion gesellschaftlich und pädagogisch daran arbeiten, dass das »Zusammenleben in einer Welt«[7] gelingen kann. In die ethischen Diskurse treten wir ein mit dem Bekenntnis, dass »die *Humanität* nicht innerhalb der Ideologie zu finden ist, daß sie von da aus nicht zu rekonstruieren, nicht zu heilen ist, daß wir höher hinaufgreifen müssen, wenn wir dem Menschen helfen wollen, wieder Mensch zu sein.«[8]

---

7. So der Titel des Aufsatzes: FO, 138.
8. FO, 147.

Vom Geheimnis des Personseins –

Bemerkungen zur Anthropologie bei Hans Joachim Iwand und Karl Barth

Ernstpeter Maurer

Der Beitrag kann auf knappem Raum nicht annähernd die Fülle anthropologischer Einsichten umreißen, die Hans Joachim Iwand als Luther-Forscher gewonnen hat. Ich beschränke mich auf den Zusammenhang zwischen der »klassischen« Christologie und der Anthropologie und konzentriere mich auf einige interessante Konvergenzen, die sich in den auf den ersten Blick sehr unterschiedlichen Ansätzen von Iwand und Karl Barth abzeichnen.

Auf den ersten Blick tritt eine Differenz hervor: Der Lehre von der Sünde kommt bei Hans Joachim Iwand eine fundamentale Bedeutung zu – bei Karl Barth wird sie gleichsam ›aufgeschoben‹ und erscheint als ›Korollar‹ innerhalb der Versöhnungslehre. Die dramatische Konfrontation mit der menschlichen Sünde im Gesetz als Wort Gottes spielt bei Iwand eine wichtige Rolle, tritt bei Barth hingegen in den Hintergrund. Trotz dieser unterschiedlichen Akzente gehört Iwand zu den ausgewiesenen Lutherkennern, die sich von Anfang an die Theologie Karl Barths angeeignet haben. Dieser Spur möchte ich ein wenig genauer nachgehen. Der wichtigste Leitfaden ist dabei die Bonner Christologie-Vorlesung von 1953/54, in der sich erstaunliche Konvergenzen zu der gerade erst entstehenden monumentalen Versöhnungslehre der »Kirchlichen Dogmatik« aufdrängen.

Anknüpfung bei der chalcedonensischen Christologie

Die klassische Christologie, wie sie sich in der Formel von Chalcedon verdichtet, ist für Iwand der Angelpunkt. Das gilt natürlich auch für Barth. Diese Lehrbildung wird durch Luthers *theologia crucis* entscheidend vertieft. Hier knüpft Iwand ganz entschlossen an, was bei Karl Barth – wenn auch ohne Rekurs auf Luther – ebenso deutlich ist. Insofern sind die Konvergenzen nicht etwa überraschend. Auf dieser Linie wird die Rechtfertigungslehre anders akzentuiert als in den Versuchen, die Beziehung der menschlichen Person zu Gott im Glauben gegen die angeblich ›metaphysische‹ Dogmenbildung der ersten Jahrhunderte auszuspielen. Iwand denkt nicht daran, die dogmatische Konzentration der altkirchlichen Bekenntnisse zu relativieren, er macht sie ganz im Gegenteil fruchtbar. Das ist eine ähnliche Bewegung wie bei Barth, der in der klassischen Trinitätslehre den Schlüssel für die Entwicklung einer *biblischen* Dogmatik entdeckt. In Jesus Christus sehen wir, wer Gott ist – wir werden aber auch konfrontiert mit der Wahrheit darüber, wer wir sind.

Schon 1947 polemisiert Iwand gegen die Rede vom modernen Menschen, dem man angeblich das Dogma von der Menschwerdung Gottes nicht mehr zumuten könne.[1] Dieses Dogma ist hingegen in seiner *Fremdheit* zu interpretieren. Es fungiert vor allem als Axiom. Dieser Ansatz findet sich ganz entsprechend bei Barth.[2] Wir können nicht ein menschliches Selbstverständnis voraussetzen und zum Kriterium machen, mit dem wir den auf den ersten Blick »hellenistischen« Logos-Begriff konfrontieren. Iwand wendet sich gegen die Linie im 19. Jahrhundert, die eine solche Verflachung dann konsequent zu einer »Rechtfertigungslehre« führt, in der alle theologischen Aussagen nur noch ein Werturteil wären. Dann rücken gerade die beiden Punkte an den Rand, um die es entscheidend geht, nämlich Geburt und Tod Jesu. Für Iwand ist es umgekehrt:

> »Die ganze Mitte, das Stück, das man sich in der Leben-Jesu-Forschung des 19. Jahrhunderts herausgeschnitten hat, muß eben nicht Gegenstand des Credo sein.«[3]

Entscheidend ist die Bewegung Gottes in die menschliche Wirklichkeit hinein – und dabei wird diese Wirklichkeit in Bewegung gesetzt und erschüttert. Sie verliert daher ihren Eigenstand, denn sie wird zum Ort der Gegenwart Gottes, ist es aber nicht aus sich heraus.

Die Verborgenheit des wahren Menschen

Die Nähe zu Barth ist hier mit Händen zu greifen. Die »Prolegomena zur Kirchlichen Dogmatik« entfalten insgesamt die dogmatische Methode, von

---

1. Hans Joachim Iwand, Die Menschwerdung Gottes, der unausdenkliche, aber gerade darum zu bekennende Grund unseres Glaubens (1947), in: NWN 2, 437–461, 437.
2. Vgl. KD I/2, § 13.
3. NWN 2, 440.

biblischen Texten her die scheinbaren Selbstverständlichkeiten des menschlichen Denkens in Bewegung zu setzen und auf die Wirklichkeit des Gotteswortes auszurichten. Während aber Barth von einem Offenbarungsbegriff ausgeht, der seinerseits (gesamt-)biblisch zu begründen ist, konzentriert sich Iwand auf die *theologia crucis* Luthers. Das ist natürlich kein Widerspruch! Es erklärt aber die viel stärkere Entfaltung der anthropologischen Konsequenzen bei Iwand, vor allem die Zentralität der Sündenlehre, die in dieser Funktion bei Barth nicht zu finden ist. Es gibt dort zwar die Paragraphen zu Hochmut, Trägheit und Lüge in der Lehre von der Versöhnung, sie sind aber streng als Korrelate der Christologie ausgeführt. Dabei sind die Grundzüge vergleichbar. Der Kern der Sündenlehre ist die angemaßte Gottheit der menschlichen Geschöpfe. Die Inkarnation des Gottessohnes befreit uns von dieser Tendenz und *befreit uns zur wahren geschöpflichen Menschlichkeit*. Insofern *gehört auch der wahre Mensch ins Credo*:

> »Es könnte doch sein …, daß nicht nur die Erkenntnis Gottes, sondern auch die des Menschen ein Geheimnis ist, das Gott zu offenbaren sich vorbehalten hat.«[4]

Eine solche Unenthüllbarkeit des menschlichen Wesens zeigt sich durchaus auch in Barths Dogmatik. In der Lehre von der Gnadenwahl ist der Gedanke präsent, denn der sündige Mensch wird zum Ziel der ewigen Erwählung Gottes.[5] Dies bleibt der Erfahrung entzogen. Schon innerhalb der ›Prolegomena‹ fällt bereits die Verweigerung auf, die ›Erfahrung‹ zum Kriterium zu machen[6], zusammen mit der Grundentscheidung, die *Sprache* in höchst differenzierter Weise zu betrachten – es handelt sich ja um die »Lehre vom Wort Gottes«.[7] Die Sprache gehört auf jeden Fall zur Wirklichkeit des Menschen, und hier kann sich abzeichnen, ob sie der sündigen Selbstverschlossenheit dient oder von Gott her für die Begegnung erschlossen wird. Da die Sprache eine *Äußerung* ist, wird der verlockende, aber theologisch irreführende Bezug auf eine ursprüngliche *innere* Erfahrung schon im Ansatz vermieden. Diese Linie konzentriert sich in der Betonung der *Gestalt*, in der Gott sich vergegenwärtigt.[8] Der Gedanke findet sich innerhalb der Entfaltung des biblischen Offenbarungsbegriffs als »Wurzel der Trinitätslehre« und betont die Anspruchslosigkeit der geschichtlichen Gestalten, die nur allein bedeutsam werden, sofern Gott sich in ihnen selbst enthüllt. Das Paradigma ist der

---

4. NWN 2, 442.
5. Vgl. KD II/2, §33.
6. Vgl. KD I/1, §6,3.
7. Vgl. Ernstpeter Maurer, Sprachphilosophische Aspekte in Karl Barths »Prolegomena zur Kirchlichen Dogmatik«, Frankfurt 1989.
8. Vgl. KD I/1, §8,2, bes. 333.

Eigenname als in sich bedeutungsloses Zeichen. Dem entspricht der Akzent, den Iwand auf die *leibliche* Gestalt des Wortes Gottes legt.[9]

Mit dieser Wendung setzt Iwand sich klar von der im weitesten Sinne idealistischen Grundannahme ab, wonach die menschliche Wirklichkeit im Rahmen der Differenz von Natur und Geist zu entfalten wäre. Dann gehören die Begriffe ›Person‹ und ›Geschichte‹ auf die Seite der geistigen Wirklichkeit. Iwand polemisiert gegen eine vor allem seit Schleiermacher geläufige Theologie, in der es von dieser geistigen Wirklichkeit aus zu einer Annäherung des menschlichen Geschöpfs an die göttliche Wirklichkeit kommen kann. Das verdichtet sich bekanntlich im Begriff ›Religion‹, der für Karl Barth geradezu ein Schimpfwort sein kann. Bei Iwand zeichnet sich eine ›Entäußerung‹ der menschlichen Wirklichkeit ab, in der sich die Dialektik von Gesetz und Evangelium zuspitzt. Das Gesetz macht als Wort Gottes alle menschlichen Ansprüche auf eine Annäherung an Gott zunichte, bringt den Menschen aber dadurch auch in die Wahrheit. Deshalb kommt es Iwand darauf an, die Fragwürdigkeit des Dualismus von Natur und Geist aufzuweisen. Es geht also bei der Betonung der Leiblichkeit nicht um ›Naturalismus‹, sondern um eine tiefere Ebene der menschlichen Wirklichkeit, die nur von Gott aus zugänglich ist und noch ›hinter‹ den Dualismus von Natur und Geist reicht.

Usus elenchticus legis

Allerdings fehlt in Barths Lehre vom Wort Gottes das Gesetz in der zugespitzten Fassung eines *usus elenchticus legis*. Für den Vergleich ist das ein fruchtbarer Ansatzpunkt, zumal Iwand diese für ihn selbst so wichtige Denkfigur bei Barth nicht wirklich vermisst hat.[10] Im ersten Zugriff wäre zu sagen: Bei Iwand ist das Gesetz keine von der Christologie unabhängige Größe, sondern streng auf die Christusgeschichte hingeordnet.

> »Das Gesetz, falsch verstanden, verführt den Menschen immer wieder dazu zu meinen, es wolle das Wort *in uns* Fleisch werden. In Wahrheit sorgt das Gesetz nur dafür, daß wir begreifen, daß von uns aus gesehen das Wort nicht Fleisch werden kann. In Wahrheit sorgt das Gesetz dafür, daß wir Ausschau halten müssen nach der Menschlichkeit des Wortes ›außerhalb unserer selbst‹ (extra nos).«[11]

---

9. NWN 2, 444.
10. Vgl. dazu NW 5, 203 ff.
11. NWN 2, 457 f.

Es kann also keine Sündenerkenntnis geben, die der Begegnung mit Gott in Jesus Christus vorgängig wäre. Die vom Gesetz bewirkte Entäußerung der menschlichen, ›geistigen‹ Wirklichkeit ist aber die Kehrseite der Vereinigung Gottes mit der menschlichen Natur. Dieses Geschehen findet seine dichtesten Formulierungen eben in der klassischen Christologie, in der auch die Wahrheit über die sündige und über die auf Gott bezogene menschliche Person aufleuchtet. Es ist dann aber ganz unangemessen, die Dogmenbildung der Alten Kirche gegen einen modernen Begriff von ›Geschichte‹ oder ›Person‹ auszuspielen – vielmehr tritt hier hervor, wie diese Begriffe neu zu interpretieren sind.

Wenn Iwand sich auf die sündige menschliche Wirklichkeit konzentriert, so ist das gerade das Gegenteil zur Spekulation im Sinne Hegels. Es geht nicht um die Vermittlung des Unendlichen mit dem Endlichen oder die Überwindung eines allgemeinen Gegensatzes zwischen Gott und Mensch.[12] Es geht Iwand vielmehr – mehr auch als Barth – um die Überwindung des Moralismus. Wenn Barth die Zeichen in ihrer Anspruchslosigkeit zum Ausgangspunkt macht, so zeigt sich darin der starke anti-spekulative Akzent der »Prolegomena«. Vielleicht stellt für Iwand der Moralismus eine größere Gefahr dar.

> »Die Lehre von der Menschwerdung Gottes ist die Grenze, an der der Moralismus das Recht verliert, das letzte Wort über den Menschen und die Menschheit als solche zu sagen.«[13]

Das *letzte* Wort wird in Jesus Christus gesprochen, daher skizziert das christologische Dogma in der Zuspitzung auf das Kreuz die *eschatologische* Wirklichkeit Gottes und des Menschen. Hier kommt es zu einer neuen Definition von »Geschichte«. »Die Geschichte ist nicht der Bezirk, der die Entmythologisierung der Offenbarung verbürgen könnte, nur das Wort kann uns den Eingang in diese Geschichte vermitteln«. Das Wort ist Subjekt der Geschichte, sodass »also diese Geschichte nur als A und O aller Geschichten gehört, begriffen und ausgelegt werden kann.«[14] Ähnlich formuliert Barth schon in KD I/2, dass die Geschichte immer nur als Prädikat der Offenbarung (als der ersten Gestalt des Wortes Gottes) zu begreifen ist.[15] Daher entfaltet Barth in KD I/2, § 14 die Geschichte des Bundes mit Jesus Christus in der Mitte als die eine umfassende Geschichte. Von dieser Mitte aus ist –

---

12. Vgl. NWN 2, 451 f.
13. NWN 2, 452.
14. NWN 2, 455.
15. Vgl. KD I/2, 64.

das gilt für Iwand wie für Barth – die menschliche Wirklichkeit zu entfalten, und zwar als dramatische Konfrontation. Dieses Drama ist die letzte Wirklichkeit.

›Anhypostasie‹ und ›Stellvertretung‹

Das zeigt sich in der Zentralstellung der christologischen Begriffe ›Anhypostasie‹ und ›Stellvertretung‹. Beide sind streng aufeinander bezogen. Iwand geht von der Wendung *Fleisch*werdung aus. ›Fleisch‹ meint den Inbegriff des gottfeindlichen Menschen im Widerstreben gegen Gott, preisgegeben dem Tode. Von hier aus kommt Iwand zur Betonung der *Anhypostasie*. Dieser christologische Grundgedanke erweist sich als mehrdeutig und gerade darin als höchst präzise. Indem Jesus Christus der Mensch ist, der wir nicht sein wollen, lebt er unsere Existenz:

> »Er lebt die Existenz des wahren Menschen in der Welt – und entschleiert damit unsre Existenz als die nicht wahre, als die sich selbst verhüllende, die nicht menschliche.«[16]

Das ist bereits doppelsinnig. Jesus Christus lebt als der allein auf Gott *purissime* bezogene Mensch, im Gegensatz zu allen anderen. Damit lebt er aber auch in der Schwachheit und konfrontiert uns mit unserer Wahrheit. Seine Schwachheit ist zugleich das Tragen unserer Gottferne, die nur die Kehrseite der angemaßten Gottähnlichkeit ist und durch seine Existenz provoziert wird. Durch diese Konfrontation geht Gott als Sieger hervor: Es gibt eben doch einen Menschen, der nicht Sünder ist, gerade weil er sich nicht davon distanziert, Fleisch zu sein.[17] – Was Iwand hier äußerst konzentriert formuliert, entfaltet Barth in narrativem Stil in KD IV/1 § 59. Gerade in der Erwählung Israels wird der Rahmen geschaffen für den Konflikt, in dem sich das ewige göttliche Wesen und das Wesen des Menschen letztlich aneinander profilieren. Es wird zudem deutlich, dass die Begegnung mit der Christuswirklichkeit letztlich das Ziel der Begegnung mit dem Gesetz ist, sodass auch umgekehrt die Gesetzespredigt aufgehen kann in der Erzählung der Bundesgeschichte. Der *usus elenchticus legis* wird demnach bei Barth zum unverzichtbaren Aspekt einer Geschichte.

In der ersten Bonner Christologie-Vorlesung werden einige der bereits

---

16. NWN 2, 459.
17. Vgl. NWN 2, 461.

erwähnten Grundmotive noch stärker profiliert: Es kommt darauf an, dass die Vereinigung Gottes mit der menschlichen Wirklichkeit nicht nur zufällig ist, sondern ›metaphysisch‹.[18] Das Wort meint nicht die aristotelische Ontologie, es wird vielmehr einer *lediglich* ›personalen‹ Ebene entgegengesetzt, die ihrerseits für die schon erwähnte Reduktion der menschlichen Wirklichkeit auf den Gegensatz von ›Natur‹ und ›Geist‹ steht. Wenn Iwand sich hingegen auch hier auf die *Leiblichkeit* konzentriert, so geht es um eine Revolution der menschlichen *Wirklichkeit*, nicht nur im Selbstbewusstsein. Die menschliche Wirklichkeit – im Unterschied zu allen Verschleierungen – zeigt sich als das einmalige und unumkehrbare, allerdings auch auf den Tod zulaufende und mit Schuld beladene Leben. Daher ist es zu harmlos, nur von einer Befreiung im Schuld*bewusstsein* zu sprechen. »Der ganze Bereich der Leiblichkeit ist sozusagen aus der Erlösung ausgeschieden.«[19] Dann kann die Sünde nicht mehr als Macht verstanden werden, dann wird auch die Unfreiheit des Willens nicht mehr zum Problem. Übersehen wird dann der dichte Zusammenhang von Sünde, Schuld, Tod und Unfreiheit. Denn die Schuld ist »eine letzte irreparable Wirklichkeit«[20]. Das ist eine ontologische Einsicht: Innerhalb der menschlichen Wirklichkeit rückt alles in den Bereich der Eschatologie, was unumkehrbar ist. Das ist in einem tieferen Sinne eine geschichtliche Fassung ontologischer Fragen. Daher ist es auch signifikant, wenn die *ewige* Wirklichkeit Gottes und des Menschen von der Christologie her als *Drama* nachgezeichnet wird. Hier tritt die Sünde als gottfeindliche Macht hervor. Daher kommt es auf die Erlösung durch Gott selber an, der in einem realen Gericht für mich eintritt und meine Sünde trägt.[21] Das ist auf der Ebene der wahren Wirklichkeit gesagt, wo der Tausch stattfindet, der diese Ebene erst freilegt, denn ich kann und will das ja nicht sehen:

> »Begegnung mit Gott bedeutet Begegnung mit meinem wirklichen Sein! Dann werde ich der, als den Gott mich sieht und aufdeckt, nicht der, als den ich mich sehen will in meiner Selbstgerechtigkeit und Selbstgefälligkeit.«[22]

Nehmen wir die Frage nach der geheimnisvollen Wirklichkeit des Menschen wieder auf, *so zeichnen diese Sätze eine ähnliche Struktur wie die Trinitätslehre, die ihrerseits das Geheimnis Gottes zur Sprache bringen will, ohne es*

---

18. Hans Joachim Iwand, Christologie. Eine Einführung in ihre Probleme. Vorlesung, Bonn 1953/54, in: NWN 2, 15-229, 172.
19. NWN 2, 178.
20. NWN 2, 179.
21. Vgl. ebd.
22. Ebd.

aufzulösen. Das gilt insbesondere für die Stellvertretung und den Tausch zwischen Gott und Mensch, zwischen dem wahren und dem sündigen Menschen. Wäre das die geheimnisvolle Wirklichkeit des Menschen, dass keiner von uns für sich allein leben kann? Dann umreißt exakt die christologische Lehre von der Anhypostasie den neuen Begriff der ›Person‹, die keine eigenständige Wirklichkeit außerhalb des göttlichen Handelns hat und eben darin zur wahrhaft menschlichen Person wird. Versöhnung bedeutet, »daß sich hier ein realer Platzwechsel vollzogen hat«. Wir erkennen die Tiefe der Sünde erst dadurch, »daß wir sehen, welchen Preis Gott dafür gezahlt hat, während wir meinten, dies durch einen Bewußtseinswandel herbeiführen zu können«.[23] Die wahre Wirklichkeit ist streng auf die Begegnung mit Gott bezogen, und zwar auf die Begegnung mit dem *inkarnierten* Gott. Für die *Anthropologie* bedeutet das jedenfalls: Die moderne Konzentration auf die Dualität von Natur und Geist reicht nicht weit genug. Iwand sucht nach einer sprachlichen Ebene, die solchen Differenzierungen vorausliegt, und findet sie in den klassischen dogmatischen Formulierungen der Alten Kirche. Das ist natürlich ein Konvergenzpunkt mit der Dogmatik Karl Barths.

Der Gedanke der Stellvertretung setzt die fundamentale christologische Denkfigur der Anhypostasie voraus, und hier finden wir die entscheidende Übereinstimmung mit Barth. Auf den ersten Blick ist das nicht freilich einfach dasselbe. Die anhypostatische Relation der menschlichen zur göttlichen Natur wird bei Barth als reine Zeichenbeziehung gefasst, dann aber narrativ entfaltet als Geschichte des Bundes. Die dramatische Spitze erreicht diese Geschichte im Tod Jesu Christi und der Konfrontation Gottes mit dem sündigen, nach der Gottheit greifenden Menschen. Diese narrative Struktur wird von Iwand in der klassischen Christologie verdichtet. Das gilt vor allem für die Lehre von der Anhypostasie: Es ist die zweite göttliche Person, das Wort Gottes als Person, welches die menschliche Natur aufnimmt – die gerade nicht ihrerseits Person ist (gegen Nestorius). So kommt es zur Personalität Jesu Christi. Daher sind die beiden Naturen nicht symmetrisch.

> »Die menschliche Gattung (genus) wird angenommen von dieser Person. Daß er Mensch ist, geht alle Menschen an, den einzelnen nur insofern, als er zu dieser verlorenen und rätselhaften Gattung Mensch gehört.«[24]

Das ›Ich bin‹ ist nicht mehr im Sinne eines allgemein menschlichen Sprachgebrauchs zu verstehen, sondern als das ›Ich bin‹ Gottes (Ex 3,14). Auf diesem Hintergrund ist aber nun die menschliche Gattung in ihrer Verloren-

---

23. NWN 2, 181.
24. NWN 2, 183.

heit und Rätselhaftigkeit charakterisiert. Insofern könnte man sagen, dass *wir* gerade keine Personen sind – was wir meinen, wenn wir ›ich‹ sagen, wird nun schattenhaft. Im Gegenüber zum wahren Menschen wird unsere Unwahrheit offengelegt, die sich gerade dann zuspitzt, wenn wir unseren Begriff der in sich zentrierten Person in Anspruch nehmen. So wird die Anhypostasie Jesu Christi zur Provokation unserer angemaßten Selbstbezogenheit. Gerade in dieser Begegnung eröffnet sich für uns aber eine Geschichte, wir werden zu gerichteten und geretteten Personen, sündig und gerecht.[25]

Der Angriff auf die menschliche Personalität im Sinne der Selbstbezogenheit spielt in der Christologie der »Prolegomena zur Kirchlichen Dogmatik« keine besondere Rolle, allerdings geht es durchaus um eine konsequente Verwandlung der menschlichen Personen in Beziehungen (vgl. §16). Zu klären ist allerdings der von Barth immer wieder angeführte Begriff der ›freien Entscheidung‹. Wenn für die wahre Freiheit der Begriff des Zeugnisses wesentlich sein sollte, geht es jedenfalls nicht um eine autonome Selbstverwirklichung, sondern um den freien Gehorsam der Gotteskinder (vgl. §12). Hier kann nur hingewiesen werden auf ein Desiderat der Forschung. Die über die ganze »Kirchliche Dogmatik« verstreuten Bemerkungen zur menschlichen Entscheidung, die von Gottes Entscheidung umgriffen wird, wären in Beziehung zu setzen zu unserem Reden von Gott, das dem Reden Gottes in schlichter Weise *folgt*.[26]

Gottes Geschichte als ›Drama der Stellvertretung‹

Iwand vertieft den Begriff ›Geschichte‹ konsequent christologisch, denn natürlich greift die Ewigkeit Gottes in die Zeit ein, indem *Gott Geschichte macht*. Das ist dann nicht die Geschichte im Sinne eines Bereichs der Ethik (wie bei Schleiermacher). Diese *Geschichte* Gottes verändert vielmehr die menschliche *Natur*.

> »Indem unsere Natur in Christus ›enhypostasiert‹ ist, also nicht mehr im Menschen selbst sich sieht …, ist die Erkenntnis unserer Wirklichkeit immer schon eingeschlossen in die andere der Wirklichkeit Gottes. … Insofern als sich der wirkliche Gott und der wirkliche Mensch, das heißt, der Gott, der für den Menschen eintritt, und der Mensch, der gegen Gott auftritt, hier begegnen und das

---

25. Vgl. NWN 2, 186 f.
26. Vgl. KD I/1, §5, 166 f., auch §6, 210 zur ›Selbstbestimmung‹.

Für-mich Gottes das Wider-Gott-Sein des Menschen besiegt, ist Jesus der neue Bund zwischen Gott und Mensch – in seinem Blute.«[27]

Der von Gottes Wort angenommene Mensch ist der wahre Mensch, aber darin wird unsere sündige Wirklichkeit *im Kontrast* deutlich. Der (scheinbar) wirkliche ist der gottfeindliche Mensch, der wahre ist der *purissime* auf Gott bezogene Mensch. Für beide gilt indessen: Eine in sich wirkliche Personalität ist unwirklich, entweder eine gefährliche Illusion oder die Erfüllung in Gottes Vereinigung mit der menschlichen Natur. Es gibt aber keinen gemeinsamen Nenner dazwischen. Die *wahre* Wirklichkeit ist daher der Konflikt, das Drama der Stellvertretung, denn der wahre Mensch erleidet die Konsequenz der verlogenen Gottesferne und befreit damit die anderen zur reinen Gottesbeziehung. Diese Befreiung ist eine Umkehrung der Verkehrung, wie sie für die Sünde charakteristisch ist:

> »daß hier von Gott unser Menschsein sich selbst aufgeladen wird, daß dieser so über die Erde wandelnde, leidende, gekreuzigte, den Tod und die Verdammnis sich selbst aufbürdende Mensch Gottes Nähe zu uns ist, die Nähe, die wir von unserem Selbstverständnis, von unserer ratio her Gottesferne nennen, daß uns Gott in Jesus Christus gerade da nahe ist, wo unser Menschsein als das pervertierte, das ganz und gar unpersonale, das zerrissene und zerstörte erscheint, und daß eben dieser Mensch von Gott her dann doch der gerechtfertigte und auferstandene, der lebendige ist – das ist das Evangelium der rechtfertigenden Gnade. Alles menschliche Personsein konstituiert sich ja im Gegensatz zur Natur!«[28]

Hier setzt Iwand wieder den Begriff »Natur« im Sinne seiner Bestimmung der ›Leiblichkeit‹ ein: Die Anhypostasie ist mit der Passion verknüpft. Gerade diese Passivität widerspricht allem, was wir als menschliche Weisheit oder Frömmigkeit auf Gott hinordnen wollen, also gerade unserer Vorstellung von ›Personalität‹. In dieser Hinsicht ist die anhypostatische Passivität für unsere *ratio* Gottesferne. Sie ist also nicht nur eine Provokation für unser Reden von Gott, *sondern auch für unsere Vorstellung vom Menschen*. In der Sicht des Glaubens kommt es dann zur Identifikation, wir erkennen uns in diesem Menschen, werden aber auch in die Gottesbeziehung dieses Menschen aufgenommen *(simul peccatores – simul iusti)*.

Das Gefälle auf der menschlichen Ebene der Begegnung darf niemals in dem Sinne verstanden werden, dass irgendwelche ›Gemeinsamkeiten‹ zwischen Jesus und uns benannt werden, also keine Merkmale der ›Gattung‹, schon gar nicht die Vernunft. Das Gesetz wird dann zum Vollstrecker eines von Gott her auf mich zukommenden Selbstverlustes, sofern mir der Selbst-

---

27. NWN 2, 188.
28. NWN 2, 192.

gewinn durch Werke aus der Hand geschlagen wird. So wird es erst zum Wort Gottes – denn das Gesetz als solches ist eine Leistung der menschlichen Vernunft. In diesem Horizont ist der Ansatz Barths in KD III/2 interessant: Hier sind die Grundzüge des menschlichen Wesens allesamt auf das Mit-Jesus-Sein bezogen, allerdings ohne die dramatischen Zuspitzungen eines *usus elenchticus legis*. Es wäre aufschlussreich, die Analogien *(analogiae relationis)* in der Anthropologie der »Kirchlichen Dogmatik« daraufhin zu untersuchen, wie gerade die schlichte und anspruchslose menschliche Existenz in bestimmten Relationen in einer heilsamen Weise zu einer »entdramatisierten« und doch geheimnisträchtigen Rede vom menschlichen Wesen führt.

Der menschgewordene Gott und die Menschwerdung des Menschen

Iwand behandelt innerhalb der Christologie-Vorlesung in aller Kürze die Anthropologie, wie Barth sie in KD III/2 entwickelt. Dabei tritt erneut hervor, wie entscheidend die anhypostatischen Beziehungen sind, und zwar in einer interessanten Färbung. Allerdings fällt der Begriff nicht. Es geht der Sache nach um das schlichte Aufleuchten der Menschlichkeit in ihrer Bezogenheit auf das Christusgeschehen. Der Mitmensch ist dazu bestimmt, *zum Leibe des Hauptes zu gehören.*[29] Daher kann die Auszeichnung der Menschlichkeit exklusiv auf die Inkarnation zurückgeführt werden. Sie ist gerade nicht aus dem Menschsein zu erschließen.

> »Eben an jene Stelle, wo bei Fichte das absolute ›Ich bin‹ des Menschen stand, setzt Barth das ›Ich bin‹ des einen Menschen Jesus, dieses mit uns gleichen und doch wieder mit uns ganz und gar ungleichen Menschen, der Mensch und Gott zugleich ist.«[30]

Daher ist der Mensch wieder »der Erde zurückgegeben«. Hier klingt Iwands Grundgedanke an, wonach wir wirkliche Menschen werden und aufhören, »unglückliche Götter zu sein«[31]. Das führt zu einer befreienden Depotenzierung der menschlichen Existenz, die ihre unbestreitbare Sonderstellung

---

29. NWN 2, 129. Iwand zitiert KD III/2, 174.
30. NWN 2, 132.
31. NWN 2, 134.

nicht mehr in sich hat und daher auch nicht aus sich heraus verwirklichen muss.

Interessant ist Iwands Beobachtung, dass Barth die Ansätze von Ebner und Buber vollendet, die sich auf das Ich-Du-Verhältnis konzentrieren.

> »Das Besondere im Unterschied zu den obengenannten Versuchen ist aber dies, daß Barth nicht von der Humanität, von dem Ich-Du-Verhältnis, daß er darum auch nicht vom Gesetz ausgeht, sondern von der Divinität, von der Gnade, und so herniedersteigt zu dem Verhältnis zum Mitmenschen!«[32]

Es werden also nicht herausragende menschliche Potenzen zum Ansatzpunkt, nicht die Vernunft, aber auch nicht die dialogische Personalität, sondern die durch die Menschwerdung Gottes geschenkte Struktur von ausbalancierten Relationen innerhalb der menschlichen Wirklichkeit. Man kann sich nun durchaus fragen, wie sich Barths *analogia relationis* unterscheidet etwa von Emil Brunners Personalismus. Die Differenz liegt auf jeden Fall in der Schlichtheit, die sich als *Faktum* und insofern als *ontologische* Struktur nachzeichnen lässt. Es geht also wieder um eine von Gott her gesetzte Wirklichkeit, über deren Möglichkeit nur *a posteriori* nachzudenken ist. Der Charakter der Gnade oder des Geschenks tritt dann hervor in den Relationen, die keine eigenständige und schon gar keine eigengesetzliche Wirklichkeit aufweisen, aber von Gott her mit ontologischer Kraft gesetzt sind. Dennoch kann gefragt werden, wie sich die Schlichtheit der Menschlichkeit verhält zu der dramatischen Konfrontation im Rahmen der Gesetzespredigt. Der zweite Aspekt wird von Iwand angesprochen: Wir verfehlen ja unsere Menschlichkeit, wenn wir mehr sein, insbesondere wenn wir selber Erlöser sein wollen.

> »Die wahre Menschlichkeit, die ›Grundform‹ derselben, kann doch wohl nur in der Umkehr erkannt werden! ... Fällt nicht jenes falsche Verständnis der Humanität zusammen mit der Tatsache unserer gesetzlichen Gerechtigkeit, unserer Werkgerechtigkeit? Hier stellt kein Du, keine echte Schuld, kein anderes Leben die Gerechtigkeit meines Lebens in Frage.«[33]

Die Schlichtheit der *analogia relationis* ist also keine Selbstverständlichkeit.

Es kommt demnach auf die Begegnung mit dem *mensch*gewordenen Gott. Sonst wäre die Frage zu stellen: Könnte nicht jeder Mensch so auf Gott bezogen sein wie Jesus? Letztlich zielt der Leib Christi gerade darauf, dass jeder dem andern zum Christus wird. Aber gerade hier wird deutlich, wie irreführend die Vorstellung einer ›Gottunmittelbarkeit‹ ist. Die reine Rela-

---

32. NWN 2, 139.
33. NWN 2, 146.

tion zu Gott ist eben nicht durch unmittelbaren Zugriff zu verwirklichen. Die scharfe Unterscheidung von der sündigen Verzerrung erfolgt gerade durch die Gegenwart Gottes im gottwidrigen Bereich der Passivität und Passion Jesu. Nur ein Bezug auf *diesen* Gott kann zur reinen Gottesbeziehung führen *(theologia crucis!)*. Ein Gottesbezug an der reinen menschlichen Existenz vorbei wird unweigerlich zur Sünde:

> »In der Ethik begegnen sich Gottes und meine Wirklichkeit nur dann, wenn ich ein Heuchler, ein Pharisäer bin, ein Gesetzesmensch; wenn das Gesetz ausschlaggebend ist für das, was wir unter Menschheit verstehen.«[34]

Die Vergebung wird nicht einfach proklamiert – das wäre wieder nur eine »personale«, auf das Selbstbewusstsein bezogene Anrede –, sondern als hartes Faktum in die Geschichte ›eingerammt‹.

Die Reduktion der *humanitas* auf das nackte Leben ist theologisch bedeutsam als Kehrseite der Erfüllung dieses Lebens mit dem Wort Gottes. Jeder Versuch, der animalischen Dimension zu entrinnen durch eine ›Lebenssteigerung‹, führt zu einer noch weiteren ›Animalisierung‹. Die Menschen legen ›Zäune und Grenzen‹, »um sich so die menschliche Art zu verdecken«.[35] Aber gegenüber dem Faktum, »daß Menschen Gott umbringen ..., weil sie ihre eigenen sittlichen und religiösen Prinzipien wahren wollten, tut Gott seinen Mund auf und redet sein Wort, und zwar eben so, daß er sich in diesem Tod als unser Versöhner offenbart. Unser Wider-Gott-Sein und sein Für-uns-Sein fallen im Tode Jesu in eins zusammen. Der Mensch hat das Letzte versucht, was er tun konnte, um Gott loszuwerden, aber Gott hat eben in diesem Letzten, in diesem seinen Tod, seinen Sieg aufgerichtet. ... Was wir Wirklichkeit nennen, ist eine durch den Tod Jesu aufgehobene ..., durchgestrichene Wirklichkeit.«[36] Es kommt hier zu einer Zuspitzung, die im strengen Sinne eschato-logisch ist, sofern sie die letzte Tiefe der Wirklichkeit nachzeichnet, also nicht überboten werden kann, und zugleich eine innere Notwendigkeit erkennen läßt. Es ist geradezu *logisch*, wenn Gott unsere Stelle einnimmt und uns damit gleichsam verdrängt aus der Gottferne, in die wir uns verblendeterweise hinein begeben. Solch eine Theo-Logik ergibt sich aus der Anhypostasie, denn wenn wir unseren Selb-stand verlieren, sind wir schlicht bezogen auf die Wirklichkeit Gottes. Diese Begegnung ist die letzte Wahrheit und Wirklichkeit Gottes und des menschlichen Geschöpfs. Hier bricht die Ewigkeit Gottes in unsere

---

34. NWN 2, 198.
35. NWN 2, 201.
36. NWN 2, 208.

Zeit ein, sofern eine solche Vereinigung nicht mehr zu überbieten ist. Wie gesagt: Dieses Drama erzählt die wahre Wirklichkeit der menschlichen Geschöpfe.

Daraus ergibt sich ein interessanter Gedankengang zur Genugtuung. Weil nämlich Gott in Jesus Christus gegenwärtig war, macht er unsere Bemühungen sinnlos, genauer: überflüssig.

> »Wir haben hier nichts mitzubringen außer uns selbst. ... Hier ist eine Wirklichkeit gesetzt mit allem, was das Wort Wirklichkeit umspannt ... den Tod und das Leben umspannt, die aber im Unterschied zu der Welt, in der wir leben, eine fertige, eine vollkommene Welt ist.«[37]

Es gibt keinen Ort für uns, noch etwas zu tun – es wird sogleich als sinnlos entlarvt. Nicht einmal der Angriff auf Gott kann noch etwas bewirken. Ähnlich argumentiert Barth: Wo Gott an unserer Stelle richtet, wird unser Richten überflüssig.[38] Daher entspricht dem *gratis* ein *satis*. Die Gnade Gottes ist keine Verlegenheitslösung, sondern ein überlegenes Handeln aus der Fülle, eine radikale Selbstenthüllung und -vergegenwärtigung. Diese Wirklichkeit ist nur als Geschenk erfahrbar, nur *passiv*, zu erleiden. Dem entspricht die Anhypostasie: als Wirklichkeit der menschlichen ›Natur‹ Jesu Christi, die für alle anderen menschlichen Geschöpfe zum nicht überbietbaren ›Anknüpfungspunkt‹ wird, und zwar gerade in der dramatisierten Version des Konflikts zwischen der sündigen, vergehenden, gottfeindlichen – und der liebevoll sich in die Geschichte einlassenden Wirklichkeit Gottes. Die gesamte Christologie wird daher konzentriert entfaltet in einer strengen Theo-Logik.

»verborgen mit Christus in Gott«

Diese theologische Logik geht streng vom Christusereignis aus und entfaltet dieses einzigartige Geschehen als wahre Wirklichkeit Gottes und des menschlichen Geschöpfs. Auf den ersten Blick deutlicher als bei Barth tritt dabei hervor, wie intensiv die menschliche Person dann auf Gott bezogen ist. Die Relation ist ein dramatisches Geschehen, ein Konflikt. Iwand bezieht sich auf die berühmte Formulierung Luthers über den *Deus salvator iustifi-*

---

37. NWN 2, 211.
38. Vgl. KD IV/1, § 59, 260.

cans und den *homo peccati reus et perditus*.³⁹ Daher geht es nicht an, von ›Gott an sich‹ zu reden, ebensowenig vom Menschen ›an sich‹.

> »Der ›natürliche Mensch‹ ist da, wo der Mensch im Lichte des ihn rettenden Gottes erscheint, keine irgendwie reale Größe mehr. ... Diese gleichzeitige Beziehung von Gott und Mensch aufeinander in der Wirklichkeit von Sünde und Gerechtigkeit ist die eigentliche Begründung der Theologie.«⁴⁰

Das wirft ein Licht auf die Dialektik von »Gesetz und Evangelium«. Diese doppelte Struktur des Wortes Gottes darf nicht interpretiert werden, als könne das Gesetz unabhängig von der Zuwendung Gottes bereits eine – möglicherweise auch noch ›allgemeingültige‹ – Sündenerkenntnis schaffen und damit das Wort von Christus ›vorbereiten‹. Iwand geht denn auch anders vor und radikalisiert das Lehrstück von der Sünde im wahrsten Sinne des Wortes. Die theologische Anthropologie wurzelt in der Lehre vom *peccatum originale*, die aber streng in die Christologie eingebunden ist.⁴¹

Die Unterscheidung der wahren Wirklichkeit von den bloßen Phänomenen durch den Rückgriff auf ein eschatologisches Drama, das in den – angeblich ›spekulativen‹ – Dogmen der Alten Kirche konzentrierten Ausdruck findet, findet sich auch bei Karl Barth. Den Ansatz in der »Kirchlichen Dogmatik« bildet allerdings die aus dem Offenbarungsbegriff gewonnene Trinitätslehre. Es geht um die uns Menschen zuteilwerdende Selbstenthüllung des seinem Wesen nach dem Menschen unenthüllbaren Gottes.⁴² Die Entfaltung dieses Offenbarungsbegriffs führt zur *immanenten* Trinitätslehre, die ›Gott an sich‹, das innere Wesen Gottes skizzieren will. Dabei kann es selbstverständlich nicht um Aussagen ›über‹ Gott gehen, sondern um eine dogmatische Struktur, die Gottes Wesen in Identität und Differenz zur Selbstoffenbarung Gottes profiliert. Die Freiheit Gottes soll gerade nicht abstrakt außerhalb, sondern konkret *in* seiner radikalen Selbstenthüllung sichtbar gemacht werden. Im Zusammenhang der Offenbarungslehre wird deutlich: Es bleibt auch die Tat Gottes, wenn menschliche Personen diesem Wort folgen können, dafür geöffnet werden. Darin steckt eine Fülle anthropologischer Implikationen, die im Rahmen der »Prolegomena« nicht systematisch entfaltet werden, wohl aber in der massiven »Erwählungslehre« (KD II/2, s.o.). Dort wird die Rechtfertigungslehre gleichsam integriert in die trinitarische Struktur und die Zwei-Naturen-Lehre. So werden auch bei

---

39. Vgl. WA 40/II, 328 zu Ps 51,2.
40. »Sed originale per hominem unum«. Ein Beitrag zur Lehre vom Menschen, in: GA II, 171-193, 176.
41. Vgl. ebd. 175.
42. Vgl. KD I/1, § 8, 332 f.338.342.

Barth die Begriffe »Gott« und »Mensch« nicht vorgängig definiert. Wir können nicht erst einen allgemeinen Begriff von Gott skizzieren und schon gar nicht das Wesen des Menschen unabhängig von der Gottesbegegnung fassen. Daher gehört die Bestimmung des Menschen »in den Umkreis der *Offenbarung*« – weil vom Evangelium her »eine Aussage über den Menschen schlechthin gemacht wird, über den Menschen in seinem Sein vor Gott«.[43] Dann aber gehört die menschliche Person ins Glaubensbekenntnis, denn sie ist wesentlich geheimnisvoll.

---

43. GA II, 179.

Partizipieren an Gottes Identität

Response zum Vortrag von Ernstpeter Maurer

Matthias Freudenberg

Hans Joachim Iwand und Karl Barth schätzten einander, Barth titulierte Iwand in einem Interview aus dem Jahr 1964 als »Freund«, als »Ostpreußen ohne Falsch« und ein wenig augenzwinkernd als »reformierten Lutheraner«. Weiter sagte Barth:

> »Er hat in idealer Weise den Typus eines an Luther geschulten Theologen vertreten, der dann aber Calvin ganz ernstlich zur Kenntnis genommen hat und in dem Luther und Calvin einander in einer einzigartigen Verbindung begegnet sind.«[1]

Meiner Response zum Vortrag von Ernstpeter Maurer schicke ich ferner einen von Barth erinnerten Disput zur Christologie voraus, der sich zwischen ihm und Iwand ereignete. Auf der Tagung der Gesellschaft für evangelische Theologie in Wuppertal 1956 trug Iwand zum »Primat der Christologie« vor.[2] In Barths Ohren klang Iwands Aufruf zur »christologischen Konzentrierung der ganzen Theologie« doch allzu schrill. Barth wörtlich:

> »... (E)s geht ja nicht um Christologie, es geht auch nicht um Christozentrik und christologische Orientierung, sondern es geht um Ihn selber. Und alle Beschäftigung mit Christologie ... kann doch nur kritische Hilfsarbeit sein, um zu dem Punkt vorzudringen, wo es dann sein mag ...«[3]

Diesen Punkt »wo es dann sein mag« – nämlich dass Jesus Christus in der theologischen Rede als Subjekt selbst zur Sprache kommt und dass die Christologie in der Gestalt der Begegnung Gottes mit dem Menschen bzw. der Geschichtlichkeit der Gegenwart Gottes erscheint – hat Barth in seiner Versöhnungslehre ausgemessen und beschrieben. Wie Maurer eingangs feststellt, ist beiden die hermeneutische Bedeutung Jesu Christi gemeinsam: In ihm sehen wir, wer Gott ist und wer wir selbst sind. Iwands Bonner

---

1. Interview von Dietmar Schmidt (18.2.1964), in: Karl Barth, Gespräche 1964-1968, hg. v. Eberhard Busch, Karl Barth-Gesamtausgabe, Abt. IV, Zürich 1997, 13.
2. Hans Joachim Iwand, Vom Primat der Christologie, in: Antwort. Karl Barth zum siebzigsten Geburtstag am 10. Mai 1956, Zollikon-Zürich 1956, 172-189.
3. Gespräch mit Göttinger Studenten (12.10.1963), in: Gespräche 1963, hg. v. Eberhard Busch, Karl Barth-Gesamtausgabe, Abt. IV, Zürich 2005, 138.

Christologie-Vorlesung markiert indes an dieser Stelle eine Akzentverschiebung gegenüber Barth, indem er das der Moderne fremde Dogma von der Menschwerdung Gottes in den Mittelpunkt rückt und dieses von Geburt und Tod Jesu umgrenzt sieht.

Drei Aspekte spreche ich an, die eine weitere Erörterung des Spannungsverhältnisses zwischen den Christologien Iwands und Barths verdienen:

1. Iwand und Barth ging es um die Bewegung Gottes in die menschliche Wirklichkeit hinein – mit dem für die Anthropologie relevanten Implikat, dass diese Wirklichkeit in Bewegung gesetzt und erschüttert und gerade so zum Ort der Gegenwart Gottes wird. Dazu formuliere ich zwei die Diskussion eröffnende Fragen: Können beide Akzentuierungen – Iwands Insistieren auf der *theologia crucis* und Barths Einzeichnung der Rede von Jesus Christus in die Bundesgeschichte Gottes mit den Menschen und somit in eine biblische Dogmatik, die pointiert auch die Auferstehung einbezieht – einander zuarbeiten? Und: Was bedeuten beide Akzentuierungen für die Begründung wahrer geschöpflicher Menschlichkeit des Menschen, aber auch für das Zusammenleben in *einer* Welt, das besonders Iwand hervorgehoben hat?

2. Iwand betont die Fleischwerdung Gottes und legt diese in zwei Richtungen aus: als Existenz des wahren Menschen in der Welt und als Aufdeckung unserer unwahren, sich selbst verhüllenden Existenz. Damit überwindet Iwand entschlossen die im Neuluthertum wahrzunehmende Tendenz zur Ablösung des Gesetzesverständnisses von Jesus Christus, so dass bei ihm die Begegnung mit dem Gesetz letztlich auf die Begegnung mit der Christuswirklichkeit zielt. Eine solche Begegnung hat Folgen für die menschliche Existenz. Hätte in diesem Horizont Iwand eine noch größere Ausweitung des Gesetzesbegriffs vornehmen können – etwa in Analogie zu Barth, der das Gesetz als »notwendige Form des Evangeliums« umschrieben und auf diese Weise in der Tradition der reformierten Theologie einen »usus in renatis« angedeutet hat?

3. Iwand radikalisiert auf dem Hintergrund seiner Aufnahme der Lehre von der Anhypostasie seine Anthropologie: Streng genommen kommt dem natürlichen Menschen keine Personalität zu, und erst der Eintritt der Ewigkeit Gottes in die Zeit verändert die menschliche Natur und macht den Menschen zur Person. In der Begegnung mit dem menschgewordenen Gott und aufgenommen in die die Passion einschließende Gottesbeziehung des wahren Menschen Jesus Christus, ereignet sich die Konstituierung menschlicher Personalität. Was aber bedeutet ein solch radikaler Personbegriff nicht nur für die individuelle Existenz, sondern auch für die überindividu-

elle Sozialität des Menschen und letztlich für das Zusammenleben in *einer* Welt, die davon gekennzeichnet ist, dass Menschen einander vielfach ihre Würde und ihr Personsein absprechen? Und: Was bedeutet Iwands Insistieren auf der Gegenwart Gottes in der Passion Jesu – benannt als Stellvertretung bzw. Selbsthingabe Gottes – für die Wahrnehmung der sich selbst in der Passion befindlichen menschlichen Existenz?

Ich schließe noch einen letzten Gesichtspunkt an: Statt vom Menschen »an sich« zu reden, könnte – Iwands und Barths Anthropologie aufnehmend – vom Menschen als erlöstem, befreitem und in die Zeugenschaft gerufenem Wesen gesprochen werden. Dies geschieht freilich nicht an den Erfahrungen von menschlicher Passion vorbei, sondern greift diese auf und überwindet sie zugleich. So gesehen ist nicht nur Gottes Sein im Werden[4], sondern auch das Sein des Menschen: Er *hat* keine Identität, wohl aber gewinnt er sie und partizipiert an Gottes eigener Identität.

---

4. Vgl. den Titel des Buches von Eberhard Jüngel, Gottes Sein ist im Werden. Verantwortliche Rede vom Sein Gottes bei Karl Barth. Eine Paraphrase, Tübingen 1965.

V. Einheit der Verheißung?
Impulse zur Ekklesiologie

Kirche des Wortes – Kirche der Freiheit

(Öffentlicher Vortrag am 15. Februar 2013
in der Johanneskirche Saarbrücken)[1]

Johannes von Lüpke

I.

Die evangelische Kirche ist alt geworden. Nimmt man den 31. Oktober 1517, den Tag, an dem Martin Luther mit 95 Thesen die Kirche zur Umkehr aufrief, als den Tag der Geburt, so wird sich dieser 2017 zum 500. Mal jähren. Und die Jubilarin hofft, diesen runden Geburtstag bei guter Gesundheit, im Vollbesitz ihrer geistigen und physischen Kräfte feiern zu können. Vielfältige Anstrengungen sind eben darauf gerichtet, diese Kräfte zu erhalten und zu stärken. Jahr für Jahr werden der alten Dame neue Kuren verschrieben. Die Dekade, die auf das Reformationsjubiläum zuläuft, ist angelegt als eine solche Maßnahme, die das Evangelische in der evangelischen Kirche vitalisieren soll, damit Angehörige der evangelischen Kirche, aber auch diejenigen, die sie von außen wahrnehmen, deutlicher erkennen können, was dieser Name bedeutet und wodurch dieser Name gedeckt ist. Geburtstage, das sind ja auch im Lebenslauf eines Menschen Anlässe, um sich der eigenen Identität zu vergewissern. Wer bin ich geworden und was macht mein Leben aus? Diese Fragen lauten, wenn man sie auf die Biographie einer Kirche überträgt: Was ist aus der evangelischen Kirche geworden? Was macht ihre unverwechselbare Individualität, ihren Charakter aus? Und hat sie als diese besondere Gestalt noch eine Zukunft?

Die Jubilarin Evangelische Kirche ähnelt manchen rüstigen Senioren auch darin, dass sie gern beides sein möchte: stolz auf das, was im Laufe eines langen Lebens gewachsen ist, und zugleich jugendlich mit dem Schwung, Neues zu beginnen. Da kann allerdings auch Wunschdenken mit

1. Die Veranstaltung richtete sich – im Rahmen der Iwand-Tagung und ihrer Einbindung in das Themenjahr »Reformation und Toleranz« sowie in Kooperation mit der Stadt Saarbrücken und dem Evangelischen Kirchenkreis Saar-West – an die interessierte Öffentlichkeit der Stadt, um Iwands Impulse für die Kirche der Gegenwart im Blick auf das Reformationsjubiläum 2017 einem breiteren Publikum bekannt zu machen.

im Spiel sein. Man hält sich mitunter für jünger, als man tatsächlich ist. Eine solche Selbsteinschätzung wird in der evangelischen Kirche noch dazu befördert durch den Vergleich mit der älteren Schwester, von der man sich gern durch ein jugendlicheres Auftreten abheben möchte. Die ältere Schwester, das ist die römisch-katholische Kirche, so wie sie sich selbst als Erbin und Repräsentantin einer zweitausendjährigen Geschichte des Christentums versteht und in ihrer hierarchischen Struktur durch den Herrn der Kirche selbst legitimiert sieht. Bekanntlich ist es diese Kirche, die den Anspruch erhebt, als die alte Kirche zugleich die Mutterkirche zu sein, die als solche gern alle anderen Kirchen und kirchlichen Gemeinschaften in ihrem ›Schoß‹ versammeln möchte. Diesem Anspruch gegenüber verweigert sich die evangelische Kirche. Von ihrer vermeintlichen Mutter hat sie sich emanzipiert. Was aus Sicht der alten Kirche den Mangel der Jugend ausmacht, darin liegt nach der Selbsteinschätzung der jugendlichen Kirche gerade der Vorzug. Man hängt nicht so fest am Althergebrachten. Man ist freier sich auf Neues einzulassen. Man ist jünger, moderner. Oder vorsichtiger gesagt: Man meint es zu sein. Ob es sich wirklich so verhält, ist eine offene Frage.

Bleiben wir aber vorerst bei dem Selbstverständnis, bei jenem Gefühl, das sich in dem Komparativ des Jüngeren, Neueren, Freieren ausspricht. Die Steigerungsform gilt in zweifacher Hinsicht. Zum einen im Verhältnis zur römisch-katholischen Kirche. Ihr gegenüber stellt sich die evangelische Kirche als Raum der Freiheit dar. In ihr muss man nicht alles glauben, was die Kirche lehrt. In ihr wird die ›Freiheit eines Christenmenschen‹ groß geschrieben, und das heißt dann: Dass der einzelne Christ in seinem Herzen des Glaubens gewiss und froh werde, ist das Entscheidende. Und in diese je persönliche Sphäre des Glaubens hat die Kirche mit ihren Institutionen nicht hineinzuregieren. Die Freiheit »von der Kirche«[2], wie sie Luther gegenüber der verfassten Kirche seiner Zeit in Anspruch genommen hat, hat das protestantische Selbstverständnis nachhaltig geprägt, nicht nur im Sinne einer Emanzipationsbewegung, in der sich die evangelische Kirche von der römisch-katholischen ›Mutterkirche‹ ablöst, sondern zum anderen auch in der Aufnahme eines neuzeitlichen Freiheitsbegriffs, der an die Theologie der Reformatoren anschließt, aber auch über sie kritisch hinausführt. ›Kirche der Freiheit‹ im strengen Sinn ist die evangelische Kirche erst dadurch geworden, dass sie sich mit der Moderne angefreundet hat, etwa mit den Idealen der Aufklärung, wie sie bei Lessing und Kant zu lernen sind, oder auch mit den Errungenschaften der Menschenrechte, verstanden als

2. Vgl. dazu Hellmut Zschoch, Martin Luther und die Kirche der Freiheit, in: Werner Zager (Hg.), Martin Luther und die Freiheit, Darmstadt 2010, 25-39.

Freiheitsrechte des Individuums. Die evangelische Kirche versteht sich als die liberalere, die modernere Kirche, und dies eben nicht nur im Vergleich zur alten Mutterkirche, sondern auch im Vergleich zu ihren eigenen Anfängen. Sie ist aus dem Stadium der Kindheit und Jugend in der Zeit der Reformation und frühen Neuzeit herausgewachsen. Während sie damals noch allzu sehr dem Alten verhaftet war, etwa noch den katholischen Glauben im Sinne des altkirchlichen Dogmas geteilt hat, hat sie nun an der Schwelle zur Moderne eine Transformation vollzogen, die in der Konsequenz der Reformation liegt, aber doch über sie hinausgeht. Gemeint ist die Transformation des alten Protestantismus, wie er sich in der Lehrgestalt der Dogmatik des 17. Jahrhunderts ausgeprägt und verfestigt hat, hin zum Neuprotestantismus, der – maßgebend durch Schleiermacher geprägt – die christliche Lehre auf dem Boden der Subjektivität neu begründet und verflüssigt. Erst durch diese Transformation hat sich die evangelische Kirche als »Kirche der Freiheit« herausgebildet.

Indem die evangelische Kirche in diesem Sinn liberaler geworden ist, scheint sich der Graben zur römisch-katholischen Kirche noch weiter vertieft zu haben. Der Besuch von Papst Benedikt XVI. im September 2011 und die durch ihn ausgelösten Diskussionen dürften dieses Bild nochmals bestätigt und verfestigt haben: auf der einen Seite eine Kirche, die zur Entweltlichung auffordert und sich vor allem kritisch auf die Moderne bezieht, auf der anderen Seite eine Kirche, die sich weltlich aufgeschlossen gibt und der Vielfalt und Widersprüchlichkeit des modernen Lebens in sich Raum und Heimat zu geben bemüht ist.

II.

Das Bild, das uns jetzt vor Augen steht, ließe sich noch weiter ausmalen. Es soll uns jedoch hier nur als Skizze dienen, um ein verbreitetes Vorverständnis wiederzugeben und zugleich in Frage zu stellen. Indem ich das Verhältnis der beiden Kirchen, die in Deutschland als ungefähr gleich große Körperschaften vertreten sind, nach dem Muster individueller Lebensgeschichten gezeichnet habe, habe ich vereinfacht, ja karikiert. Ironische Zwischentöne sollten die Fragen vorbereiten, denen wir uns nun zu stellen haben: Ist die evangelische Kirche wirklich das, was sie programmatisch als ihre Identität ausgibt? Wie verhält sich dieser Anspruch, in dem sich ihr heutiges Selbstverständnis artikuliert, zum Ursprung reformatorischer Theologie? Ist die evangelische Kirche noch Kirche der Reformation?

Es könnte ja auch sein, dass die evangelische Kirche im Zuge ihrer Geschichte das ihr anvertraute Erbe nicht etwa verwirklicht, sondern vielmehr auch immer wieder verkehrt und preisgegeben hat. Es könnte ja auch sein, dass ihre neuprotestantische Gestalt viel mehr Katholisches in sich birgt, als es zunächst den Anschein hat. Und es könnte sein, dass es der evangelischen Kirche gut tut, wenn sie sich nicht nur von der römisch-katholischen Kirche abgrenzt, sondern sich von ihr in Frage stellen lässt.

Um in eine solche Haltung des Fragens einzuüben, erinnere ich zunächst an Karl Barth. Vor nunmehr bald 85 Jahren hielt er zunächst in Bremen und dann noch einmal am 10. April 1928 in Düsseldorf einen Vortrag unter dem Titel »Der römische Katholizismus als Frage an die protestantische Kirche«[3]. Barth plädiert hier für ein fragendes ökumenisches Gespräch: fragend nun nicht allein und nicht primär in dem Sinne, dass die protestantische Kirche aus einer vermeintlichen Selbstsicherheit die römisch-katholische Kirche befragt und in Frage stellt, sondern fragend in dem Sinne, dass sie den römischen Katholizismus als »Frage an die protestantische Kirche« aufzufassen bereit ist. Hören wir auf Barths Rat, so treten wir in das ökumenische Gespräch ein als diejenigen, die sich fragen lassen und zwar im Kern danach fragen lassen, ob sie und in welchem Sinne sie sich als die eine Kirche Jesu Christi verstehen.

> »Der Katholizismus ist die große, strenge Erinnerung daran, daß es sich in der Reformation des 16. Jahrhunderts, aus der die protestantische Kirche hervorgegangen ist, wie der Name sagt, um die Reform, d. h. um die *Wiederherstellung* der *Kirche* und also weder um ihre Zerstörung noch um ihre Verwandlung in ein ganz anderes Gebilde, nicht um das Proklamieren eines neuen, zweiten, sondern um das Aufdecken des alten, einen Ursprungs der Kirche gehandelt hat. Protestantismus protestiert nicht gegen, sondern für die Kirche. [...] Protestantische Kirche heißt nicht nur nicht weniger, sondern mehr, nicht nur nicht schwächer, sondern stärker als katholische Kirche eben *Kirche*: Kirche als das menschliche Mittel der Offenbarung in der Hand Gottes, Kirche als der menschliche Ort, wo Gottes Reden stattfindet und vernommen wird, Kirche als die menschliche Gemeinschaft, in der auf Grund göttlicher Berufung diesem Reden Gottes durch Menschen gedient wird, Kirche als die menschliche Gemeinschaft, in der wiederum auf Grund göttlicher Berufung dieses Reden Gottes an Menschen Ereignis wird.«[4]

Wenn Barth hier so emphatisch die protestantischen Kirchen bei ihrem Anspruch behaftet, Kirche zu sein, so vor allem deswegen, weil er den Protes-

---

3. Karl Barth, Vorträge und kleinere Arbeiten 1925-1930, hg. v. Hermann Schmidt (Karl Barth Gesamtausgabe, Abt. III), Zürich 1994, 303-343.
4. Ebd., 316.

tantismus in seiner Entwicklung zum Neuprotestantismus in der Gefahr sieht, sein Kirche-Sein einzubüßen.

»Der Katholizismus wird uns zur Frage, indem er sich in seinen Voraussetzungen über die Kirche bei aller Gegensätzlichkeit in größerer Nähe zu den Reformatoren befindet als die Kirche der Reformation, sofern sie etwa wirklich und endgültig neuprotestantisch geworden sein sollte.«[5]

Die Frage, die Karl Barth den Katholizismus stellen lässt, ist somit die Frage nach der eigenen protestantischen Identität. Und eben diese droht die neuprotestantische Kirche zu verlieren, wobei sie sich – welche Ironie der Geschichte! – gerade dadurch dem Katholizismus wieder annähert. »Sind wir noch Protestanten [...]?« fragt Barth und verweist auf mancherlei katholisch Anmutendes in der evangelischen Kirche, etwa, wenn »an Stelle des Gnadenwortes Gottes das Werk und die Erhebung des Menschen, jetzt im Innenland der Seele, jetzt in der kulturell-sozialen Tätigkeit«, getreten sei oder wenn »eine protestantische Heiligenverehrung und Heiligenkultur« die katholische ersetzt habe.

»Wir könnten das alles einfacher und schöner haben. Sollte uns das Christentum aus einem *Gottesdienst* auf *Hoffnung* zu einer letzten und höchsten *Lebenskunst*, deren Früchte wir *sehen* und *ernten* möchten, geworden sein, dann dürften wir uns die wirklich sachliche und gründliche Anweisung *dazu* lieber gleich direkt in jenen berühmten vier Büchern von der Nachfolge Christi oder in den ignatianischen Exerzitien suchen, wo sie der Neuprotestantismus in seiner Jugendzeit, im 17. und 18. Jahrhundert, auch ganz unbefangen gesucht und gefunden hat.«[6]

Barth beschließt seinen Vortrag mit einem Ausblick in die Zukunft. »Die künftige Geschichte der protestantischen Kirche wird die Antwort [sc. auf die gestellten Fragen] sein.«[7] Ob das 20. Jahrhundert wirklich, wie Otto Dibelius kurz zuvor proklamiert hatte, als »Das Jahrhundert der Kirche« (1926) in die Geschichte eingehen werde, sieht Barth skeptisch. Seine Antwort lautet: »Ja, aber es wird sich zeigen: *welcher* Kirche!«[8]

Das Votum von Karl Barth fordert uns heute nicht weniger als damals heraus, die Frage nach der Kirche ebenso kritisch wie auch selbstkritisch zu stellen. Sein berühmter Ausruf »Kritischer müssten mir die Historisch-Kritischen [Schriftausleger] sein!«[9] lässt sich auch auf die Debatten über Wege

5. Ebd., 318.
6. Ebd., 342.
7. Ebd., 343.
8. Ebd.
9. Karl Barth, Der Römerbrief. Neue Bearbeitung von 1922, hg. v. Cornelis van der Kooi und Katja Tolstaja (Karl Barth-Gesamtausgabe, Band 47), Zürich 2010, 14.

und Gestalten der Kirche beziehen. Hier wie dort sollte es darum gehen, »die Beziehung der Wörter auf das Wort in den Wörtern«[10] aufzudecken, mithin zu fragen: Was macht die Worte der menschlichen Zeugen zu Worten des lebendigen Gottes und was macht die Kirchen in ihrer menschlichen Vielgestaltigkeit zur Kirche Jesu Christi? Radikale Kritik heißt, auf die Wurzel zurückzugehen und von ihr her nicht nur die jeweils anderen, sondern sich selbst in Frage stellen zu lassen. Folgen wir dieser Aufforderung, dürfen wir uns nicht darauf beschränken, die evangelische Kirche als eine konfessionelle Gestalt von Kirche neben anderen zu profilieren und zu rechtfertigen, dann müssen wir tiefer auf den Grund zurückgehen, an dem sich das Kirche-Sein überhaupt entscheidet. Ob die evangelische Kirche »Kirche der Freiheit« ist, entscheidet sich daran, ob sie dem Quellgrund allen kirchlichen Lebens im Wort Gottes entspricht und sich von ihm her bestimmen lässt. Vom Wort Gottes klärt sich allererst, was Freiheit ist und wodurch sie geschaffen wird.

Damit ist in Umrissen angezeigt, was im Folgenden weiter ausgeführt und verdeutlicht werden soll. Weitere Belehrung dürfen wir uns dabei von Hans Joachim Iwand versprechen, dessen Theologie zwar nicht in direkter Schülerschaft von Karl Barth abhängig ist, aber sich doch in großer sachlicher Nähe zu ihm ausgebildet hat.

III.

Die zitierte Mahnung Karl Barths ist vor den Erfahrungen des Kirchenkampfs im nationalsozialistisch beherrschten Deutschland formuliert worden. Dass und in welchem Sinn sie durch die inneren und äußeren Auseinandersetzungen der Evangelischen Kirche im ›Dritten Reich‹ an Dringlichkeit gewonnen hat, zeigt sich im Werk Iwands in besonderer Deutlichkeit. ›Welche Kirche?‹ Diese Frage ließ sich nun nicht mehr durch den einfachen Verweis auf eine der gegebenen Konfessionskirchen beantworten; zu tiefgreifend war die evangelische Kirche mit sich selbst in Widerstreit geraten; und zu offenkundig war auch, dass sich in der Frontstellung gegen die neuheidnische Ideologie in Kirche und Gesellschaft Christen verschiedener konfessioneller Herkunft und über die Grenzen der Kirchen hinaus zusammenfanden.

Das ist der Hintergrund, von dem her Iwand neu nach *der* Kirche und

10. Ebd.

um der Kirche willen neu nach der reformatorischen Theologie Luthers fragt. Seine 1941 veröffentlichte Schrift *Glaubensgerechtigkeit nach Luthers Lehre* will in gedrängter Kürze deutlich machen, womit die Kirche ›steht und fällt‹, wohlgemerkt: nicht nur die lutherische Kirche, sondern die eine Kirche, um deren Erneuerung es Luther zu tun war. Denn, so stellt Iwand eingangs klar:

> »Luther ist nicht der Begründer einer christlichen Richtung oder Partei, sondern er ist der Reformator der Kirche. Darum sind seine Lehren kein konfessionelles Sondergut, sondern Gemeingut der Kirche. Es ist sogar so weit gekommen, daß Luther in wesentlichen Lehrstücken heute dem modernen Protestantismus ebenso entgegensteht wie damals dem scholastisch-katholischen Lehrsystem. Wer meint, Luther konfessionell in Erbpacht nehmen zu können, gerät leicht in Gefahr zu übersehen, daß gerade wir, die von ihm herkommende Kirche, durch ihn zur Umkehr und Buße aufgerufen sind.«[11]

Als einen solchen Umkehr- und Bußruf zitiert Iwand sodann eine Rede des jungen Luther, die dieser vermutlich noch vor 1517, vielleicht schon 1512 für eine Reformsynode verfasst hat.[12] Es handelt sich um ein Dokument auf dem Weg zur Reformation. Iwand hat diese Rede wiederholt angeführt, wobei ihm insbesondere ein Gedanke wichtig gewesen sein dürfte: Die Reformation, für die sich Luther hier einsetzt, hat den Charakter einer Wiedergeburt. Was damit gemeint ist, erschließt sich, wenn man sich an den biblischen Sprachgebrauch erinnert. Die Rede von Zeugung, Geburt und Wiedergeburt lässt sich Luther durch biblische Texte vorgeben. »Aus Gott geboren zu werden« (1 Joh 5,4), setzt die Zeugung »durch das Wort der Wahrheit« voraus: »Er hat uns gezeugt nach seinem Willen durch das Wort der Wahrheit« (Jak 1,18). In diesem Wort liegt die erneuernde, wahrhaft schöpferische Macht, die sich gegenüber der Welt und ihren Mächten und Gewalten als überlegen erweist: »Alles, was aus Gott geboren ist, überwindet die Welt; und das ist der Sieg, der die Welt überwindet: unser Glaube. Wer ist aber, der die Welt überwindet, wenn nicht der, der da glaubt, daß Jesus der Sohn Gottes ist« (1 Joh 5,4f.). Die radikale Reformation, die das Leben des Einzelnen und das Leben der Kirche insgesamt zu erneuern vermag, lässt sich nicht einfach ›machen‹, ins Werk setzen. Sie ist vielmehr eine Sache des Wortes Gottes und seiner vollmächtigen Verkündigung. Und es ist

---

11. Hans Joachim Iwand, Glaubensgerechtigkeit nach Luthers Lehre (1941), in: GA II, 13f.
12. Ebd., 17-20. Der vollständige Text findet sich in Martin Luther, Werke (Weimarer Ausgabe), Bd. 1, Weimar 1883, 10–17; daraus die folgenden Zitate in deutscher Übersetzung.

zugleich eine Sache des Glaubens, der sich ganz auf Christus verlässt. Die reformatorischen Exklusivformeln ›allein Christus‹, ›allein aus Gnade‹, ›allein durch das Wort‹ und ›allein durch Glauben‹ bilden schon hier das Grundgerüst, in dem Luther das Geschehen der Erneuerung zu denken unternimmt.

Der Ursprung, auf den die Reformation zurückzugehen sucht, liegt für Luther im »Wort der Wahrheit«, durch das die Kirche und in ihr der Glaube jedes Einzelnen neu geschaffen wird. In ihm liegt die Macht sich durchzusetzen gegen eine Inflation von Worten, durch die Menschen immer schon eingenommen sind und von denen sie bewegt, beeinflusst und organisiert werden. Dass Worte bilden, dass also der jeweilige Sprachgebrauch Gesellschaften und Völker formt und zum Guten, aber auch zum Bösen beeinflussen kann, steht Luther zu Beginn des 16. Jahrhunderts deutlich vor Augen und dürfte auch Iwand unter dem Eindruck der ideologischen Sprachverwirrung seiner Zeit bewusst gewesen sein:

> »Es wimmelt die ganze Welt, ja sie ist heute geradezu überschwemmt von vielen und mannigfachen schmutzigen Lehren: von so viel Gesetzen, so viel Meinungen der Menschen und endlich so viel Aberglauben wird das Volk allenthalben mehr überschüttet als gelehrt, so dass das Wort der Wahrheit nur schwach schimmert, an vielen Stellen nicht einmal wie ein Fünkchen. Und was kann das für eine Geburt sein, wo durch das Wort der Menschen und nicht durch Gottes Wort gezeugt wird? Wie das Wort, so die Geburt, wie die Geburt, so das Volk. Wir pflegen uns zu wundern, wie im Volke Christi ein so großes Regiment führen: Zwietracht, Zorn, Neid, Hochmut, Ungehorsam, böse Lust, Prassen, und die Liebe weithin erkaltet, der Glaube ausgelöscht wird, die Hoffnung zunichte wird [...].«

Die Missstände im Volk geben Anlass zu mancherlei Klagen. Für Luther und dann auch für Iwand in der Zeit des Zweiten Weltkrieges und in der Nachkriegszeit sind sie vor allem eine Anklage an die Kirche und ihre Diener. Bei ihnen liegt die Schuld. Sie sollten »dem Volk mit Furcht und Ehrerbietung das Wort der Wahrheit verkündigen« und sich dadurch als »getreue Mitarbeiter bei der göttlichen Geburt« erweisen. Hier – so ruft Luther aus – »ist der Angelpunkt der Dinge [*cardo rerum*]. Hier [geht es um] das Ganze einer rechten Reformation [*legitimae reformationis summa*]. Hier [geht es um] das Wesen der ganzen Frömmigkeit [*totius pietatis substantia*]. Denn was ist das doch für ein Irrsinn und eine so verkehrte Verkehrtheit, dass du über gute Sitten nachsinnst und dich nicht viel mehr darum sorgst, wie diejenigen werden müssen und wie sie [jetzt] sind, die du zu guten Sitten zurüsten willst. Das ist gewiss nichts anderes als ein Haus in den Wind bauen, und das ist der Gipfel aller Dummheit. Fest steht der Satz: Die Kirche wird geboren und besteht in ihrem Wesen allein durch das Wort Gottes [*Stat fixa sententia, ecclesiam non nasci nec subsistere in natura sua, nisi verbo Dei*]. ›Er hat uns gezeugt‹, heißt es, ›durch das Wort der Wahrheit‹«. Von daher ergibt sich das Programm einer radikalen, auf die Wurzel des Übels zugreifenden Reformation.

> »O dass doch den Leitern der Kirche, uns, sage ich, diese Sache endlich einmal am Herzen liegen und vor offenen Augen bleiben möchte! Lasst uns doch nicht auf die Bosheit des Volkes sehen, sondern ihre Wurzel beachten. Die Wurzel aber dieser Bosheit ist der Mangel am Wort der Wahrheit. Woher geschieht es denn, dass das Volk nur Böses tut? Weil es an dem Worte fehlt, aus dem heraus der aus Gott Geborene nicht sündigt! Daher rechnet die Schrift mit Recht die Verlorenheit des Volkes den Hirten zu und fordert [Rechenschaft] von ihren Händen. Wir aber entschuldigen uns selbst und klagen das Volk an.«

Mit seiner Synodalrede stellt Luther schon in der Frühzeit der Reformation in aller Schärfe heraus, was charakteristisch für das evangelische Kirchenverständnis geworden ist. Kirche ist »Geschöpf des Wortes«. In der Verkündigung des Evangeliums liegt ihr Lebensgrund. Mit dem Wort Gottes ist das Grundgeschehen benannt, das Kirche allererst zur Kirche macht. Für Theologinnen und Theologen sind das vertraute, bekannte Sätze. Mitunter klingen sie allzu formelhaft, hohl. Wie ein Banner werden sie vorgetragen. Aber haben sie noch die Kraft, dass sich unter dieser Fahne Menschen sammeln und miteinander Kirche bauen? Mit dieser Frage kehre ich nochmals ein in das eingangs aufgenommene Gespräch. Welche Impulse könnten sich von Luthers Verständnis der Kirche, so wie es Iwand in seiner Zeit vergegenwärtigt hat, für uns heute ergeben?

IV.

Bedenken wir zunächst die Bedeutung des Wortes »Wiedergeburt«, dem in Luthers Rede sowie dann auch in Iwands Überlegungen zu einer Erneuerung der Kirche eine Schlüsselbedeutung zukommt. Reformation als Wiedergeburt der Kirche ist etwas anderes als »Geburt« einer besonderen Gestalt von Kirche, die es dann erst ab diesem historischen Moment gäbe und deren 500. Geburtstag wir demnächst feiern könnten. Erinnerung an die Reformation heißt Erinnerung an *eine* Wiedergeburt *der* Kirche, mithin ein Geschehen, das sich im Laufe der Kirchengeschichte immer wieder neu ereignet hat und ereignen muss, wenn Kirche bleiben und werden muss, was sie in Wahrheit ist. Die Einsicht, dass Kirche immer wieder neu zu reformieren ist, ist keineswegs der evangelischen Christenheit vorbehalten. In der Tradition der katholischen Kirche entspricht ihr der Satz, den ein Mönch und Geschichtsschreiber aus dem frühen Mittelalter (Beda Venerabilis, 672/3-735) einmal so formuliert hat: »Die Kirche gebiert täglich die Kirche.«[13] Sie ist dazu bestimmt, sich beständig neu als Kirche hervorzubringen. Und das kann sie nur, sofern sie sich selbst von schöpferischen Kräften bestimmen lässt. Eben das ist gemeint, wenn die evangelische Theologie die Kirche pointiert als »Geschöpf des Wortes Gottes« versteht und es dem kirchlichen Dienst der Verkündigung, dem Dienst am Wort in einem weitgespannten Sinn zutraut, bei dieser Geburt mitzuwirken. Und das könnte auch der Sinn sein, wenn die römisch-katholische Kirche die Kirche als Mutter versteht. Darüber müsste man sich also nicht streiten. Verständigen könnte man sich auch darüber, dass Kirche nicht ein für allemal verwirklicht ist, sondern sich stets aufs Neue hervorbringt. Weder die römisch-katholische Kirche noch die aus der Reformation des 16. Jahrhunderts hervorgegangenen Kirchen sind mit der Kirche Jesu Christi identisch; wohl aber kann und soll sich in ihnen die wahre Kirche verwirklichen und dazu den Dienst von Menschen in Anspruch nehmen. Was Menschen in diesem Dienst am Bau der Kirche tun, bleibt freilich immer »Stückwerk«. Nicht zuletzt hat auch die »Verwirklichung« der Reformation »viel Gebrochenheit an sich.«[14] Die eine Kirche, die wir glauben, verwirklicht sich, indem aus der einen Quelle des Wortes Gottes, gleichsam aus einem Wurzelgrund immer wieder neu Triebe, Zweige, Blätter und hoffentlich auch Blüten und Früchte hervorgehen. Dieser Prozess ist aber, solange die Kirche unterwegs ist, niemals und nirgendwo abgeschlossen. Das wäre ihr Tod. Bis das Reich Gottes kommt, bleiben wir Kirche im Werden – oder wir sind nicht Kirche. Streiten wir uns also nicht allein darüber, ob wir Kirche »im eigentlichen Sinn« sind, sondern vielmehr darüber, wie wir immer wieder neu Kirche Jesu Christi werden.[15]

13. Zitiert nach Henri de Lubac, Betrachtung über die Kirche, Graz u. a. 1954, 75.
14. PM I, 579; vgl. ebd.: »Die Art von Kirche, die Luther in seiner Adelsschrift vor sich sieht, ist nie Wirklichkeit geworden.«
15. Bezug genommen ist hier auf den Streit um das Verständnis des »subsistit« in der dogmatischen Konstitution über die Kirche des 2. Vatikanischen Konzils (Lumen gentium, 8): Dass die Kirche Jesu Christi in der katholischen Kirche, wie sie als apostolische Kirche mit dem Papstamt an der Spitze verfasst ist, ›subsistiert‹ *(subsistit in)*, bedeutet keine starre Identität, als ob es außerhalb der katholischen Kirche keinerlei Mittel und Güter des Heils gäbe. »Verwirklicht« ist die Kirche Jesu Christi in der katholischen Kirche nur insofern, als diese ihrer Bestimmung entspricht und sich vom Herrn der Kirche bestimmen lässt. Dann aber sollte man besser übersetzen: Die Kirche Jesu Christi verwirklich sich in der katholischen Kirche – sowie auch in den evangelischen Kirchen! –, sofern die verschiedenen

> »Nur in der Weise des Werdens, der Verheißung kann von dem ›Sein‹ der Christen geredet werden. Ihr Bleiben ist kein Stillstand, sondern eine Bewegung.«[16]

Die Besinnung auf den Grund der Kirche verbindet sich bei Luther und dann auch bei Iwand mit einem Blick auf die Welt, auf die Gesellschaft. Erneuerung der Kirche geschieht nicht ohne Zuwendung und Umkehr hin zu den Menschen, die ihren Dienst brauchen. Denn Kirche ist nicht um ihrer selbst willen da. Sie hat einen Auftrag; sie steht im Dienst der Menschen. Die alte Kirche hat sich ihren Auftrag im Bild von der Arche verdeutlicht: Sie ist gleichsam das Rettungsschiff, das Menschen sammelt, um sie vor dem drohenden Untergang zu bewahren. Die Sintflut erscheint in diesem Bild nicht als ferne, längst überwundene Vergangenheit, sondern als Bedrohung durch Mächte des Bösen und Gewalten des Todes, die nicht wir, sondern die uns im Griff haben. Die Zeiten ändern sich und mit ihnen die Umstände und die Verhältnisse, in denen Menschen leben. Die Gesellschaft, in der und für die Luther zu einer Reformation an »Haupt und Gliedern« aufruft, ist nicht mehr die unsrige. Und auch Iwands Denken ist deutlich geprägt durch seine Zeit, die Zeit des Krieges und ungeheurer Verbrechen an der Menschlichkeit. Immer wieder neu ist die Frage zu stellen, was an der Zeit ist und worin die besondere Not besteht, die den Dienst der Kirche ›notwendig‹ macht.

Iwand verstand seine Zeit im Horizont der Moderne und der durch sie heraufgeführten Krisen. »Dass die Epoche der Aufklärung« in der Verkehrung ihrer eigenen Ideale zu Ende gegangen ist, davon ging Iwand aus. Gerade die Umbrüche und Widersprüche der Geschichte lassen ihn fragen: »Was wird das bedeuten?« Und er fügt hinzu:

> »Diese Frage wenigstens einmal zu stellen und an einem Punkte den Kopf über den Strom, in dem wir treiben, zu heben, einmal zu fragen, ob die Wasser der großen Flut nicht fallen und ob nicht Gott – dieser Gott des noachitischen Bundes – auch für uns einen Friedensbogen an den Himmel gesetzt hat (1Mose 9,13), und ob es nicht an der Zeit wäre, eine Taube auszusenden in dem Glauben, dass die Erde des Herrn ist und auch diese blutgetränkte, vom Bruderkampf der Menschen aufstöhnende Erde noch unter der Verheißung jenes Bundes steht (1Mose 8,21)«[17]

– das war Iwands Anliegen, wenn er so nachdrücklich die Kirche auf ihre Verantwortung für die Gesellschaft angesprochen und verpflichtet hat.

Gestalten von Kirche ihre Organe immer wieder darauf einstellen, was Kirche zur Kirche macht.

16. PM I, 582.
17. NWN 1, 22.

Wie kann die Kirche dieser Aufgabe gerecht werden? Was ist von ihr gefordert? Von Luthers Synodalrede her ist hier noch einmal eine Erkenntnis hervorzuheben, die auch für Iwands theologische Zeitgenossenschaft verbindlich gewesen sein dürfte. Die Schuld der Welt verweist auf die Schuld der Kirche. Es greift zu kurz, wenn man aus der vermeintlich sicheren Burg eines moralisch guten Lebens auf die Schuldigen draußen in der Welt zeigt, um die Schuld lediglich bei ihnen zu suchen, in der Meinung, sie würden sich richtig verhalten, wenn sie nur die richtige moralische Belehrung empfingen. Das Übel sitzt jedoch, so hat Luther überaus scharf gesehen, tiefer. Ethik reicht nicht. Es mangelt nicht am Wissen um das Gute; es mangelt aber an der Bereitschaft, das Gute zu tun und zwar nicht nur gezwungenermaßen, sondern weil ein Mensch es von Herzen will und gern tut. Kurz, es geht hier um ein Problem der Freiheit. Und wenn Menschen nicht so frei sind, dass sie sich selbst zum Guten im Fühlen, Denken, Reden und Tun bestimmen könnten, wenn ihre Seele vielmehr ein Ort der gegensätzlichen Affekte ist, die den Menschen eher beherrschen, als dass er sie kraft seiner Vernunft beherrschen könnte, dann ist der Mensch im Tiefsten unfrei und auf Befreiung angewiesen. Dann aber fällt die Schuld auf diejenigen, denen die Mittel der Befreiung anvertraut sind, die es aber nicht einsetzen.

V.

Ob die evangelische Kirche ›Kirche der Freiheit‹ ist, wird sich daran entscheiden, ob sie die ihr anvertraute befreiende Botschaft so auszurichten vermag, dass sie Menschen in ihrer Unfreiheit trifft und zur wahren Freiheit verhilft. Indem die Kirche sich von der befreienden Botschaft des Evangeliums bewegen lässt, bleibt sie unterwegs zur Freiheit. Auf diesem Weg ist dann immer wieder neu zu fragen:
Wie frei sind wir wirklich,
- wenn doch unsere Freiheit sich als zu schwach, als zu ohnmächtig erwiesen hat, um der Menschenverachtung und dem Urverbrechen des Brudermords (Gen 4) zu widerstehen,
- wenn sie allzu willfährig, bereitwillig mitgewirkt hat in den totalitären Systemen, die das Recht des Menschen leugnen und mit Gewalt unterdrücken,
- wenn sie im Widerstreit verschiedener Wünsche und Interessen allzu willkürlich mal dem einen, mal dem anderen verfällt,

- wenn unsere Verstandes- und Willenskräfte doch nicht in die Tiefe unseres Herzens hineinreichen, um dort Gewissheit und Freude zu schaffen,

wie frei sind wir wirklich?

Wie steht es um die Freiheit in einer Gesellschaft, in der und für die sich immer mehr Möglichkeiten und Freiheiten im Sinne von Optionen eröffnen, die sich aber auch zunehmend unter Druck gesetzt fühlt und deren innere Befindlichkeit in den Signalworten Stress, Frustration, Depression, Aufmerksamkeitsdefizit und Burnout zum Ausdruck kommt? Und wie viele dieser Phänomene finden sich auch in der Kirche, die sich als Kirche der Freiheit verstehen möchte!

Die Freiheit im Komparativ, dass wir also im Zuge der Moderne in vielerlei Hinsicht freier geworden sind, ist nicht zu bestreiten und nicht gering zu schätzen. Sie ändert aber nichts an der tieferen Unfreiheit des Menschen im Verhältnis zu sich selbst und im Verhältnis zu Gott. Hier hat Luther mit seiner These vom unfreien Willen tiefer und schärfer gesehen. Und diese Diagnose für die Gegenwart einsichtig zu machen, war das zentrale Anliegen, das Iwand in seiner Theologie und in seiner Zeitgenossenschaft bewegt hat.

Ebenso wenig wie Luther blieb er freilich bei der Diagnose stehen. Radikale Kritik will der radikalen Erneuerung dienen. Und diese Erneuerung kann allein kraft des Wortes geschehen. Zum Verständnis des Wortes als der Kraft der Erneuerung ist nun noch zweierlei präzisierend hinzuzufügen:

Zum einen: Es geht um das Wort der Wahrheit. »Die Wahrheit wird euch frei machen«, sagt Jesus im Johannesevangelium (8,32). Ohne einen nüchternen, illusionslosen Blick auf die Wirklichkeit keine Freiheit. Wie aber steht es um die Wirklichkeit im Verhältnis von Gott und Mensch? Wer ist der wirkliche Gott und wer ist der wirkliche Mensch? Wo begegnen sie einander so, dass ihre Wirklichkeit auf ihre Wahrheit hin erkennbar wird? So zu fragen und diese Fragen ins Zentrum der Theologie zu rücken, verbindet Iwand insbesondere auch mit Dietrich Bonhoeffer. Und auch in der Antwort, die sie zu geben suchen, stimmen sie miteinander und mit der reformatorischen Theologie Luthers überein: Es ist das Wort vom Kreuz, das als Wort der Wahrheit über Gott und den Menschen zu bezeugen ist. Das Kreuz lehrt, »was die Sache ist«[18].

Vom Kreuz her ist auch die zweite Näherbestimmung des Wortes ver-

---

18. So Luther in der Heidelberger Disputation (These 21), in: Martin Luther, Lateinisch-deutsche Studienausgabe, Bd. 1: Der Mensch vor Gott, hg. v. Wilfried Härle, Leipzig 2006, 52 f.: »Theologus crucis dicit, id quod res est.«

ständlich zu machen. Das Wort kann nur befreien, wenn es gerechte Verhältnisse schafft, wenn es also ins Recht setzt. Keine Freiheit ohne Gerechtigkeit. Und Befreiung bedeutet dann befreit zu werden zum Tun des Willens Gottes, der auf Gerechtigkeit zielt.

Ich schließe mit einem Bild, in dem Iwand einmal die Situation der evangelischen Kirche in der Moderne und deren Auftrag verdeutlicht hat. Es geht zurück auf das Gleichnis Jesu vom Senfkorn, aus dem ein Baum mit vielen Zweigen aufgewachsen ist und in dem die Vögel des Himmels Wohnung finden (Mt 13,31f.). Die Baumkrone könnte ein Bild sein für den weiten Kreis und weiten Raum, der sich in der Folge der Reformation ausgebildet hat. Und bei den Vögeln des Himmels mag man an die Vielfalt von Gestalten der Frömmigkeit und des Glaubens denken, die in der evangelischen Kirche Platz und Heimat gefunden haben. Eben das möchte ja auch die evangelische Kirche als Kirche der Freiheit sein: Heimat für viele. Aber sie steht in der Gefahr, die Wurzel und den Samen zu vernachlässigen, aus dem diese Vielfalt und Fülle allererst hervorgehen.

> »Wo immer [...] jene Weite erkauft werden soll, indem man sich der Enge schämt, die in der Wurzel sitzt, wo sich die Zweige über die Wurzel erheben möchten, wo der Begriff einer aller Welt geläufigen und jedermann eingeborenen Religion den anderen der Offenbarung Gottes, die eben nicht aller Welt und nicht jedermann eingeboren ist, zu verdrängen oder in sich zu absorbieren sucht [...], wo man also die Wurzel zur Krone und die Krone zur Wurzel machen möchte, da muß der Protestantismus gegen sich selbst protestieren«, dagegen also, »daß man die Wurzel und die Früchte verwechselt und ernten möchte, ehe man gesät hat, in Freuden ernten, ehe man unter Tränen die Saat ausgestreut hat, die allein Frucht bringt – und erst so ist er, was er ist: der sich selbst getreue, der sich von den Vätern an diese Treue erinnern lassende Protestantismus.«[19]

---

19. Hans Joachim Iwand, Protestantismus als Aufgabe (1955), in: NW 2, 305-320, 316.

Kirche und Judentum – ein ungelöstes hermeneutisches Problem in der Theologie Hans Joachim Iwands und in der Ekklesiologie heute[1]

Wolfgang Kraus

Vorspruch

In einer Predigt zum jüdischen Fest Shavuot 1960 schreibt Rabbiner Robert Raphael Geis über Hans Joachim Iwand:

> »Um so stärker bewegt es den gläubigen Juden, wenn er nicht allein gelassen wird, wenn Kameraden aus anderen Glaubensbereichen zu ihm stoßen. Darum ist unser Schmerz so groß, wenn wir eines Christen gedenken, der vor wenigen Wochen unter der Last seiner oft mißverstandenen, unendlich großen Liebe viel zu früh starb. Professor Hans Joachim Iwand war nicht nur – wie man das heute gern zu nennen pflegt – ein Freund der Juden, der für seine Treue in den Jahren der Verfolgung Schweres willig trug, er war wirklich und wahrhaftig mit uns in dem Kampf um das Königtum Gottes geeint, für ihn gab es nie eine Scheidung zwischen Glaube und Tat; Politik bedeutete ihm immer Theopolitik. Es stimmt uns traurig, weil das immer noch genügte, ihm ein Judenschicksal zu bereiten. Geschieden von uns in seinem Glauben, war er uns zutiefst verbunden in dem Ringen um die Planverwirklichung Gottes in dieser geschändeten und geliebten Welt, Zeichen einer Einheit, die weit über das hinausgeht, was christlich-jüdische Verständigung bis heute meint und vermag.«[2]

Es ist ungewöhnlich, dass ein Rabbiner sich *so* anlässlich des Todes eines evangelischen Theologieprofessors äußert – zumindest selten.[3] Geis stand

---

1. Die folgenden Zeilen sind auch ein Gruß an die Freunde des Heidelberger Iwand-Kreises, dem ich seit 1976 angehöre. Der Vortragsstil ist weitgehend beibehalten. Fußnoten sind auf das Nötigste beschränkt.
2. Robert Raphael Geis, Leiden an der Unerlöstheit der Welt. Briefe, Reden, Aufsätze, hg. von Dietrich Goldschmidt in Zusammenarbeit mit Ingrid Ueberschär, München 1984, 367 (vgl. 21 f.).
3. »Um so schmerzlicher litt Geis darunter, als im Iwand-Nachlaß – auch dort! – frühe judenkritische Überzeugungen sichtbar wurden, die das Gemeinsame des Kampfes um Gottes Reich in Frage stellten.« schreibt Friedrich-Wilhelm Marquardt, Ein Lehrer aus Israel, in: Geis, Leiden (s. Anm. 1), 17-28: 22. Immerhin

zu Iwand in einer besonderen Beziehung, die sich in den 50er Jahren in Bonn entwickelt hatte. Es gab eine Phase, in der Iwand versuchte, Geis mit einem Lehrauftrag an der Bonner Fakultät zu betrauen. Davon zeugt ein Brief Iwands von 1960:

> »Ich bin ja noch immer traurig, daß Sie nicht bei uns lesen und ich habe den Wunsch noch nicht aufgegeben. Aber diese Unbewegtheit unseres akademischen Apparates – unwandelbar wie die Kolleghefte! – ist erstaunlich …«[4]

Der Brief zeigt auch, wie Iwand Impulse aus Veröffentlichungen von Geis aufgenommen hat, etwa zum Thema Hermann Cohen, Reformation und Monotheismus:

> »… haben Sie herzlichen Dank für den so interessanten und lesenswerten Artikel über Hermann Cohen. Ich habe den Artikel mit der größten Freude gelesen und vor allem das Problem des ›Monotheismus‹ gerade vom jüdischen Gottesglauben her mir noch einmal vorrücken, ich meine, in meinem Geiste vorrücken lassen.«[5]

Am Kirchentag 1961 (Berlin) äußert Geis:

> »Sprechen muß ich noch von einem Mann, der im vergangenen Jahr gar zu früh von uns ging und der wohl hätte weiterleben können, wenn man dem unbequemen Mahner nicht ein Judenschicksal der Verleumdung und Verfolgung bereitet hätte: Professor Hans Joachim Iwand. Sein Leben und Sterben offenbarte mir immer wieder christliche Existenz von der abgrundtiefen Verzweiflung bis zu den Höhen der Gewissheit in Jesus Christus. An Iwand durfte ich erkennen, daß nicht nur der Jude, nein, auch der Christ der Welt zum Gespött ist und das Prinzip der Wenigen unter den Vielen eigentlich für beide gilt. Nur das überzeugt; aber gerade da versucht man nicht mehr zu bekehren.«[6]

zeugen die weiteren Äußerungen von Geis davon, dass er Iwand mindestens zugetraut hat, dazugelernt zu haben.

4. Brief Iwands an Geis vom 22.1.1960, in: Geis, Leiden (s. Anm. 1), 323.
5. Brief Iwands an Geis vom 22.1.1960, in: Geis, Leiden (s. Anm. 1), 323.
6. Geis am Kirchentag in Berlin, zit. bei Jürgen Seim, Israel und die Juden im Leben und Werk Hans Joachim Iwands, in: Die Juden und Martin Luther – Martin Luther und die Juden, hg. von Heinz Kremers in Zusammenarbeit mit Leonore Siegele-Wenschkewitz und Bertold Klappert, Neukirchen-Vluyn ²1987, 249-286: 256. Zum Thema vgl. auch Gerard den Hertog, ›Uns fehlt das Fremde als geistige Nahrung‹. Die Entdeckung Israels in der Theologie Hans Joachim Iwands. Anzeige ihrer Probleme und Möglichkeiten, ZDT 12 (1996), 89-110; Bertold Klappert, Israel und die Völkerwelt. Etappen der Israel-Theologie H. J. Iwands seit 1937, in: Günther van Norden & Volkmar Wittmütz (Hg.), Evangelische Kirche im Zweiten Weltkrieg, Schriftenreihe des Vereins für Rheinische Kirchengeschichte Band 104, Köln 1991, 57-75; ders., Die Thora ist in sich immer geistlich. Der Weg H. J. Iwands mit dem Thema ›Gesetz und Evangelium‹, in: Aus der Umkehr

Ähnlich äußert sich Geis noch einmal zwei Jahre später beim Kirchentag in Dortmund in der Arbeitsgemeinschaft Juden und Christen:

> »Sind wir uns bewußt, daß gläubige Christen, die in irgendeiner Opposition stehen, häufig behandelt werden wie vor und nach 1933 die Juden? Ich hatte einen neuen und guten Freund in Professor Iwand von der Evangelischen Theologischen Fakultät in Bonn. Das war ein Mann, der nicht mitmachte, der zu einer politischen Lösung aufrief, die nicht in der Linie der Bundesrepublik lag. Da habe ich zum ersten Mal in Briefen von Flüchtlingsverbänden an ihn gelesen: ›Sie Judenschwein, wir werden sie tottrampeln!‹ Das war nun kein Jude, aber in dem Augenblick, in dem er mit der Verwirklichung der Botschaft im Neuen Testament Ernst machte, war er merkwürdigerweise auf die Seite der Juden gerückt, die nicht mehr unfixierbar sind.«[7]

Eine letzte Äußerung von Geis aus einem Brief an Eva Reichmann vom 23.8.1964:

> »Sie haben doch Iwand auch geliebt? Mir war Iwand der liebste unter all' den vielen christlichen Theologen, die ich in den 12 bundesdeutschen Jahren kennengelernt habe. Mich erschütterte die Tiefe seiner Verzweiflung, sein Leid an Deutschland und der Kirche, das unserem Judenleid so ähnlich war. Oft sind wir in seinen letzten Jahren zusammen aufgetreten.«[8]

Es kommt also nicht von ungefähr, wenn wir uns mit einem Thema beschäftigen, wie dem angegebenen: »Kirche und Judentum«, und dabei den Ausgang von Impulsen Iwands nehmen.

Bevor wir daran gehen, möchte ich noch eine persönliche Bemerkung vorweg schicken: Ich bin Hans Joachim Iwand in seinen Schriften erstmals im Heidelberger Iwand-Kreis, den Rudolf Landau, damals Assistent bei Rudolf Bohren, ins Leben gerufen hatte, begegnet. In allen Phasen meines theologischen Denkens, auch dort, wo ich inzwischen über Iwand hinausgehen würde, hat mir sein Werk seit dieser ersten Begegnung 1976 stets wichtige, ja entscheidende Impulse gegeben. Dabei war mir nicht von vornherein klar, wie lange und intensiv mich insbesondere im Blick auf das Thema Christen und Juden Iwands Impulse begleiten würden. Mein Einstieg in dieses Thema erfolgte über Iwands Verständnis des Kirchenkampfes und

---

leben. Hans Joachim Iwand 1899-1999, hg. v. Bertold Klappert und Martin Schulze (Veröffentlichungen der Kirchlichen Hochschule Wuppertal 4), Neukirchen 2001, 115-170.

7. Geis am Kirchentag in Dortmund, zit. bei Seim, Israel und die Juden (s. Anm. 6), 256.

8. Brief von Geis an Eva Reichmann vom 23.8.1964, in: Geis, Leiden (s. Anm. 1), 293f.

der darin enthaltenen Frage nach der ›wahren Kirche‹. Eindrücklich für mich war, wie Iwand als ehemaliges Mitglied der Bekennenden Kirche sich in die Gemeinschaft derer stellte, die in der NS-Zeit versagt hatten und wie bohrend er die Frage nach der ›wahren Kirche‹ auch und gerade nach 1945 – also in der Zeit des Wiederaufbaus – stellte. Letztere Frage kann ohne ein Nachdenken über das Verhältnis von Kirche und Israel nicht beantwortet werden.

1. Theologie nach Auschwitz – Theologie aus der Umkehr

Den Begriff »Theologie nach Auschwitz« habe ich bei Iwand so nicht gelesen. Der Sachverhalt ist jedoch präsent. »Ohne den Aufbau einer ›Theologie nach Auschwitz‹ gibt es keinen wirklichen Abbau des christlichen Antijudaismus«, schreibt der Exeget Franz Mußner.[9] Was ist unter einer »Theologie nach Auschwitz« zu verstehen? Es ist eine Theologie, die Ernst macht mit der Erkenntnis, dass ›Auschwitz‹ mehr ist als eine bedauerliche Fehlleistung; eine Theologie, die nicht einzelnen Mitgliedern der Kirche Mitschuld an der Judenvernichtung zumisst, um insgesamt dann doch mit weißer Weste dazustehen; eine Theologie, die ›Auschwitz‹ erkennt als Teil und Konsequenz eines bestimmten theologisch-kirchlichen Systems, das sich über Jahrhunderte hinweg herausgebildet hat. Es geht also um eine umfassende Sichtung und Bewertung der gesamten theologischen und kirchlichen Tradition.[10] Eine »Theologie nach Auschwitz« kann daher nur heißen, eine Theologie anzustreben, die aus umfassender Umkehr heraus konzipiert ist.

Hans Joachim Iwand bewegte in der Nachkriegszeit die Frage, ob denn die (evangelische) Kirche eine wirkliche Umkehr anstrebe oder nur Restauration betreibe.[11] Hat die Kirche – und das war die eigentliche Zuspitzung seiner Frage – in ihrer Verkündigungsarbeit das lebendige Wort Gottes

---

9. Franz Mußner, ›Theologie nach Auschwitz‹. Eine Programmskizze, KuI 10 (1995), 8-23, 19.
10. Vgl. Konrad Jutzler, Holocaust als theologisches Datum, ThBeitr 13 (1982), 49-59; Klaus Haacker, Der Holocaust als Datum der Theologiegeschichte, in: Edna Brocke / Jürgen Seim (Hgg.), Gottes Augapfel, Neukirchen-Vluyn 1986, 137-145.
11. Vgl. hierzu Hans Joachim Iwand, Quousque tandem – ein Wort wider den Bruderzwist im evangelischen Lager, in: NW 2, 243-271; ders., Umkehr und Wiedergeburt, in: NW 2, 362-370, wie auch seine Vorworte zu den Jahrgängen der Göttinger Predigtmeditationen in: PM I.

überhaupt noch bei sich oder schlägt sich nicht in der Lähmung, wie Iwand sie diagnostizierte, die Restauration, die man ohne vollzogene Umkehr meinte haben zu können, nieder?

> »Es ist mit dem Bleiben Seines Wortes, mit dem Bei-uns-Bleiben des Wortes Gottes doch eine Sache eigener Art, es wird nur bei denen bleiben, die auch in ihm bleiben, weil sie ohne es nicht leben können. ... [D]er Untergang des Wortes Gottes kann ja nur da Ereignis werden, wo es zuvor aufgegangen ist, an der Stätte und in der Gemeinschaft, in der es einmal Licht und Salz und Kraft gewesen ist. Die Kirche, und zwar gerade die Kirche in ihrem äußeren Bestande, in ihren Traditionen und Ordnungen, wird der Ort sein, wo das Wort Gottes untergehen kann.«[12]

Was heißt nun Theologie aus der Umkehr heraus? Iwand schreibt:

> »Realismus heute bedeutet für mich Umkehr und Denken aus der Umkehr heraus. Es bedeutet, daß wir bereit sein müssen, auch das zu überprüfen, was uns durch manche liebgewordene Tradition geheiligt erscheint.«[13]

Theologie aus der Umkehr heraus zu treiben, würde heißen, nicht auf (vermeintliche) religiöse Sicherheit zu setzen, sondern auf Erneuerung.[14]

Die Bereitschaft zur Sichtung der gesamten Tradition der Kirche stellt ein genuin reformatorisches Anliegen dar: *ecclesia semper reformanda*. Die vergangenen Jahrzehnte sind – bei aller Unzulänglichkeit – m. E. ein Beleg dafür, dass ein Prozess der Sichtung begonnen hat: sowohl auf katholischer wie auf evangelischer Seite hat die Auseinandersetzung mit der christlich-jüdischen Vergangenheit eingesetzt. Davon legen eine große Zahl von offiziellen und offiziösen Erklärungen Zeugnis ab.[15] Wer hinter die Kulissen

---

12. PM I, 120 f.
13. Das Zitat entstammt einem umfangreichen Brief Iwands an den Prager Theologen Josef L. Hromádka vom 8.6.1959, zit. nach BVP, 122-133, 132; vgl. dazu auch Friedrich-Wilhelm Marquardt, Von Elend und Heimsuchung der Theologie. Prolegomena zur Dogmatik, München 1988, 78-80.124-126.
14. In der Vorlesung: Einführung in die gegenwärtige Lage der systematischen Theologie (Göttingen 1949/50), in: NWN 3, 221-487, bezieht Iwand im Einleitungsabschnitt unter dem Stichwort »Die gegenwärtige Lage«, den ersten, anklagenden Teil von Röm 3 auf die Kirche: »... angesichts dieses gerade über unsere Generation und unser Reden und Tun ergangenen Gerichts wird uns jedes Rühmen vergehen. Wir werden Römer 3 – und zwar nicht erst von Vers 23 an, sondern von Anfang an – mit neuem Ernst und neuer Bezogenheit auf uns und unsere Lage lesen, wir werden nicht mit blinden Augen an dem vorübergehen können, was als Frucht unseres Ungehorsams rechts und links am Wege liegt und – wenn wir Ohren hätten zu hören – uns anklagt« (227).
15. Vgl. dazu Rolf Rendtorff / Hans Hermann Henrix (Hgg.), Die Kirchen und das Judentum. Dokumente von 1945-1985, München Paderborn 1988; Hans Her-

schaut, wird über die gefundenen Kompromisse, die sich in Erklärungstexten niederschlagen, nicht nur erfreut sein, aber trotz aller noch zu konstatierenden Unzulänglichkeiten lässt sich meiner Einschätzung nach eine Bereitschaft feststellen, die geduldige, umfassende Sichtung der theologischen Tradition der Kirche zu beginnen. Die Frage stellt sich allerdings: Wie weit handelt es sich um eine Bewegung, die die Kirche(n) ergriffen hat und wie weit handelt es sich doch nur um eine Minorität, die sich hier engagiert?

2. Die wurzelhafte Verbindung von Kirche und Israel

Die wurzelhafte Verbindung von Kirche und Israel wird heute als historisches Faktum von vielen anerkannt. Die theologische Brisanz wird dabei nicht immer gesehen. Iwand hat in einer der ersten Ausgaben der von ihm gegründeten Göttinger Predigtmeditationen (Jgg. 1945/46) in einer Meditation zu Pfingsten über Eph 2,19-22 folgendes ausgeführt:

> »Die Menschheit zerfällt nach der Sprache der Bibel in Juden und Heiden (1. Kor. 1,23; Röm. 1,14;16), und das liegt daran, daß die Mensch[heits]geschichte[16] hier unter dem Gesichtspunkt einer bestimmten Offenbarung gesehen ist, der gegenüber alle nicht zum Volk Israel gehörenden Menschen unter den einheitlichen Begriff der ›ethne‹ fallen. Es mag sein, daß wir diese Unterscheidung mehr nur als eine zeitbedingte angesehen haben, die sich mit der Ausweitung des Evangeliums zu einer Universalreligion erklären ließ, es mag sein, daß wir ihr, obschon sie doch so oft im NT hervortritt – man denke nur an Röm. 9-11 –, keine dogmatisch wesentliche Rolle mehr zuerkannten. Aber heute werden wir nicht mehr so denken.«[17]

Und etwas später schreibt er:

> »So seid ihr nun nicht mehr Gäste und Fremdlinge – also das wäre eigentlich unsere natürliche Situation dem Volke Israel gegenüber, nicht etwa umgekehrt, wir sind als die Heiden hinzugekommen, es war schon längst ein Haus Gottes, ein Volk Gottes da, es war längst Gott offenbar in seinem Willen und seiner Verheißung, es war längst Offenbarung geschehen, es war, wie Luther gern sagt, Kirche seit Beginn der Welt.«[18]

---

mann Henrix / Wolfgang Kraus (Hgg.), Die Kirchen und das Judentum (II). Dokumente von 1986-2000, München Paderborn 2001.
16. Im Text steht offensichtlich fehlerhaft: »Menschgeschichte«.
17. PM I, 20.
18. PM I, 21.

Hier ist noch nichts darüber gesagt, welche Stellung dem Volk Israel heute als ersterwähltem Volk zukommt. Hier ist lediglich die unaufgebbare Beziehung zwischen Kirche und Israel festgehalten.

Machen wir uns bewusst, in welchem Kontext Iwand dies schrieb: Im April 1948 verabschiedete der Bruderrat der Evangelischen Kirche in Deutschland (EKD) – also eine Nachfolgeorganisation der Bekennenden Kirche – das sog. »Darmstädter Wort zur Judenfrage«.[19] Das Darmstädter Wort spricht – anders als das Stuttgarter Schuldbekenntnis – ausdrücklich von der Schuld, die Christen gegenüber Juden auf sich geladen haben. Dann aber heißt es hinsichtlich der Stellung Israels als Volk Gottes: Israel habe seinen Messias gekreuzigt und damit seine Erwählung und Bestimmung verworfen. Deshalb sei die Erwählung auf die Kirche übergegangen. Israel stehe unter dem Gericht und sei damit eine stete Warnung an die christliche Gemeinde, dass Gott nicht mit sich spotten lasse.[20]

Das sind dann doch wieder die altbekannten Argumentationsfiguren. Hier begegnen wieder die Punkte traditioneller Israel-Enterbungs- bzw. Verwerfungs-Theologie, auch wenn teilweise explizit gegen Aussagen Stellung bezogen wird, die in der NS-Zeit in den Kirchen umstritten waren: »Es ist der Kirche verwehrt, Judenchristen und Heidenchristen voneinander zu scheiden.«[21] Aus heutiger Sicht bedeutet dieses Darmstädter Wort noch kein umfassendes Umsteuern. Aber wie Jürgen Seim zu Recht herausstellt, zeigt der Blick auf den »Ausgangspunkt«, nämlich »das Schweigen der Kirche während der Schoa und die jahrhundertelange Tradition der Theologie,

---

19. Text in Rendtorff / Henrix (Hgg.), Die Kirchen und das Judentum (s. Anm. 15), 540-544. S. dazu Biografie, 342-346. Das Darmstädter Wort zur Judenfrage ist nicht zu verwechseln mit dem »Darmstädter Wort zum politischen Weg unseres Volkes« von 1947, an dem Iwand aktiv mitgewirkt hat. Vgl. dazu Hartmut Ludwig, Die Entstehung des Darmstädter Wortes, Beiheft 8/9 zu JK 1977.
20. Text in Rendtorff / Henrix (Hgg.), Die Kirchen und das Judentum (s. Anm. 15), 540-544, 542.
21. A.a.O., 542, Nr. 3. Der Satz steht explizit gegen Aussagen des von Paul Althaus und Werner Elert verfassten »Erlanger Gutachtens« vom 25.9.1933 zum Arierparagraphen in der Kirche. Vgl. dazu Axel Töllner, Eine Frage der Rasse? Die Evangelisch-Lutherische Kirche in Bayern, der Arierparagraf und die bayerischen Pfarrfamilien mit jüdischen Vorfahren im ›Dritten Reich‹, Konfession und Gesellschaft 36, Stuttgart u.a. 2007, 56-65. Der Schlussabschnitt des Darmstädter Wortes wendet sich direkt an Christen, die ihrer »leiblichen Herkunft nach zum Samen Abrahams« gehören (543), benennt die Verfehlungen der NS-Zeit (543) und bittet der »geschehenen Zertrennung nicht mehr zu gedenken und um der Wahrhaftigkeit Gottes und um eurer Berufung willen unsere Gemeinschaft nicht zu meiden« (544).

von Israel zu schweigen oder nur kritisch, um nicht zu sagen: feindselig zu sprechen«, dass hier doch etwas geschehen war und dass »neben vielem Traditionellen auch Neues gesagt wurde«.[22]

Eine wirkliche Neuorientierung im Verhältnis zum Judentum auf der Ebene der Evangelischen Kirche in Deutschland (EKD) setzte ein mit der Erklärung der Synode EKD von Berlin-Weißensee, 1950. Recht verstanden bedeutet sie eine kopernikanische Wende. Neben Sachverhalten, die uns heute alltäglich geworden sind und die bereits im Darmstädter Wort zur Judenfrage stehen (z. B. der Betonung von Jesu Jude-Sein, der Absage an den Antijudaismus usw.), findet sich hier die entscheidende Aussage:

> »Gottes Verheißung über dem von ihm erwählten Volk Israel [ist] auch nach der Kreuzigung Jesu Christi in Kraft geblieben«.[23]

In der Zeitschrift Junge Kirche erschien 1951 ein Artikel Iwands unter dem Thema: Die Kirche und die Juden. Er schreibt:

> »Es läßt sich nun einmal nicht leugnen, daß die Kirche in Deutschland in der Judenfrage bitter und verhängnisvoll versagt hat. Es wäre falsch, diese Tatsache gering anzuschlagen. ... Wir werden aus diesem Gericht nur lernen, wenn wir uns in Buße und Beugung vor Gott fragen, wo unser Irrtum lag. Denn wir haben nicht so sehr versagt aus Angst als vielmehr aus Blindheit. ... Diese Blindheit liegt aber darin, daß wir über den inneren Zusammenhang zwischen der Kirche Jesu Christi und dem Volke Israel zu wenig biblische Erkenntnis hatten. Sieht man sich die Geschichte der protestantischen Theologie in Deutschland daraufhin an, so fällt es nicht schwer, ihre schwachen Stellen zu erkennen. Es sind neben dem älteren Luther und seinen scharfen Schriften gegen die Juden – der junge Luther hat eine noch heute lesenswerte Schrift für die Juden geschrieben! – vor allem Melanchthon und Schleiermacher, die beiden großen Lehrer unserer Kirche, die uns hier falsch geleitet haben. Denn sie haben den Zusammenhang der Kirche Christi mit dem jüdischen Volke nicht beachtet. Sie operieren beide mit dem Begriff der universalen Menschheit. Nun besteht aber nach der Schrift die Menschheit aus Heiden und Juden. Die Juden sind – auch da, wo sie Jesus nicht als ihren Messias erkennen und anerkennen – immer noch die von Gott gesetzte Grenze gegen das Heidentum. Und das Gesetz, das Gott Mose am Sinai gab, ist etwas anderes als das

---

22. Biografie, 342 f.
23. Text in Rendtorff / Henrix (Hg.), Die Kirchen und das Judentum (s. Anm. 15), 548 f. Wesentlichen Anteil an der Formulierung hat der Berliner lutherische Systematiker Heinrich Vogel. Von der »Treue« Gottes gegenüber Israel sprach auch das Darmstädter Wort zur Judenfrage (ebd., 542, Nr. 4), aber zum einen sehr verhalten und zum andern vor allem als Aufforderung an die Kirche, Judenmission zu betreiben.

allen Menschen eingeborene Naturgesetz. Es ist in gleicher Weise Offenbarung wie das Evangelium und gehört in den Bundesschluß.«[24]

Ähnliches lesen wir in der Ehrung für Hans Ehrenberg.[25]

»Jetzt erst haben wir begriffen, daß wir aufhörten, Kirche Jesu Christi zu sein, als wir Israel preisgaben. Denn Israel ist die Wurzel, die uns alle trägt.«[26]

Man kann bei der Auslegung des Bildes von der Wurzel und den eingepfropften Zweigen, das Paulus in Röm 11 verwendet, diskutieren, wer wirklich mit der »Wurzel« gemeint ist: Israel, die Judenchristen, Abraham oder gar Gott. Die Exegeten sind sich hier nicht einig.[27] Klar ist, dass es einen »inneren Zusammenhang« zwischen Kirche und Israel gibt, den Iwand hier herausstellt.

3. Der Antisemitismus als Grundschaden

In dem Aufsatz ›Die politische Existenz des Christen unter dem Auftrag und der Verheißung des Evangeliums von Jesus Christus‹ von 1954[28] nennt

---

24. Hans Joachim Iwand, Die Kirche und die Juden, JK 1951, 105-106, 105. Die Frage, ob es in der Stellung Luthers zu den Juden tatsächlich eine entscheidende Differenz zwischen dem ›jungen‹ und dem ›älteren‹ Luther gab, muss hier nicht im Detail weiter verfolgt werden. Vgl. dazu insbesondere Thomas Kaufmann, Luthers ›Judenschriften‹, Tübingen 2011. Kaufmann bilanziert: »Überhaupt sollte man die ausgeprägten Kontinuitätsmotive in Luthers Beurteilung des Judentums – ungeachtet der Kurskorrektur in Bezug auf die praktische Judenpolitik! – beachten, die es in theologischer Hinsicht nicht angemessen erscheinen lassen, eine frühere, ›judenfreundlichere‹ von einer späteren ›judenfeindlichen‹ Entwicklungsphase zu unterscheiden.« (128). Nach Kaufmann handelt es sich bei den späten Schriften Luthers gegen die Juden um eine Selbstkorrektur. Sie hat ihre Ursachen in dem Scheitern der Absicht, »Juden durch ›Freundlichkeit‹ und ›Mitmenschlichkeit‹ für den Christenglauben zu gewinnen« (153), wie dies in der Schrift von 1523 ausgesprochen wurde. Es handle sich hingegen nicht um einen grundsätzlichen Wandel in Luthers Haltung gegenüber Juden und Judentum.
25. Hans Joachim Iwand, Hans Ehrenberg, in: KidZ 1953, 119-120.
26. A.a.O., 120.
27. Vgl. zur Diskussion Wolfgang Kraus, Das Volk Gottes. Zur Grundlegung der Ekklesiologie bei Paulus (WUNT 85), Tübingen 1996, 314-318, bes. 315.317. Es ist m.E. an Abraham zu denken. Hierfür ergibt auch die Traditionsgeschichte des Bildwortes die meisten Belege.
28. Der Aufsatz erschien zunächst in Heft 41 der ThEx NF, wieder abgedruckt in: GA I, 183-201 (hiernach wird zitiert).

Iwand vier Sachverhalte, die durch den Nationalsozialismus angerichtet wurden: 1. die Einführung des Freund-Feind-Denkens als beherrschendes Prinzip, 2. der Antisemitismus, 3. der Versuch, die Vergangenheit nach 1918 ungeschehen zu machen, 4. die Ächtung des Pazifismus. An zweiter Stelle steht der Antisemitismus. Und hier sagt Iwand:

> »Was wir dann nach 1933 vor unseren eigenen Augen haben abrollen sehen, was wir mitgetan oder wenigstens nicht verhindert haben, hat in grauenvoller Weise offenbar gemacht, wes Geistes Kinder wir gewesen sind, die diese Aussaat begonnen haben. ... Wir haben das verborgene Band der Einheit zwischen Kirche und Israel nicht mehr gesehen; wir haben es nicht begriffen, daß, wer dieses Band zerschneidet, der zerstört die Existenz der Kirche in solcher Tiefe, daß die Zerstörung irreparabel ist. ... Steht nicht auch hier die Umbesinnung aus, die für die Gesundung des deutschen Geistes unerläßlich ist?«[29]

In ›Umkehr und Wiedergeburt‹ (1959)[30] ist zu lesen:

> »Der letzte und bedeutsame Punkt betrifft das Nebeneinander von Kirche und Synagoge. Wir kennen die mittelalterlichen Standbilder, in denen die Kirche sehend, die Synagoge mit verbundenen Augen daneben steht. Dieses Symbol geht auf die Gegenüberstellung des Apostels Paulus im 2. Brief an die Korinther zurück. Aber haben diesmal nicht wir die Binde vor den Augen gehabt?«[31]

Welche Konsequenzen das nicht nur für die Kirche, sondern auch für unsere Kultur hat, lesen wir in ›Die politische Existenz‹:

> »Die wenigsten haben bemerkt, daß der Antisemitismus im deutschen Geistesleben selbst jene furchtbaren Verheerungen angerichtet hat, die Martin Kähler vor 60 Jahren prophetisch voraussagte. ... Der Antisemitismus muß das Alte Testament selbst aus dem Herzen unseres Volkes herausreißen. Er muß damit aber, ohne es zu ahnen, die Wurzel alles dessen zerstören, was wir Bildung und Kultur, Humanität und Ethos nennen.«[32]

Antisemitismus ist nach Iwand also nicht nur religiös, sondern auch kulturell, Bildung, Humanität und Ethos betreffend, ein Flurschaden unermesslichen Ausmaßes.

---

29. GA I, 192.
30. Iwand, Umkehr und Wiedergeburt, NW 2, 362-370.
31. Iwand, Umkehr und Wiedergeburt, NW 2, 369.
32. Iwand, Politische Existenz, GA I, 193.

4. Die jüdische Kontur der Christologie

Von Julius Wellhausen (1844-1918) wird der Satz überliefert: »Jesus war kein Christ, er war Jude.« Diese Aussage klang für mich als Student zunächst befremdlich und klingt in den Ohren mancher Christen noch immer befremdlich. In der christlichen Kunst haben Menschen zu allen Zeiten Jesus so dargestellt, als wäre er einer ihrer Zeitgenossen. In der Verkündigungskirche in Nazareth sind verschiedene Darstellungen Marias mit dem Jesuskind zu sehen. Christliche Kirchen aus der weltweiten Ökumene haben sie gestiftet. Maria und Jesus haben dabei jeweils die Züge der Menschen angenommen, aus deren Bereich die Darstellung stammt: Europäer, Afrikaner, Südamerikaner, Asiaten usw. Solche Darstellungen Jesu haben ihr Recht, insofern sie zum Ausdruck bringen sollen, dass Jesus als ›wahrer Mensch‹ für alle Menschen dieser Welt die Möglichkeit der Identifikation bietet. Aber darf darüber die jüdische Identität Jesu vergessen werden?

In dem bereits zitierten Brief an den tschechischen Theologen Josef Hromádka schrieb Iwand 1959 rückblickend auf den Kirchenkampf:

> »Wir haben nicht klar genug gesehen, ... daß der Angriff auf die Juden Ihm galt, Jesus Christus selbst. Wir haben theologisch zwar an der Menschheit Jesu Christi festgehalten, aber daß dieser Mensch ein Jude war, das haben wir dogmatisch oder im Sinne eines allgemeinen Humanismus ethisierend für irrelevant erachtet. Wir haben den inneren Zusammenhang zwischen dem Alten und dem Neuen Bund weniger klar und scharf gesichtet, als es der Gegner tat, der die schwächste Stelle in unserem modernen Christentum erspäht hatte.«[33]

Scharfsichtig diagnostiziert Iwand eine entscheidende Schwäche der christologischen Lehrentwicklung: Die Abkehr von Jesus als Juden und sein allgemeines Verständnis als Mensch.

Nimmt man diesen Sachverhalt ernst, ist die Suche nach dem ›jüdischen Jesus‹ nicht die Marotte einiger Exoten unter den Theologen, sondern eine theologisch-sachliche Notwendigkeit. Die Frage nach ›Jesus within Judaism‹ (J. Charlesworth) ist auf exegetischer Ebene in den vergangenen Jahrzehnten vorangetrieben worden, wenngleich hier noch viel zu tun ist.[34]

---

33. Hans Joachim Iwand, Brief an Josef L. Hromádka, 8.6.1959, in: BVP, 122-133, 126; vgl. ders., Umkehr und Wiedergeburt, NW 2, 369.
34. Vgl. dazu Karlheinz Müller, Forschungsgeschichtliche Anmerkungen zum Thema ›Jesus und das Gesetz‹, in: Martin Karrer / Wolfgang Kraus / Otto Merk (Hgg.), Kirche und Volk Gottes (FS Jürgen Roloff), Neukirchen-Vluyn 2000, 58-77, und die dort angegebene Literatur.

Von hier aus stellt sich auch die Frage, ob nicht die Exegese in einer Überbewertung des sogenannten Differenzkriteriums letztlich – ohne es zu wissen – den fatalen Versuch unternommen hat, die Inkarnation wenn nicht rückgängig zu machen, so doch zumindest zu modifizieren. Jesus wurde stets so interpretiert, dass er sich vom Judentum kategorial unterscheide. Natürlich bestreitet heute keiner der Exegeten mehr – wie weiland Walter Grundmann – dass Jesus Jude war. Aber *wie* gehört Jesus ins Judentum? Noch immer ist zu lesen, Jesus habe ›die Thora‹ abrogiert. Nur langsam scheinen sich die eingefahrenen Schemata aufsprengen zu lassen, wonach Jesus ›das Gesetz‹ oder ›das Judentum‹ überwunden habe. Nur durch geduldige neutestamentliche und judaistische Grundlagenarbeit wird es gelingen, Jesus in einer zutreffenden Weise in seiner jüdischen Umwelt zu verorten.

Wenn Jesus so ins Judentum gehört, wie ist dann eine Theologiegeschichte zu beurteilen, die eine Bewegung weg vom Judentum gemacht hat? Wie ist der jüdische Monotheismus zu beurteilen? Muss nicht christliche Theologie alles daransetzen, Trinität tatsächlich trinitarisch zu vermitteln, gegen teilweise nicht zu leugnende tri-theistische Tendenzen?[35]

5. Christologie und Ekklesiologie

Bei Iwand habe ich gelernt, dass die paulinische Rechtfertigungslehre als Konsequenz oder besser: als Ergebnis der paulinischen Christologie bezeichnet werden muss. Paulus hat in seiner Rechtfertigungslehre begrifflich formuliert, was sich aus den christologischen Grunddaten ergibt. Insofern ist die Rechtfertigungslehre in der Tat eine denkerische Leistung, die das Evangelium von Jesus Christus sachgemäß zum Ausdruck bringt: *summa evangelii* (E. Lohse). Und insofern handelt es sich hier auch um ein kritisches Instrument, mit dem Lehre beurteilt werden kann.

In der Paulusexegese standen v. a. Röm 1-8 im Mittelpunkt des Interesses. Die folgenden Kapitel wurden als Anhang, als ›judenchristliche Eierschalen‹ (E. Käsemann) u. v. m. bezeichnet. Das gilt so für Iwand nicht. Aber

---

35. Vgl. zur Sache Wolfgang Kraus / Bernd Schröder, Beten zu Jesus? Christliche Gebetspraxis und christlich-jüdischer Dialog, in: Alexander Deeg / Irene Mildenberger (Hgg.), »… dass er euch auch erwählet hat.« Liturgie feiern im Horizont des Judentums (Beiträge zu Liturgie und Spiritualität 16), Leipzig 2006, 105-135.

auch Iwand hat keine weiterreichenden Schlüsse für die Rechtfertigungslehre und deren konkreter Zuspitzung aus Röm 9-11 gezogen.³⁶

Aus dem Galaterbrief, in welchem die paulinische Rechtfertigungslehre erstmals in ausgeführter Form begegnet, wird deutlich, dass die Rechtfertigungslehre des Paulus als Ergebnis seiner Christologie im umfassenderen Kontext der Frage ›Wer gehört zu den Erben der Verheißung?‹, d. h. ›Wer gehört zum endzeitlichen Gottesvolk?‹, gesehen werden muss.³⁷ Die Ausführungen über das Gesetz und das Kreuz Jesu in Gal 3 sind nicht isoliert zu lesen, sondern im Kontext der Gottesvolkproblematik (Gal 3,26-29). Das bedeutet: die paulinische Rechtfertigungslehre als Ergebnis der Christologie ist nicht ohne die paulinische Ekklesiologie zu verstehen. Und die Ekklesiologie des Paulus enthält – wie die zwei Mittelpunkte einer Ellipse – zwei Aspekte: einen christologischen und einen heilsgeschichtlichen.³⁸ Im Römerbrief wird deutlich, wie Christologie, Rechtfertigungslehre, Ekklesiologie und Israellehre einen unauflöslichen Gesamtzusammenhang bilden. Wer ein Element herauslöst, geht des Gesamten verlustig.³⁹

6. Bleibende Erwählung Israels als bleibende Gültigkeit der Verheißung

In seinem Beitrag ›Die Kirche und die Juden‹ in der Jungen Kirche 1951 schreibt Iwand zu Röm 9-11:

> »Es bleibt nach Röm. IX-XI bestehen, daß wir als Heidenkirche die Zweige sind und das Volk Israel das Volk der Erwählung ist, die Wurzel, die auch heute noch – gegen allen Augenschein – das Ganze trägt. Es bleibt nach diesem Abschnitt des Römerbriefes gewiß, daß jede Überhebung der Zweige über die Wurzel diese selbst unter das Gericht Gottes bringt. Es mag schwer sein, im Blick auf das Jesus

36. Iwand lebte vor der Neuorientierung in der paulinischen Theologie, die als ›New Perspective on Paul‹ bezeichnet wird und bezüglich des ›Sitzes im Leben‹ der Rechtfertigungslehre eine neue Sicht ermöglicht hat.
37. Vgl. zur Sache Wolfgang Kraus, Gottes Gerechtigkeit und Gottes Volk. Überlegungen zu einer ›New Perspective on Paul‹, in: Michael Bachmann (Hg.), Lutherische und Neue Paulusperspektive (WUNT 182), Tübingen 2005, 329-347.
38. Vgl. Jürgen Roloff, Die Kirche im Neuen Testament (GNT 10), Göttingen 1993, 90; Wolfgang Kraus, Zwischen Jerusalem und Antiochia. Die ›Hellenisten‹, Paulus und die Aufnahme der Heiden in das endzeitliche Gottesvolk (SBS 179), Stuttgart 1999, 19-23, und die dort angegebene Literatur.
39. Dies nachzuweisen war das Ziel von Kraus, Volk Gottes (s. Anm. 27).

– noch – nicht als den Christus anerkennende Volk Israel zu glauben, daß die christliche Kirche und dieses Volk zusammengehören und nach Gottes Ratschluß ein Ganzes sind, aber wenn wir nicht lernen, an die Kirche zu *glauben*, gerade im Blick auf Israel, dann werden wir das Geheimnis der göttlichen Erwählung, in das auch das der – zeitweisen – Verwerfung eingeschlossen ist, nicht verstehen und statt der auf dieser Erwählung ruhenden Universalkirche ethnisierende Volkskirchen schaffen. Israel hat bis heute ›die Kindschaft und die Herrlichkeit und den Bund und das Gesetz und den Gottesdienst und die Verheißung‹, zu ihnen gehören die Väter und von ihnen kommt der ›Christus nach dem Fleisch, der da ist Gott über alles, gelobt in Ewigkeit‹ (Röm. IX 4 f.).«[40]

Nach der Studie der EKD ›Christen und Juden II‹ von 1991 gehört diese Sicht der bleibenden Erwählung Israels zum inzwischen erreichten Grundkonsens innerhalb der Kirchen.[41] Die Ausdrucksweise ›bleibende / dauernde Erwählung Israels als Volk Gottes‹ findet sich in vielen Dokumenten, die zum Verhältnis von Kirche und Israel veröffentlicht wurden.[42] Doch was heißt bleibende Erwählung Israels konkret?

Mein Einstieg in diese Frage nach ›bleibender Erwählung‹ lief über Iwands Meditation zu 2 Kor 1,18 ff., wo es heißt, dass in Christus die Verheißungen Gottes bestätigt würden: In ihm ist das Ja. Die Verheißungen sind bestätigt, nicht erfüllt:

»Angesichts und in direkter Beziehung auf die Sünde und den Tod, die Welt und den Menschen, die Macht der Finsternis und die Herrschaftsformen dieses Äons hat Gott in Jesus Christus seine Verheißungen bestätigt. Es kann niemand an Jesus glauben, der Gottes Verheißungen nun nicht als gewisser ansieht, als fester und tausendmal sicherer gewährleistet, denn alles, was wir Wirklichkeit nennen. Das Ja Gottes in Jesus Christus rechtfertigt jeden, der an seine Verheißungen glaubt, alle, die je an sie geglaubt haben – Abrahams Same – und die noch an sie glauben werden. Es ist also nicht so, als ob die Verheißungen Gottes erst durch Jesus Christus Realität bekämen, als ob sie ›vorher‹ in der Luft gehangen, leer gewesen wären und nicht anderes denn irdisch-messianisch verstanden werden konnten, sondern jetzt, von diesem Ja Gottes in Christus her, bekommen die Verheißungen (inklusive des Gesetzes, denn dies muß von der *promissio* her interpretiert werden) ihre Gültigkeit für uns ...«.[43]

---

40. Hans Joachim Iwand, Die Kirche und die Juden, JK 1951, 105-106, 105.
41. Christen und Juden II. Zur theologischen Neuorientierung im Verhältnis zum Judentum, 30. Oktober 1991, Text in: Henrix / Kraus (Hgg.), Die Kirchen und das Judentum (s. Anm. 14), 627-668, 636.
42. S. dazu im Register von Henrix / Kraus (Hgg.), Die Kirchen und das Judentum (s. Anm. 15), s. v. Erwählung.
43. PM I, 375 (im Original teilweise gesperrt).

Gottes Verheißungen sind gewisser als die uns vor Augen liegende ›Wirklichkeit‹. In Christus hat Gott seine Verheißungen noch einmal bekräftigt. Die Verheißungen sind durch Christus bestätigt – nicht erfüllt. In Röm 15,8 stoßen wir auf den gleichen Sachverhalt. Ein Diener der Juden wurde Christus, nicht um die Verheißungen zu erfüllen, sondern um die Verheißungen an die Väter zu bekräftigen, zu bestätigen bzw. zu befestigen: εἰς τὸ βεβαιῶσαι τὰς ἐπαγγελίας τῶν πατέρων.

Was heißt von hier aus gesehen ›bleibende Erwählung‹? Die Lösung ist m. E. darin zu suchen, was Iwand die Promissio-Struktur des Wortes Gottes nennt: »*reconciliatio seu justificatio est res promissa propter Christum*«, so betont Iwand mit Apol.Conf. IV,182.

> »Menschliche Prophezeiung hört auf, in Kraft zu sein, sobald sie in Erfüllung geht, Gottes Verheißungen erfüllen sich so, daß sie damit erst recht in Kraft gesetzt werden, bekommen erst jetzt ihre allgemeine Geltung. Das heißt Weihnachten: Gott setzt seine Gnadenverheißungen für alle Welt in Kraft durch die Geburt Jesu. Und an ihn glauben heißt darum erst recht: aus Gottes Verheißungen leben! (nicht aus ihren ›Erfüllungen‹).«[44]

Nach Paulus gehören die durch Christus berufenen Heiden aufgrund der Taufe gleichberechtigt zum endzeitlichen Gottesvolk hinzu: Sie sind Söhne Gottes, Nachkommen Abrahams und damit Erben der Verheißung (so erstmals Gal 3,26-29; erneut Röm 8,14-17). Das schließt nach Paulus aber nicht aus, dass Israel das von Gott erwählte Volk bleibt (Röm 9,1-5; 11,1f.28f.). Paulus ist damit der einzige Autor im Neuen Testament, der dem Gottesvolkproblem in seiner doppelten Gestalt, als Frage nach ›Kirche‹ und ›Israel‹ explizit Rechnung getragen hat. Die Lösung des Problems, wie sie uns im Römerbrief begegnet, ist ein Ergebnis neuen Nachdenkens. Die unterschiedlichen Ausführungen, die sich bei Paulus zu dieser Frage finden (vgl. 1 Thess 2,14-17; Gal 4,21-31 mit Röm 9-11), zeigen, dass selbst Paulus sich einer Lösung nur in mehreren Anläufen nähern konnte.

Das entscheidende theologische Problem bestand für Paulus in der Frage: *Wie kann die Vorstellung einer bleibenden Zusage Gottes an Israel neben der Botschaft einer Erlösung aller Menschen allein durch Christus angesichts Israels weitgehender Ablehnung Jesu als Messias Bestand haben?*

Man könnte es zuspitzen auf die Alternative: Steht die Erwählungslehre gegen die Christologie? Und, so könnte man weiterfragen, überwiegt schließlich im Römerbrief die Erwählungslehre, also die Theo-logie gegenüber der Christo-logie? Hat Paulus seine in Gal 3 praktizierte christologi-

---

44. PM I, 375.

sche Schrifthermeneutik, aufgrund derer sich die Zugehörigkeit zu dem in Abraham erwählten Gottesvolk nur über Christus bestimmen lässt, in Röm 11,28f. durch eine theologische begrenzt?

Nach Michael Wolter vollzieht Paulus in Röm 11,28f. in der Tat einen »Paradigmenwechsel«. Er stelle »seiner christologischen Schrifthermeneutik eine im eigentlichen Sinn des Wortes theo-logische Hermeneutik in einem spannungsvollen Nebeneinander an die Seite« und behaupte damit »eine *Autonomie des Schriftzeugnisses* von der Erwählung Israels, ... die auch durch das auf Heilsferne lautende Urteil des Evangeliums bzw. einer christologischen Schrifthermeneutik nicht suspendiert« sei.[45] Wolter behauptet damit, dass die im Galaterbrief, insbesondere in der Sara-Hagar-Allegorese (Gal 4,21-31) noch vorhandene Antinomie auch im Römerbrief nicht aufgelöst werde.[46]

Ich halte dieses Urteil für nicht zutreffend. Vielmehr bringt es Paulus fertig, Theo-logie und Christo-logie, theologische und christologische Schrifthermeneutik zu verbinden. Es gelingt ihm durch die Einführung der Kategorie der Gerechtigkeit Gottes (δικαιοσύνη θεοῦ).

Die Besonderheit des paulinischen Ansatzes liegt m. E. darin, dass gerade die *Gerechtigkeit Gottes*, die – bezeugt durch Gesetz und Propheten – durch das Christusgeschehen offenbar geworden ist (Röm 3,21), einerseits die Frage nach der bleibenden Gültigkeit der Zusagen Gottes an Israel aufkommen lässt (Röm 9,1 ff.; 11,1) und sie andererseits zu beantworten hilft (Röm 11,2 ff.). Der Schlussakkord des paulinischen Nachdenkens findet sich in Röm 11,25-27.28-32. Dabei greift Paulus mit seinen Aussagen in 11,28-32 auf die in Röm 9,1-5 aufgeworfene Spannung zurück und führt sie einer Lösung zu.

Gottes Treue gilt Israel nach wie vor. Gott steht treu zu seinem Bund[47] und wird Israel mittels des »Retters aus Zion« zum endgültigen Heil führen

---

45. Michael Wolter, Evangelium und Tradition. Juden und Heiden zwischen solus Christus und sola scriptura (Gal 1,11-24; Röm 11,25-36), in: Hans Heinrich Schmid / Joachim Mehlhausen (Hgg.), Sola Scriptura, Gütersloh 1991, 180-191, 191 (kursiv im Original).
46. Vgl. Michael Wolter, Das Israelproblem nach Gal 4,21-31 und Röm 9-11, in: ZThK 107 (2010), 1-30, wo Wolter keinen grundsätzlichen Widerspruch zwischen den Aussagen im Röm und denen im Gal, insbesondere zwischen Gal 4,21-31 und Röm 11 zu sehen vermag. Vgl. auch Michael Wolter, Paulus. Ein Grundriss seiner Theologie, Neukirchen-Vluyn 2011, 388. S. dazu kritisch auch Dieter Zeller, Gedanken zu Michael Wolters Paulusbuch, in: BZ 57 (2013), 122-129, 126-128.
47. Röm 9,4 formuliert präsentisch: Ihnen gehören die διαθῆκαι. Auch in 11,27 begegnet das Stichwort διαθήκη, um die Rettung Israels zusammenzufassen. Inso-

(Röm 11,25-27).⁴⁸ Damit wird gerade die *Rechtfertigungslehre*, die häufig im Sinn der Unvereinbarkeit mit der bleibenden Erwählung Israels interpretiert wurde, zur Möglichkeit, das *solus Christus* und *zugleich* die Gültigkeit der göttlichen Zusagen an Israel festzuhalten.⁴⁹

Versteht man bleibende Erwählung als *bleibende Gültigkeit der Verheißung* (insbesondere derjenigen an Abraham), dann lässt sich sowohl an der Erwählungszusage Gottes gegenüber Israel festhalten, als auch die Verheißung verkündigen, dass Gott in Christus für alle Menschen gehandelt hat und der Glaube an Christus die Eingliederung in die Nachkommenschaft Abrahams und damit die Anteilhabe am Erbe bedeutet.

Kommen wir nochmals zu Röm 15,7-13: Hiernach sind die Verheißungen Gottes an die Väter durch Christus nicht erfüllt, sondern *bestätigt* worden (εἰς τὸ βεβαιῶσαι τὰς ἐπαγγελίας τῶν πατέρων). Christus ist gekommen, um ein διάκονος περιτομῆς, ein Diener der ›Beschneidung‹ (hier metonymisch für: die Juden), zu werden, damit er die Verheißungen an die Väter befestige. Das heißt, Paulus versteht Israel als Volk Gottes pri-

fern scheint es mir berechtigt, wenn man denn Röm 1-11 als zusammengehörigen Gedankengang betrachtet, in dem Stichwort Gerechtigkeit Gottes *auch* den Aspekt der ›Bundestreue‹ angesprochen zu sehen (anders Zeller, Gedanken, 127).

48. Die Möglichkeit, dass es sich bei »aus Zion« um eine Verschreibung von ΕΙΣ zu ΕΚ handelt, wird diskutiert bei Berndt Schaller, ΗΞΕΙ ΕΚ ΣΙΩΝ Ο ΡΥΟΜΕΝΟΣ. Zur Textgestalt von Jes 59,20f. in Röm 11,26f., in: Albert Pietersma / Claude E. Cox (Hg.), De Septuaginta (FS J. W. Wevers), Mississauga (Ont.) 1984, 201-206. Florian Wilk, Die Bedeutung des Jesajabuches für Paulus (FRLANT 179), Göttingen 1996, 38-40.69f.200-202 entscheidet sich nach ausführlicher Diskussion für den überlieferten Text, versteht jedoch den Zion irdisch als den Ort, von dem aus Christus nach der Völkerwallfahrt seinem Volk Israel erscheint. Wer mit dem Retter vom Zion gemeint ist, ist in der Exegese umstritten. Vgl. dazu jüngst Tobias Nicklas, Paulus und die Errettung Israels, Early Christianity 2 (2011), 173-197, 183, der den Retter vom Zion mit Gott selbst identifiziert. Mir scheint doch eher an den Parusiechristus gedacht zu sein, der vom himmlischen Zion (vgl. Gal 4,26: »oberes Jerusalem«) aus erscheint, vgl. Kraus, Volk Gottes (s. Anm. 26), 322; so u. a. auch Ulrich Wilckens, Der Brief an die Römer (Röm 6-11), EKK VI/2, Neukirchen-Vluyn 1980, 256 f.; James D. G. Dunn, Romans 9-16, WBC 38B, Waco (TX), 1988, 692; Eduard Lohse, Der Brief an die Römer, KEK IV, Göttingen 2003, 320 f.; Robert Jewett, Romans. A Commentary, Hermeneia, Minneapolis (MN) 2007, 704.

49. Hiermit ist gerade nicht einem sogenannten »Zwei-Wege-Schema« für Israel und die Völker das Wort geredet. Die These von einem »Sonderweg« Israels zum Heil ist ebenfalls nicht intendiert. Und schließlich ist auch keine Begrenzung der Heilstat Christi auf die Völker impliziert. Allerdings ist an der Gültigkeit der Verheißung für Israel jenseits von Glaube oder Unglaube festgehalten.

mär von der *Väter*verheißung und nicht vom *Sinai*bund her (vgl. auch Röm 11,32), und er versteht dieses Volk-Gottes-Sein, also seine »Erwählung« im Sinn von »Verheißung«, *promissio*. Diese Erwählung ist nicht ablesbar an Äußerlichkeiten, sie gilt von Gott her, weil Gottes *promissio* »Wirklichkeit« setzt. Das aber heißt: von der göttlichen *promissio* her bleibt Israel Gottes Volk auch gegen den Augenschein.[50] Umgekehrt gilt: Die Kirche ist durch Christus erwählt, zum Volk Gottes zu gehören. Aber auch dies gilt im Modus der *promissio*, von Gott her. Das Judentum ist damit aber nicht nur historische Wurzel des Christentums, sondern bleibender Partner vor Gott. Kirche und Israel gehören »nach Gottes Ratschluß [als] ein Ganzes« zusammen.[51]

7. Israel als integraler Bestandteil christlichen Selbstverständnisses

Die Kirchen tun sich nach wie vor schwer, ihr Verhältnis zum Judentum von Grund auf neu zu gestalten. Eine Ursache liegt darin begründet, dass das Judentum als lebendige Religion eine bleibende Anfrage an das Selbstverständnis der Kirche darstellt. Angst vor Identitätsverlust ist daher nicht auszuschließen.[52] Den folgenden Gedanken habe ich bei Iwand nicht gefunden, aber er steht, wie ich meine, in der Konsequenz seines Denkens und muss von uns durchdacht werden:

Die EKD-Studie von 1991 verlangt von der Kirche, ihr Selbstverständnis so zu formulieren, dass damit das Selbstverständnis Israels als Volk Got-

---

50. Paulus hat mit diesem Verständnis den »Volk Gottes«-Begriff neu definiert: von der Väterverheißung her, nicht mehr vom Sinai-Bund her; s. hierzu Kraus, Volk Gottes (s. Anm. 27), 325.
51. Iwand, Die Kirche und die Juden, JK 1951, 105-106, 105.
52. Wer die Diskussion verfolgt hat, die sich im Anschluss an die Stellungnahme der ›Konferenz landeskirchlicher Arbeitskreise Christen und Juden‹ (KLAK) zur Neuen Agende ergab, kann verstehen, welche Probleme christlichen Selbstverständnisses hier angesprochen sind. Vgl. dazu Arnulf Baumann / Ulrich Schwemer (Hgg.), Lobe mit Abrahams Samen. Israel im evangelischen Gottesdienst – Eine Arbeitshilfe, Heppenheim 1995; Texte aus der VELKD Nr. 68/1996: Die Anliegen des christlich-jüdischen Dialogs und der christliche Gottesdienst, Hannover 1996. Für weitere Äußerungen im Kontext dieser Auseinandersetzung vgl. Henrix / Kraus (Hg.), Die Kirchen und das Judentum (s. Anm. 15), 686-690.702-713.714-728.728-730.755-763.767-771.

tes nicht herabgesetzt wird.[53] Die erste Aufgabe war es, die jüdischen Wurzeln des Christentums zu erkennen und anzuerkennen. Die zweite Aufgabe besteht nun darin, das eigene Selbstverständnis so zu formulieren, dass das jüdische Volk als Volk der Erwählung dabei nicht herabgesetzt wird. Damit ist der Weg aber noch nicht zu Ende. Die dritte Aufgabe führt noch einen Schritt weiter: Es geht darum, den Sachverhalt anzuerkennen und dann das Selbstverständnis der Kirche so zu formulieren, dass »Israel« einen integralen Bestandteil der Ekklesiologie darstellt.

Wenn die Kirche anerkennt, dass Gott das jüdische Volk bleibend zu sich in Beziehung gesetzt hat, und bereit ist, ihr Selbstverständnis so zu formulieren, dass Israels Identität dabei nicht herabgesetzt wird, dann muss sie darüber hinaus realisieren, nicht allein als »Gottes Volk« zu existieren. Ebendeshalb muss die Dimension »Israels« als Gottes Volk in die Beschreibung *christlicher* Identität aufgenommen werden. Die Kirche ist – im Bild gesprochen – kein ›Einzelkind‹, sondern sie hat ›einen älteren Bruder / eine ältere Schwester‹. Die Juden sind eben nicht nur »gewissermaßen« unsere älteren Brüder, wie Johannes Paul II. dies etwas schwebend formulierte, sondern in Wirklichkeit – oder kann man »gewissermaßen« einen Bruder oder eine Schwester haben?[54]

Es geht dabei nicht darum, Israel zu vereinnahmen, sondern es geht um christliches Selbstverständnis. Die aktuelle Partnerschaft mit Israel als ersterwähltem Volk lässt christliche Selbstdefinitionen unter Absehung von Israel als *unzureichend und unvollständig* erscheinen.

Die biblische Begrifflichkeit, unter der sich beide Gestalten des Volkes Gottes finden könnten, wäre ›Nachkommenschaft Abrahams‹. Hier könnte die – aus christlicher Sicht – Zusammengehörigkeit beider, aber zugleich auch die Unterschiedenheit der beiden ausgesagt werden, ohne Kirche und Israel unsachgemäß zu vermischen.

Das bedeutet: Christliche Ekklesiologie gibt es – sachgemäß – nur unter Einbeziehung des erstwählten Volkes Gottes. Kirche und Israel sind »nach

---

53. EKD-Studie Christen und Juden II, 1991, Ziff. 3.4.4 (Text in: Henrix / Kraus (Hg.), Die Kirchen und das Judentum (s. Anm. 15), 661 f.).
54. Die Aussage erfolgte beim Besuch der Synagoge in Rom 1986. Die ganze Passage lautet: »Die jüdische Religion ist für uns nicht etwas ›Äußerliches‹, sondern gehört in gewisser Weise zum ›Inneren‹ unserer Religion. Zu ihr haben wir somit Beziehungen wie zu keiner anderen Religion. Ihr seid unsere bevorzugten Brüder und, so könnte man gewissermaßen sagen, unsere älteren Brüder.« (Text in: Rendtorff / Henrix, Hg., Die Kirchen und das Judentum (s. Anm. 15), 106-111, 107.)

Gottes Ratschluß ein Ganzes«.[55] Das muss sowohl in der neutestamentlichen als auch in der systematischen Theologie erst noch eingelöst werden.

Nehmen wir ein aktuelles Beispiel: Im Zuge der Diskussion um Ergänzungen von Kirchen-Verfassungen um einen die Beziehung der Kirche zum Judentum reflektierenden Zusatz haben in den Gliedkirchen der Vereinigten Evangelisch-Lutherischen Kirche in Deutschland (VELKD) verschiedene Anhörungen stattgefunden. Die Folge 161 der Texte aus der VELKD von 2012 dokumentiert dies zum Teil.[56]

Der Exeget Jens Schröter diskutiert darin im Anschluss an Überlegungen zu Röm 9-11 die Frage, an welcher Stelle eine Aussage über Israel in einer Kirchenverfassung ihren Platz habe. Er stimmt zu, dass Aussagen zum Verhältnis von Kirche und Israel aufgrund ihrer ekklesiologischen Relevanz in Kirchenverfassungen durchaus sachgemäß seien. Die Frage stelle sich jedoch: Wo ist der richtige Ort? Die Präambel bzw. den Grundartikel hält Schröter nicht für angemessen. Hingegen hält er den Kontext, wo es um »Aussagen zu den Ausführungen zum Auftrag und zu den Aufgaben der Kirche« geht, für den sachgerechten Ort.[57] Die Begründung lautet:

> »Das Fundament christlicher Kirche ist nach 1. Kor 3,11 Jesus Christus, nach Eph 2,20 sind es die Apostel und Propheten und nach CA VII sind ihre Merkmale die reine Lehre des Evangeliums und die rechte Verwaltung der Sakramente.«[58]

Es verwundert, dass Schröter offenbar nicht auffällt, mit Eph 2 einen der zentralen (nachpaulinischen) Texte erwähnt zu haben, in dem die Kirche in einem Atemzug mit Israel genannt wird. Und die für Paulus so entscheidend wichtige Dimension der Abrahamverheißung spielt bei Schröters ekklesiologischer Grundlegung ebenfalls keine Rolle. Wenn man jedoch vorher zugestanden hat, dass der entscheidende Text zum Thema im Neuen Testament in Röm 9-11 zu finden sei, dann folgt daraus, dass eine Ekklesiologie, die rein christologisch orientiert ist, und die die verheißungsgeschichtliche Dimension ausblendet, als unzureichend bezeichnet werden muss.

Ich bin daher der Meinung, dass aus genuin *theologischen* Gründen gerade die Präambel oder der Grundartikel einer Kirchenverfassung der sachgemäße Ort für eine Aussage zum Verhältnis von Kirche und Israel ist. Welche Formulierung man wählt, ist eine andere Frage.

---

55. Iwand, Die Kirche und die Juden, JK 1951, 105.
56. Zur Verhältnisbestimmung Kirche – Judentum. Texte aus der VELKD Nr. 161, 2011 (das Vorwort spricht von 2012).
57. Ebd., 33.
58. Ebd., 33.

8. Die veränderten Rahmenbedingungen

Christentum und Judentum sind heute soziologisch gesehen zwei selbständige Religionen. Beide haben sich in den letzten 2000 Jahren – verglichen mit ihren Anfängen – weiterentwickelt. Judentum und Christentum heute sind weit entfernt von »Judentum« und »Christentum« zur Zeit des Paulus. Beide hat es zur Zeit des Neuen Testaments so überhaupt noch nicht gegeben. Die Anwendung solcher Kategorien auf die damalige Situation stellt einen Anachronismus dar und geht an der geschichtlichen Realität vorbei. An keiner Stelle in den Schreiben des Apostels taucht der Name »Christ« auf. Paulus selbst nennt sich mehrfach nicht ohne Stolz »Jude«, »Hebräer«, »Israelit« (Phil 3,5; 2 Kor 11,22; Röm 11,1). Und wie wir heute wissen, hat auch das rabbinische Judentum wichtige Spezifika erst in Auseinandersetzung mit dem entstehenden Christentum herausgebildet.[59]

Wenn aber Kirche und Judentum sich seit dem 1. Jahrhundert so erheblich gewandelt haben, dann kann das Verständnis der Kirche oder des Judentums und ihres Verhältnisses nicht allein aus dem Neuen Testament entwickelt werden. Andernfalls würde das bedeuten, die Geschichte zu ignorieren. Schriftgemäßheit *und* Zeitgemäßheit sind erforderlich. Das führt zu der Konsequenz, dass wir nach dem »Richtungssinn« der neutestamentlichen Texte zu fragen haben. Biblizismus, der neutestamentliche Texte als *dicta probantia* nur *zitiert*, statt sie hermeneutisch zu *reflektieren*, wird der theologischen Aufgabe, vor der wir stehen, nicht gerecht. Wenn Kirche und Judentum sich im 21. Jahrhundert nicht in gleicher Weise gegenüberstehen wie zur Zeit der frühen Christenheit, weil sich beide weiterentwickelt haben (nicht nur soziologisch, sondern auch theologisch), dann muss sich das auch niederschlagen in theologischen Äußerungen, wenn denn Theologie nicht geschichtsvergessen, sondern zugleich schrift- und zeitgemäß sein will.[60]

---

59. Vgl. dazu Daniel Boyarin, Border Lines. The Partition of Judaeo-Christianity, University of Pennsylvania Press 2004; ders., The Christian Invention of Judaism. The Theodosian Empire and the Rabbinic Refusal of Religion, Representations 85 (2004), 21-57; Peter Schäfer, Die Geburt des Judentums aus dem Geist des Christentums, Tübingen 2010; Alan F. Segal, Rebecca's Children, Harvard University Press 1986; Israel Jacob Yuval, Zwei Völker in deinem Leib. Gegenseitige Wahrnehmung von Juden und Christen in Spätantike und Mittelalter (Jüdische Religion, Geschichte und Kultur 4), Göttingen 2007.
60. Die genannte Forderung hat – das sei hier auch erwähnt – eine Kehrseite: »Christlicher Zionismus«, der biblische Landverheißungen heute politisch instrumentalisiert, gehört m. E. ebenso in die Kategorien ›Biblizismus‹ bzw. ›Geschichtsverges-

Diese Forderung nach einem hermeneutisch reflektierten Umgang mit biblischen Texten ist in anderen Bereichen christlicher Dogmatik, etwa im Bereich der Schöpfungslehre oder der Eschatologie, längst eingeübt – nicht so im Bereich der Ekklesiologie, wenn es um die Einbeziehung der Dimension Israels als ersterwähltes Gottesvolk geht. Ich habe noch keine Ekklesiologie gelesen, die dies sachgemäß realisiert hätte. Aber in Aufnahme und Fortführung der Impulse Hans Joachim Iwands könnte es gelingen.

Vielleicht könnte die Aussage von Robert Raphael Geis über Iwand die Richtung angeben:

> »... er war wirklich und wahrhaftig mit uns in dem Kampf um das Königtum Gottes geeint ... Geschieden von uns in seinem Glauben, war er uns zutiefst verbunden in dem Ringen um die Planverwirklichung Gottes in dieser geschändeten und geliebten Welt, Zeichen einer Einheit, die weit über das hinausgeht, was christlich-jüdische Verständigung bis heute meint und vermag.«[61]

senheit‹. Vgl. zur Sache Gerhard Gronauer, Die Wahrnehmung des Staates Israel in der evangelischen Publizistik zwischen 1948 und 1972 (JBTh 23), 2008, 263-272, und ders., Der Staat Israel im westdeutschen Protestantismus. Wahrnehmung in Kirche und Publizistik von 1945-1972 (AKZ 56), Göttingen 2013.

61. Geis, Leiden (s. Anm. 1), 367.

Israeltheologie bei Hans Joachim Iwand

Response zum Vortrag von Wolfgang Kraus

Jürgen Seim

1. Wolfgang Kraus stellt Iwand als einen Theologen vor, der nach dem kirchlich approbierten und staatlich exekutierten Antisemitismus und dem Schrecken der Schoa mit biblischer Begründung eine neue Israeltheologie vorbereitete. Er beruft sich (im Vorspruch) auf Robert Raphael Geis als einen glaubwürdigen Zeugen.

2. Den Ansatz dafür nannte Iwand »Denken aus der Umkehr heraus« (so im Brief an J. Hromádka). Er meinte nicht allein eine ethische Neuorientierung, weil die Ermordung der Juden in der Schoa ein gigantisches Verbrechen war; sondern er zielte auf eine fundamentale theologische Neubesinnung in Bezug auf den innerbiblischen Zusammenhang von Altem und Neuem Testament ebenso wie den lebendigen Zusammenhang zwischen Kirche und Israel, dem gegenwärtigen Christentum und dem zeitgenössischen Judentum (Kraus, Ziffern 1+3), der eine Vereinnahmung Israels durch die Kirche ausschließt. Unerschrockene Theologen setzen die traditionelle Christusverkündigung fort, Iwand war über deren mörderische Auswirkungen erschrocken.

3. Deswegen begrüßte er den grundlegenden Neuansatz der EKD-Synode Weißensee 1950, der die bleibende, nie verlorene Erwählung Israels herausstellte (Kraus, Ziffer 2). Für Iwand ist die biblische Unterscheidung zwischen Israel als dem Gottesvolk und den Völkern der Welt nicht überholt, deswegen betonte er 1946 in der Pfingstmeditation über Eph 2,19-22 dass »wir ... als die Heiden hinzugekommen« sind zum Volk Israel.[1]

Mir scheint, dass Kraus (Ziffer 6) diese Unterscheidung als eine bleibende wieder aufgibt, wenn er von der »Eingliederung« der andern »in die Nachkommenschaft Abrahams« spricht oder (Ziffer 7) von den »beiden Gestalten des Volkes Gottes«, die »Nachkommenschaft Abrahams« genannt werden sollen. Auch wenn Paulus die Geltung der Abrahams-Verheißung über die Grenzen Israels ausdehnt, muss meines Erachtens die Unterschiedenheit innerhalb der Einheit festgehalten werden, und »Nachkommen-

---

1. Hans Joachim Iwand, PM I, 20-23.

schaft Abrahams« können Menschen aus den Völkern auch bei Paulus nur metaphorisch heißen.

4. Für Iwand folgt aus dem nicht allein (religions-)geschichtlichen, sondern notwendig sachlichen Zusammenhang zwischen Altem und Neuem Testament, dass die Kirche mit Israel zusammengehört: »Hier beginnt nicht die Geschichte einer neuen Religion, sondern hier erfüllt sich der Spruch des Propheten ...«[2]. Kraus reflektiert zu Recht in Ziffer 8 »die veränderten Rahmenbedingungen«, die »Christentum und Judentum« zu »soziologisch gesehen zwei selbstständigen Religionen« werden ließen, aber Iwand folgend fordert er »die Einbeziehung der Dimension Israels als auserwähltes Gottesvolk« in den »Bereich der Ekklesiologie« ein. Anders als Kraus sehe ich Ansätze dafür in den ekklesiologischen Entwürfen von Jürgen Moltmann[3] und Johannes von Lüpke[4].

5. Iwand fasste den Verheißungsbegriff neu, dem neutestamentlich weniger eine Erfüllung als vielmehr ihre Bekräftigung und eschatologisch wirkende Geltung entsprechen (Kraus, Ziffer 6). Das hat eine entscheidende Auswirkung auf die Christologie, wenn Iwand die in der Neuzeit problematisch gewordene Zweinaturenlehre nicht eliminiert, sondern mit der biblischen Verheißung interpretiert. Er nimmt dafür Calvins Formel auf (Inst. II 9,3), Christus könnten wir nur begreifen im Kleid der auf ihn verweisenden Verheißungen, *promissionibus suis vestitutum.*[5] Eine solche Christologie bestimmte dann auch die Richtung der Rechtfertigungslehre (Kraus, Ziffer 5).

6. Die reformatorische Rechtfertigungslehre wurde traditionell gegen die katholische Kirche und das Judentum gewendet, die beide in Lehre und Leben der Gesetzlichkeit verhaftet sein sollten (Kraus, Ziffer 5+6). Iwand hat die Lehre des Luthertums von Gesetz und Evangelium einer Revision unterzogen, wonach das Gesetz nicht auf seine richtende Funktion reduziert ist, sondern als Gottes Gebot zum Leben hilft. Von da aus wird deutlich, dass die Rechtfertigung nicht aufgrund der Werke erfolgt, auch nicht aufgrund der Anerkennung des Glaubens als einer Ersatzleistung, sondern aufgrund des schöpferischen, erlösenden und erwählenden Handelns Gottes. Der Glaube tut nichts statt der Werke, er erkennt die Erwäh-

---

2. PM II, 35 (zum Benedictus LK 1,68-79, 1946).
3. Jürgen Moltmann, Kirche in der Kraft des Geistes. Ein Beitrag zur messianischen Ekklesiologie, München 1975.
4. Wilfried Joest und Johannes von Lüpke, Dogmatik II: Der Weg Gottes mit dem Menschen, 5., völlig neu überarbeitete Auflage (UTB 1413), Göttingen 2012.
5. Hans Joachim Iwand, NW 4, 368.373; Vom Primat der Christologie, in: Antwort (FS Karl Barth), Zollikon-Zürich 1956, 183 f.; Christologie, NWN 2, 25.98.

lung Israels und die Zuerwählung der Völker an. Eine solche Rechtfertigungslehre kann nicht mehr antijüdisch gewendet werden. Iwand hat sie noch nicht ausgearbeitet (Kraus, Ziffer 6+8), aber die Richtung gewiesen. Ohne ihn und seine Vorarbeit steckte die neue Israeltheologie noch in den Kinderschuhen.

VI. Einheit der Kirchen?
Bekenntnis und Ökumene

›Reine Lehre‹ oder ›versöhnte Verschiedenheit‹?

Hans Joachim Iwand und die Ökumene

Christian Neddens

Hinführung: Hans Joachim Iwand als ökumenischer Theologe

»Grenzüberschreitende Anstöße« gingen von Hans Joachim Iwand in besonderer Weise für den ökumenischen Dialog, die christliche Friedensarbeit und für die Entwicklung ökumenischer Verständigungsmodelle in den 1940er und 1950er Jahren aus. Eine ähnliche Bedeutung kam in Deutschland wohl nur wenigen wie Dietrich Bonhoeffer, Edmund Schlink oder Heinrich Vogel zu. Wie Iwand seine ökumenische Pionierarbeit systematisch-theologisch orientierte und reflektierte, möchte ich im Folgenden an zentralen Texten erläutern. Die Begriffe ›reine Lehre‹ und ›versöhnte Verschiedenheit‹ markieren dabei eine gewollte und fruchtbare Spannung, wie ich noch zu zeigen hoffe.

Fünf (bzw. sechs) Schwerpunkte seiner ökumenischen Arbeit sehe ich:
1. Das ist zum Ersten – das mag zunächst irritieren – eine *innerevangelische Verschärfung*, ein Schibboleth, von dem noch zu sprechen sein wird.
2. Das ist zum Zweiten die Gestaltung einer *innerevangelischen Bekenntnisgemeinschaft*, und zwar zunächst in der ›Bekennenden Kirche‹ zwischen Lutheranern und Reformierten, aber auch eine enge Zusammenarbeit mit Christen freikirchlicher Prägung, etwa der ›Bahnauer Bruderschaft‹ seit den 1930er Jahren, später auch mit Quäkern oder Methodisten.
3. Das ist drittens schon während der NS-Zeit die brennende Frage nach *Schuld und Versöhnung*, die später Iwands Dialoge mit Vertretern aus Kirchen Osteuropas prägte und sein – auch außerkirchliches – Engagement in der Flüchtlings- und Friedensarbeit antrieb.[1]

---

1. Die Zusammenarbeit mit Atheisten und Kommunisten in der Friedensbewegung gehörte für Iwand in die ökumenische Aufgabe mit hinein. Weil Christus nicht nur Haupt der Kirche, sondern auch Herr der Welt ist, konnte ein ökumenisches Denken für ihn nicht an den Grenzen der verfassten Kirchen Halt machen.

4. Das ist viertens zweifellos sein Einsatz für das beginnende bilaterale Gespräch mit der *Russisch-Orthodoxen Kirche* ab 1955, das von großer ökumenischer Bedeutung – auch für den Ökumenischen Rat der Kirchen – war.[2]
5. Und das ist fünftens sein Verhältnis zu *Israel und den Juden*, das ich in diesem Vortrag nicht nebenher mitbearbeiten kann und darum lediglich auf das Tagungsreferat von Wolfgang Kraus verweise.[3] »Wir haben nicht gesehen«, schrieb Iwand rückblickend an Josef Hromádka, »daß wir mit der Entwurzelung aus Israel unsere Ökumenizität als Kirche verlieren sollten und verloren hätten.«[4]
6. Kritisch-distanziert, wenn auch verhalten hoffnungsvoll, war sechstens Iwands Sicht auf die *Römisch-Katholische Kirche*. Ihre im 2. Vatikanischen Konzil manifestierte Erneuerung und Öffnung deutete sich zu seinen Lebzeiten erst an.[5] Und Iwands Kirchen- und Amtsverständnis war mit Rom wenig kompatibel.[6]

2. Vgl. Peter-Paul Sänger, Ökumenische Einheit der Kirche nach der Erfahrung des Krieges. Iwands Dialog mit der russischen Orthodoxie, seine ›ökumenische Methode‹, in: Martin Hoffmann (Hg.), Die Provokation des Kreuzes. Entdeckungen in der Theologie Hans Joachim Iwands, Waltrop 1999, 211-228, 211: »Wenn [...] einmal die Beziehungen zwischen Protestantismus und Orthodoxie in der zweiten Hälfte dieses Jahrhunderts aufgearbeitet werden, wird sich zeigen, welch einen Anteil er [Iwand] daran gehabt hat, die Russen für die Genfer Ökumene zu gewinnen.«
3. Vgl. auch Jürgen Seim, Israel und die Juden im Leben und Werk Hans Joachim Iwands, in: ders., Iwand-Studien. Aufsätze und Briefwechsel Hans J. Iwands mit Georg Eichholz und Heinrich Held, Köln 1999, 47-83.
4. Hans Joachim Iwand, Antwort. Ein Brief an J. L. Hromádka (1959), in: FO, 199-217, 206.
5. Fast vergessene ökumenische Aufbrüche aus römisch-katholischer Sicht schildert Jörg Ernesti, Ökumene im dritten Reich (http://www.joerg-ernesti.de/inhalt/pdf/Oekumene_im_Dritten_Reich.pdf, 14.3.2013).
6. Gegen die Lehrposition der Römisch-Katholischen Kirche, aber auch gegen die Una-sancta-Bewegung, hatte Iwand große Vorbehalte und sah in den römisch-konfessionell interpretierten ›notae ecclesiae‹ des Trienter Konzils (kath. Bekenntniseinheit, Gemeinschaft an den Sakramenten, Unterwerfung unter den römischen Bischof) elementare Behinderungen ökumenischer Arbeit. Andererseits stellte Iwand wiederholt hoffnungsvoll fest, »daß trotzdem in den schweren Christenverfolgungen der letzten Jahre die Gemeinschaft des Bekennens und des Gebetes, auch der Fürbitte füreinander, ständig im Wachsen war.« (Hans Joachim Iwand, Die Einheit der Christenheit und die Konfessionen, in: Botschaft und Dienst. Monatsheft für kirchliche Männerarbeit 2 (1951), Heft 1, 3.) 1959 freute sich Iwand darüber, dass auch innerhalb der katholischen Christenheit das Ver-

Im Folgenden werde ich zunächst umreißen, wie Iwand während der 1930er Jahre theologische Scheidungen vollzieht und neue Bekenntnisgemeinschaft entdeckt. Daraufhin möchte ich einige Grundsatzüberlegungen Iwands zur ökumenischen Arbeit aus dem Jahr 1951 skizzieren und an drei ausgewählten Kontexten systematisch-theologisch bewähren.

1. Der Riss im Protestantismus – und das Entdecken neuer Bekenntnisgemeinschaft

Erste ökumenische Auslandskontakte knüpfte Iwand seit Ende der 1920er Jahre auf akademischen Konferenzen mit schwedischen und baltischen Theologen und während seiner Lehrtätigkeit 1934-35 in Riga.[7] In der Bekennenden Kirche nahm Iwand eine nicht unbedeutende Rolle für die ›dahlemitische‹ Richtung der BK und den innerevangelischen Dialog ein (»Essen I-III«).[8] Wichtige Impulse erhielt er durch Untergrund-Kontakte zu andersdenkenden und andersglaubenden Zeitgenossen: Kommunisten, Juden, Katholiken.

1.1 Schibboleth: Der innerprotestantische Riss

In der Zeit um 1930 begegnen wir einem kämpferischen jungen Iwand, der für eine grundlegende Erneuerung der evangelischen Theologie und Kirche streitet. Auf einem seiner ersten Auslandsvorträge, im Baltikum 1932, sprach Iwand vom »Kampf um das Erbe der Reformation«. Dabei ging es ihm nicht um eine oberflächliche Verteidigung des Protestantismus. Die Kampflinie gehe vielmehr mitten durch das Mark evangelischen Glaubens, durch die Rechtfertigungslehre selbst, denn die »Verkündigung von Gottes

---

ständnis für die Rechtfertigungsbotschaft neu aufgebrochen sei: »Das konfessionelle Gespräch ist, nicht zuletzt dank der Arbeiten Karl Barths, auf breiter Front in Gang gekommen. Vielleicht auch, weil die *ganze* Christenheit in Ost und West in Bewegung geraten, in ihrer Sicherheit erschüttert, zur Frage nach dem Grunde ihres Glaubens aufgerufen ist, wie nie zuvor.« (Hans Joachim Iwand, Martin Luther – Der Kampf um die reine Lehre, in: Hans-Joachim Kraus / ders. / Hermann Diem / Erwin Mühlhaupt, Im Kampf um die Erneuerung der Kirche, Neukirchen 1959, 20-34, 29.)

7. Vgl. Biografie, 71. 135 f. 139-150.
8. Vgl. Biografie, 222-231.

grundlos rechtfertigender Gnade«[9] sei unvereinbar mit dem landläufigen Protestantismus, der von den moralischen Möglichkeiten des Menschen ausgehe, von einem idealistischen Menschenbild und der dazu gehörenden Entscheidungsfreiheit zum Guten. Iwand wollte die Abkehr vom ethisierenden Christentum der Jahrhundertwende hin zu einem neuen dogmatischen Realismus. Auch wenn es »unseren Ohren ... peinlich« klingt, schrieb er, die Reformation sei »Kampf um die rechte Lehre« gewesen, und diesen Kampf wollte Iwand mit aller Konsequenz wiederaufnehmen.[10] Er war nämlich überzeugt, dass der Mensch in der Rechtfertigungslehre Luthers mit ihrer Pointe des unfreien Willens eine neue Wirklichkeit realisiere. Während der Glaube an die Freiheit und die schöpferischen Möglichkeiten des Menschen im tragischen Versuch ende, sich selbst umzuschaffen und vor Gottes Urteil in Sicherheit zu bringen, empfange der Glaube aus Gottes neu schaffendem Wort das Todesurteil über den alten Menschen und die Erschaffung des neuen – wie eine Auferstehung von den Toten.

Darum lag für Iwand in der Lehre vom unfreien Willen das »Schibboleth«[11] (Ri 12,6), das Erkennungszeichen, das die einen auszusprechen vermögen und die anderen nicht, und das damit die wahre Kirche von der falschen trennt. Ob nämlich mit der Rechtfertigung aus der freien, erlösenden Gnade Gottes ernst gemacht wird – und damit Christus allein in die Mitte gerückt wird –, entscheide sich an der Lehre von Gottes Alleinwirksamkeit zum Heil (und dessen Gegenstück, der Lehre vom unfreien Willen).[12] Hier lag für Iwand der ›Prüfstein‹ reformatorischer Leh-

---

9. Hans Joachim Iwand, Der Kampf um das Erbe der Reformation (1932), in: GA II, 126-144, 127. Vgl. Biografie, 113.
10. Iwand, Der Kampf um das Erbe der Reformation, GA II, 129.
11. Vgl. Hans Joachim Iwand, Die grundlegende Bedeutung der Lehre vom unfreien Willen für den Glauben (1930), in: GA I, 13-30, 14; ders., Was ist die Theologie der Kirche schuldig? (unveröffentl. Vortrag 1935, BArch Koblenz, N 1528, Nachschrift Arnold Wiebel, 12).
12. Vgl. Iwand, Die grundlegende Bedeutung der Lehre vom unfreien Willen für den Glauben, GA I, 26f.: »Vom unfreien Willen handeln heißt, von den Taten Gottes handeln. Die Lehre vom unfreien Willen wird damit unwillkürlich zum Lobpreis des Schöpfers an meinem Leben, und was wäre auch billiger, als so meinem Erlöser zu danken.«
Vgl. Hans Joachim Iwand, Glaubensgerechtigkeit nach Luthers Lehre (TEH 75), München 1941, wieder abgedruckt in: GA II, 15 f.: »Tut man nämlich diesen Artikel von der Rechtfertigung aus der Mitte, dann werden wir sehr bald kaum noch wissen, warum wir evangelische Christen sind und bleiben müssen, dann wird man die Einheit der Kirche erstreben und die Reinheit des Evangeliums hinopfern, dann wird man sich von Kirchenordnung und Kirchenregiment, von der

re.[13] Und Iwand war überzeugt, »daß Luther in wesentlichen Lehrstücken heute dem modernen Protestantismus ebenso entgegensteht wie damals dem scholastisch-katholischen Lehrsystem.«[14]

Um 1930 kam Iwands ›Schibboleth‹ neben der Lehre vom unfreien Willen noch in einem weiteren theologisch strittigen Themenfeld zum Austrag: nämlich – für den späteren Iwand etwas ungewöhnlich – in der Lehre von der leiblichen Gegenwart Jesu Christi im Abendmahl.[15] Warum gerade hier? Offensichtlich deshalb, weil in beiden Lehrformen festgehalten wird, dass Gottes Wort – und nur dieses – die neue Wirklichkeit schafft, die es verheißt[16] (auch wenn bei Iwand diese worttheologische Zuspitzung erst 1933/1934 ganz da ist)[17]. Wir kommen darauf im Blick auf die späteren

    Reform des geistlichen Amtes und der Kirchenzucht mehr versprechen, als diese leisten können, [...] dann wird man in Gefahr kommen, tolerant zu sein, wo man radikal sein müsste, und radikal, wo man tolerant sein darf, kurzum, die Maßstäbe werden sich verschieben, und damit auch das Notwendige und Richtige an all diesen Reformen, um die wir heute ringen, nicht mehr fassbar sein.«

13. Klaus Schwarzwäller schrieb 1968 in einer kleinen, sehr positionellen Streitschrift zu Luthers ›De servo arbitrio‹, keiner der Luther-Interpreten habe den zwingend »konfessorischen Charakter« von ›De servo arbitrio‹ zum Ausdruck gebracht wie Iwand. (Klaus Schwarzwäller, Sibboleth. Die Interpretation von Luthers Schrift De servo arbitrio seit Theodosius Harnack. Ein systematisch-kritischer Überblick (TEH 153), München 1969, 57). Vgl. a.a.O. 106: »Iwand hatte schon recht mit seiner Behauptung, daß mit ›dieser Lehre‹ vom unfreien Willen reformatorische Theologie stehe und falle.«

14. Iwand, GA II, 13.

15. Vgl. Iwand, Der Kampf um das Erbe der Reformation, GA II, 141-143.

16. Vgl. Hans Joachim Iwand, Coena Domini. Bemerkungen zu dem Buch von Helmut Gollwitzer, in: GA I, 125-137, 131f.: »Luther wollte sich nicht von seinen Gegnern in der Abendmahlsfrage abgrenzen, nein, er wollte ›die schwermer *hie auffdecken*, das ydermann sehe, was für *ein geyst ynn yhn stickt*‹ [...] Ihm hängt an dieser Entscheidung die Existenz der Kirche. Der Geist, der ihm hier entgegentritt, leitet die Reform der Kirche nicht mehr aus dem Wort und in der Bindung an das Wort her, sondern aus der menschlichen Souveränität. Im Abendmahlsstreit kommt Luther ›die Kirche von morgen‹ zu Gesicht, er antizipiert hier die Frage *der* Kirche, die sich im protestantischen Liberalismus entfalten wird. [...]«

17. Während Iwand die worttheologische Fassung dieses Geschehens erst Mitte der 1930er Jahre rezipierte, betonte er Anfang der 1930er Jahre die damit verbundene neue Anthropologie: dass in der Menschlichkeit Gott am Werk ist und dass Gott nur im Menschlichen ergriffen wird. Vgl. Iwand, Der Kampf um das Erbe der Reformation, GA II, 142f. Vgl. zum Wechsel der Sprachform 1933/34 Christian Neddens, Politische Theologie und Theologie des Kreuzes. Werner Elert und Hans Joachim Iwand (FSÖTh 28), Göttingen 2010, 554-560.

lutherisch-reformierten Abendmahlsdebatten zurück, an denen Iwand teilnahm.

1.2 Einheit und Reinheit der Bekennenden Kirche

Als sich Iwand ab 1933 theologisch gegen die Deutschen Christen und die »neue Religion des SS-Staates«[18] wappnete, bewährte sich für ihn die »rechte Lehre« der Reformatoren. Denn gerade im Dogma, das den Gekreuzigten in die Mitte rückte, sah Iwand den Schutzwall gegen die deutschchristliche »falsche Kirche«. Von dieser Mitte her versuchte er in den verschiedenen dogmatischen Lehraussagen das Schibboleth deutlich zu machen, das den Missbrauch des Wortes Gottes verwehrte.[19] Gegen die Lehre von der ›Eigengesetzlichkeit‹ setzte er die christusbezogene Predigt des Gesetzes, gegen die arische Jesusreligion die Geschichtlichkeit der Inkarnation in Jesus, dem Juden. Die Liste ließe sich fortsetzen.[20] Vor allem aber betonte er die Lehre vom unfreien Willen (»Der homo religiosus als der Antichrist«) – gegen den nationalsozialistischen Mythos vom ›Übermenschen‹, gegen den »Idealismus der Rasse« und gegen die deutschchristliche Rede vom »religiösen Urwillen des deutschen Volkes«.[21] Wichtig war ihm, dass das Christusbekennt-

---

18. Hans Joachim Iwand: Lutherische Kirche? Warum ich als lutherischer Theologe grundsätzlicher Gegner der VELKD bin, in: EvTh 6 (1946/47), 385-88, 386. Zur politisch-kirchenpolitischen Position Iwands in Königsberg 1933 vgl. seinen Brief an Rudolf Hermann vom 9./10. September 1933 in: NW 6, 250-256.
19. Die Kontinuität zwischen dem Schibboleth um 1930 mit seiner Stoßrichtung gegen den Liberalismus und dem von 1933/34 gegen die Deutschen Christen belegt zum Beispiel Iwands Rigaer Vortrag von 1935 »Was ist die Theologie der Kirche schuldig?« (Nachschrift Wiebel, 12).
20. Vgl. Neddens, Politische Theologie (s. Anm. 17), 561-578. Als Iwand in einem Vortrag 1958 auf diese Entscheidungen zurückblickte, sind es vier dogmatische Hauptloci, die für ihn damals gegen die Häresie standen: die Lehre von der Offenbarung in Jesus Christus als dem neuschaffenden Wort Gottes, die strikte Begrenzung des Gesetzes als geistliches Wort der Verkündigung, die Begründung der Anthropologie in der Christologie als Menschsein im Werden unter Gottes Wort und schließlich ein neues Verständnis des Dogmas selbst, das zugleich dessen Inkommensurabilität *und* Verlässlichkeit festhält. Vgl. Hans Joachim Iwand: Der Prinzipienstreit in der Theologie (1958), in: GA I, 222-246, 231-246.
21. Hans Joachim Iwand, Wir wandeln im Glauben, nicht im Schauen. Antwort auf W. Hauers ›Deutsche Gottschau‹, in: EvTh 2 (1935), 153-183, 153 und 159. Vgl. a. a. O. 155: »Hier wird ganz deutlich, was eben nach dem Willen der synkretistischen Theologie des Jahres 1933 nicht deutlich werden sollte: daß wir von Natur

nis in der »Mitte« stand. Die einzelnen dogmatischen loci verstellten lediglich die Abwege von dieser Mitte weg. Dieses Anliegen fand Iwand in der Barmer Theologischen Erklärung ausgedrückt und er konnte sie deshalb vorbehaltlos rezipieren.[22]

Als die Vorläufige Kirchenleitung der Bekennenden Kirche ihre Bereitschaft signalisierte, mit den staatlich verordneten Kirchenausschüssen zusammenzuarbeiten, verfasste Iwand eine Flugschrift, in der er die »Einheit und Reinheit der Bekennenden Kirche« beschwor und die theologischen Entscheidungen von Barmen und Dahlem als Bekenntnis mit kirchengründendem Charakter interpretierte, denn sie hätten »wieder den alleinigen Grund unter die Füße gebracht, außer dem niemand einen anderen legen kann, Jesus Christus.«[23] Um der Einheit und Reinheit der wahren Kirche willen war Iwand bereit, auf die Einheit der noch nominell evangelischen DEK zu verzichten.[24] Gleichzeitig ergab sich dadurch eine neue Einheit quer

aus nicht Christen sind und sein können, daß man als Christ getauft und nicht geboren wird und daß das christliche Leben eine vita nova ist, die keiner menschlichen Art (auch nicht der jüdisch-semitischen) gemäß und darum jeder Art (auch der germanisch-deutschen) zuwider ist.«

22. Vgl. Hans Joachim Iwand, Die 1. Barmer These und die Theologie Martin Luthers (1936); abgedr. in: EvTh 46 (1986), 214-231.
23. Hans Joachim Iwand, Um Einheit und Reinheit der Bekennenden Kirche, in: BVP, 193-199, 196. Die Flugschrift wurde vom Vorbereitenden Ausschuss des Reichsbruderrates am 21. Januar 1936 im Druck veröffentlicht. Vgl. a. a. O. 197: Eine Zusammenarbeit in den Reichskirchenausschüssen bringe die Gefahr, »daß man Gottes Wort und Gesetz und menschliche Ordnung und Gesetzgebung miteinander vermischt und verkoppelt.«
24. Gleichwohl war es auch wieder Iwand, der sich um eine Verständigung zwischen Vertretern der preußischen Bekennenden Kirche und der ›intakten‹ lutherischen Kirchen auf der Basis der theologischen Erklärung von Barmen und unter Ausschluss der DC bemühte. Ausgangspunkt der Gespräche, die unter ›Essen I-III‹ bekannt wurden, war ein Brief Iwands an den bayerischen Bischof Hans Meiser vom 14. März 1938. Iwand visierte darin – als Gegenmodell zur lutherischen Reichskirche – einen föderativen Bund reformatorischer Kirchen an: »Wir dürfen die Einheit der evangelischen Kirche Deutschlands nicht aufgeben, diese Einheit ist ja nicht erst seit Barmen da, sie ist in der Reformation begründet, sie ist durch den ›Unionismus‹ entstellt und in schlechten Geruch gekommen, aber sie ist doch da im Credo … Meiner Meinung nach müssten wir den Mut aufbringen zu einem doppelten Nein, zu einem Nein gegenüber der Lutherischen Kirche deutscher Nation und ebenso zu einem Nein gegenüber der Consensusunion … Wir müssen entschlossen Ja sagen zu dem Gedanken und der Verwirklichung des Kirchenbundes als eines Bundes aller der Kirchen, die durch die klare Abgrenzung gegen den Offenbarungsbegriff der D[eutschen] C[hristen] und ihrer Geistesverwandten

zu den Trennlinien zwischen Reformierten, Unierten und Lutheranern, die für Iwand auch im gemeinsamen Abendmahl auf der Bekenntnissynode in Halle 1937 zum Ausdruck kam. Die Bekennende Kirche war für ihn insofern »ökumenische Bewegung«.

1.3 Der konfessorisch-existentielle Aspekt von ›Bekenntnis‹

Eine ökumenische Bewegung im Kleinen waren die untergründigen Verbindungen, die in der Zeit des ›Kirchenkampfes‹ zwischen Vertretern der Bekennenden Kirche und den ›Gemeinschaftschristen‹ entstanden, den pietistischen Kreisen innerhalb und außerhalb der Landeskirchen.[25] Max Fischer von der Bahnauer Bruderschaft und Iwand würdigten 1947 diese wiederentdeckte Gemeinschaft mit einer kleinen Schrift »Wie wir uns fanden«. In seinem Beitrag betonte Iwand, wie die Herausforderung zum öffentlichen Bekennen die zuvor Getrennten zusammengeführt hatte. Auch wenn er später nicht mehr so ungeschützt gesagt hätte, »daß es ohne Adolf Hitler und seine Deutschen Christen nie«[26] zu dieser neuen Gemeinschaft gekommen wäre (denn das nährte den Vorwurf der bloß situationsbedingten und darum äußerlichen Einheit), so blieb dies doch seine Überzeugung, dass dort, wo Menschen vor letzte Entscheidungen gestellt sind, nämlich Christus zu bekennen oder zu verleugnen, alte Trennlinien ihre Bedeutung verlieren. Wo Christus wirklich in der Mitte steht – das war das Bild, das Iwand immer wieder gebrauchte – da sind Trennungen nicht mehr denkbar, weil »in Jesus Christus dieser Zaun längst aus der Mitte getan ist«[27]. Andererseits bedeutete es aber auch, dass dort, wo Jesus Christus nicht in der Mitte stand, sondern zum Beispiel die Volksgemeinschaft, Trennungen unausweichlich waren.

   sich noch und wieder als Kirchen des reformatorischen Evangeliums bekennen.« (Brief Iwands an Bischof Meiser vom 14.3.1938, zitiert nach Biografie, 223.) Vgl. a.a.O. 222-231.
25. Solche Verbindungen gab es vielerorts zum Beispiel auch zwischen der Bekennenden Kirche und den ›Altlutheranern‹. Vgl. Christian Neddens, Bekennende Kirche und ›Altlutheraner‹ im ›Kirchenkampf‹, Unerwartete Nähe und naheliegende Weggemeinschaft, in: Preußische Union, lutherisches Bekenntnis und kirchliche Prägungen. Theologische Ortsbestimmungen im Ringen um Anspruch und Reichweite konfessioneller Bestimmtheit der Kirche, hg. v. Jürgen Kampmann und Werner Klän, Göttingen 2013, 232-268.
26. Hans Joachim Iwand, Wort der Kirche, in: Max Fischer / ders.: Wie wir uns fanden. Ein Wort zur Begegnung von Kirche und Gemeinschaft, Stuttgart 1947, 34.
27. Iwand, Wort der Kirche (s. Anm. 26), 32.

Die Situation des ›Kirchenkampfes‹ empfand Iwand *theologisch* als wohltuende Konzentration auf das Wesentliche, auf die einende Christusgemeinschaft,[28] dem gegenüber die Lehraussagen, die zur Wahrung dieser Mitte nicht unbedingt notwendig waren, vor allem dort, wo sie die Konfessionen bisher trennten, für ihn zu Aufgabenfeldern theologischer Arbeit wurden.[29]

Bemerkenswert war ferner, dass für Iwand die Bekenntnisgemeinschaft nicht (erst) dort entsteht, wo das Bekenntnis öffentlich ausgesprochen wird, sondern dass sie in der gemeinsamen Wahrnehmung des *Mangels* gründet, in der Einsicht, ein solches Bekenntnis zu brauchen, also in der Einsicht der Unzulänglichkeit der Kirche Jesu Christi!

> »Nicht was wir hatten, sondern was wir nicht hatten […] hat uns vereint. […] Scheu und schüchtern wie die Jünger nach ihrer Flucht, sich ihrer Feigheit schämend, hinter ›verschlossenen Türen‹, so haben wir uns gefunden. Wir wußten noch nicht, *was* wir zu bekennen, was wir *dieser* Verführung und *dieser* Anfechtung gegenüber zu bekennen hätten, aber wir wußten, *daß* wir zu bekennen hätten«.[30]

28. Vgl. Iwand, Wort der Kirche (s. Anm. 26), 32 f.: »Ohne unser Zutun waren wir auf einmal auf eine höhere Ebene gerückt und sahen alles von einer neuen Dimension her an und begriffen, daß wir darum früher so hoffnungslos an ihnen [den trennenden Fragen] herumgerätselt und uns gegenseitig hinter ihnen verschanzt hatten, weil eben jene neue Dimension uns verschlossen war. […] Wo Jesus Christus neu und gegenwärtig geglaubt wird, da ist das Alte vergangen und da betreten wir ein neues Land.«
29. Iwand unterschied die Verbindlichkeit bzw. den ›Rang‹ oder die ›Ebenen‹ der jeweiligen Bekenntnisse und legitimierte dies situationsbezogen. Vgl. Hans Joachim Iwand, Die Neuordnung der Kirche und die konfessionelle Frage (1947), in: GA I, 138-172, 171: »Innerhalb der Bekennenden Kirche ist das Bewußtsein vom Wert der überlieferten Bekenntnisse neu entfaltet, aber die Rangfrage hat sich gewandelt. Es nimmt nicht mehr den ersten Rang ein. Die Einheit des Glaubens, der Liebe und der Hoffnung, wie sie in Barmen bezeugt wurde, ist ein neuer Anfang, innerhalb dessen diese Fragen neu und fruchtbar ihrer Erörterung, Auseinandersetzung und Klärung entgegenstreben.«
30. Iwand, Wort der Kirche (s. Anm. 26), 35. In ähnlicher Weise erläuterte Iwand auf einer Ökumenetagung 1959 die *existentiell-konfessorische Dimension* des Bekenntnisses bzw. der Lehre im Blick auf die Kirchen im Osten: »Dogma und Existenz sind für sie ein- und dasselbe geworden. Sie müssen ihre christliche Existenz leben, es geht nicht anders. Sie müssen durch sie das Dogma interpretieren. Mag das Dogma uns noch so fremd erscheinen, altertümlich oder intolerant, in jener Atmosphäre verliert es diesen faden, restaurativen Geruch, es bekommt wieder Charakter und wird, was es ursprünglich war: Der Ausdruck aller menschlichen Aussagen in Wort und Text, in denen es um den wahren, lebendigen Gott und

Halten wir fest: Nicht erst im sogenannten ›Kirchenkampf‹ sprach Iwand von einem Schibboleth, das quer zu den konfessionellen Trennungen die evangelische Kirche spaltete. Im ›Kirchenkampf‹ wurde es für ihn aber sichtbar zum kirchentrennenden ›Entweder-Oder‹. Deutlich trat in dieser Zeit der *konfessorisch-existentielle* Charakter des öffentlichen Bekenntnisses in den Vordergrund.

Sosehr es prädikative Sätze waren, an denen sich trennende Entscheidungen festmachten, waren diese Sätze es wiederum nicht, die die Verbindung schufen – das Verbindende, Gemeinschaft Stiftende war die ›Mitte‹ selbst, Christus, der von der angefochtenen Gemeinde gehört, geglaubt und mithilfe von Lehrsätzen bekannt und bezeugt wurde.

2. Rechenschaft über die ökumenische Aufgabe

In der Nachkriegszeit spielte die Frage der Umkehr und Erneuerung aus dem Gedenken der Schuld eine wesentliche Rolle für Iwand, wie sich dies 1947 in seinem Entwurf zum ›Darmstädter Wort‹ niederschlug.[31] Es begann eine Phase intensiven Engagements für die internationale Friedensarbeit, etwa im Internationalen Versöhnungsbund oder dem Weltfriedensrat.[32] In der ökumenischen Aufbruchsstimmung der Nachkriegszeit – befördert nicht zuletzt durch einen vierwöchigen Studienaufenthalt in Bossey 1947 – baute Iwand Kontakte zu zahlreichen Persönlichkeiten in West- und Osteuropa auf.[33] Bei der 1. Vollversammlung des ÖRK in Amsterdam 1948 nahm er als stellvertretender Delegierter teil. Nach einer deutsch-französischen Begegnung 1950 berichtete Iwand:

> »Zu den hoffnungsvollsten Zeichen der Zeit nach 1945 gehört die Macht, mit der sich die ökumenische Bewegung Bahn bricht, also das Bewußtsein und der Wille der Christenheit, zusammenzustehen und die Sprache von Pfingsten der babylonischen Sprachenverwirrung verfeindeter Nationen entgegenzusetzen.«[34]

seine Offenbarung geht.« (Hans Joachim Iwand, Der ökumenische Beitrag der osteuropäischen Kirchen (1959), in: FO, 218-231, 222.)
31. Vgl. Neddens, Politische Theologie (s. Anm. 17), 751-767. Vgl. auch Bertold Klappert: Bekennende Kirche in ökumenischer Verantwortung (ÖEH 4), München 1988.
32. Vgl. Biografie, 349. 376. 407. 424. 490 u. ö.
33. Vgl. Biografie, 330. 338. 349. 357. 376.
34. Hans Joachim Iwand, Kaufet die Zeit aus! Die französisch-deutsche Begegnung in Speyer, in: JK 11 (1950), 179-184, hier 179f. Vgl. Biografie, 386.

Kurz darauf, 1951, veröffentlichte Iwand zwei Vorträge, in denen er zum ersten Mal Grundlinien seines Ökumeneverständnisses formulierte. Diese abseitig publizierten Texte sind bisher wenig beachtet und auch in die Aufsatzsammlungen nicht aufgenommen worden. Es handelt sich dabei um Zeugnisse der Besinnung und Neuorientierung, in denen Iwand Rechenschaft über seine Zielvorstellungen ablegt für den Weg des Dialogs und der ökumenischen Verantwortung, auf dem er sich inzwischen längst befand.

2.1 Quellströme und Arbeitsfelder der Ökumene

In »Die Einheit der Christenheit und die Konfessionen« (1951) arbeitete Iwand drei »charakteristische Züge der ökumenischen Bewegung im 20. Jahrhundert«[35] heraus. An deren weiterer Entwicklung, so seine Überzeugung, werde sich die Zukunft der Ökumene entscheiden.[36] Mit den Begriffen »Verantwortung für die Welt« und »Einheit von Gebet und Bekenntnis« kennzeichnete Iwand zunächst die beiden Quellströme und Aufgabenbereiche der ökumenischen Bewegung *»Life and Work«* und *»Faith and Order«*.

(1) Wichtig und charakteristisch für Iwands Interpretation von »Life and Work« war, dass er die ökumenische »Verantwortung für die Welt« nicht von einem hehren ethischen Auftrag oder Anspruch her begründete, sondern mit dem »Versagen der Christenheit in den Fragen des öffentlichen Lebens«[37] motivierte. So markierten »Buße und Umkehr« für ihn überhaupt den sachlichen Anfang gemeinsamer christlicher Weltverantwortung im 20. Jahrhundert.

(2) Genauso pointiert war auch die Charakterisierung der Aufgabe von »Faith and Order«: Iwand stellte die gemeinsame Arbeit an »Glauben und Kirchenverfassung« unter die übergreifende Klammer des gemeinsamen *Betens*. Er war nämlich überzeugt, dass in der Erfahrung des gemeinsamen Gebets die tiefe Gemeinsamkeit des christlichen Gottesdienstes aufscheint. Im Gebet – das war die systematische Pointe dieser Interpretation – erschließt sich die *doxologische Verortung der Lehre* ›coram Deo‹ (neben der

---

35. Iwand, Die Einheit der Christenheit und die Konfessionen (s. Anm. 6), 1-4.
36. Auffällig ist, dass Iwand nicht von der »Einheit der Kirche« sprach, sondern lieber von der »Einheit der Christenheit«. Die communio sanctorum war für ihn nicht mit der Gemeinschaft der organisierten Kirchen identisch und dementsprechend nicht über Lehrvereinbarungen allein herstellbar.
37. Iwand, Die Einheit der Christenheit und die Konfessionen (s. Anm. 6), 3.

bereits erwähnten *konfessorisch-existentiellen* ›coram hominibus‹).[38] Bekenntnisse sind darum nicht in erster Linie Rechtstexte, die formelhaft Zugehörigkeit definieren oder ausschließen, sondern – von ihrem gottesdienstlichen Ursprung her – geistliche Einsichten, die sich nur vom Glauben her erschließen und die ins Gotteslob münden.[39]

(3) Den dritten ökumenischen Quellstrom machte Iwand in der ›*Bekennenden Kirche*‹ aus,[40] die »als das dritte und mächtigste Zeichen der oekumenischen Bewegung des 20. Jahrhunderts in allen Konfessionen spürbar«[41] geworden sei – nicht nur in Deutschland, sondern auch in Japan, Holland, Dänemark, Norwegen und Frankreich. Neu und der Reformationszeit vergleichbar sei die Erfahrung gewesen, dass sich mitten in den christlichen Kirchen und durch alle Konfessionen hindurch eine antichristliche Perversion ereignet habe und dass die alten Glaubensbekenntnisse nicht ausreichten, um die »wahre Kirche von der falschen zu unterscheiden«: »Es waren *neue Anfechtungen* aufgetreten, und die Kirche mußte *neue Entscheidungen des Glaubens* vollziehen.«[42] Das dritte Kennzeichen der ökumenischen Bewegung war für Iwand darum das Bekennen und Leiden unter der bleibenden, »quälenden« Frage, »wieweit wir heute eine Jesus Christus vor den Menschen bekennende und nicht verleugnende Kirche sind«[43].

38. Vgl. Iwand, Die Einheit der Christenheit und die Konfessionen (s. Anm. 6), 3: »Man begreift, daß Glauben und Erkennen zusammengehören und es sich im Glauben um Erkenntnisse handelt, die im Gebet empfangen sind.«
39. »Das Glaubensbekenntnis wird nicht mehr als eine dogmatische Formel verstanden, sondern als ein Lob Gottes« (Iwand, Die Einheit der Christenheit und die Konfessionen (s. Anm. 6), 3). Zur Bedeutung des Gebets in Iwands Theologie vgl. Reinhard Vollmer, Gott Recht geben – im Gebet. Zur anthropologischen Bedeutung der Rechtfertigungslehre bei Rudolf Hermann und Hans Joachim Iwand, Bad Salzuflen 2006.
40. Eine Sichtweise, wie sie sich in der Selbstwahrnehmung des ÖRK nicht unbedingt durchgesetzt hat. Vgl. die Darstellung seiner »Quellströme« in: http://www.oikoumene.org/fileadmin/images/wcc-main/programmes/riverchart05.jpg.
41. Iwand, Die Einheit der Christenheit und die Konfessionen (s. Anm. 6), 4.
42. Iwand, Die Einheit der Christenheit und die Konfessionen (s. Anm. 6), 4. Entschieden war damit aber noch nicht die Frage, ob für das ›neue Bekennen‹ auch ein neuer Bekenntnistext nötig war (Barmen) oder ob dieses neue Bekennen nicht lediglich im Aktualisieren der reformatorischen Entscheidungen bestand, wie dies bei Iwand zunächst den Anschein hatte.
43. Iwand, Die Einheit der Christenheit und die Konfessionen (s. Anm. 6), 4. Vgl. zu dieser Charakterisierung der drei Aufgaben der Ökumene die ähnlich gefasste, aber doch deutlich anders pointierte Positionierung bei Wolfgang Huber, Ökumene der Profile, Vortrag am 29.8.2008 (http://www.uni-bamberg.de/fileadmin/uni/fakultaeten/ppp_Lehrstuehle/evangelische_theologie_1/pdf_Dateien/Vor-

2.2 Lehrdifferenzen und Kircheneinheit

In einem zweiten, fast zeitgleichen Grundsatzartikel vom Anfang des Jahres 1951 (»Dogmatik und Ökumene«) reflektierte Iwand das ungelöste Problem der Lehreinheit im Horizont divergierender Bekenntnisse. »Eine Lehre und eine Kirche«[44] – so lautete für ihn das römisch-katholische Modell des unfehlbaren Lehramts, das die Einheit der sichtbaren Kirche in Lehre, Liturgie und Ritus garantiert. »Keine Lehre und viele Kirchen, aber ein Geist der Liebe und der Tugend«, so charakterisierte er die neuprotestantische Losung.[45]

Was sich Iwand stattdessen erhoffte, war eine Verbindung von Dogma und Dialog: Wenn sich die unaufhebbare Verpflichtung an die Wahrheit, an das Dogma, mit einer dialogischen Wahrnehmung der Anderen verbinde, die an denselben Herrn gebunden sind und dieser Bindung doch unterschiedlichen Ausdruck verleihen, dann sei das ein »revolutionäres Ereignis«[46], also etwas, was die Kirche mit großem Schub voran bringen müsse. Denn dann müssten sich Glaubensgewissheit und kritisches Denken aneinander bewähren. Mit anderen Worten: Aufgrund der dialogischen Struktur einer ökumenisch verantworteten Dogmatik »müssen wir bei einem dogmatischen Satz glauben und denken. Durch den Glauben binden wir uns; durch das Denken befreien wir uns.«[47] So entsteht im gemeinsamen Ereignis von Ökumene und Dogmatik eine theologische Bewegung, die in

trag_WHuber_Oekumene_der_Profile_080129.pdf). Nach Huber drängen sich heute »drei ökumenische Aufgaben als vordringlich auf. Ich bezeichne sie als die Ökumene der Spiritualität, als die Ökumene des wechselseitigen Respekts und als die Ökumene der gemeinsamen Weltverantwortung.«

44. Hans Joachim Iwand, Dogmatik und Ökumene, in: Die neue Furche 5 (1951), 6-13, hier 7.
45. Heute lautet die Losung für viele ökumenisch engagierte Zeitgenossen als Kombination dieser beiden Modelle eher »keine Lehre und eine Kirche«. Vgl. Christian Führer im Interview in: Publik-Forum 2012, Heft 17, 9: »Wir haben in der Reformation gelernt, dass Christus in die Mitte gehört. Die Schrift ist die Autorität, nicht das, was im Verlaufe der Kirchengeschichte an Irrtümern aufgeschichtet wurde. Das mit der Theologie kann man sich, so gesehen, weitgehend abschminken. Wenn ich mir zum Beispiel anschaue, wie die Kirchentrennung im Jahr 1054 begründet wurde, stehen mir die Haare zu Berge. Von allem theologischen Geschwafel bleibt nur eines übrig: die Machtfrage!«
46. Iwand, Dogmatik und Ökumene (s. Anm. 44), 7.
47. Iwand, Dogmatik und Ökumene (s. Anm. 44), 9.

Bindung und Freiheit nach vorne weist und in der Klarheit und Einheit einander nicht ausschließen.⁴⁸

Bezeichnenderweise ist die Kooperation oder gar Union bestehender kirchlicher Organisationen für Iwand von sekundärem Interesse. Ökumene besteht für ihn nicht zuvörderst in institutioneller Einheit oder in der Lösung von Lehrstreitigkeiten, sondern darin, dass die Christenheit gemeinsam auf den kommenden Herrn zulebt, d. h. dass sie sich wechselseitig als Weggemeinschaft zu diesem Ziel hin anerkennt.⁴⁹ In dieser Bewegung, dieser »Wanderschaft« kann es beglückende Erfahrungen des gemeinsamen Bekennens geben, es kann aber auch zu Trennungen kommen, die quer durch die bestehenden Kirchentümer hindurchgehen.⁵⁰ Lehrstreitigkeiten sind darum ein unumgänglicher Bestandteil dieser Weggemeinschaft:

> »Ich glaube nicht, daß der Grund für die Verschiedenheit der Kirchen nur darin liegt, daß hier und da Lehrstreitigkeiten auftraten. [...] Die Spaltung in der Kirche kommt, wo sie echt ist, vielmehr daher, daß Christ und Antichrist in derselben Kirche sind und so die Einheit zur Gefährdung des Glaubens wird. Die Einheit verschleiert dann die Entscheidungen, die zu treffen sind, und darum muß sie geopfert werden.«⁵¹

---

48. Eine Gemeinde, die sich »auf die reine Lehre des Wortes Gottes« besinnt, ist »eine Art Revolution innerhalb der Kirche, vor der keine Konfession und keine empirisch gegebene Kirche sicher ist« (Hans Joachim Iwand, Von der Autorität des Wortes Gottes in der Kirche (etwa 1950), BArch Koblenz N 1528, transkribiert v. Gerard den Hertog, 2). Damit solche Besinnung aber nicht im Dogmatismus, in einem abgeschotteten ideologischen Lehrsystem erstarrt, dazu bedarf es des Dialogs zur gemeinsamen Rechenschaft des Glaubens: »Uns fehlt das Fremde als geistige Nahrung.« (Hans Joachim Iwand: Die Verantwortung und die Aufgaben der Christen in der heutigen internationalen Situation (1958), in: FO, 182-198, hier 186).
49. Vgl. Iwand, Dogmatik und Ökumene (s. Anm. 44), 13: »Die Dogmatik kennt nicht ein Nebeneinander verschiedener Lehren mit relativer Wahrheit, sie kennt nur eine Wahrheit und muß die Verschiedenheit der Lehren unter dem Gesichtspunkt sehen, daß wir Wanderer sind nach dem Ziel.« Das Problem der Konfessionskirchen sieht Iwand darin, dass in ihnen das ökumenische Gespräch und damit einhergehend die dogmatische Weiterarbeit aufzuhören droht. Vgl. ebd.: »es ist wie wenn der Winter eingetreten ist und eine Vereisung das Fließen und Strömen des Wassers hindert.«
50. Heute scheinen es vor allem ethische Entscheidungen zu sein, die quer zu den konfessionellen Trennungen die kirchlichen Gemeinschaften zu zerreißen drohen (Stellung zu Homosexualität, zu Frauenrechten in der Kirche, zur globalen Ökonomisierung).
51. Iwand, Dogmatik und Ökumene (s. Anm. 44), 11.

Ziel der ökumenischen Arbeit ist also zuallererst die Wanderschaft zur Wahrheit vor institutioneller Einheit. Das beinhaltet auch die kontinuierliche theologische Arbeit am Dogma der Kirche. Wo die wahre Kirche ist, lässt sich nämlich nicht institutionell absichern – etwa durch Amtssukzession, gültigen Ritus oder festgelegten Lehrbestand. Und so ist es »möglich, daß zwei in dieser Weise gegeneinander stehende Kirchen dieselben Bekenntnisse, Sakramente, Ordinationen und Lehren haben können und doch nicht dieselbe Kirche sind.«[52]

Halten wir also fest: In den von ihm skizzierten »charakteristischen Zügen der ökumenischen Bewegung des 20. Jahrhunderts« erkannte Iwand auch die Aufgabenfelder seiner eigenen theologischen Arbeit, wie ich das im Folgenden zeigen möchte: gemeinsame Weltverantwortung, die Suche nach dem verbindenden Glaubensgrund in den unterschiedlichen Lehr-, Glaubens- und Gottesdienstformen und die beständige Frage, wieweit die Kirche noch »Christus bekennende«, also wahre Kirche, ist – wann also dieser gemeinsame Glaubensgrund verlassen ist. Die drei Aspekte möchte ich an Iwands Friedensengagement (3.1), an seinem Dialog mit der russischen Orthodoxie (3.2) und den innerevangelischen Lehrgesprächen der 1950er Jahre (3.3) verdeutlichen.

In allen drei Kontexten betrieb Iwand eine vom Dogma ausgehende praxisorientierte Hermeneutik dialogischen Verstehens. Aus der Verbindung von theologischer Arbeit am Dogma und dem einander wahrnehmenden Dialog erhoffte er sich die revolutionäre Schubkraft, die die Christenheit voran bringen sollte.

3. Eine praxisorientierte Hermeneutik dialogischen Verstehens

3.1 Weltverantwortung, Schuldbekenntnis, Friedensarbeit

In diesem Kapitel kann ich mich kurz fassen. Zwar spielte nach dem Zweiten Weltkrieg die Frage nach geschichtlicher Schuld und Versöhnung, nach der Umkehr von theologisch-politischen Irrwegen und einer gemeinsamen

---

52. Iwand, Dogmatik und Ökumene (s. Anm. 44), 12. Vgl. ebd.: Wahre Kirche, wahre Ökumenizität ereignet sich dort, »wo wir wach sind für die Entscheidung, wenn der Herr selbst die Böcke von den Schafen scheidet. Eine Kirche, die dieses Gericht über sich selbst nicht erwartet und anerkennt, taugt nicht für ökumenische Arbeit.«

Suche nach Pfaden des Friedens eine immense Rolle in Iwands ökumenischem Wirken.[53] Gleichwohl haben Martin Greschat und Wolfgang Lienemann der Rolle Iwands im ›Kalten Krieg‹ und seiner Friedensethik eigene Vorträge gewidmet. Drei Punkte möchte ich aber doch erwähnen:

(1) Was Iwand – auch persönlich – ersehnte, war das Aussprechen von Schuld und die Erfahrung gewährter Vergebung. Dies auf seiner Russlandreise zu erleben, war für ihn ohne Zweifel eine unvergessliche Erfahrung: Beim Berliner Friedensrat (Ost) sprach er 1956 über seine lang gehegte Hoffnung,

> »ich möchte einmal das noch erleben, daß wir den Menschen dort sagen könnten: ›So ist es gewesen, und bitte, vergebt uns!‹ Und das ist geschehen, und das haben wir gekonnt. Wenn auch dieses zunächst in einem ganz kleinen Sektor geschehen ist, so ist es doch ein Ereignis von einer solchen Größe und Bedeutung für die innere Geschichte unserer Völker, daß ich in einzelnen Versammlungen, die wir dort mit den russischen Menschen hatten, den Eindruck hatte, als ob wirklich der Himmel über uns offen stände und wir zueinander eine Sprache sprachen, brüderlicher, näher, als ich das eigentlich je sonst erlebt habe.«[54]

(2) Iwand glaubte, dass Schuld beim Namen genannt werden müsse. Eine Generalamnestie war nicht in seinem Sinn.[55] Allerdings glaubte er auch, dass durch die Anklage der Schuldigen allein keine wirkliche Erneuerung möglich sei:

> »Es geht bei der Schuld«, so schrieb er an Josef Hormádka am 8. Juni 1959, »nicht in erster Linie darum, wer schuldig ist. Manche Menschen kommen hinter den geschichtlichen Ereignissen her wie der Staatsanwalt, um festzustellen, wer Schuld hat und wer nicht. Bei der Schuld im geschichtlichen, also im irreparablen Sinne geht es um etwas anderes, da geht es darum, wer sie übernimmt. […] Sie ist […] etwas, das wie ein Stein am Wege liegt. Niemand will ihn auf-

---

53. Vgl. Josef Smolik, Hans Joachim Iwand und die Christen in der Tschechoslowakei, in: Bertold Klappert / Manfred Schulze (Hgg.), Aus der Umkehr leben. Hans Joachim Iwand 1899-1999, Wuppertal/Neukirchen-Vluyn 2001, 171-182, 178: »Die Arbeit für den Frieden war für ihn [Iwand] ökumenische Arbeit«. Vgl. auch Jürgen Seim, »Was die Vergangenheit zu sagen hat.« Geschichtliche Schuld – im Denken Hans Joachim Iwands, in: ders., Iwand-Studien (s. Anm. 3), 126-135; Heinrich Assel, Die Öffentlichkeit des Wortes Gottes und die Armut des Predigers. Hans Joachim Iwand. Nachgelassene Werke. Neue Folge, in: VuF 46 (2001), 72-89.
54. Hans Joachim Iwand, Vortrag beim Friedensrat in Berlin (Ost) 1956, Tonbandnachschrift, BArch N 1528/50, 3.
55. Vgl. etwa Iwands Auftreten im Prozess gegen Generalmajor Otto-Ernst Remer. Vgl. Herbert Kraus (Hg.), Die im Braunschweiger Remerprozeß erstatteten moraltheologischen und historischen Gutachten nebst Urteil, Hamburg 1953, 9-28.

nehmen. Niemand will ihn tragen. Jeder [...] distanziert sich. So entlaufen wir unserer eigenen Geschichte, entziehen uns den Heimsuchungen Gottes und seiner Verheißung.«[56]

(3) Iwand glaubte ferner – und das ist das Dritte –, dass die Christenheit als letztes einendes Band zwischen Ost und West in der Friedensarbeit eine unersetzliche Pionierarbeit leisten könnte.[57] 1958 schrieb er:

> »Es geht alles eigentlich darum, ob der Leib Christi so zerrissen bleiben soll, wie er heute ist, und ein Spielball wird der weltlichen und politischen Interessen, oder ob es gelingt – und es wäre ja wirklich ein Wunder, das über unsere Kraft ginge –, die fast tausendjährige Entfremdung zwischen der östlichen Christenheit und uns im Augenblick der höchsten Not zu überwinden. Für mich ist das kein politisches Problem, aber ich glaube, daß die Politik erlöst würde von manchen Voreingenommenheiten, wenn die Christen ausscheiden aus diesem furchtbaren Konflikt, der zwischen Ost und West wütet, und sich hier eine Stätte ergeben könnte, eine Plattform sozusagen, des menschlichen Gespräches, wo von Schuld und Vergebung, von Liebe und Hoffnung, die Rede wäre.«[58]

Iwand wollte sich dem *politischen* Schibboleth des Ost-West-Konflikts nicht unterwerfen und suchte nach Wegen des Dialogs für die Christen in Ost und West. Dass seine Gesprächspartner politisch unter Druck standen und

---

56. Hans Joachim Iwand, Antwort. Ein Brief an J. L. Hromádka (1959), in: FO, 199-217, 201.
57. Vgl. Iwand, Der ökumenische Beitrag der osteuropäischen Kirchen, in: FO, 229: »Die erste Voraussetzung für die Koexistenz, die so viel Segen für uns alle bedeuten könnte, ist das Reden von der Schuld. [...] Es ist die unvergebene Schuld, die unbewältigte Vergangenheit, es ist die fürchterliche Angst aller, die etwas sind und etwas haben – und wäre es das nackte Leben –, vor der Tatsache, daß der Berg der Schuld über sie stürzen könnte. Hier müßten als große Mittler die Kirchen ansetzen, aber keine Kirche kann hier allein auftreten, weder die des Westens noch die des Ostens für sich. Hier brauchen wir einander, um in der rechten brüderlichen Weise, unter Jesus Christus stehend und ganz real auf ihn bezogen, das Furchtbare von uns abzuwerfen, was uns von gestern her belastet, und uns den Weg in das Morgen freizukämpfen, das nicht mehr von diesem Berg der Schuld bedroht und belastet sein darf. Diese Frage scheint mir wichtiger zu sein als alle anderen Fragen der Angleichung, des Ritus, der Lehre oder der Bewältigung der Säkularisation.«
58. Hans Joachim Iwand, Brief an den Freundeskreis des ›Hauses der helfenden Hände‹ vom 24. März 1958, in: FO, 125. »Es sind zwei Fragen,« betonte Iwand noch 1959, »die den Osten wahrhaft bewegen, viel stärker wahrscheinlich als es die Weltanschauungskämpfe sind, die wir – an den Kalten Krieg gewohnt – dort vermuten: Das ist die Schuld und das ist der Friede.« (Iwand, Der ökumenische Beitrag der osteuropäischen Kirchen, in: FO, 227.)

die Christen in den Staaten des Ostblocks unter massiven Repressalien zu leiden hatten, kam dabei allerdings wenig zur Sprache.

3.2 Das Gespräch mit der Russisch-Orthodoxen Kirche: der doxologische Aspekt von ›Bekenntnis‹

Ökumenisch war das Jahr 1955 für Iwand von besonderer Bedeutung. Durch seine Vermittlung war es zur Einladung des Metropoliten Nikolaj, dem Leiter der Außenabteilung des Moskauer Partriarchats, ins Rheinland gekommen.[59] Auch Josef Souček und Josef Hromádka besuchten Iwand erstmals in Bonn, woraus sich eine tiefe Verbindung zur Prager Comenius-Fakultät, später auch zu anderen osteuropäischen Fakultäten ergab.[60] Außerdem stand der Gegenbesuch in der Sowjetunion mit einer kleinen Delegation der EKD an. 1956, 1958[61] und 1959 wiederholten sich die Besuche und Gegenbesuche,[62] die im Westen Deutschlands teils scharf kritisiert wur-

---

59. Vgl. insgesamt auch Heinz Joachim Held, Neubeginn in der Kraft des Evangeliums. Zu den Anfängen der Beziehungen zwischen der EKD und der ROK nach dem Zweiten Weltkrieg, in: Rüdiger Schloz (Hg.), Partner der Ökumene. Zeugnisse der Lebensarbeit von Heinz Joachim Held, Bielefeld 1993, 153-167; Martin Greschat, Ökumenisches Handeln der Kirchen in den Zeiten des Kalten Krieges, in: ÖR 49 (2000), 7-25.
    Iwand erwähnte schon während des Krieges seine Hoffnung auf eine, vor allem *geistige* Begegnung mit der russischen Orthodoxie, von der er sich auch für den Westen einen Erneuerungsimpuls versprach: »Und dann wartet ja immer noch die russische Kirche auf ihre Auferstehung, an die ich glaube und die, wie ich meine, für das Abendland bedeutsam sein wird. Vielleicht könnte es doch in der ökumenischen Bewegung zu einer geistigen, nicht organisatorischen Begegnung kommen, die sehr bedeutsam sein könnte.« (Brief an Rudolf Hermann vom 17.8.1943, NW 6, 300f.)
60. Vgl. Smolik, Hans Joachim Iwand und die Christen in der Tschechoslowakei (s. Anm. 53).
61. Neben Iwand berichteten auch Schlink und Vogel über den Besuch. Vgl. Edmund Schlink, in: ÖR 7 (1958), 127-140; KuD 4 (1958), 191-212 und Heinrich Vogel, Auf der Grenze. Bilder aus dem Osten, Berlin (Ost) 1960, 39-62.
62. Vgl. Biografie, 486. 490-495. 506. 547-549. 585f. Der Bonner Patristiker Wilhelm Schneemelcher, der selbst großes Interesse an den Ostkirchen hatte, sah in den ökumenischen Gesprächen für sich selbst kaum ein Arbeitsfeld, weil Iwand »in dieser Sache sehr engagiert« sei. (Wolfgang Bienert, Die Bedeutung der Patristik für den ökumenischen Dialog, in: ders., Kirchengeschichte in ökumenischer Verantwortung, hg. v. Peter Gemeinhardt und Karl Pinggéra, Göttingen 2009, 89).

den.⁶³ In Bonn regte Iwand 1956 die Gründung eines der ersten ökumenischen Institute⁶⁴ und einen regelmäßigen Studierendenaustausch mit osteuropäischen Fakultäten an.⁶⁵ Auf der Prager Christlichen Friedenskonferenz 1958 und 1959 übernahm er eine wichtige Rolle.⁶⁶

Bei den Gesprächen mit der Russisch-Orthodoxen Kirche versuchte Iwand, in den Lebensäußerungen der anderen christlichen Gemeinschaft wiederzuentdecken, was die reformatorischen Bekenntnisse auf ihre Weise ausdrückten: dass Christus die ›Mitte‹ bleibt und darin Gott die Ehre gegeben wird. So entdeckte und entwickelte Iwand im Gespräch mit der ROK den *doxologischen* Charakter der Lehre.⁶⁷

Iwand war bemüht, die scheinbar inkompatiblen Ausdrucksweisen des Betens und Lehrens auf ihre gemeinsame Botschaft, ihr gemeinsames Ziel durchsichtig zu machen, so dass die formulierten theologischen Lehrdifferenzen oder differierenden gottesdienstlichen Praktiken ihre trennende Funktion verlieren.⁶⁸ So versuchte er, die ›göttliche Liturgie‹ als Feier der

63. Vgl. Wolfgang Bienert, Die Bedeutung der Kirchenväter im Dialog zwischen der EKD und Orthodoxen Kirchen, in: ders., Kirchengeschichte in ökumenischer Verantwortung (s. Anm. 62), 333: »Der Dialog der EKD mit der ROK hatte in vieler Hinsicht wegweisende Bedeutung für die Ökumene. Er war nicht nur der erste Dialog dieser Art, den die EKD führte. Er begann noch vor dem Eintritt der ROK in den Ökumenischen Rat der Kirchen (Neu-Delhi 1961), und hatte von daher für die weitere Entwicklung der Ökumene grundlegende Bedeutung.«. Vgl. ders., Rechtfertigung im Dialog der Evangelischen Kirche mit Orthodoxen Christen, in: ders., Kirchengeschichte in ökumenischer Verantwortung (s. Anm. 62), 371-384, 374-379.
64. Vgl. Biografie, 507. 529.
65. Über Iwands ökumenische Arbeit informieren insbesondere die Briefe an Heinrich Held, etwa im Blick auf die Anbahnung der Gespräche mit der Russisch-Orthodoxen Kirche durch Metropolit Nikolaj 1954 oder über die Themenliste Parijskijs und die Absicht Iwands, ein Ökumene-Institut in Bonn zu gründen. Vgl. Seim, Iwand-Studien (s. Anm. 3), v.a. 234-238 und 259-264.
66. Vgl. Biografie, 553-555. 571. 597.
67. Vgl. Iwand, Der ökumenische Beitrag der osteuropäischen Kirchen, in: FO, 224: Das Leben dieser Kirche »ist geboren aus Demut und Leid, aber auch aus unerschütterlichem Zeugnis und Innigkeit des Gebets.«
68. Vgl. Iwand, Der ökumenische Beitrag der osteuropäischen Kirchen, in: FO, 230. Dieselbe hermeneutische Methode praktizierte übrigens auch Iwands Dialogpartner bei den Gesprächen mit der ROK, Edmund Schlink. Für Schlink bildeten die verschiedenen theologischen Aussageformen (Gebet, Zeugnis, Doxologie und Lehre) einen Zusammenhang: »Nur in allen Grundformen zusammen kann das Ganze gesagt werden, was in der Antwort auf das Evangelium zu sagen ist« (Edmund Schlink, Die Struktur der dogmatischen Aussage als oekumenisches Pro-

Rechtfertigung zu interpretieren, also als liturgisch praktizierte ›reformatorische‹ Lehre:

»Der Gottesdienst dieser Kirche ist nichts anderes als ein freischenkendes Angebot der Gnade Gottes mitten in einer Welt, für die Gott tot ist.«[69]

Der Glaubende wird durch die Liturgie hineingenommen in die Anbetung und damit in das dankbare Gotteslob, das Gott Recht gibt.

Aus diesem Grund versuchte Iwand bei den Gesprächen in Sagorsk und Arnoldshain 1958/59[70], bei denen er jeweils einen der Hauptvorträge hielt, den Gesprächspartnern die evangelische Lehrposition verständlich zu machen, indem er deren *doxologischen* Richtungssinn hervorhob.[71]

blem, in: KuD 3 (1957), 251-306, 263). Vgl. a.a.O., 306: »Beginnt man, die dogmatischen Aussagen der getrennten Kirchen […] im Zusammenhang mit dem gesamten Kosmos der Glaubensaussagen dieser Kirchen zu untersuchen, dann wird man zwischen den getrennten Kirchen ein größeres Maß an Gemeinsamkeit entdecken, als die dogmatischen Aussagen selbst in isolierter Betrachtung erwarten lassen. Nur wird man dieselben Erkenntnisse an ganz anderen Stellen des kirchlichen Lebens und in ganz anderen Grundformen theologischer Aussage wiederfinden, als man es von der eigenen Kirche her gewohnt ist und von daher bei den anderen Kirchen erwartet.«
69. Iwand, Der ökumenische Beitrag der osteuropäischen Kirchen, in: FO, 226. Vgl. ders., Vortrag beim Friedensrat in Berlin DDR 1956 (Tonbandnachschrift), BA 1528/50: »Das Drama Jesu Christi wird erlebt, sein Einzug jedesmal in jedem Gottesdienst neu, so wie er in Galiläa einzog … Es kommt zu eine solchen Dichte des Erlebens, der Nähe des Absoluten, wie es dieses, glaube ich, in keinem westlichen Gottesdienst gibt. Es fällt alles ab, was irdisch ist. Es ist so, wenn man diesen Gottesdienst erlebt, daß man den Eindruck hat, er ist unmittelbar angelegt an jenem Punkt, wo Zeit und Ewigkeit sich berühren.«
70. Zu den Anfängen und den Themen des Dialogs vgl. Reinhard Slenczka, 25 Jahre theologische Gespräche zwischen Evangelischer Kirche in Deutschland und Moskauer Patriarchat, in: ÖR 34 (1985), 446-467; Gerhard Besier, Zum Beginn des theologischen Gesprächs zwischen der EKD und der Russischen Orthodoxen Kirche nach dem Zweiten Weltkrieg, in: EvTh 46 (1986), 73-90; Eugene M. Skibbe, Edmund Schlink. Bekenner im Kirchenkampf – Lehrer der Kirche – Vordenker der Ökumene, Göttingen 2009, 107-117.
71. In beiden Vorträgen nahm Iwand seinen Ausgangspunkt bei Alexej Stepanowitsch Chomjakow (1804-1860), einem Vordenker der slawophilen Selbstbesinnung, der den Protestantismus als reine Negation gebranntmarkt hatte: »Die Bedeutung des Protestantismus besteht darin, daß er das existierende Dogma in Zweifel stellt, sie besteht mit anderen Worten in der Negation des Dogmas als lebendiger Tradition, in der Negation der Kirche.« (zitiert nach Hans Joachim Iwand, Rechtfertigungslehre; Glaube und Werke, in: Tradition und Glaubensgerechtigkeit. Das Arnoldshainer Gespräch zwischen Vertretern der EKD und der ROK vom Oktober 1959,

In Sagorsk sprach Iwand über »Kirche und Tradition«. Iwand entwickelte darin das Verhältnis von Evangelium und Tradition aus der Dialektik von Gotteswort und Menschenwort:[72] Das Menschenwort, sei es als Predigt oder als Dogmenbildung, als biblische Schrift oder als kirchliches Sakrament sei im Verhältnis zum Wort Gottes »immer das Wort des Zeugen, der von sich wegweist« und hinweist »auf die eine Mitte, in der Gottes Wort selber steht, in Jesus Christus.«[73] Das Menschenwort war das Untergeordnete, sozusagen die menschliche Peripherie, die von allen Seiten her die göttliche Mitte bezeugt.

Das Bild darf nicht statisch missverstanden werden, sondern beschreibt eine Bewegung: die nämlich des johanneischen »Ich muß abnehmen und er muß wachsen.«[74] (Joh 3,30) Tradition und Dogma, sofern sie ›Menschenwort‹ sind, können immer nur hinweisen auf das Gotteswort, das seine Autorität in sich selbst hat, aber im Menschenwort zur Sprache kommt. Ob Iwands Gesprächspartner ihr Verständnis von Tradition darin wiederfinden konnten, scheint mir fraglich. Aber deutlich wurde zumindest dies, dass auch die evangelische Lehre nichts anderes sein will als Doxologie, dass sie, wo das Gotteslob groß wird, ganz unbedeutend wird. »Die Tradition«, so schloss Iwand seinen Vortrag recht provokant, aber eben doxologisch, die »Tradition muß abgebaut werden, damit das, was sie bezweckt, vor aller Augen treten kann: die gnadenvolle Gegenwart Gottes heute und jetzt in Jesus Christus, unserem Herrn.«[75]

In Arnoldshain umriss Iwand ein Jahr später die Rechtfertigungslehre

---

hg. v. Außenamt der EKiD, Witten 1961, 41-50, 42. Vgl. ders.: Kirche und Tradition (1958), in: NW 2, 371-380, 372). Iwand antwortete auf diesen Vorwurf, indem er die Verankerung der Reformatoren im biblischen Evangelium erläuterte, ihren Rückgriff auf die christologische und trinitarische Dogmenbildung und ihren Glauben an die wahre Kirche.

72. Iwand erinnerte in Dankbarkeit an die ersten Begegnungen nach dem Krieg, in denen es vor allem um Schuld und Versöhnung, eine Gemeinschaft der Liebe und Vergebung gegangen sei. Und besorgt fragte er, ob diese zarte Gemeinschaft nun wieder zerspringen könne »wie ein feines Glas, das an einen harten Stein stößt«, wenn man sich auf das Gespräch über Lehrfragen und die Wahrheitsfrage einlasse. Weil aber die »entscheidenden Fragen unseres Lebens – denn das sind doch die Glaubenssätze –« letztlich nicht ungeklärt bleiben könnten, warb Iwand für eine Methode der *Behutsamkeit im Dialog* (Iwand, Kirche und Tradition, NW 2, 372).

73. Iwand, Kirche und Tradition, NW 2, 378.

74. Iwand, Kirche und Tradition, NW 2, 379.

75. Iwand, Kirche und Tradition, NW 2, 380. Reinhard Vollmer unterstreicht, wie bei Iwand das Dogma »seinen doxologischen Charakter nicht verliert«, sondern Got-

als »eine in die Anthropologie hinein verlängerte Christologie« bzw. als »angewandte Christologie«.[76] Die evangelische Rechtfertigungslehre mache lediglich das Werk Christi in seinem Tod und Auferstehen groß, worin Gottes schöpferische Gerechtigkeit zum Tragen kommt, die den Sünder, den Gottlosen gerecht macht.[77] In der anschließenden Diskussion sagte Iwand:

> »Wir fühlen uns von der Orthodoxen Kirche verstanden in der Anerkennung der Souveränität der Gnade Gottes. In der Liturgie der Orthodoxen Kirche findet sich überall dieser Hinweis auf die ›reine Barmherzigkeit Gottes‹. In dieser tiefen Glaubenserfahrung stimmen wir überein, und darin liegt die Hauptsache. Wenn es hier auch gewisse Unterschiede gibt, so liegen sie in der Struktur der theologischen Aussagen. Gegenüber der grundsätzlichen Übereinstimmung sind diese Unterschiede nur von untergeordneter Bedeutung.«[78]

Iwand fragte nach dem ›Sitz im Leben‹ der Rechtfertigungslehre und versuchte, in den divergierenden Lehraussagen, vor allem aber auch in der fremden *Praxis* (orthodoxe Aszetik und Jesus-Gebet) eigene zentrale Lehrinhalte wiederzuerkennen.[79]

    teslob und Lehre im Bekenntnis auf eigentümliche Weise zusammenfallen. Vgl. Vollmer, Gott Recht geben – im Gebet (s. Anm. 39), 337.
76. Vgl. Iwand, Rechtfertigungslehre; Glaube und Werke (s. Anm. 71), 45f.: Gerade deshalb habe von der recht verstandenen Rechtfertigungslehre her im Protestantismus ein »neues, leidenschaftliches Ringen um das Dogma der Zweinaturen-Lehre« eingesetzt. Vgl. zum Verhältnis von Christologie und Anthropologie Heinrich Assel, »… für uns zur Sünde gemacht …« (2 Kor 5,21). Christologie und Anthropologie als Kreuzestheologie bei Hans Joachim Iwand, in: EvTh 60 (2000), 192-210.
77. Iwand, Rechtfertigungslehre; Glaube und Werke (s. Anm. 71), 43.
78. Protokoll des theologischen Gesprächs, in: Tradition und Glaubensgerechtigkeit (s. Anm. 71), 71.
79. Interessanterweise – und man muss wohl auch sagen: glücklicherweise – war dies nicht nur Iwands Idee. Lew Nikolajewitsch Parijskij (1891-1972), der Leiter der geistlichen Akademie Leningrad, hatte Iwand bei seinem Besuch in Bonn 1956 eine Fragenliste überreicht, die für die folgenden theologischen Konferenzen thematisch eine wichtige Rolle spielte (vgl. Fragen übergeben von Prof. L. N. Parijskij an Prof. H. Iwand-Bonn, 1956, in: Tradition und Glaubensgerechtigkeit (s. Anm. 71), 76-79). Darin stellte Parijskij drei scheinbare Grundunterschiede zwischen Orthodoxie und Protestantismus zur Disposition: das Verhältnis zur Tradition, die kirchliche Hierarchie und die Lehre der Rechtfertigung. Parijskij ging so vor, dass er jeweils zunächst den Lehrdissens konstatierte, dann aber die Paradoxien zwischen *Lehre und Praxis* im Protestantismus beschrieb – nicht aber als Kritik, sondern als Wahrnehmung von Gemeinsamkeiten, die die Lehrdifferenz unterliefen: während der Protestantismus in Worten die Tradition als Quelle der Offenbarung ablehne, halte er tatsächlich vieles daraus fest. Während er vom

3.3 Die innerprotestantischen Lehrgespräche: was heißt ›Christus bekennen‹?

Zeitintensiv und häufig nervenaufreibend war ein anderes Arbeitsfeld: die Gespräche und Konflikte um die Gemeinschaft von Reformierten, Unierten und Lutheranern in der EKiD. An den Arnoldshainer Abendmahlsgesprächen 1947-1957 war Iwand ebenso beteiligt wie an den Gesprächen über Bekenntnis und Einheit zwischen EKU und VELKD 1954-57.

Auch in den innerprotestantischen Lehrgesprächen versuchte Iwand, das *Intendierte* in den fremden Formulierungen und der fremden Praxis zu begreifen, die ›Sache‹, um die es den Dialogpartnern ging. Diese Gespräche waren für ihn nie intellektuelle Kür, sondern gingen immer um die Frage, »wieweit die Kirche eine Christus bekennende Kirche« ist.[80]

Die Protokolle der Kommissionsgespräche über »Abendmahl« (Arnoldshainer Gespräche 1947-57) und »Bekenntnis und Einheit« (1954-57), an denen Iwand sich beteiligte, geben zu erkennen, wie grundverschieden die Hermeneutik bei den Vertretern der Union und der lutherischen Kirchen war.[81]

> Priestertum aller Gläubigen sprach, behielt er praktisch das unerlässliche Hirtenamt durch die Installation von Ortspfarrern. Und während er die Rechtfertigung allein aus Glauben betonte, war dieser Glaube doch in »kolossaler« Weise in der diakonischen Liebe tätig.
>
> Ob Parijskij diese Methode schon nach Bonn mitgebracht oder von Iwand übernommen hatte, faktisch suchte er wie Iwand das Verbindende unterhalb lehrmäßiger Formeln, um diese neu lesen und verstehen zu können. In seinen Vorträgen versuchte Iwand, diesen Faden aufzugreifen.
>
> Zu den Thesen Parijskijs vgl. Bienert, Die Bedeutung der Kirchenväter im Dialog zwischen der EKD und Orthodoxen Kirchen (s. Anm. 63), 328f.

80. Diese Frage wurde von ihm als quälend apostrophiert und wohl auch so empfunden. Als quälend empfand er, dass die geschichtliche Schuld auch der Kirchen und ihrer Theologie keine wirkliche Umkehr auslöste und die Landeskirchen nach 1945 wieder, wie es ihm schien, in überkommene volkskirchliche Muster verfielen, um ihre schuldvergessene Restauration zu legitimieren. (Vgl. Hans Joachim Iwand, Quousque tandem? Ein Wort wider den Bruderzwist im evangelischen Lager (1949), in: NW 2, 243-271, 266f.)

81. Eine wertvolle und bisher kaum beachtete Quelle sind die Wort-Protokolle der Gespräche der Theologischen Ausschüsse der EKU und der VELKD über Bekenntnis und Einheit (Diskussion zwischen Gollwitzer, Iwand, Brunner, Wolf, Kinder, Maurer, Harder, Beckmann u. a. über Kirche, Union, Bekenntnis und Abendmahl am 28./29.10.1954 in Schwanenwerder, am 6./7.1.1955 in Hildesheim und am 17.-19.10.1957 in Loccum) (Archiv der Evangelischen Kirche im Rheinland, Nachlass Peter Brunner 66).

Zunächst zu den Gesprächen zu »Bekenntnis und Einheit«: Während die Vertreter der lutherischen Kirchen (v. a. Wilhelm Maurer, Peter Brunner und Ernst Kinder) nach verlässlichen gemeinsamen Lehrformulierungen fragten, betonten die Vertreter der Union (insbesondere Helmut Gollwitzer, Ernst Wolf und Iwand) die lediglich dienende Funktion der Lehre auf dem Weg zur ›Sache‹ der Theologie. Für beide Lager ging es darum, dass Jesus Christus in der ›Mitte‹ des Glaubens, Lehrens und Bekennens stehe, uneinig waren sie darüber, was dies für den um diese Mitte befindlichen Ring der Dogmen bzw. Bekenntnisaussagen bedeutete.[82] Während beide Seiten etwa die besondere Bedeutung der Rechtfertigungslehre in CA IV hervorhoben, waren die Vertreter des Luthertums der Ansicht, dass auch die anderen Artikel der CA von dort aus ihre Legitimation hätten, während die Vertreter der Union meinten, dass die anderen Bekenntnisaussagen, insbesondere im Blick auf die Abendmahlslehre, gegenüber dieser ›Mitte‹ von nachgeordneter Bedeutung seien.

Iwand war insbesondere daran interessiert, dass das dogmatische Gespräch im Fluss bleibt und die Theologie durch gegenseitiges Voneinander-Lernen vorankomme: »Es muß in ihr die Freiheit gegeben werden, auch gewisse Dinge zu übernehmen, die die andere Konfession hat.«[83] Es müsse darum gehen, nach den jüngsten Katastrophen einen Weg nach vorne zu suchen. Iwand war der Überzeugung, dass sich ähnlich der zu verwandelnden Schuld auch die versteinerten Lehrstreitigkeiten ›verwandeln‹ lassen, wenn sie neu aufgenommen und in theologische Fragen umformuliert werden.[84]

82. Vgl. Iwand, Quousque tandem?, NW 2, 253: »[H]üten wir uns, den Unterschied zu übersehen, der zwischen der geschichtlich gewordenen Konfession – und dem für den Tag des Gerichtes gültigen Bekennen besteht, denn wer unter uns würde behaupten wollen, daß es vor dem Forum des Menschensohnes um jenen ›Bekenntnisstand‹ geht«?
Diese Unterscheidung gilt auch für das Luthertum: »Das Luthertum kennt selbstverständlich die Situation des aktuellen Bekenntnisses zu Jesus Christus (Mt 10,16-33), unterscheidet jedoch zwischen diesem Bekennen und ihm entspringenden Aussagen einerseits und den die Kirche beständig an ihrem Grund orientierenden und ordnenden Bekenntnisschriften andererseits.« (Christine Axt-Piscalar, Das lutherische Verständnis von Bekenntnis und die Frage nach einer möglichen Rezeption der Barmer Theologischen Erklärung durch die lutherischen Kirchen, in: KuD 57 (2011), 338-345, 341.
83. Protokoll über die Aussprache in Hildesheim, 6. und 7. Januar 1955 (Archiv der EKiR, Nachlass Brunner 66), 6.
84. Protokoll über die Aussprache in Hildesheim, 6. und 7. Januar 1955 (Archiv der EKiR, Nachlass Brunner 66), 29 f. Vgl. Iwand im Protokoll über die Diskussion in

Die Vertreter der lutherischen Kirchen auf der anderen Seite befürchteten, dass Lehraussagen wie CA X (Vom heiligen Abendmahl), an denen für sie der Trost des Glaubens hänge, in der EKiD relativiert würden. Es komme doch für beide Seiten darauf an, bestimmte Lehraussagen festzuhalten: Worin lägen denn nun die Kriterien, fragte Brunner, für das Festhalten an CA IV und die Relativierung von CA X?[85]

Entsprechend verzwickt sah die Lage in den Arnoldshainer Abendmahlsgesprächen aus – die zum Großteil mit denselben Protagonisten geführt wurden.[86] Hier kann nicht in wenigen Sätzen abgehandelt werden, was die Kommission über ein Jahrzehnt traktierte, ohne zu einem wirklichen Konsens zu kommen. Denn dass die Mehrzahl der Lutheraner meinte, den Thesen nicht zustimmen zu können, weil das Marburger Schibboleth von 1529, das ›Est‹ der Realpräsenz darin fehlte, ist kein Geheimnis.[87]

Die Frage, die sich für die Lutheraner stellte – und die sich 1999 angesichts der Gemeinsamen Erklärung mit der Römisch-Katholischen Kirche wiederholte (diesmal aber ebenso für die Reformierten) – war die nicht unerhebliche Frage, welche Funktion einem einmal erkannten dogmatischen ›Schibboleth‹ in einer veränderten ökumenischen Diskurslage zukommt – ob es kompromissweise abgemildert werden durfte oder trotz ökume-

---

Schwanenwerder, 28.10.1954, a.a.O. 28: Die Glaubensartikel »stellen eine Aufgabe, die unendlich ist, da die Anfechtungen sich wandeln und das Leben sich ändert. [...] Der ›consensus de doctrina‹ muß die Freikarte des Glaubens enthalten. Da darf kein Denkzwang an die Stelle des Bekenntnisaktes treten. Ich möchte wandern und eine Landschaft, die der Heiligen Schrift, entdecken«.

85. Protokoll über die Aussprache in Hildesheim, 6. und 7. Januar 1955 (Archiv der EKiR, Nachlass Brunner 66), 9.
86. Zum Verlauf der Arnoldshainer Lehrgespräche vgl. die knappe Darstellung in: Wim L. Boelens, Die Arnoldhainer Abendmahlsthesen, Assen 1964, 1-45. Zur Rezeptionsgeschichte vgl. die Dokumentation: Lehrgespräch über das Heilige Abendmahl. Stimmen und Studien zu den Arnoldshainer Thesen der Kommission für das Abendmahlsgespräch der EKD, hg. v. Gottfried Niemeier, München 1961.
87. Von den VELKD-Kirchen wurden die Thesen – auch nach ihrer Überarbeitung und Ergänzung durch eine nachträgliche offizielle Erklärung – nicht rezipiert. Die Problematik der gesamten Kommissionsarbeit zeichnete sich schon darin ab, dass maßgebliche Repräsentanten des Luthertums entweder von vornherein meinten, dem Gespräch aus grundsätzlichen Überlegungen fernbleiben zu müssen (Werner Elert, Hermann Sasse), während des Gesprächs auf eigenen Wunsch aus der Kommission ausschieden (Hermann Dietzfelbinger, Volkmar Herntrich) oder (wie Ernst Sommerlath, der als einziger Vertreter einer luth. Konfessionskirche von Anfang an maßgeblich beteiligt war) die Thesen am Ende ablehnten.

nischer Verständigung seine Profiliertheit behalten musste. Im Blick auf die Abendmahlsfrage und auf die real-existierende Union vertrat Iwand die Methode der ermäßigenden Kompromissformel, eine Methode, die er eigentlich ablehnte.[88] Wie aber hätte eine Alternative dazu aussehen können, die das Anliegen beider Traditionen wirklich zur Geltung bringt? Und – so würde man gern weiterfragen – hätte Iwand den Kompromiss auch in der Rechtfertigungslehre akzeptiert, etwa im Blick auf die ›Gemeinsame Erklärung‹ mit der Römisch-Katholischen Kirche?

In einer Gastvorlesung am 10. April 1959 in Halle über die theologischen Aussagen der Arnoldshainer Thesen begann Iwand mit der authentischen Schilderung, wie er auf der Bekenntnissynode in Halle 1937 das gemeinsame Abendmahl zwischen Reformierten, Unierten und Lutheranern als unfassliches, verbindendes und stärkendes Geschenk erlebt habe. Die brüderliche Erfahrung des gemeinsamen Zeugnisses und Leidens in der Bekennenden Kirche habe ihm eine Trennung im Abendmahl unerträglich erscheinen lassen.[89] Allerdings stellte sich damit eben die ernste Frage: »Können neue Ereignisse in der Kirche Lehrbestimmungen [und zwar zentrale] abändern, aufheben oder erweitern?«[90]

Für Iwand stand fest, dass in Halle und auch wieder in den Arnoldshainer Thesen die Mitte klar bezeugt sei: Jesus Christus. Indem Christus nämlich als Geber und Gabe des Abendmahls bekannt werde, werde seine Realpräsenz festgehalten. Denn »daß *Er* nach seiner Verheißung in diesem

---

88. Vgl. Iwand, Von der Autorität des Wortes Gottes in der Kirche (s. Anm. 48), 5: »Es ist die Hoheit und Strenge der Theologie, daß sie in solchen Zeiten eine Parole ausgibt, an der Freund und Feind sich kundtun müssen […] sie muß die ›alte Wahrheit neu sagen‹, wenn sie aktuell und überraschend die Kirche daran erinnern will, daß Gottes Wort – und zwar es allein – Norm und Kompaß ihrer Fahrt ist.«
Von Luther schreibt Iwand, seine »Lehre« sei für jenen etwas, das »ihm widerfahren [sei] als eine Offenbarung. […] Er sieht sich seiner Lehre, dieser Größe vom Himmel her (K. G. Steck), verpflichtet, ja mehr noch, er ist ihr ausgeliefert, preisgegeben, *sie* bringt ihn in Kampf und Not, sie sichert ihm Sieg und weltüberlegene Gewißheit. […] Luther versteht man erst, wenn man weiß, daß er mit seinem ganzen Leben auf diese ›seine lere‹ als auf etwas außer ihm Befindliches, seiner Willkür Entzogenes geworfen ist, an sie gebunden ohne Kompromiß.« (Iwand, Martin Luther – Der Kampf um die reine Lehre (s. Anm. 6), 26 f.).
89. Andersherum betonte Iwand, dass es gerade das gegenseitige Misstrauen war, das im konfessionellen Zeitalter eine Annäherung zwischen Reformierten und Lutheranern verhinderte. Vgl. Iwand, Coena Domini, GA I, 128-132.
90. Hans Joachim Iwand, Die theologischen Aussagen der Arnoldshainer Thesen, in: KiZ 15 (1960), 327-331, 327.

Mahle gegenwärtig ist, daß dieses *Est* feststeht«,[91] das konnte für Iwand nicht gleichgültig sein, wenn Jesus Christus die ›Mitte‹ bleiben sollte. Dem entsprechend lehnte Iwand Vorstellungen ab, nach der ein Priester kraft seines Tuns oder die Gemeinde kraft ihres Gedenkens Christus vergegenwärtigt: im Abendmahl handle Christus eben selbst »als der durch sein Wort im Heiligen Geist gegenwärtige Herr«.[92]

Iwand wollte am ›Est‹ festhalten, tatsächlich nahm er aber eine gravierende Verschiebung gegenüber Luthers ›Est‹ in Marburg vor: Denn das ›Est‹ bezeichnete jetzt lediglich die Gegenwart des Leibes und Blutes Jesu Christi kraft seines verheißenden Wortes, nicht aber dessen Gegenwart ›in‹ Brot und Wein. »Damit wird das lutherische ›Est‹ nicht in Frage gestellt«, argumentierte Iwand.

> »Denn die Realpräsenz hängt nicht an den Elementen, sondern an Jesus und seinem Wort, und von daher – so würde ich als Lutheraner sagen – ergibt sich auch das rechte Verständnis des ›Est‹! Es ist Sein Leib, und es ist Sein Blut, kraft seiner Verheißung. Und es wird nicht einfach Brot Leib und Wein Blut.«[93]

Letzteres, eine Wandlung, war in der lutherischen Kirche auch nie behauptet worden. Und ersteres – die Gegenwart Jesu Christi kraft seines Wortes – war nie bestritten worden, galt aber auch außerhalb des Abendmahls. Ob Christus sich aber kraft seiner Verheißung, den Glaubenden zum Heil, mit seinem Leib und Blut an die geschöpflichen Gaben von Brot und Wein binde, wie sein Wort sagte, das stand in Marburg zur Debatte.[94] 1938 hatte Iwand das noch gesehen:

> »Nach dem, was ich darüber von Luther her weiß, glaube ich, daß das ›Insein‹ und das ›Fürmichsein‹ aufs engste zusammenhängen [...] Die Realpräsenz ist demnach im lutherischen Sinn ein Sichbinden Gottes um meinetwillen.«[95]

---

91. Iwand, Die theologischen Aussagen der Arnoldshainer Thesen (s. Anm. 90), 327.
92. Zitat von These 2 bei Iwand, Die theologischen Aussagen der Arnoldshainer Thesen (s. Anm. 90), 328.
93. Iwand, Die theologischen Aussagen der Arnoldshainer Thesen (s. Anm. 90), 328. Man könnte vielleicht vermuten, Iwand wolle damit die Inkommensurabilität der Gabe des Leibes und Blutes Christi wahren. Aber dies ist nicht der Fall, betont Iwand doch im Gegenteil die sich selbst ausliefernde Kondeszendenz: dass wir Christus im Abendmahl »nehmen dürfen«, dass er sich »herabbeugt in unsere Tiefe und Anfechtung« und sich vorbehaltlos »in die Hände der Glaubenden« gibt. Vgl. a. a. O. 329.
94. Zu Iwands Interpretation des Marburger Streits vgl. ders., Coena Domini, GA I, 128 f.
95. Vgl. Iwand, Coena Domini, GA I, 134.

Und er hatte betont, »daß es sich in der Realpräsenz nicht um die ›leibliche Gegenwart‹ des Herrn handelt [...], sondern gerade um die ›Gegenwart der Leiblichkeit‹.«[96]

Bemerkenswerter Weise wollte Iwand wie einst die Autoren der lutherischen Konkordienformel festhalten, dass es im Abendmahl darauf ankomme, das Verheißungswort Christi, über Brot und Wein gesprochen, einfach gelten zu lassen als Gottes neu schaffendes Wort, das die Wirklichkeit setzt, die es verheißt.[97] Mehrfach begegneten Aussagen, die dem lutherischen ›Est‹ ganz nahe zu kommen schienen.[98] Ganz im Sinne der manducatio oralis hob Iwand hervor, dass Brot und Wein »der Aneignung des Leibes und Blutes [dienen]. Wie sollten wir sonst Ihn in seinem Fleisch und Blut nehmen.«[99] Aber die dogmatische Formel, die dies zum Ausdruck brachte, dieses Marburger Schibboleth umging Iwand.[100]

---

96. Vgl. Iwand, Coena Domini, GA I, 133.
97. Vgl. Formula Concordiae – Solida Declaratio VII 43-47, in: Die Bekenntnisschriften der evangelisch-lutherischen Kirche, Göttingen [11]1992, 985-987.
98. Vgl. Iwand, Die theologischen Aussagen der Arnoldshainer Thesen (s. Anm. 90), 329: »Predigt, Taufe, Absolution – das sind alles Weisen, in denen uns der Herr nahe ist und nahe kommt. Aber dieses ist das *proprium* des Abendmahls, daß wir – man denke: wir armseligen, sterblichen, unwürdigen Menschen – *Ihn* nehmen dürfen, ihn der der Herr ist.« An was für ein »Nehmen« soll der Leser hier denken, wenn nicht an das geistlich-leibliche Essen und Trinken im Glauben an das Verheißungswort?
99. Iwand, Die theologischen Aussagen der Arnoldshainer Thesen (s. Anm. 90), 329.
100. Die Inkonsequenz dieser Interpretation zeigte sich an einem anderen Punkt: Iwand identifizierte das ›Ist‹ der Abendmahlsworte mit den assertiones anderer Verheißungsworte, durch die Gott sich an ein ›Faktum‹ bindet und durch sein Wort dafür bürgt, dass es so ist, wie er sagt. Auf den Vorwurf, warum er dann nicht auch zum Marburger Schibboleth stehe, dass Brot Leib *ist*, antwortete Iwand, ein solches ›Ist‹ wäre »von dem Ist einer bloßen innerweltlichen Gegebenheit« nicht mehr unterschieden. Das Verhältnis zwischen Leib Christi und dem Element im Abendmahl sei aber schlechterdings analogielos. (Iwand, Die theologischen Aussagen der Arnoldshainer Thesen (s. Anm. 90), 329.) Natürlich gibt es aber auch für andere Verheißungsaussagen keine innerweltliche Entsprechung: »Mir ist gegeben alle Gewalt im Himmel und auf Erden« (Mt 28,18) oder »Das ist mein Leib« (Mt 26,26) sind in gleicher Weise Aussagen, die der Glaube als Christi gewisse Zusage für sich gelten lässt, obwohl der Augenschein dagegen spricht. Beides sind praedicationes inusitatae, analogielose Aussagen, wie die Solida Declaratio festhält. Vgl. BSLK 984 (s. Anm. 97). Nach FC SD VII 36, BSLK 983 liegt die Unvergleichlichkeit der Abendmahlsprädikation gerade darin, dass die sakramentliche Vereinigung des unverwandelten Leibes und unverwandelten Brotes ausgesagt wird (»Brot ist Leib«), sprachlich analog der unvergleichlichen

Iwand erkannte in den lutherischen und reformierten Lehraussagen die Intention, Christi leibliche Gegenwart im Abendmahl auszusagen. Diese hermeneutische Einsicht in die verwandte Intention der Lehraussagen schien ihm für die Einheit der evangelischen Kirche hinreichend zu sein. Blieb bei einer solchen Harmonisierung aber nicht ein Zweifel bestehen an der schöpferischen Kraft des Gotteswortes? So fragten seine Dialogpartner. War nicht auch an dieser Stelle, bei den Abendmahlsworten, ein Schibboleth nötig, um den theologischen Realismus des christlichen Glaubens zu wahren, an dem auch für Iwand so viel gelegen war?[101] Räumte Iwand hier dem Wort Gottes, das schafft, was es sagt und verheißt,[102] wirklich den Platz ein, der ihm seines eigenen Erachtens zukam?[103] Dass Luther gegenüber Zwingli in Marburg zurecht auf dem ›Est‹ beharrt hatte, hatte Iwand nicht bezweifelt.[104] Behielt das Marburger Schibboleth dann nicht seine bleibende Gültigkeit?[105]

> Zwei-Naturen-Person-Einheit, wie sie in den paradoxalen Alpha privativa der chalcedonensischen Christologie zur Sprache kommt. Luther versuchte die Form einer solchen Aussage mit der rhetorischen Figur der Synekdoche begreifbar zu machen.
> 101. Eine nicht zu vernachlässigende Rolle spielte das unterschiedliche ekklesiologische Herkommen der Dialogpartner. Während die Delegierten der lutherischen Kirchen bei einer Einigung begründen mussten, warum eine Ablehnung der reformierten Abendmahlsauffassung nicht mehr angemessen sei, hätten die unierten Delegierten bei einem negativen Dialogausgang erklären müssen, warum die über hundert Jahre bestehende Union trotzdem legitim sei.
> 102. Das hatte schließlich auch Implikationen für den christologischen Personbegriff. Ernst Sommerlath gab in den Arnoldshainer Gesprächen zu bedenken, dass es bei der Realpräsenz in Brot und Wein einfach um die Frage gehe, ob die Inkarnation des Logos in die irdische Leiblichkeit ernst genommen werden soll oder nicht«, ob also der Personbegriff, auf den man sich zu verständigen gedachte, nicht zum leiblosen Konstrukt geistiger oder gar ideeller Präsenz werde. Vgl. Ernst Sommerlath, zit. in: Boelens, Abendmahlsthesen (s. Anm. 86), 8.
> 103. Vgl. Iwand, Von der Autorität des Wortes Gottes in der Kirche (s. Anm. 48), 14: »Der Glaube ist das Zutrauen, die *fiducia*, daß Gott sein Wort hält. Er ist damit allem, was ist, überlegen, indem er mit Gott rechnet, der das Seiende aufhebt und das Nicht-Seiende ins Dasein ruft«.
> 104. Vgl. Iwand, Coena Domini (s. Anm. 16), 128f.
> 105. Zurecht betonte Iwand: »Der Glaube im Abendmahl, der auf die Verheißung gerichtet ist, darf nicht in dem Satz aufgehen, daß das Brot der Leib Christi ist, darauf bezieht sich der rechte Glaube nicht.« (Iwand, Die theologischen Aussagen der Arnoldshainer Thesen (s. Anm. 90), 327-331, hier 329.) Doch auch bei der Lehre vom unfreien Willen bezieht sich der Glaube nicht auf die Lehre als solche. Und doch setzt die Lehre eine Grenze, die nicht verrückt werden darf.

4. Ein Ausblick

Methodologisch gefragt: Woran entscheidet sich, ob durch prädikative Sätze Grenzen zu ziehen sind, um die ›Mitte‹ zu *wahren* oder ob vermeintliche Grenzen durch eine Hermeneutik gemeinsamer Intentionalität zu überschreiten sind, um die gemeinsame ›Mitte‹ *wiederzufinden*?[106]

Ich frage deshalb, weil ich den Eindruck habe, dass das landläufige Desinteresse an theologischer Lehre auch darin seinen Grund hat, dass die bindende und befreiende Kraft dogmatischer Sätze, an die Iwand glaubte,[107] nicht mehr verstanden wird.[108] Dogmatische Aussagen werden weithin als unzeitgemäß und kraftlos empfunden, weil sie als Traditionsgut stehen bleiben, aber eben weder binden noch befreien.[109] Eine Hermeneutik, die ein

---

Geht es nicht in beiden Lehrgestalten darum, dass der Glaube Gott zutraut, dass er tut, was er verheißt?

106. Vgl. Iwand im Protokoll über die Aussprache in Hildesheim, 6. und 7. Januar 1955 (Archiv der EKiR, Nachlass Brunner 66), 10: »Ich halte Luthers Auslegung der Abendmahlsworte für richtig. Ich kann aber nicht das Anathema aussprechen über Reformierte, die nicht die ›manducatio impiorum‹ halten, aber doch an die Gegenwart Christi glauben. Denn hier scheidet sich die theologische Aussage von der Substanz dessen, was im Glauben bekannt wird. Die Identifikation der Elemente ist für mich nicht entscheidend für die Realpräsenz. Auf diese kommt es aber an, nicht auf den ›modus preaesentiae‹.«

107. Vgl. Iwand, Der Prinzipienstreit in der Theologie, GA I, 244: Das Dogma besagt, »daß wir von einem *Ist* herkommen. Christus ist Gottes Sohn, er *ist* für uns gestorben, er *ist* auferstanden, und daß wir doch zugleich wissen, daß wir dieses Est nur haben in der Form der promissio Dei, also in der Form des Glaubens und der Hoffnung [...] Uns verlangt nach Sätzen, auf die wir uns verlassen können – aber wir wissen zugleich, daß wir diese Sätze nicht aus der Fabrik unserer dogmatischen Arbeit liefern können, sonst wären es eben nur kirchliche, aber nicht Gottes Sätze.«

108. Dieses Problem benennt auch Jürgen Seim, Hans Joachim Iwand über die Volkskirche nach der Erfahrung des Kirchenkampfes, in: Hoffmann, Die Provokation des Kreuzes (s. Anm. 2), 198: »Als Iwand davon sprach, die Konvergenz der reformatorischen Bekenntnisse wäre richtungsweisend für das aktuelle Bekennen geworden, wollte er gewiß nicht der Vergleichgültigung der Bekenntnis-Inhalte das Wort reden. Die Vehemenz seines Protestes gegen konfessionelle Rechthaberei gäbe heute auch einer Verwahrung gegen bekenntnisvergessene Gleichgültigkeit Kraft.«

109. »Wenn man Luthers Lehre mit einer Position verschmilzt, die das von Luther heiß bekämpfte Gegenteil seiner Meinung war, dann bedeutet das viel mehr als einen Irrtum, das ist kein logischer Fehler, noch weniger ein historischer. Sonst wäre er einfach zu reparieren. Sondern die Vereinigung entgegengesetzter Posi-

unpräzises ›Christusevangelium‹ in die Mitte rückt, die Bekenntnistraditionen hingegen einer ›ausfleddernden‹ diffusen und untergeordneten Peripherie zuweist – eine solche Vorstellung von Ökumene könnte ich nicht teilen – und sie wird auch dem Anliegen Iwands nicht gerecht.[110]

Wie ist das »revolutionäre Ereignis« von dogmatischer Verbindlichkeit einerseits und ökumenischem Dialog andererseits dann zu denken? Ich möchte hierzu einen Gedanken aufgreifen, den Iwand nur beiläufig äußert, der mir aber weiterführend erscheint: es ist das Wort vom »geretteten Rest« zur Bezeichnung der vorfindlichen Konfessionen.[111] Iwand spielte damit auf Röm 11 (hier 11,5) an, wo es um den gegenseitigen Nutzen von Juden und Heiden füreinander in eschatologischer Perspektive geht. In diesem Sinne sind auch die Konfessionen ›geretteter Rest‹, so jedenfalls scheint es Iwand zu meinen. Sie sind nicht das ›Ganze‹, nicht Christenheit für sich, sie sind aber auch nicht ›Teil‹, also nur in der Zusammensetzung der Teile wieder ›Kirche‹.[112] Als ›Rest‹ sind die Konfessionen weder dies noch jenes, sondern sind ausgerichtet auf Ursprung und Ende und durch Gottes Gnade erhalten (Röm 11,6). Als ›Reste‹ sind sie füreinander da, weil sie sich auf dem Kreisbogen um die ›Mitte‹ herum befinden und damit eine wichtige Aufgabe füreinander wahrnehmen: In den Glaubensweisen und Lehraussagen der anderen spiegelt sich für uns sichtbar die uns jeweils abgewandte, verborge-

      tionen bedeutet immer theoretische Skepsis« (Iwand, Die grundlegende Bedeutung der Lehre vom unfreien Willen für den Glauben, GA I, 17).

110. Eeva Martikainen urteilte Ende der 1970er Jahre, Iwand habe in den ökumenischen Gesprächen ein Denkmodell zur Geltung gebracht, das nicht nur die Arnoldshainer Abendmahlsthesen, sondern auch noch die Leuenberger Konkordie beherrscht habe und das sie als Modell »Mitte-Peripherie« kritisierte. Die gemeinsame »Mitte« konstituiere nach Iwand die Einheit der Kirche, während dem gegenüber die unterschiedlichen Bekenntnistraditionen als peripherer Rand zu betrachten seien, die diese Einheit nicht aufheben (Eeva Martikainen, Evangelium als Mitte. Das Verhältnis von Wort und Lehre in der ökumenischen Methode Hans Joachim Iwands (AGTL NF 9), dt. Hannover 1989, 139-143). Zur berechtigten Kritik an dieser Interpretation vgl. Peter Paul Sänger, Ökumenische Einheit der Kirche nach der Erfahrung des Krieges. Iwands Dialog mit der russischen Orthodoxie, seine ökumenische Methode, in: Hoffmann, Die Provokation des Kreuzes (s. Anm. 2), 211-228, 223-226.

111. Vgl. Protokoll über die Aussprache in Hildesheim, 6. und 7. Januar 1955 (Nachlass Brunner, Archiv der EKIR, 66), 6: »Wenn wir uns nicht heute freimachen lassen durch die Gnade des geretteten Restes, dann sind alle übrigen Gespräche Streitigkeiten von Schriftgelehrten und Theologen«.

112. Vgl. zur Figur des »geretteten Rests« Giorgio Agamben, Die Zeit, die bleibt. Ein Kommentar zum Römerbrief, Frankfurt 2006, 66-71.

ne Rückseite der ›Mitte‹. So zeigen sich die Konfessionen gegenseitig die Seite des Christusevangeliums, die in der eigenen Wahrnehmung verloren zu gehen droht – und bewahren sich damit gegenseitig im Glauben, gerade auch durch die jeweiligen ›Spitzenaussagen‹ der anderen. Allerdings ist dies nur solange der Fall, als die eigene dogmatische Arbeit tatsächlich im Angesicht der anderen und im Gespräch, also in ökumenischer Verantwortung erfolgt. In diesem Sinne könnte das folgende Iwand-Zitat, mit dem ich schließen möchte, auf die unterschiedlichen dogmatischen Traditionen, ihre ›Spitzenaussagen‹ und deren wechselseitigen Nutzen bezogen werden:

> »Das Dogma, wenn ich das einmal so vorsichtig sagen darf, verlegt uns alle Wege des Ausweichens vor der Mitte, auf die hin wir gesteuert werden sollen, wenn wir dieses Buch [die Bibel] lesen. [...] Das Dogma, soweit wir das in der Hand haben, soweit wir es lehren, ist nicht das Letzte, ist nicht dazu da, daß wir bei ihm stehenbleiben, es ist nicht dazu da, daß wir glauben, daß wir das Letzte finden. Es treibt uns sozusagen immer in die Enge, es wird in seinen letzten und höchsten Spitzen immer kritischer, immer enger. Aber es läßt das Letzte offen und muß es offen lassen. Die Bewegung, die das recht verstandene Dogma in sich enthält und uns vermittelt, ist nicht aus ihm selbst zu entnehmen. Auch hier gilt: ›Welche der Geist Gottes treibt, die sind Gottes Kinder‹ (Röm 8,14).«[113]

---

113. Hans Joachim Iwand, Der moderne Mensch und das Dogma (ca. 1951), in: NW 2, 91-105, 96.

Die eine reformatorische Wahrheit

Response zum Vortrag von Christian Neddens

Arnold Wiebel

Zu den Lieblingsworten Iwands gehört ein Ausdruck Martin Kählers: Symbol-Legalismus.[1] Iwand lehnt es ab, dass die Symbole, d.h. die Bekenntnisschriften, zu einem Gesetz der Meder und Perser werden. Bekennen in der Stunde der Bedrängnis ist wichtiger als Treue zu der im schriftlichen Bekenntnis gesicherten Konfession.

So kann er schon mal im Blick auf die Konkordienformel und ihre ›Solida Declaratio‹ von »allzu soliden Deklarationen« sprechen. Aber nicht nur auf späte Bekenntnisschriften wie die genannte bezieht sich die Zurückhaltung, auch die reformatorischen Hauptbekenntnisse, auch die altkirchlichen, können in den Hintergrund treten. Deshalb meine erste These:

1) Symbol-Legalismus (›in purer Gesetzlichkeit an den Bekenntnissen hängen‹) – das ist Iwands Sache nicht.
2) Je fester der Christ zu der einen reformatorischen Wahrheit steht, der Glaubensgerechtigkeit, desto freier kann er gegenüber allen kirchlichen Lehren sein.

Schibboleth, die Parole, mit der man über den Fluss kommt, wenn man nicht mit der Aussprache Sibboleth sich selbst entlarvt, ist, wie Christian Neddens im Vortrag entfaltet hat, Iwands eigener Ausdruck, sozusagen auch ein Lieblingsausdruck. Schibboleth steht für das Wort, das über Leben und Tod entscheidet, das Bekennen dessen, woran auch die Kirche steht oder fällt.

Der Riss, der durch die evangelische Kirche geht, stand am Anfang der Gedanken des Vortragenden über ökumenische Versöhnung. Er sagte selbst: »Das mag zunächst irritieren.« Was hat diese scheinbare Gegenbewegung

---

1. Das Wort hat Iwand wahrscheinlich gelesen in der Ausgabe einzelner Kählerworte durch Anna Kähler, »Der Lebendige und seine Bezeugung in der Gemeinde« (Berlin 1937, 105), zitiert nach: Martin Kähler, Die starken Wurzeln unserer Kraft, Gotha 1872, 207. Der Mitherausgeber dieses Bändchens, der Neutestamentler Julius Schniewind, wird von Iwand in einer (unveröffentlichten) Gedenkrede 1949 gerühmt als einer, dem jeder Symbol-Legalismus fremd gewesen sei.

für einen Sinn im Duktus der Gedanken? In der Spannung zwischen reiner Lehre und »versöhnter Verschiedenheit« wird dadurch deutlich, woran Iwand unbeugsam festhält. Wenn dieser Pflock fest eingeschlagen ist, dann kann die Leine großen Spielraum lassen.

So ist an ein zweites Schibboleth in Iwands evangelischer Lehre wohl nicht zu denken: Darin unterscheidet sich der frühe Iwand kaum von dem nach 1945: Das Abendmahl darf Lutheraner und Reformierte nicht trennen.[2]

Ist bei Iwand an der Stelle ein blinder Fleck, wo seine ökumenische Gesinnung gegenüber der römisch-katholischen Christenheit gefragt ist? – Darauf lässt sich folgendes antworten: In den Vorlesungen und brieflichen Äußerungen um 1930 dient das Wort ›katholisch‹ Iwand oft zu einer Art Abstempelung von Anschauungen.[3] In den 1940er Jahren ändert sich das merklich: Schon in der Vorrede zu *Glaubensgerechtigkeit nach Luthers Lehre* von 1941 und in einem Brief an Rudolf Hermann aus dieser Zeit wird das deutlich, wie auch in der Bonner Ethik-Vorlesung 1952.[4] – These:

2. »Die bloß juridische Geltung eines Bekenntnisses im Bereich eines kirchlichen Territoriums bedeutet keine Kraft mehr für die Unterscheidung der Geister«, so schreibt Iwand 1951 in einem Passus, der von Schibboleth und von Symbol-Legalismus in diesem Zusammenhang spricht (ders., Die Theologie vor der wartenden Gemeinde, in: Die neue Furche 5 (1951), 769-778). – Was die frühen Äußerungen Iwands zum Abendmahl angeht, so ist außer den von Neddens angeführten Schriften noch zu berücksichtigen: Hans Joachim Iwand, Rez.: Franz Hildebrandt, EST. Das lutherische Prinzip. (1931), abgedruckt in: GA II, 272-275. Darin der kritische Satz: »Der Ausgangspunkt Luthers ist auch in der Abendmahlsfrage die Rechtfertigungslehre, …« (274 f.). Wenn das gilt, sind wir wieder bei dem einen Schibboleth.
3. In Iwands Vorlesung über Geschichte der Ethik von 1930 finden sich mehrere Beispiele: »Scheler macht den typisch katholischen Grundfehler, das Streben des Menschen über sich selbst hinaus grundsätzlich als gut anzusehen.« (|XLI 5|) – »Wir werden diese ganze Frage nie verstehen, wenn wir bei diesen Sätzen immer nur an das ›moralische Fiasko‹ denken, – so versteht sie eben der Katholik – …« (BArch Koblenz, N 1528/125 (XXIII 1)). Gegenüber Rudolf Hermann kennzeichnet er einmal Paul Althaus mit den Worten: »Diese katholische Idee von der Überordnung der Liebe über den Glauben vollzieht er mit größtem Pathos.« (18.6.1930, NW 6, 217).
4. Im Vorwort zu *Glaubensgerechtigkeit nach Luthers Lehre* (GA II) heißt es: »Es könnte sein, daß wir in eine Zeit eintreten, in der dieses traditionelle Festhalten an der vererbten Konfession hinfällig wird.« – An Rudolf Hermann schreibt Iwand am 17.8.1943 (NW 6, 300) in Zustimmung und Widerspruch gegen dessen antikatholischen Kurs innerhalb einer längeren Argumentation den immerhin erstaunlichen Satz: »Gottes Gebote erhalten das Volk, die ›Gerechtigkeit‹, aber nicht

3) Iwand hat sich im Laufe seines Lebens in seinem Verhältnis zum Katholizismus bewegt, wenn auch nur in kleinen Schritten.
4) Iwands Lehrgespräche mit russisch-orthodoxen Christen gehen von vornherein weiter als wir es danach erwarten konnten.

Die Weite gegenüber der russisch-orthodoxen Form des Christseins lässt Iwand dort eine kühne Deutung der Rechtfertigungslehre finden. Überschreitet der Versöhnungswunsch in diesem Fall Grenzen der ›reinen Lehre‹? – Was ist zu der Formulierung zu sagen: ›Die Werke sind der inkarnierte Glaube‹? (So von Iwand geäußert im Arnoldshainer Gespräch 1959 mit den russisch-orthodoxen Gästen.)

Kleines Schlusswort: Iwand ist mit Edmund Schlink, einem Mitstreiter im Kirchenkampf, auch zu den russischen Christen gereist. – Anders als bei dem verbissenen Konfessionalisten Hoerschelmann in Braunschweig, dem er 1949 sein ›Quousque tandem‹ entgegenschleudert, hatte Iwand 1942 Schlinks *Theologie der Bekenntnisschriften* sehr behutsam und freundlich rezensiert. Aber von dessen Einschätzung der Bekenntnisschriften setzt er sich trotzdem entschieden ab.[5] Gibt es für Iwand keine formulierten kirchlichen Wahrheiten, die über die Zeiten hin Bestand haben? Sein Verständnis der kirchlichen Bekenntnisse als norma normata lässt die Bekenntnisaussagen jedenfalls nicht als Schibboleth erscheinen. – Vom Lutherischen Rat

    bloß der Fluß des durch seinen Körper pulsierenden ›Lebens‹; hier liegen Themen vor, die wir als Aufgabe mit der katholischen Christenheit gemeinsam haben, auch so, daß der Rahmen der vita christiana doch weiter reicht als das die konfessionellen Grenzsetzungen wahr haben wollen und können.« – In der (bisher unveröffentlichten) Ethik von 1952 (BArch Koblenz, N 1528/127, |88|) findet sich der Schlenker: »Theologen und Kirchenführer legen heutzutage zuweilen mehr Wert darauf, festzustellen, was ›lutherisch‹ ist als was wahr ist, und anderen genügt die Bezeichnung ›katholisch‹, um damit Erkenntnisse und sittliche Werte als für sie ›erledigt‹ hinter sich zu lassen.«
5. Hans Joachim Iwand, Quousque tandem? Ein Wort wider den Bruderzwist im evangelischen Lager, NW 2, 243-271; ders., Rez.: Zu Edmund Schlink, Die Theologie der lutherischen Bekenntnisschriften, ThBl 21 (1942), 158-169. Darin findet sich u.a. der kritische Satz: »So sprechen ja auch die Bekenntnisschriften ganz schlicht von den ›Unsern‹ denn die Sache ist alles, die Zahl ist nichts. Und darum will es mir nicht recht in den Sinn, daß der ›consensus‹ der Kirche, der Consens mit ›Brüdern und Vätern‹ konstitutiv sein soll für das, was als ›Bekenntnis‹ gilt. Ist es nicht vielmehr umgekehrt, daß erst vom ›Bekenntnis‹ her der an sich verborgene Consens entdeckt und wiedergewonnen wird? Oder ist Schlink dieser Gedanke unfaßlich?«

1936 gebeten, Barmen I und II auf lutherische Bekenntnistreue zu prüfen, hat Iwand zehn Mal Luther und nur zwei Mal die lutherischen Bekenntnisschriften zitiert.

Einig in der Rechtfertigungslehre?

Rückblick auf Hans Joachim Iwand angesichts der »Gemeinsamen Erklärung«

Wolfgang Schoberth

Stell' dir vor, in der zentralen Frage, die vor fast fünf Jahrhunderten zur großen Spaltung der Kirche führte, haben sich Katholiken und Lutheraner geeinigt und diese Einigung feierlich bekräftigt – und keiner merkt's!

In Relation zu der großen Publizität der Unterzeichnung der »Gemeinsamen Erklärung zur Rechtfertigungslehre« (GER) am 31. Oktober 1999 und auch in Relation zu den heftigen Diskussionen im Vorfeld der Unterzeichnung kann es schon erstaunen, wie wenig Wirkung von der »Gemeinsamen Erklärung« ausging. Im kirchlichen Alltag ist von einer Einigung in der Rechtfertigungslehre wenig zu spüren; die ökumenische Lage hat sich nicht geändert oder gar wesentlich verbessert, sondern bald wieder andere, bekannte Streitpunkte in den Vordergrund gebracht. Nicht einmal in der theologischen Fachdiskussion hat die »Gemeinsame Erklärung« nachhaltige Wirkungen hinterlassen.

Dieser kräftigen Diskrepanz zwischen Anspruch und Wirkung der »Gemeinsamen Erklärung« will ich im ersten Teil meines Vortrages nachgehen; die Gründe dafür lassen sich gerade im Blick auf einige elementare Einsichten Iwands zur Rechtfertigungslehre erkennen. Diese Einsichten sind aber nicht nur geeignete Analyseinstrumente, sondern erweisen sich auch als nach wie vor hilfreiche Provokationen für eine theologisch substantielle Rede von der Rechtfertigung Gottes. Im zweiten, kürzeren Teil, frage ich dann auf der Basis des Erarbeiteten nach den Konsequenzen für das Rahmenthema unser Tagung: Welches sind die Folgen für das Verständnis und die Praxis der Toleranz, die aus Iwands Rechtfertigungstheologie hervorgehen?

Kritik der »Gemeinsamen Erklärung«

Zwei Dinge sind vorauszuschicken, um nicht missverstanden zu werden. Zum einen geht es mir gerade nicht darum, dass (etwa von einem lutherischen Standpunkt aus gesehen) die »Gemeinsame Erklärung« sich an vielen

Stellen nicht klar genug ausdrückt und Formulierungen gebraucht, die durchaus verschieden interpretiert werden können. Das kann bei einem derartigen ökumenischen Dokument gar nicht anders sein; seine Funktion ist es ja geradezu, dass die verschiedenen Gesprächspartner, die sich unterschiedlichen Traditionen und Positionen verpflichtet wissen, gerade noch zustimmen können. Konsenspapiere sind ihrer Natur nach nie ohne Unschärfen, interpretationsbedürftige Aussagen und für beide Seiten gerade noch akzeptable Formulierungen. Anders sind Fortschritte auf der Ebene ökumenischer Verhandlungen nicht zu haben. Ein Zweites: Die Kritik richtet sich nicht primär gegen positive Aussagen der »Gemeinsamen Erklärung« und nicht einmal gegen bestimmte theologische Lehrinhalte, denn diese sind wirklich weithin konsensfähig und umsichtig formuliert.[1] Die »Gemeinsame Erklärung« ist dogmatisch sicher nicht schlechter als das Gros der gegenwärtigen Rechtfertigungstheologie und kirchlichen Rechtfertigungsverkündigung. Aber gerade da steckt dann eben auch das Problem. Deswegen ist das, was hier zu sagen ist, auch keineswegs kontroverstheologisch motiviert; die theologische Kritik richtet sich vielmehr auch – um nicht zu sagen: vorrangig – gegen Fehlentwicklungen in der evangelischen Theologie und Kirche.

Relevanzverlust der Rechtfertigungslehre?

Die eingangs genannte Diskrepanz zwischen Anspruch und Wirkung betrifft ja nicht nur eine ökumenische Erklärung, sondern auch ihre Sache selbst: Wenn die Einigung zwischen Katholiken und Lutheranern nicht die kirchliche Wirklichkeit und das theologische Denken auf beiden Seiten grundlegend verändert, folgt dann daraus für die Rechtfertigungslehre, dass sie also doch nicht so entscheidend ist, wie immer behauptet wird? Hat man sich also im 16. Jahrhundert einfach getäuscht, indem man diesen Artikel zum Kern der Auseinandersetzung erklärte? Sind inzwischen andere Fragen an die zentrale Stelle getreten und darum zum Zentrum der kontroverstheologischen Diskussionen geworden – etwa die Frage nach Amt und Sakrament? Dass auch im kirchlichen Leben wenig Verständnis dafür zu sein

---

1. Vgl. Lutherischer Weltbund / Päpstlicher Rat zur Förderung der Einheit der Christen, Gemeinsame Erklärung zur Rechtfertigungslehre, 14-17 (3. Das gemeinsame Verständnis der Rechtfertigung) (www.velkd.de/downloads/GER-Text.pdf).

scheint, was Rechtfertigung eigentlich bedeutet, hat ja schon den Lutherischen Weltbund 1963 in Helsinki zu der Feststellung veranlasst:

> »Der Mensch von heute fragt nicht mehr: Wie kriege ich einen gnädigen Gott? Er fragt radikaler, elementarer, er fragt nach Gott schlechthin: Wo bist Du, Gott? ... er leidet nicht mehr unter seiner Sünde, sondern unter der Sinnlosigkeit seines Daseins; er fragt nicht mehr nach dem gnädigen Gott, sondern ob Gott wirklich ist.«[2]

Und auch der Evangelischen Kirche in der Gegenwart scheint das so wichtig nicht. Als Beispiel mag genügen, dass die Rechtfertigungslehre in den Jahresthemen der Reformationsdekade allenfalls abgeleitet erscheint, indem zwar mögliche Folgerungen aus der Rechtfertigungsbotschaft thematisiert werden wie Freiheit und Toleranz, aber eben nicht die Frage nach der Rechtfertigung selbst. Und wenn von »Freiheit« und »Toleranz« die Rede ist, dann sind das nicht nur solche Termini, von denen man hofft, dass sie in der gesellschaftlichen Öffentlichkeit auf Resonanz stoßen und Plausibilität erzeugen, sondern auch Begriffe, die in dem uns geläufigen Verständnis für die Zeit der Reformation keineswegs ohne weiteres vorausgesetzt werden können.

Die Auseinandersetzung um die Stellung der Rechtfertigungslehre

Ist das Thema also weniger wichtig geworden, oder verstehen wir nicht mehr, was das Zentrum ist? Die »Gemeinsame Erklärung« formuliert jedenfalls im Imperfekt:

> »Die Lehre von der Rechtfertigung hatte für die lutherische Reformation des 16. Jahrhunderts zentrale Bedeutung. Sie galt ihr als der ›erste und Hauptartikel‹, der zugleich ›Lenker und Richter über alle Stücke christlicher Lehre‹ sei.«[3]

Dass damit nicht, wie die Sprachform nahelegt, gesagt werde, die Bedeutung der Rechtfertigungslehre sei Vergangenheit, soll der nächste Satz klarstellen:

---

2. »Botschaft der vierten Vollversammlung des Lutherischen Weltbundes in Helsinki«, in: Helsinki 1963. Beiträge zum theologischen Gespräch des Lutherischen Weltbundes, hg. von Erwin Wilkens, Berlin / Hamburg 1964, 456.
3. GER, Präambel (1), unter Verweis auf ASm, BSLK 415, und WA 39 I, 205.

»Die Rechtfertigungslehre hat für die lutherische Tradition jenen besonderen Stellenwert bewahrt. Deshalb nahm sie auch im offiziellen lutherisch/katholischen Dialog von Anfang an einen wichtigen Platz ein.«[4]

Freilich ändert das nichts an der Historisierung der Rechtfertigungslehre: Die Bedeutung der Rechtfertigungslehre ist demnach primär traditionelles Erbe, aber nicht von der Gegenwart des Glaubens her begründet.

Nicht nur einer an Iwand geschulten Rezeption der reformatorischen Theologie müssen solche Formulierungen höchst fragwürdig erscheinen, weil sie zwar auf der Oberfläche und sicher auch der Intention nach die besondere Bedeutung der Rechtfertigungslehre betonen wollen, eben diese Bedeutung aber zugleich dementieren oder doch zumindest verfehlen. So wurde in der kritischen Diskussion der »Gemeinsamen Erklärung« mit Recht die systematische Funktion und Stellung der Rechtfertigungslehre als Problem wahrgenommen. Die Formulierung in dem hier einschlägigen Abschnitt 18 wechselt zwischen Betonung und Abschwächung. Die Rechtfertigungslehre ist, so wird herausgestellt, »nicht nur ein Teilstück der christlichen Glaubenslehre.« Das wird aber erläutert, in dem von »einem wesenhaften Bezug zu allen Glaubenswahrheiten« die Rede ist, um dann in der Tat missverständlich zu formulieren, sie sei ein »unverzichtbares Kriterium, das die gesamte Lehre und Praxis der Kirche unablässig auf Christus hin orientieren will.« Eberhard Jüngel hat den unglücklichen Ausdruck »unverzichtbares Kriterium« als sinnlos kritisiert, weil verzichtbare Kriterien eben keine sind;[5] aber auch abgesehen davon ist der Sinn des Satzes nicht anders denn als Relativierung zu verstehen: Demnach gibt es mehrere Kriterien, die gleichermaßen beanspruchen können, unverzichtbar zu sein. Es ist nur konsequent, wenn im Anschluss als bleibende Differenz benannt wird, dass Lutheraner »die *einzigartige* Bedeutung dieses Kriteriums betonen«, während Katholiken nur die »*besondere* Funktion der Rechtfertigungsbotschaft«[6] anerkennen.

Diese Differenz wird auch in Annex 3 nicht beseitigt, obwohl dieser Anhang von vielen evangelischen Kritikern als die notwendige Klarstellung begrüßt wurde, die dann auch zur Annahme der ganzen »Gemeinsame Erklärung« berechtige. Hier wird die Formulierung aus GER 18 dahingehend ausgelegt, dass die Rechtfertigungslehre »Maßstab oder Prüfstein des christlichen Glaubens« sei und keine Lehre diesem Kriterium widersprechen

---

4. GER, Präambel (2).
5. Eberhard Jüngel, Um Gottes willen – Klarheit!; in: ZThK 94/3 (1997), 394-406, 399.
6. Hervorhebungen von mir.

dürfe. Dies sichert zwar dem Artikel von der Rechtfertigung in der Tat eine zentrale Stellung unter den Glaubensartikeln zu; dabei wird aber erneut der theologischen Kernfrage ausgewichen, ob die Rechtfertigungslehre überhaupt in ein System von Glaubenssätzen eingeordnet werden kann. Dabei ist es nicht das vorrangige Problem, dass der nächste Satz wieder als Relativierung gelesen werden kann: »Als solche hat sie ihre Wahrheit und ihre einzigartige Bedeutung im Gesamtzusammenhang des grundlegenden trinitarischen Glaubensbekenntnisses der Kirche.« Vielmehr geht es gerade nicht um das Gewicht des einen oder anderen Lehrstücks, sondern um das *Ganze* des Glaubens *und* um die rechte Wahrnehmung jedes einzelnen theologischen Gegenstandes.

Lehre oder Lehrstück?

Letztlich ist die Diskussion um Stellung und Gewichtung der Rechtfertigungslehre im theologischen System deswegen irreführend, weil sie ihrer eigenen Intention zuwiderläuft. Wenn Rechtfertigung *ein* Lehrstück ist, und sei es auch ein einzigartiges, fundamentales oder was auch immer, dann ist das nicht weiter verwunderlich, dass die »Gemeinsame Erklärung« so folgenlos blieb und auch außerhalb eines kleinen Kreises von ökumenisch Interessierten kaum wahrgenommen wurde. Denn Rechtfertigung ist überhaupt kein isolierbares Lehrstück, sondern das Ganze der Theologie und des Lebens der Kirche in einem neuen, befreienden Licht und damit ein erneuerte Wahrnehmung der Welt überhaupt. Wie fragwürdig die Debatte um eine Hierarchie der Glaubenswahrheiten ist, lässt sich an der Absurdität der bei diesem Ansatz naheliegenden Frage erkennen, ob denn nun Rechtfertigungslehre oder Christologie wichtiger wäre; nicht weniger absurd wäre die Feststellung, sie seien gleich wichtig.

Ärger noch als die Enttäuschung der ökumenischen Hoffnungen ist darum, dass diese Erklärung, die eigentlich Rechtfertigung wieder in die Mitte der Aufmerksamkeit hätte rücken müssen, keine Erneuerung der Verkündigung in den evangelischen Kirchen bewirkte: Hier ist weithin nicht zu spüren, dass man um die innere Bewegung weiß, die die Reformation getragen hat.

Der Kampf um die rechte Lehre

Nun ist diese Situation nicht neu. In Iwands Aufsatz: »Der Kampf um das Erbe der Reformation« von 1932 finden sich Einsichten, die unsere gegenwärtige theologische Situation sehr präzise treffen. Im Kontext unseres Tagungsthemas könnte man sagen, dass die Orientierungslosigkeit der theologischen Debatten und von Verkündigung und Unterricht nicht zuletzt damit zusammenhängen, dass man aus der Furcht spricht und handelt, intolerant zu sein, damit aber gerade die Voraussetzungen für das gemeinsame Leben verschiedener Menschen und Gruppen ausblendet und übergeht. »Unseren Ohren klingt es peinlich«, schreibt Iwand, »wenn gesagt wird, die Reformation sei der Kampf um die rechte Lehre.«[7] Freilich kann das nicht die Aufforderung dazu sein, diesen Kampf einfach wiederholen zu wollen bzw. in den Gestus theologischer oder konfessioneller Apologetik zu verfallen. Geschichte und Gegenwart der Theologie liefern genug Beispiele, warum man solchen Kampf scheuen sollte – nicht nur wegen solcher Haltungen, die der militärischen Metaphorik entsprechen. »Wir fürchten – und zwar mit Recht –, daß dieser Kampf nur allzu leicht die Form orthodoxer Lehrstreitigkeiten annehmen könne.« (129) In den orthodoxen Lehrstreitigkeiten geht aber eben die Sache verloren, derentwillen man den Streit begonnen hatte – das ist bei theologischen Konsenspapieren wohl oft nicht anders.

Die »Auseinandersetzungen im protestantischen Lager«, von denen Iwand spricht, sind nicht etwa schon deshalb unbefriedigend, weil gestritten wird; im Gegenteil: Gestritten muss werden, wenn anders es um Wahrheit geht. Das Problem liegt vielmehr darin »daß diesem Streit mehr und mehr der eigentliche Mittelpunkt verloren gegangen ist, daß er zum Theologenstreit um einzelne Lehrpunkte wurde und damit zum Schulgezänk. Denn in der Reformation geht es nicht um isolierte Lehrstücke, sondern um das organische Zentrum aller Lehren, die damit in einem inneren notwendigen und lebenswahren Zusammenhang begriffen sind.« (129)

Die Rechtfertigungslehre ist kein anthropologischer Allgemeinplatz

Diese ›Lebenswahrheit‹ der Rechtfertigungslehre ist nun aber gerade mit ihrer Fundierung in der Geschichte Gottes mit Israel und ihrem Zentrum

---

7. Hans Joachim Iwand, Der Kampf um das Erbe der Reformation, in: GA II, 126-144, 128. Weitere Seitenangaben zwischen Klammern im Text.

in Jesus Christus untrennbar verbunden; wo »Rechtfertigung« aus dieser lebendigen Beziehung gelöst wird, verliert sie ihre Bestimmtheit und Kraft. Dies geschieht auch immer dann, wenn versucht wird, Rechtfertigung anthropologisch zu plausibilisieren und auf eine existenzielle Bedürftigkeit zu basieren: Aus der Rechtfertigung des Gottlosen wird das Gefühl des Angenommenseins des Unvollkommenen. Aber damit wird nicht nur das Beste der Rechtfertigungslehre übergangen und die Einbindung in die Ewigkeit Gottes unterschlagen; das scheinbar so freundliche Angebot, sich angenommen fühlen zu dürfen, ist für den Bedrückten eine Zumutung und macht aus dem Evangelium das Gesetz. Denn für ihn kann das nur eine uneinlösbare Forderung sein, weil derjenige, der vom Angenommensein spricht, eben das nicht verwirklichen kann – aus der Rechtfertigungsbotschaft wird eine maßlose Überforderung für Prediger und Lehrer und eine Überforderung des Hörers, der ja eben das nicht kann: Sich angenommen fühlen. Was den Hörern bleibt, wäre Verzweiflung oder aber, wie das gottseidank wohl überwiegend der Fall ist, dass jene Verkündigung nicht ernstgenommen wird; die scheinbare Plausibilisierung der Rechtfertigungslehre wird dann als pastorale Rhetorik wahrgenommen und überhört.

Die Rechtfertigungslehre ist kein evangelischer Besitz

Iwand benennt die fundamentale theologische Unterscheidung zwischen der Rechtfertigungslehre als einem dogmatischen locus, der dann selbstverständlich in der Reihe anderer loci gesehen werden muss, und ihrer fundamentaltheologischen Bedeutung: auch hier ist die Rechtfertigungslehre nicht in dem Sinne einzigartig, dass sie die Bedeutung theologischer Themen anderer herabsetzen würde; sie ist aber erst recht nicht Teilstück neben anderen. Wenn etwa Iwand von dem »Primat der Christologie«[8] spricht, dann steht das offensichtlich gerade nicht im Gegensatz zur spezifischen Bedeutung der Rechtfertigungslehre; vielmehr kann diese Bedeutung erst dann erfasst werden, wenn sie von der Christologie her verstanden und damit nicht als abstraktes Prinzip konzipiert wird, wie auch die Christologie ihre evangelische Gestalt sofort verliert, wenn sie von der Rechtfertigungslehre gelöst wird. Das ließe sich an allen theologischen Themen durchführen; hier mag als Hinweis genügen, dass auch die Schöpfungslehre in Schieflage gerät, wenn aus ihrer Mitte die Schöpfungsmittlerschaft Christi

---

8. Hans Joachim Iwand, Vom Primat der Christologie. Vortrag (1956), in: NWN II, 464–479.

verdrängt wird, wie wiederum umgekehrt die Christologie in der Gefahr einer Affirmation bloßer Innerlichkeit gerät, wenn sie die schöpfungstheologische Dimension verliert.[9]

Die elementare kritische Funktion der Rechtfertigungslehre schließt eine Identifikation mit konfessionellen Positionen und Grenzen aus; wann immer sie als Besitz, auf den man stolz sein könnte, vereinnahmt wird, verliert sie ihren Kern. Weil sie nicht einen einzelnen Glaubenssatz bezeichnet, sondern eine Transformation der Theologie insgesamt bedeutet, bleibt sie Herausforderung und ein *skandalon* – eine Herausforderung für alle Konfessionen, die, wie ich betonen will, bei aller Verdunkelung auch in allen Konfessionen immer wieder gesehen und bezeugt wird. Wo aber dieses *skandalon*, das immer auch das eigene Sein als Kirche und als Christ in Frage stellt, weil es die religiöse Ordnung mit dem Handeln Gottes konfrontiert, beiseitegeschoben wird, da kann die Verkündigung der Rechtfertigung nur noch zu einer blassen Versicherung werden oder verwandelt sich in ein abstraktes protestantisches Formalprinzip.[10]

Ein fragwürdiges Kirchenmodell

Von hier aus ist es nun wenig verwunderlich, dass die »Gemeinsame Erklärung« wenig Aufmerksamkeit gefunden hat: Sie musste hinter dem selbstgesetzten Anspruch zurückbleiben, weil sie nur eine Einigung über dogmatische Sätze zum *locus de iustificatione* sein konnte, aber nicht wirklich eine Einigung in der Rechtfertigungslehre. Da aber behauptet wird, dass ein »Konsens in Grundwahrheiten der Rechtfertigungslehre« erreicht sei, müssen die nach wie vor bestehenden Differenzen als verbleibende »Unterschie-

---

9. Vgl. dazu Friedrich Mildenbergers Insistieren auf der Komplementarität von Theologie und Ökonomie: Friedrich Mildenberger, Biblische Dogmatik. Eine Biblische Theologie in dogmatischer Perspektive, 3 Bände, Stuttgart/Berlin/Köln 1991–1993.
10. Diese Kritik ist nicht gegen Paul Tillich gerichtet, der den Ausdruck »protestantisches Prinzip« populär gemacht hat; freilich finden sich auch bei ihm gegen seine Intention mitunter Tendenzen zur Formalisierung; etwa: Paul Tillich, Systematische Theologie Bd. III, 4. Auflage Frankfurt/M. 1984, 281, wenn »protestantisches Prinzip« und »katholische Substanz« als notwendige Ergänzung aufeinander bezogen werden. Die ökumenische Absicht ist erkennbar und nachvollziehbar; die Denkform scheint mir aber doch untauglich, zumal eine mögliche materiale Konkretion kaum überzeugen könnte.

de in der Sprache, der theologischen Ausgestaltung und der Akzentsetzung des Rechtfertigungsverständnisses« (GER 40) bagatellisiert werden. Bei den bleibenden Differenzen, die sich übrigens gerade nicht auf konfessionelle Lager verteilen lassen, handelt es sich aber um so gewichtige Fragen und fundamentaltheologische Grundsatzentscheidungen wie »unter anderem das Verhältnis von Wort Gottes und kirchlicher Lehre sowie die Lehre von der Kirche, von der Autorität in ihr, von ihrer Einheit, vom Amt und von den Sakramenten, schließlich von der Beziehung zwischen Rechtfertigung und Sozialethik.« (GER 43) Alle diese Fragen betreffen aber den Kern der Rechtfertigungslehre selbst, die keine Theorie oder Maxime ist, die doktrinal vermittelt werden könnte, sondern vielmehr Herausforderung gerade für die Institutionen solcher Vermittlung. Darum ist bereits die Form der »Gemeinsamen Erklärung« daraufhin zu befragen, ob sie nicht mit einem Kirchenmodell untrennbar verbunden ist, das den bearbeiteten Inhalten widerspricht. Die geringe Resonanz der Erklärung lässt sich nicht zuletzt damit erklären, dass sie als Resultat der Beratungen von ökumenischen Gremien, theologischen Expertentagungen und approbierten Kommissionen zustande kam. Ein Diskurs der Gläubigen war nicht vorgesehen, und die Erklärung zielte nicht einmal auf eine Erneuerung der Verkündigung; die Gemeinden kommen erst als zu Belehrende in den Blick, nicht aber als das Volk Gottes. Dem entsprechend ist die »Gemeinsame Erklärung« keine Feststellung eines Konsenses der Gläubigen, sondern, wie paradoxerweise gerade durch die Antworten, Erläuterungen und Annexe deutlich wird, ein Verhandlungsergebnis, bei dem fraglich ist, in wessen Namen da verhandelt werden konnte.

Ohne Zweifel ist der wachsende Konsens nicht nur in der gelebten Frömmigkeit, sondern auch in der theologischen Arbeit ein wichtiges ökumenisches Moment. Freilich war darum die »Gemeinsame Erklärung« auch eigentlich überflüssig, weil der Stand der theologischen Übereinstimmungen längst schon dokumentiert und dort präsent war, wo er seinen genuinen Ort hat: nämlich in der Fachdiskussion. Indem aber die Fachdiskussion, die begrifflich subtil und dogmenhistorisch informiert verfahren muss, zu einem kirchenleitend anerkannten Text einer Erklärung wird, verändert sich ihr Charakter; dadurch wird die Entgegensetzung von Laien und Experten bekräftigt und ein höchst problematisches Modell von Theologie sowie ein Kirchenverständnis befestigt, das nicht nur unreformatorisch, sondern übrigens auch religionssoziologisch gesehen wenig attraktiv ist. Diesem Kirchenmodell entspricht ein Verständnis der Glaubenslehre als ein System von Satzwahrheiten, das den Gläubigen nur die Rolle der Zustimmung zu dem theologisch Vorgegebenen übrig lässt. Schon die Form einer autoritativen Erklärung muss in diesem Zusammenhang den Inhalt determinieren, wenn nicht gar ihre eigene Sache dementieren, denn Rechtfertigung führt Hierarchie *ad absurdum*.

Die notwendige Intoleranz

Damit komme ich zum zweiten und letzten Teil. Ich will es noch einmal wiederholen: Die hier geübte Kritik an der »Gemeinsame Erklärung« ist vorrangig gerichtet an die evangelische Theologie aus der Perspektive evangelischer Theologie; sie richtet sich gegen die Verkennung dessen, was Rechtfertigung für das Ganze der Theologie bedeutet. Das aber ist nicht zu trennen von dem Selbstverständnis der Kirche, die immer dann, wenn sie Gott recht gibt, sich selbst in Frage stellen muss. Rechtfertigung bedeutet die heilsame Anfechtung des Kircheseins, weil sie den Blick von der den Tätigkeiten und Strukturen wegführt zum Handeln Gottes in der Welt und in seiner Gemeinde. Wo die reformatorische Kerneinsicht vernachlässigt wird, wird die Kirche wieder sich selbst zum Zentrum und ist beschäftigt mit ihrem gesellschaftlichen Ansehen, ihren Ämtern und Ordnungen. Durchaus mit einer Spitze gegen eine ungeistliche, weil eigenmächtige Ökumene hat Iwand 1941 eine konzise Analyse dessen gegeben, was aus einer evangelischen Kirche wird, »die die Lehre von der Glaubensgerechtigkeit als Selbstverständlichkeit ansieht, bei der man sich nicht mehr aufzuhalten braucht, weil andere Fragen brennender sind«.[11] Ich zitiere daraus ausführlich, weil das wie für unsere gegenwärtige Lage geschrieben zu sein scheint.

> »Tut man nämlich diesen Artikel von der Rechtfertigung aus der Mitte, dann werden wir sehr bald kaum noch wissen, warum wir evangelische Christen sind und bleiben müssen, dann wird man die Einheit der Kirche erstreben und die Reinheit des Evangeliums hinopfern, dann wird man sich von Kirchenordnung und Kirchenregiment, von der Reform des geistlichen Amtes und der Kirchenzucht mehr versprechen, als diese leisten können, dann wird man die Frömmigkeit hofieren und die Lehre ächten, dann wird man in Gefahr kommen, tolerant zu sein, wo man radikal sein müßte, und radikal, wo man tolerant sein darf; kurzum: die Maßstäbe werden sich verschieben, und damit wird auch das Notwendige und Richtige an all diesen Reformen, um die wir heute ringen, nicht mehr faßbar sein.«[12]

11. Hans Joachim Iwand, Glaubensgerechtigkeit nach Luthers Lehre, in: GA II, 11-125, 15.
12. A.a.O. 15f.

Ausdrücklich spricht Iwand vom »Notwendige[n] und Richtige[n] an all diesen Reformen«; und diese Analyse rechtfertigt auch keine Missachtung der ökumenischen Arbeit. Sie stellt aber die Frage nach deren Bedingungen und benennt so das, was ich die notwendige *In*toleranz nennen möchte. Es lässt sich nicht verschweigen, dass Reformation zunächst einmal eine recht intolerante Sache war; nur Luthers Gewissheit und nicht das Abwägen des Erasmus führten ins Freie. Wo es um das *solus Christus* geht, ist eine Relativierung unerträglich; und wo die Einsicht in das *totus iustus et totus peccator* Platz greift, da wäre jede Abmilderung die Rückkehr unter das Gesetz.

Nun kommt es freilich sehr genau darauf an zu unterscheiden, wo Toleranz gefordert ist und was sie ausmacht. Denn wir brauchen dringend Klärung darüber, wie wir zu einem friedlichen Zusammenleben von Menschen verschiedener Orientierungen und Herkunft, verschiedener Lebensformen und moralischer Überzeugungen kommen. Aber das schließt die notwendige Intoleranz in der Lehre gerade nicht aus. Denn dies ist nicht nur keine Einschränkung, sondern recht betrachtet sogar eine der Bedingungen friedlichen Zusammenlebens, das eben nicht die Einheit, sondern die Vielheit auch von letzten Wahrheitsansprüchen impliziert.[13]

Toleranz als die Tugend der Herrschenden ist in der Tat eine wesentliche politische Tugend, die Entsprechungen in staatlichen Ordnungen und Gesetzen finden muss. Die Religionsfreiheit ist eine solche Entsprechung; und sie ist fragil genug.[14] Aber ein anderes ist die Haltung im Zusammenleben von Menschen, die nicht auf Duldung, sondern Respekt und Anerkennung basieren sollte, und erst recht die Suche nach der Wahrheit, die *per definitionem* nicht tolerant sein kann. Schon bei Friedrich II. war die Rückseite der religiösen Toleranz die geringe Wertschätzung der Religion, und das Diktum, dass »jeder nach Seiner Fasson Selich werden«[15] solle, impliziert auch, dass ihm die Seligkeit nicht sonderlich wichtig war. Als gegenwärtig

---

13. Die inhaltliche Ablehnung der entgegenstehenden Position ist geradezu ein Wesensmerkmal von Toleranz; vgl. die Definition von Giesela Schlüter und Ralf Grötker in: HWPh 10, 1251: »T.[oleranz] ist die Duldung von Personen, Handlungen oder Meinungen, die aus moralischen oder anderen Gründen abgelehnt werden; ...«
14. Vgl. dazu Heiner Bielefeldt, Streit um die Religionsfreiheit. Aktuelle Facetten der internationalen Debatte, Erlanger Universitätsreden 22/2012, 3. Folge.
15. Randverfügung des Königs zum 2. Immediat-Bericht des geistlichen Departements 1740, in: Max Lehmann (Hg.), Preussen und die Katholische Kirche seit 1640. Nach den Acten des geheimen Staatsarchives. Zweiter Theil. Von 1740 bis 1747, Leipzig 1881, 4.

geradezu ubiquitäre Maxime wiederum identifiziert dies die Seligkeit mit unbestimmten subjektiven Vorlieben.

Demgegenüber muss die Rechtfertigungslehre intolerant sein, weil und wenn es ihr um das eine Handeln Gottes geht und nicht, wie der religiösen Toleranz, um die Verschiedenheit menschlicher Praktiken und Haltungen. Das führt zu einer eigentümlichen Dialektik, von der freilich nicht gesagt werden kann, dass die Reformatoren sie immer durchgehalten hätten: Aus der notwendigen Behauptung, dass Gottes Wahrheit eine ist – »spiritus sanctus non est scepticus«[16] –, wenn anders die Zusage der Vergebung gewiss ist, resultiert auch die Einsicht in die Relativität der menschlichen Antwort und des menschlichen Zeugnisses, auch da, wo es diese Wahrheit aussagt und interpretiert. Solche Relativierung der eigenen Erkenntnisfähigkeit ist nach Iwand geradezu ein Kernmoment der Rechtfertigungslehre, die eben wesentlich auch eine erkenntnistheoretische Dimension hat. Ihre fundamentaltheologische Entsprechung ist die *theologia crucis*, der, wie Edgar Thaidigsmann treffend feststellt, »eine *bleibende* erkenntniskritische und methodologische Bedeutung für die Theologie«[17] zukommt.

Erst von hier aus wird eine Toleranz möglich, die mehr ist als Duldung, sondern zum Respekt für die anderen werden kann. Dies schließt im Blick auf die Rechtfertigungslehre eine Ermäßigung des Wahrheitsanspruchs aus, die aus dem Streben nach interkonfessioneller oder interreligiöser Toleranz in Kauf genommen wird. Die Wahrheit der Rechtfertigungslehre erlaubt es aber nicht, sich mit solcher Toleranz zufriedenzugeben, die aus politischer Opportunität oder auch gutem Willen stammt. Sie erkennt in der politischen Notwendigkeit vielmehr das Gebot Gottes, den Fremdling nicht zu bedrängen (Ex 22,20), die Sache der Armen und Verfolgten zur eigenen zu machen und der Stadt Bestes zu suchen (Jer. 29,7). Darum geht aus jener Intoleranz der Wahrheit wegen die Möglichkeit der politischen Toleranz, ja vielmehr die Pflicht zur Friedfertigkeit und also zur Mitmenschlichkeit hervor.

Zum Abschluss sei noch mit Blick auf die Ökumene gesagt: Einigkeit in der Rechtfertigungslehre wäre nicht ein Schritt auf dem Weg zur Einheit, sondern die Einheit der Kirche selbst. Die ökumenische Enttäuschung, dass sich die Strukturen nicht ändern, ist verständlich; aber das Beharren der

---

16. Martin Luther, De servo arbitrio, 1525, WA 18, 605.
17. Edgar Thaidigsmann, Der wirkliche Gott und der wirkliche Mensch. Iwands Verständnis der Theologie Luthers im Kontext der Lutherforschung, in: Die Provokation des Kreuzes. Entdeckungen in der Theologie Hans Joachim Iwands, eingeleitet und hg. von Martin Hoffmann, Waltrop 1999, 81-101, 89.

Strukturen muss ja nicht notwendigerweise heißen, dass die Einheit ausstehen würde und sich die Einheit nicht in der Fremde ereignete; ich erinnere an CA VII. Kircheneinheit vollzieht sich in jeder Feier eines Gottesdienstes, in dem das Evangelium in Wort und Sakrament bezeugt wird. Das Fortdauern von Strukturen andererseits, die das Evangelium verdunkeln, zeigt, wie wenig wir aus der Rechtfertigung des Gottlosen leben und handeln.

Die Lehre vom unfreien Willen als notwendiges Korrelat

Response zum Vortrag von Wolfgang Schoberth

Cees-Jan Smits

»– und keiner merkt's!« Im kirchlichen Alltag sei wenig davon zu spüren, dass die Gemeinsame Erklärung zur Rechtfertigungslehre (GER) vor mehr als zehn Jahre unterzeichnet wurde – so Wolfgang Schoberth. Der Grund hierfür liege in einem elementaren Mangel der GER: diese sei nur eine Einigung über dogmatische Sätze zum *locus de iustificatione*, aber nicht wirklich eine Einigung in der Rechtfertigungslehre als Mitte und Ganzes der Theologie. Auch Eberhard Jüngel hat – anhand von Formulierungen Gerhard Gloeges – gegen deren berüchtigten 18. Abschnitt vorgeschlagen, die Rechtfertigungslehre nicht als Teilstück, sondern als die »hermeneutische Kategorie« der Theologie zu begreifen.

> »Mit Hilfe der Rechtfertigungslehre gewinnen alle theologischen Aussagen, gewinnt die ganze Theologie ihr Profil, ihre Schärfe, ihren Charakter.«[1]

Ich glaube, dass sich diese Überlegungen in ganz ähnlicher Weise in Iwands Aufsatz ›Die Freiheit des Christen und die Unfreiheit des Willens‹ finden lassen. Iwand behauptet dort, dass der Satz von der menschlichen Unfreiheit geradezu das *Stilgesetz* aller reformatorischen Theologie ist. »Stilgesetz« und »hermeneutische Kategorie«, das geht beides aufs Ganze. Mit dem Satz von der Unfreiheit berührt der Mensch nach Iwand den Boden seiner eigenen Wirklichkeit. Dieser Satz holt uns heraus aus den Illusionen, »nicht um uns verzweifeln zu machen, sondern um etwas von dem Felsgestein spüren zu lassen, das zu bewegen der Glaube berufen ist.«[2] Und das Felsgestein ist diese Unfreiheit des Willens, dass wir nicht wollen, dass Gott Gott ist, sondern dass wir selber Gott sein wollen. Ich glaube, hier haben wir die Recht-

---

1. Eberhard Jüngel, Das Evangelium von der Rechtfertigung des Gottlosen als Zentrum des christlichen Glaubens. Eine theologische Studie in ökumenischer Absicht, Tübingen ⁵2006, 40.
2. Hans Joachim Iwand, Die Freiheit des Christen und die Unfreiheit des Willens (1957), GA I, 248f.

fertigungslehre als Lebenswahrheit, ohne anthropologische Plausibilisierung aus einer existentiellen Bedürftigkeit. Und hier liegt meines Erachtens die entscheidende Differenz zwischen Iwand und der GER. Im 19. Abschnitt dieser Erklärung heißt es:

> »Wir bekennen gemeinsam, daß der Mensch im Blick auf sein Heil völlig auf die rettende Gnade Gottes angewiesen ist. Die Freiheit, die er gegenüber den Menschen und den Dingen der Welt besitzt, ist keine Freiheit auf sein Heil hin. Das heißt, als Sünder steht er unter dem Gericht Gottes und ist unfähig, sich von sich aus Gott um Rettung zuzuwenden oder seine Rechtfertigung vor Gott zu verdienen oder mit eigener Kraft sein Heil zu erreichen. Rechtfertigung geschieht allein aus Gnade.«

Die Unfreiheit wird hier also definiert als ein *Nicht-können*, statt ein *Nicht-wollen*. Keine Freiheit auf das Heil hin, das heißt hier: »un*fähig*« sich Gott zuzuwenden oder »mit eigener *Kraft*« sein Heil zu erreichen. Fähigkeit und Kraft, das mangelt uns. Dazu nochmals Iwand, im genannten Aufsatz:

> »So weit ich sehe, hat – von wenigen Ausnahmen abgesehen – sich die Lehre vom unfreien Willen innerhalb der protestantischen Schuldogmatik *nicht* halten können, sie ist bald herabgesunken zu jenem Eingeständnis des bloßen Unvermögens, aus eigener Kraft vor Gott gerecht zu werden, aber das ist nicht ihr ursprünglicher Sinn. Nicht daß der Mensch das Gebot Gottes nicht erfüllen *kann*, ist mit diesem Satz gemeint, sondern daß er es nicht *will* und nicht *wollen* kann, ist die herausfordernde These dieses Theologumenons.«[3]

Das trifft bestimmt auch zu für die GER. Auch hier ist die ursprüngliche Lutherische Lehre vom unfreien Willen verlassen. Das Problem und die Sünde des Menschen sind so definiert, dass er etwas nicht kann. Wir wollen schon, aber wir können leider nicht. Wir sind Mangelwesen, und das ist zugleich unsere Schuld: du musst repariert werden! Dazu wiederum Iwand:

> »Die Gnade aber wird in diesem das Christentum verfälschenden System zum Postulat erhoben: es heißt, du mußt die Gnade haben, du mußt Christus haben, wenn du zum Ziel kommen willst.«[4]

So wird Christus aber bestenfalls zum Lückenbüßer, schlimmstenfalls zum *Christus legislator*.

Was ich mit diesen kurzen Ausführungen sagen wollte, ist dies, dass das Anliegen, die Rechtfertigung als das Kriterium der Theologie schlechthin herauszustellen, meines Erachtens nach Iwand die Lehre vom unfreien Wil-

---

3. GA I, 254 f.
4. Hans Joachim Iwand, Glaubensgerechtigkeit nach Luthers Lehre (1943), in: GA II, 53.

len als notwendiges Korrelat erfordert. Notwendigkeit aber impliziert Intoleranz. Umgekehrt gilt: wenn diese Lehre vom Unfreien Willen nicht hinzugenommen wird, verliert die Rechtfertigungslehre ihre kriteriologische und kritische Funktion. Dann lassen sich die Positionen der Katholischen Kirche und des Lutherischen Weltbunds, vielleicht aber auch die Position Luthers mit der des Erasmus und der des mittelalterlich-römischen Bußinstituts höchsttolerant miteinander ins Vernehmen bringen. In Iwandscher Polemik gesagt: »hier, wo es um die Freiheit des Willens geht, da werden Herodes und Pilatus Freunde«.[5] Das ist scharf geurteilt. Aber Iwand wirft damit die Frage auf, inwiefern vermeintliche weltanschauliche Toleranz Intoleranz gegenüber Wahrheitsfragen zur Kehrseite hat. Für Iwand gibt es einen Punkt, der nicht zur Disposition stehen kann: das ist die Lehre vom unfreien Willen. Für die interkonfessionellen Gremien, die um Annäherung bemüht sind, ist dieser Punkt anstößig – wie ein Felsbrocken auf dem Weg, der sich nicht einfach umgehen lässt, sondern bearbeitet werden muss.

---

5. Hans Joachim Iwand, Die grundlegende Bedeutung der Lehre vom unfreien Willen für den Glauben (1930), in: GA I, 16.

Autorenverzeichnis

Thomas Bergfeld, geb. 1970, ist Gemeindepfarrer in Klosters-Sernens (Schweiz).

Dr. Gerard den Hertog, geb. 1949, ist Professor für Systematische Theologie an der Theologischen Universiteit Apeldoorn.

Dr. Matthias Freudenberg, geb. 1962, ist Apl. Professor für Systematische Theologie und Landespfarrer bei der Evangelischen Studierendengemeinde in Saarbrücken.

Helmut Goßler, geb. 1955, ist Pfarrer und Dipl.-Pädagoge und Referent am Religionspädagogischen Zentrum Heilsbronn, wohnhaft in Kempten.

Dr. Martin Greschat, geb. 1934, ist emeritierter Professor für Evangelische Kirchengeschichte und kirchliche Zeitgeschichte an der Universität Gießen, Honorarprofessor an der Universität Münster.

Dr. Michael Hüttenhoff, geb. 1958, ist Professor für Historische und Systematische Theologie an der Universität des Saarlandes, Saarbrücken.

Dr. Wolfgang Kraus, geb. 1955, ist Professor für Neues Testament an der Universität des Saarlandes, Saarbrücken.

Eberhard Lempp, geb. 1945, ist Pfarrer i. R., wohnhaft in Tübingen.

Dr. Wolfgang Lienemann, geb. 1944, ist emeritierter Professor für Ethik an der Theologischen Fakultät der Universität Bern.

Dr. Johannes von Lüpke, geb. 1951, ist Professor für Systematische Theologie an der Kirchlichen Hochschule Wuppertal/Bethel.

Dr. Ernstpeter Maurer, geb. 1957, ist Professor für Evangelische Theologie und ihre Didaktik mit Schwerpunkt Systematische Theologie an der Technischen Universität Dortmund.

Dr. Christian Neddens, geb. 1972, ist Wissenschaftlicher Mitarbeiter am Lehrstuhl für Historische und Systematische Theologie an der Universität des Saarlandes, Saarbrücken.

Dr. Wolfgang Schoberth, geb. 1958, ist Professor für Systematische Theologie an der Friedrich-Alexander Universität Erlangen-Nürnberg.

Dr. Jürgen Seim, geb. 1932, ist emeritierter Pfarrer und lebt in Neuwied.

Drs. Cees-Jan Smits, geb. 1986, ist Wissenschaftlicher Mitarbeiter an der Theologischen Universiteit Apeldoorn und arbeitet an einer Dissertation zur Versöhnungslehre Hans Joachim Iwands und Eberhard Jüngels.

Dr. Edgar Thaidigsmann, geb. 1941, ist emeritierter Professor an der Pädagogischen Hochschule Weingarten und lebt in Schwäbisch Hall.

Dr. Hans G. Ulrich, geb. 1942, ist emeritierter Professor für Ethik am Fachbereich Theologie der Friedrich-Alexander Universität Erlangen-Nürnberg.

Dr. Karin Ulrich-Eschemann, geb. 1945, ist Professorin für Religionspädagogik und Didaktik des Evangelischen Religionsunterrichts an der Friedrich-Alexander Universität Erlangen-Nürnberg.

Dr. Arnold Wiebel, geb. 1926, war Schulpfarrer, Studienrat, Kollegleiter und Gemeindepfarrer, jetzt i. R., wohnhaft in Münster.

Dr. Folkart Wittekind, geb. 1963, ist Professor für Evangelische Theologie und ihre Didaktik / Systematische Theologie an der Universität Duisburg-Essen.

Personenregister

Adenauer, Konrad 53, 82
Althaus, Paul 214, 267
Arendt, Hannah 83, 167-168
Assel, Heinrich 18

Badiou, Alan 44
Barth, Karl 24, 50, 52-53, 61, 67, 72, 77, 82, 84-85, 89-90, 93, 130, 142, 174-179, 181-182, 184-185, 187-188, 190-192, 197-199, 236
Barth, Ulrich 137
Beck, Ulrich 130
Benjamin, Walter 27-28
Bernhardt, Reinhold 131
Blumenberg, Hans 121
Bohren, Rudolf 210
Bonhoeffer, Dietrich 16, 74, 78, 80, 111, 148, 161, 206, 234
Börsch, Ekkehard 71
Brunner, Emil 185, 256-258
Buber, Martin 185
Bultmann, Rudolf 140-142
Burdach, Ernst 53

Calvin, Johannes 190, 231
Charlesworth, James 218
Chomjakow, Alexej Stepanowitsch 253
Cohen, Hermann 209

den Hertog, Gerard C. 46
Dibelius, Otto 54, 59, 62, 81, 198
Dietzfelbinger, Hermann 258
Dilthey, Wilhelm 36

Ebner, Ferdinand 185
Ehrenberg, Hans 216
Elert, Werner 214, 258
Erasmus von Rotterdam 109, 280, 285

Fischer, Max 241
Freud, Sigmund 101, 143

Freundlich, Otto 15

Geis, Robert Raphael 208-210, 229-230
Gloege, Gerhard 283
Gogarten, Friedrich 24, 76, 148
Gollwitzer, Helmut 67-68, 88, 256-257
Graf, Friedrich Wilhelm 25
Greschat, Martin 64-66, 249
Grotius, Hugo 67
Grötker, Ralf 280
Gurian, Waldemar 83

Habermas, Jürgen 118, 162, 165
Harnack, Adolf von 137
Hauerwas, Stanley 128
Hegel, Georg W.F. 71, 83, 89, 98, 100-102, 117-118, 126-127, 178
Heim, Karl 26, 104, 145
Held, Heinrich 252
Hermann, Rudolf 51, 102, 104, 106, 239, 251, 267
Herntrich, Volkmar 258
Hick, John 130, 153
Hirsch, Emanuel 137
Hitler, Adolf 69, 82-83, 241
Hoerschelmann, Ferdinand 268
Hofheinz, Marco 163-164
Holl, Karl 125
Hromádka, Josef L. 61, 67, 85, 92, 112, 212, 218, 230, 235, 250-251

Johannes Paul II 226
Jüngel, Eberhard 273, 283

Käßmann, Margot 20
Kähler, Martin 147, 217, 266
Kanitz, Ilse von 51, 58, 63
Kant, Immanuel 71, 83, 89-90, 95, 109, 134-136, 139, 144-145, 195
Käsemann, Ernst 219
Kinder, Ernst 256-257

Klappert, Bertold 80, 85
Kloppenburg, Heinz 60
Korsch, Dietrich 100
Kraus, Wolfgang 230-231, 235
Kreck, Walter 67
Kühnapfel, Margarete 28, 35

Landau, Rudolf 210
Leo der Große 161
Lessing, Gotthold Ephraim 100, 195
Lienemann, Wolfgang 249
Lohse, Eduard 219
Löwith, Karl 121
Lukács, Georg 58
Lüpke, Johannes 231
Luther, Martin 48, 59, 65, 69, 72, 75, 79-80, 89, 93, 95, 98, 100-103, 106-112, 115, 127, 136-139, 141-143, 167-168, 174, 176, 187, 190, 194-195, 200-206, 213, 215-216, 237-238, 259-260, 262-263, 267, 269, 280, 285

Marti, Kurt 130
Martikainen, Eeva 264
Maurer, Ernstpeter 190, 256-257
Meiser, Hans 240
Melanchthon, Philipp 135, 215
Merz, Georg 59
Mildenberger, Friedrich 277
Moltmann, Jürgen 231
Mußner, Franz 211
Müller, Hanfried 62
Müller-Streisand, Rosemarie 62

Neddens, Christian Johannes 266-267
Niemöller, Martin 67, 86
Nietzsche, Friedrich 71, 77-78, 101, 105, 109, 120, 142, 148

Papst Benedikt XVI. 196
Parijskij, Nikolajewitsch 252, 255-256
Piper, Hans-Chr. 71

Reichmann, Eva 210
Remer, Otto-Ernst 249
Ritschl, Albrecht 101-102, 137
Rüstow, Alexander 83

Sasse, Hermann 258
Sauter, Gerhard 102, 166
Scheler, Max 36, 267
Schleiermacher, Friedrich 136, 139, 177, 182, 196, 215
Schlink, Edmund 88, 234, 251-252, 268
Schlüter, Gisela 280
Schneemelcher, Wilhelm 251
Schneider, Nikolaus 129-132, 146, 148
Schneider, Paul 15
Schniewind, Julius 93
Schoberth, Wolfgang 283
Schopenhauer, Arthur 101
Schröter, Jens 227
Schwarzwäller, Klaus 238
Seeliger, Rolf 73
Seim, Jürgen 11, 68-70, 85, 89, 214
Shakespeare, William 98
Sommerlath, Ernst 258, 262
Souček, Josef B. 60, 251
Spengler, Oswald 104
Steck, Karl Gerhard 259
Stosch, Klaus von 131

Thaidigsmann, Edgar 117-119, 121, 128, 281
Tillich, Paul 277
Troeltsch, Ernst 100-101, 137

Ulrich, Hans G. 162
Ulrich-Eschemann, Karin 169, 172-173

Vogel, Heinrich 60, 215, 234, 251
Vollmer, Reinhard 254

Wagner, Falk 133
Weber, Otto 70
Wellhausen, Julius 218
Wittekind, Folkart 150-153
Wolf, Ernst 67, 69-70, 256-257
Wolter, Michael 223

Yoder, John Howard 85, 128

Zwingli, Huldrych 262

Sachregister

Abendland 33, 55, 104A., 149, 251A.
Abendmahl 238, 241, 256 ff.
Absolutheit 129 ff.
Aktion Sühnezeichen 85
Alleinwirksamkeit Gottes 237
Analogie 159, 163, 165, 184
Anfang, Ursprung, Neuanfang 29 f., 52, 110A., 153, 157 ff., 163 ff., 172, 201, 244, 264
Anfechtung 19, 36, 64, 242, 245, 258A., 260, 279
Angst 18 f., 61, 77, 89, 106, 250A.
Anhypostasie, Enhypostasie 179 ff.
Anthropologie (s. a. Mensch) 107, 109, 111, 115, 128A., 158, 170, 174 ff., 188, 191 f., 238A., 239A., 255
Antijudaismus 211
Antikommunismus 61 f., 83
Antisemitismus 216 f., 230
Aporie 129 ff.
Atheismus, Atheisten 79, 133, 152, 234A.
Atomwaffen 67, 76A., 80, 85 ff., 95
Auschwitz, Theologie nach Auschwitz 73A., 211 ff.
Autonomie 137

Bahnauer Bruderschaft 234, 241
Barmer Theologische Erklärung 72, 79, 86, 89, 240, 245A., 269
Bekennende Kirche 60, 240 f.
Bekenntnisgemeinschaft 234, 236 ff.
Berlin-Weißensee 28, 34, 28, 53, 72 f., 215
Berufung 72, 179, 214A.
Bestimmtheit 131, 150 ff., 276
Bibel 75, 93, 147, 265
Bioethik, Medizinethik 157 ff., 169 ff.
Bruder, Brüderlichkeit (Geschwisterlichkeit) 34, 61, 96, 226
Bruderrat 16, 50 ff., 214
Bruderschaft 84, 88, 111
Bund 183, 218, 221, 225A.

Chalcedon 135, 174 f., 262A.
Christologie 109A., 129 ff., 160, 164, 174 ff., 190 f., 218 ff., 222, 231, 239A., 255, 262A., 274, 276

Dahlemiten 63
Darmstädter Wort zum politischen Weg 16, 53, 84
Darmstädter Wort zur Judenfrage 214 f.
Deutsche Christen 16, 63, 69, 239 ff.
Dialektische Theologie 99, 117, 129, 141 ff.
Dogma, Dogmatik 42 f., 71, 98, 109A., 122, 135 ff., 160, 175 f., 191, 239 ff., 246 ff., 253A., 263, 265
Dogmatismus 130, 247A.
Doxologie, Gotteslob 245, 252 ff.
Duldung (s. a. Toleranz) 17 f., 280 f.

Ebenbildlichkeit 160 ff.
Eine Welt 45, 91
EKD (Synoden) 28, 34, 38, 41, 50, 53 ff., 72, 86, 88, 95, 129, 214 f., 221, 225, 230, 251 ff.
Erkenntnistheorie 133 ff.
Erneuerung 37 ff., 200 ff., 212, 236, 243, 249
Erwählung 156A., 176, 179, 188, 214, 220 ff., 230 ff.
Eschatologie 124, 180, 229
Ethik 25, 39, 43, 67 ff., 95 f., 106, 111 f., 115, 119, 126 ff., 138 f., 157, 170, 182, 186, 205
Ethos 56, 72 ff., 93, 96, 112A., 217
Europa 16, 28, 30, 32, 36, 39 f., 51 ff., 57, 63 ff., 73 f., 91
Euthanasie 169 ff.

Freiheit 18 ff., 41, 43, 45, 52, 55 f., 62 f., 66, 84 f., 90, 99 f., 111, 126 ff., 182, 194 ff., 237, 247, 272, 283 ff.

Freund-Feind-Denken 30, 36, 56, 67, 77, 84, 217
Frieden 30f., 34, 39A., 53ff., 67ff., 95f., 99, 111, 113f., 248ff.
Friedensbewegung 70, 75, 85, 234A.
Friedenskirchen 80, 85, 95
Friedenskonferenz, Christliche /Prager 16, 31, 60, 66, 68ff., 85, 92, 252
Friedenswort (s.a. Berlin-Weißensee) 28, 38, 72f., 76, 95

Geburt, Geborenwerden 158ff.
Geheimnis 174ff.
Geist 29ff., 55f., 75, 77, 98f., 107ff., 110ff., 117, 123, 144A., 177, 180f., 260, 265
Gemeinde 52, 111, 122, 214, 247A., 260, 278
Gemeinsame Erklärung zur Rechtfertigungslehre 259, 270ff., 283ff.
Gerechter Krieg 55, 67, 77, 80, 85A.
Gerechtigkeit 29f., 32f., 47f., 90, 92, 95f., 120ff., 139, 185, 188, 207, 223f., 255, 266
Geschichte 27f., 33, 38, 64, 81ff., 104ff., 117f., 120ff., 157A., 160, 168, 177ff., 182, 204, 228, 250
Geschöpf 157ff., 172, 176
Gesetz, Thora 25, 79, 92, 95, 108, 110f., 135A., 145, 174, 177ff., 191, 215, 219ff., 231, 239, 240A., 276, 280
Gewissheit 107ff., 131ff., 147ff., 151ff., 206, 246, 280
Glaube 25, 26, 32, 37ff., 42, 61, 101, 103A., 107f., 124, 129ff., 150ff., 183, 222, 224, 237, 245A., 255, 262A., 268, 283
Gleichheit 111, 162
Gotteswort und Menschenwort 254
Grenze 15ff., 30f., 34, 40, 43, 45, 47, 66, 91, 106, 111, 186, 215, 230, 268, 277

Hoffnung 32, 40f., 47, 84, 198
Humanität (s.a. Menschlichkeit) 19, 36, 40, 44, 173, 185, 217

Identität 16, 107, 114, 145f., 148, 190ff., 194, 196, 198, 225f.

Ideologie 9, 35f., 39, 44, 59, 143, 169, 173
Inkarnation (s.a. Menschwerdung) 163, 176, 184, 219, 239, 262A.
Inklusion 169ff.
Israel 179, 211, 213ff., 230ff., 235

Juden, Judentum 19, 55, 68, 167, 208ff., 230f., 235, 264

Kalter Krieg 28
Kirche, unsichtbare 59, 61, 64ff.
Kirchenkampf 16, 57, 60, 83, 112A., 199, 210, 218, 241ff.
Koexistenz 17f., 59, 87A., 250A.
Konziliarer Prozess 113
Krankheit, krank 169ff.
Kreuzestheologie 65, 99,
Kritik 119, 127f.
Kulturprotestantismus 100

Lehrgespräche 248, 256ff., 268
Liebe 30, 36, 45, 56, 61, 65f., 110A., 242A., 246, 250, 256, 267A.

Marxismus 52f.
Mensch (s.a. Anthropologie) 156ff., 169ff.
Menschenrechte 44, 87A., 113, 158, 162, 195
Menschenwürde 158, 166, 169
Menschheit 17, 21, 31, 38, 45, 47, 57f., 66, 77, 91, 99, 107, 110A., 112f., 160f., 178, 186, 213, 215, 218
Menschlichkeit (s.a. Humanität) 19, 176f., 184f., 191, 281
Menschwerdung (s.a. Inkarnation) 38, 135, 156ff., 169ff., 175, 178, 184f., 191
Metaphysik 134
Militärseelsorge 81A., 88
Moderne 98ff., 117ff., 129ff., 195f., 204, 206f.
Moral, Moralismus 25, 30, 43, 61, 77A., 109, 120, 135, 138, 178, 205
Mythos, Mythologie 43A., 44, 160, 239

Nationalismus 35ff., 51f.
Nationalsozialismus 50f., 57, 63, 69f., 76A., 83, 171, 217

Sachregister

NATO 87
Neuprotestantismus 111, 137, 196, 198

Offenbarung 43A., 101 ff., 115 f., 122, 127, 131, 134, 137 ff., 152 f., 176 ff., 188 f., 197, 207, 213, 239A., 240A.
Ökumene 17, 92, 234 ff., 244 ff., 279, 281
Ökumenischer Rat der Kirchen 92, 235, 252A.
Ontologie 180
Opfer 28, 75, 78, 171
Orthodoxie (russische) 92, 248, 251, 255A.
Ostblock 59 f., 63, 251
Osten, Ost 29, 34 f., 51 f., 55 ff., 65 ff., 111, 242A., 250A.
Ost-West-Konflikt (s. a. Kalter Krieg) 50 ff., 64 ff., 87A., 113, 250

Passion 183, 186, 191 f.
Pazifismus, Pazifist 76A., 80, 85, 87 f., 95, 217
Person 21, 145, 163 f., 174 ff., 191 f., 262A.
Pluralismus, Pluralität 91A., 107, 129 ff., 149, 152 f.
Predigt 71, 95, 124A., 147, 179, 185, 254, 261A.
Prophetie 71, 74, 95 f.

Realismus 32, 45, 212, 237, 262
Rechtfertigung 48, 80, 105 ff., 115, 120 ff., 174 f., 188, 219 f., 224, 231 f., 236 f., 253 ff., 268, 270 ff., 283 ff.
Reformation 9 f., 17, 98 ff., 117 ff., 137, 194 ff., 237 ff., 272, 274 f., 280
Restauration 39 ff., 80, 211 f., 256A.
Römisch-Katholische Kirche 195 ff., 259, 267, 270 ff.
Russisch-Orthodoxe Kirche 235, 248, 251 ff., 268

Schoa 28, 214, 230
Schuld 18 f., 33 ff., 37 f., 47 f., 50, 56, 59, 61, 63, 84 f., 111, 169 ff., 180, 185, 201, 205, 211, 214, 234, 243, 248 ff., 250, 254A., 256A., 257, 284
Schuldbekenntnis 18A., 84, 111, 171, 214, 248 ff.

Selbstbewusstsein 72, 98, 139, 147, 180, 186
Selbsterkenntnis 19, 110A., 140, 145
Selbstvergewisserung 98, 100, 106, 109, 114, 148, 151 f.
Soteriologie 134 ff., 159
Sowjetunion 85 f., 251
SPD, Sozialdemokratie 79A., 81A., 85, 87, 89
Staat 36, 39 f., 51, 56, 62, 65, 67, 78, 83, 86, 90, 92, 95, 98 f., 112, 118 f., 125 ff., 229, 239, 280
Status confessionis 88
Stellvertretung 179 ff., 192
Subjektivität 99 ff., 196

Toleranz (s. a. Duldung) 9, 15 ff., 25, 44 ff., 56, 59, 113 f., 118, 129 ff., 270, 272, 279 ff., 285
Tradition 79 ff., 83, 92, 95 f., 137, 148 f., 153, 211 ff., 253A., 254 f., 263 f., 273

Umkehr 33, 35 ff., 41, 52 f., 65, 67, 79, 89, 96, 108 ff., 185, 200, 204, 211 ff., 230, 243 f., 256A.
Unbußfertigkeit 64, 82 f., 84A., 89
Urteil, Urteilsbildung 33, 43 f., 71 f., 108 ff., 237

Vereinigung 39A., 86
Vereinigung der Naturen 178, 180, 183, 187
Vergebung 33, 35A., 37 ff., 52, 59, 171, 186, 249 f., 254A., 281
Verheißung 37, 52 f., 56, 61, 66, 74, 105, 107 f., 113 f., 204, 215, 220 ff., 230 f., 259 ff.
Vernunft 36 f., 99 ff., 109, 118, 127, 134, 183 ff., 205
Versöhnung 18 f., 58 f., 63, 65, 75, 98 ff., 109 f., 115 f., 117 f., 160, 171, 174, 176, 181, 190, 234, 248, 254A., 266
Versöhnungsbund 56, 243
Völkerrecht 67, 81, 87, 90 f., 95

Wahrheit 9, 20, 102 ff., 110, 129, 134, 148, 152, 175, 177 ff., 200 ff., 206, 246 ff., 266 ff., 275, 280 f., 285

Weltfriedensrat 56 f., 243
Weltkrieg 26, 28, 48, 67 ff., 83, 91, 95
Wert 36 f., 50, 102 ff., 106, 110, 115 f., 120, 175
Widerstand (Recht zum) 80, 89A., 92, 126 f., 171
Wiederbewaffnung 54 ff., 64 f., 73, 83, 85 ff.
Wirklichkeit 24 ff., 43, 46, 66, 77, 99, 101 ff., 117 f., 135 f., 140 ff., 150 ff., 161, 175, 177 ff., 191, 206, 221 f., 225, 237 f., 261, 283